BR -

D1343686

CYFROL

1

CYFRES Y CEWRI 10

O ddifri

DAFYDD
WIGLEY

Gwasg
Gwynedd

Argraffiad Cyntaf — Tachwedd 1992

© Dafydd Wigley 1992

ISBN 0 86074 089 7

Cyhoeddwyd ac argraffwyd
gan Wasg Gwynedd, Caernarfon

I Eluned a Hywel
ac er cof am
Alun a Geraint

Cynnwys

Rhagair

Mae sgrifennu llyfr yn debyg i draddodi araith yn Nhŷ'r Cyffredin: erys y geiriau ar ddu a gwyn ymhen hir amser, er bod y byd wedi newid a phethau'n edrych yn wahanol iawn. Mae'n gysur nad oes llawer yn darllen *Hansard!* Gobeithiaf y bydd mwy yn darllen y gyfrol hon sydd yn olrhain fy hanes hyd at ganol y saithdegau. Bydd gweddill y stori yn yr ail gyfrol, a gyhoeddir ym 1993.

Newidiodd llawer yn ystod y tair blynedd ers i mi ddechrau meddwl am fy hunan-gofiant. Chwalodd Ymerodraeth Rwsia. Daeth rhyddid i wledydd bychain fel Lithwania a Slofenia. Ciliodd y perygl o ryfel niwcliar a chynyddodd y perygl o ryfel confensiynol. Trodd Maggie Thatcher yn bensiynwraig ac aeth Neil Kinnock yn ôl i'r cysgodion gwleidyddol. Daeth fy 'mhâr' seneddol, John Major, yn Brif Weinidog a deuthum innau unwaith eto yn Llywydd y Blaid. Etholwyd Cynog Dafis ac Elfyn Llwyd atom i'r Senedd, ac aeth fy nghyn-gyd-aelod, Dafydd Elis Thomas, i le annisgwyl iawn!

Ond mae llawer heb newid: brwydrau y mae'n rhaid eu hennill, megis y frwydr fawr i gael democratiaeth i Gymru a sicrhau dyfodol i'n cenedl; brwydrau i greu byd o heddwch, cyfiawnder a chydweithrediad; y sialens i gael cyfundrefn yn Ewrop sy'n parchu amrywiaeth ieithoedd a diwylliant; y rheidrwydd i warchod ein byd rhag cael ei lygru a'i hagru (mae'r ddaear o'n cwmpas yn gymaint rhan o'n hetifeddiaeth ag yw ein hiaith a'n diwylliant); y cyfrifoldeb i ofalu bod pawb yn ein cymdeithas yn cael cyfle teg, a'r gymdeithas ei hun yn diwallu anghenion y rhai na all ofalu amdanynt eu hunain.

Mae'r her yn anferth, yn fwy nag y gall unrhyw unigolyn ymdopi â hi. Serch hynny, mae gan bob unigolyn ei ran i'w chwarae a pho fwyaf sy'n rhannu'r baich, mwyaf tebygol ydym o lwyddo. Nid ras ganllath yw'r frwydr dros ddyfodol cenedl ond marathon a mwy. Mae'n sialens i fwy nag unrhyw un blaid ac i fwy nag unrhyw un genhedlaeth. Ond rhaid cychwyn yn rhywle. Pa le gwell nag wrth eich traed? Ac o gychwyn, rhaid bwrw iddi o ddifri.

Ceisiaf amlinellu yn y gyfrol hon rai o ddigwyddiadau, hanesion a helyntion hanner cyntaf fy ngyrfa yn y frwydr dros Gymru. Ceisiaf adlewyrchu'r llawenydd a'r tristwch, y gobaith a'r rhwystredigaeth. Gobeithiaf y bydd hanes y cyfnod yn gymorth ac ysbrydiaeth i'r genhedlaeth ifanc ddisglair sy'n ein dilyn i gwblhau'r gwaith.

Diolchaf i'r rhai a'm hysgogodd i fwrw i mewn i'r frwydr a dal ati ar rai adegau anodd iawn. I Elinor am gymryd mwy na'i rhan o'r gofal ar ein haelwyd, a hynny ar draul ei gyrfa gerddorol ei hun. I'm rhieni am eu cefnogaeth ymarferol a hael pryd y gallasent ddisgwyl ymddeoliad llai beichus. Ac i Eluned a Hywel am ddygymod â thad sy'n wleidydd ac am eu goddefgarwch hwy ac Elinor dros y misoedd diwethaf wrth i mi encilio i roi gair ar bapur.

Diolch hefyd i Delyth Lloyd a Gwenda Williams am helpu i deipio'r testun ac awgrymu gwelliannau, heb sôn am gadw'r swyddfa i fynd tra oeddwn i â'm pen i lawr. A diolch i lu o gyfeillion am gadarnhau ffeithiau pan oedd fy nghof yn pallu. Yn bennaf, diolch i Wasg Gwynedd am fy annog i ddechrau sgrifennu ac am fod mor amyneddgar wrth ddisgwyl imi gwblhau'r gwaith.

Yn olaf, diolchaf i'r holl Bleidwyr a fraenarodd y tir, a'r rhai a'm cefnogodd o fewn y Blaid dros y blynyddoedd, ac i etholwyr Arfon am roi imi'r cyfle a pharhau â'u teyrngarwch. Fel y profodd eraill, mae 'calon Arfon', o'i hennill, yn gadarn fel y graig.

DAFYDD WIGLEY
Hydref 1992

Gwreiddiau

Cefais fy ngeni yn Derby ond damwain oedd hynny; damwain, hynny yw, o ran lleoliad. Damwain od iawn, gan fod Derby yn llawn o Wigleys — ond nid o'n llwyth ni. 'Roedd fy mam o Bwllheli, fy nhad o Ddyffryn Dyfi, a'r ddau yn alltud yn Derby ar ganol y rhyfel. 'Dydi cael eich geni mewn beudy ddim yn eich gwneud chi'n fuwch, mwy nag y mae cael eich geni mewn stabal yn eich creu'n Waredwr y byd. A 'doedd fy ngeni yn Derby ddim yn fy ngwneud innau'n 'run o'r ddau, nac ychwaith, yn Sais. Cyn i'r teulu ddychwelyd i Gymru ar ddiwedd y rhyfel, 'roedd y cymdogion yn Swydd Efrog — lle buom hefyd yn cartrefu am sbel — wedi hen ryfeddu at grwt uniaith Gymraeg yn byw yn eu mysg.

'Doedd fawr o gysur i mi yn blentyn fod gwleidyddion amlwg fel Lloyd George a Saunders Lewis wedi eu geni yn Lloegr: pa blentyn sydd eisiau bod yn wleidydd? 'Roeddwn i eisiau chwarae pêl-droed i Gymru, a chawsech chwi ddim gwneud hynny, y cyfnod hwnnw, heb eich geni yng Nghymru. Yn ddiweddarach y deuthum i sylweddoli fod hyn braidd yn amherthnasol a bod angen un cymhwyster arall cyn cael cicio pêl dros eich gwlad, sef y gallu i chwarae pêl-droed. Gyda'r diffyg hwn yn faen tramgwydd rhag dilyn y greddfau naturiol o eisiau gwasanaethu Cymru bu'n rhaid i'r crwt a welodd olau dydd yn Derby setlo ar wleidyddiaeth.

Y cwestiwn a ofynnir i mi yn amlach na'r un arall yw

'Beth wnaeth i chwi ymhel â gwleidyddiaeth?' Weithiau fe'i gofynnir oherwydd gwir ddiddordeb i glywed yr ateb ond yn amlach na pheidio ceir yn y cwestiwn ryw oslef o anghredinedd neu hyd yn oed sarhad. Ar ei waethaf, mae'n gwestiwn sy'n dwyn cyhuddiad, awgrym cryf fod eisiau darllen pen unrhyw un sy'n gwleidydda.

Gofynnaf yn aml i mi fy hun beth yn union a'm harweiniodd at wleidyddiaeth, ac yn arbennig at y frwydr genedlaethol Gymreig? Ar adegau anodd, gofynnaf: 'Beth aflwydd oedd ar fy mhen i?' Droeon eraill, yn syml: 'Beth goblyn ydw i'n ceisio'i gyflawni?'

I ryw raddau yn ddi-os, mae'n fater o genhedlaeth. Fel un o blant y blynyddoedd na chofia'r ail Ryfel Byd, un a ddaeth i oed yn ystod y chwedegau chwyldroadol, ac a fwynhaodd y profiad, 'roeddwn yn perthyn i do o bobl ifanc yng Nghymru a chwenychai well dyfodol i'n gwlad.

Ond ar wahân i newidiadau cyffredinol a lifeiriai drwy Gymru ar y pryd, 'roedd hefyd nifer o ddylanwadau penodol arnaf — dylanwadau a fu, rhyngddynt, yn ffactorau o bwys wrth liwio cymeriad a chyfeiriad.

Mae'n bosibl fod gwleidyddiaeth yn fy ngwaed. 'Roedd fy mam wedi ei magu ar aelwyd hynod wleidyddol ym Mhwllheli. Ond am resymau da, fel y cewch weld, nid oedd fawr o drafod gwleidyddiaeth ar yr aelwyd. 'Roedd ei mam hithau, fy nain, yn ferch i gapten llong o'r dref, yn wyres i'r Parch. Michael Roberts, ac yn etifedd traddodiad radical cefn gwlad Cymru. Yn Fedyddwraig o ran crefydd, 'roedd yn weithgar iawn gyda'r Rhyddfrydwyr, a hynny yn y cyfnod pan oedd Lloyd George yn aelod dros Bwllheli a gweddill bwrdeisdrefi Arfon. Yn blentyn, syllais droeon ar y plât arian a osodwyd mewn lle o anrhydedd yn y cartref: anrheg a gafodd Nain i gofnodi ei thair blynedd ar ddeg o wasanaeth yn Llywydd Rhyddfrydwyr Pwllheli.

Byddai hyn ynddo'i hun yn ddigon o dras wleidyddol, eithr dim ond hanner y stori wleidyddol yw radicaliaeth Gymreig fy nain. 'Roedd ei gŵr, fy nhaid, yn gyfreithiwr yn y dref, ac yn eglwyswr. Cawsai ei enw Saesneg — Batterbee — gan ei dad yntau a ddaethai i weithio gyda'r rheilffordd ym Mhorthmadog. Cyfrannai fy nhaid hefyd i fywyd gwleidyddol Pwllheli ond 'roedd ei ddaliadau ef yn dra gwahanol. Dyn gweithgar gyda Thoriaid y dref oedd fy nhaid, ac am gyfnod bu'n aelod o Gyngor Bwrdeisdref Pwllheli. Gellid yn hawdd ddychmygu paham y cadwyd gwleidyddiaeth oddi ar yr aelwyd, a phaham y penderfynodd fy mam, ar ôl cyfnod fel Trysorydd Rhyddfrydwyr Coleg Aberystwyth, gyfyngu ei gweithgarwch cyhoeddus i hyrwyddo'r Gymdeithas Atal Creulondeb i Blant, a Sefydliad y Merched!

Magwyd fy nhad yng nghefn gwlad Sir Drefaldwyn, lle 'roedd yr enw Wigley, fel cymaint o enwau lledddieithr yr ardal, yn gyfenw ar lwyth lluosog iawn. Yn ôl chwedloniaeth y teulu, teithiodd dau frawd i weithio yng ngweithfeydd mwyn Cwm Ystwyth, cyn i un, neu ddisgynnydd iddo, Josuah Wigley (1768-1840) droi i ffermio yn Hirnant, ger Dylife. Yn ôl hanes diweddarach, daeth y Wigley cyntaf i Hirnant o ochrau Tylwch, ac 'roedd Wigleys yn byw yng nghyffiniau Aberystwyth cyn belled yn ôl â 1550. Sut bynnag, ffermio Hirnant 'roedd fy nhaid pan fu farw ym 1917, a 'Nhad yn ddim ond pum mlwydd oed.

Bu raid gwerthu'r fferm, a symudodd fy nain, a thri o blant ysgol ganddi, i bentref Cemaes, lle magwyd fy nhad ar lannau Dyfi, a physgota'n rhan o'i ddiwylliant. 'Roedd yn gryn wyrth fod Nain wedi llwyddo i sicrhau addysg yn Ysgol Tywyn i 'Nhad a'i ddwy chwaer, ac i'r tri ohonynt wedyn gael y cyfle i fynd i'r Coleg, fy nhad i Aberystwyth. Yno y cyfarfu â Mam. Bu Nain fyw nes cyrraedd ei chant oed, a chael fy ngweld yn ennill sedd Arfon.

Bu gyrfa fy nhad ym myd llywodraeth leol, a dychwelodd i Gymru ym 1946 yn Drysorydd Sir Feirionnydd. Bu wedyn o 1947 tan 1974 yn Drysorydd Sir Gaernarfon. Dyna sut y deuthum innau i gael fy magu yn y Bontnewydd, gan fyw am bedair blynedd mewn rhan o dŷ fferm Bronant.

'Roeddwn yn byw a bod gyda Mr a Mrs Edmunds, ein cymdogion yn hanner arall y tŷ. Hwy oedd yn ffermio Bronant, a chefais yno ryw gymaint o flas bywyd amaethyddol y pedwardegau — y ceffylau bryd hynny'n dal i dynnu'r aradr a'r drol. Tra oeddem yn byw yno y cyrhaeddodd y tractor cyntaf. 'Roedd dwsin o wartheg godro'n cyflenwi llefrith i'r pentref, a'r cymdogion yn cerdded fin nos i'r fferm gyda phiser i'w 'mofyn. Ac 'roedd llaeth dros ben i wneud menyn cartref hallt a blasus; tipyn o fendith mewn cyfnod pan oedd effaith y rhyfel a'r dogni bwyd yn dal mewn grym.

'Roedd y Bontnewydd bryd hynny yn bentref heb fod lawn cymaint ynghlwm â thref Caernarfon, ac yn ddim ond traean ei faint presennol. Cynhelid ffair bob gwanwyn a hydref a deuai'r gweision ffermydd yno i gyflogi. Safai hen orsaf Rheilffordd Ucheldir Cymru i fyny'r Lôn Groes. Daethai'r trên i ben ei rhawd ryw ddegawd ynghynt, ond arhosai'r olion megis o'r oes o'r blaen. 'Roedd glannau coediog afon Gwyrfai yn nefoedd i unrhyw blentyn, a'r afon hithau'n troi olwynion melin ddŵr a falai flawd o ffermydd y fro. Yno, yn y Bontnewydd yn yr ysgol gynradd, y cefais fy addysg gynnar: ac ymhlith fy nghyfoedion 'roedd dau a ddaeth yn rhieni i gantorion bydenwog: Derek, tad Aled Jones a Nesta, mam Bryn Terfel. Rhyfedd o fyd!

Oherwydd gwaith fy nhad, 'doedd dim gwleidyddiaeth ar ein haelwyd. Cawsai pysgota a phêl-droed lawer mwy o sylw! Ond o'i ochr yntau, hefyd, 'roedd yna beth cysylltiad gwleidyddol. Mae achau'r teulu yn awgrymu fod y cyn-deidiau yn 'wleidyddion' o fath yn eu cyfnod.

Cefais brofiad hynod o'r cysylltiad gwleidyddol teuluol hwn ar ôl i mi ennill sedd Arfon ym 1974. Derbyniais lythyr mewn Cymraeg gloyw gan ddynes o Minnesota, yn yr Unol Daleithiau, a arwyddodd ei henw fel 'Mrs E. E. Wigley'. Dywedodd wrthyf fod ei mab, Richard Wigley, yn aelod etholedig o'r *House of Representatives* dros ei ardal a gofynnai a oedd unrhyw gysylltiad teuluol tybed.

O holi ac ymchwilio, daeth yn amlwg ei fod yn or-ŵyr i gefnder fy hen daid, un o bedwar brawd a adawodd Gymru ym 1857, gan ymgartrefu yn Minnesota, ardal sydd â chyfran sylweddol o'i phoblogaeth o gefndir rhannol Gymreig. Daeth un o'r pedwar brawd — Richard Wigley oedd hwnnw hefyd — yn aelod seneddol ym Minnesota yn y ganrif ddiwethaf. Ef oedd taid Evan E. Wigley, gŵr y ddynes annwyl a ysgrifennodd ataf. Cyd-ddigwyddiad mawr oedd fy mod innau hefyd yn fab i E. E. Wigley arall bum mil o filltiroedd i ffwrdd, a'r ddau ohonom yn gwleidydda!

Ni chefais gyfle i gyfarfod â Mrs Evan Wigley, Minnesota. Bu farw ym 1975. Ond cefais fynd draw yno ym 1984 i weld Richard tra oedd yn dal yn gynrychiolydd seneddol. Mae bellach wedi ymddeol. Trwy'r diddordeb gwleidyddol, 'rydym wedi ailgysylltu â changen o'r teulu, a bu Elinor, fy mhriod, ein plant Eluned a Hywel a minnau ym Minnesota ym 1988 yn cyfarfod y 'clan Wigley'.

Mae'n drist, er nad yw'n syndod, fod yr iaith wedi colli tir yno yng nghanol Minnesota yn ystod y ganrif hon. Pan oedd Richard yn blentyn, Cymraeg yn unig a siaradai, a phan aeth i'r ysgol am y tro cyntaf 'roedd yn un o saith o blant a'r Gymraeg yn iaith gyntaf iddynt — ac yntau o bedwaredd genhedlaeth y teulu yn America. Bellach, er bod yno Gapel Cymraeg — bu Elinor yn canu'r delyn yng nghyngerdd canmlwyddiant y capel ym 1988 — Saesneg yw iaith y trigolion. Ond erys ymwybyddiaeth gref iawn o'r dras Gymreig o hyd, er nad ydynt, gan fwyaf, erioed wedi bod yng Nghymru. Daeth Richard, ei chwaer Miriam Jones, a'u teuluoedd i Gymru am y tro cyntaf ym 1990. Cafwyd aduniad teuluol yng Nglantwymyn, Dyffryn Dyfi, wedi ei drefnu gan Carwen Vaughan (Wigley gynt — gor-gyfyrdres i mi) a daeth dros gant o berthnasau Cymreig yno i'w cyfarfod.

Hawdd credu, o ystyried hyn oll, fod gwleidyddiaeth

'yn y gwaed' — er fy mod yn dueddol o anwybyddu cyfraniad 'gwaed' fel sail unrhyw ddadansoddiad. Yn sicr ddigon, nid ydym ym Mhlaid Cymru yn ystyried fod gwaed a hil yn berthnasol i'n bodolaeth genedlaethol. Mwngrals ydym, bron i gyd, yng Nghymru, a minnau, sy'n gyfuniad o Wigley a Batterbee, ymhlith y gwaethaf! Llawer pwysicach na gwaed yw'r dylanwad a ddaw o'n hanes, sef ein cyd-brofiad fel pobl ac fel cymdeithas. Ac mae'r profiad cymdeithasol heddiw, a'r cyfoeth diwylliannol sy'n rhan o'n hetifeddiaeth, yn ailgreu ac atgynhyrchu'r genedl, gan ddwyn i'w chôl bawb sydd yn dewis bod yn rhan o'n cymuned genedlaethol. Y ffactorau hyn, yn hytrach na gwaed, sy'n helpu i naddu cymeriad unigryw pobl Cymru. Un peth yw creu cymeriad cenedlaethol, peth gwahanol yw creu ymwybyddiaeth genedlaethol. Beth felly a barodd fy mod i nid yn unig yn wleidydd ond hefyd yn genedlaetholwr?

★ ★ ★

Wrth feddwl am y ffactorau a ddylanwadodd arnaf, gallaf olrhain rhai elfennau pwysig. Credaf fod tri dylanwad wedi cyfuno dros gyfnod byr pan oeddwn yn laslanc, a'r rheini wedi effeithio'n ddwfn arnaf.

Y cyntaf oedd boddi Cwm Tryweryn. Heb os 'roedd y profiad o weld dinas Seisnig yn meddiannu cwm yng Nghymru, yn bwrw'r trigolion o'u cartrefi, yn chwalu pentref a chreu argae a chronfa ddŵr ar gyfer ei dibenion dinesig a diwydiannol ei hunan — 'roedd hyn yn effeithio i'r byw ar genhedlaeth gyfan o bobl ifanc. Dangosodd Tryweryn mor gwbl ddiymadferth oedd ein gwleidyddion. Er bod pob aelod seneddol Cymreig, ac eithrio un, a hynny o bob plaid, yn gwrthwynebu boddi Cwm Tryweryn 'doedd eu llais unol yn cyfrif dim yn y Senedd. 'Roedd gan ddinas Lerpwl fwy o bleidleisiau o'u plaid a boddwyd pentref Capel Celyn.

Cofiaf ymateb fy nhad, nad oedd yn dueddol o wneud datganiadau gwleidyddol ar yr aelwyd, wrth wylio hanes y boddi ar raglen newyddion teledu amser cinio un dydd Sul. 'Mae'n ddigon â gwneud i rywun fotio Plaid Cymru!' meddai. Dyna'r tro cyntaf i mi glywed sôn am bleidleisio i'r Blaid (neu i unrhyw blaid arall o ran hynny) yn y cartref.

'Roedd gwers Tryweryn yn amlwg i do o bobl ifanc, sef na fyddai unrhyw gwm nac unrhyw agwedd o'n bywyd yng Nghymru yn ddiogel pan allai Senedd Lloegr ddiystyru'n llwyr ddymuniad aelodau seneddol Cymru fel hyn. Dylai'r wers fod yr un mor amlwg wrth i ni wynebu pum mlynedd arall o Lywodraeth Geidwadol Seisnig; Llywodraeth na chafodd ei hethol gan bobl Cymru, ond sy'n gorfodi ar Gymru bolisïau a wrthodwyd gennym fel cenedl. Dim ond un ateb oedd, a sydd, i'r fath sefyllfa, sef sefydlu ein Senedd ein hunain i warchod buddiannau ein gwlad. 'Roedd teimladau angerddol ym Meirionnydd ac Arfon ynglŷn â boddi Tryweryn. Dyna un rheswm paham mai yng Ngwynedd ym 1974 y gwelwyd Plaid Cymru yn ennill seddau seneddol am y tro cyntaf.

Yr ail elfen yn y dylanwadau cynnar oedd yr iaith Gymraeg. Datblygodd ymwybyddiaeth newydd yn niwedd y pumdegau a'r chwedegau cynnar ynglŷn â phwysigrwydd y Gymraeg fel rhan allweddol o'n diwylliant a'n hetifeddiaeth. Bryd hynny prin fod unrhyw statws i'r iaith, a'r unig le y'i gwelid yn gyhoeddus oedd ar furiau capel ac ar ambell fynegbost llwybr cyhoeddus.

Nid oeddwn wedi sylweddoli fod yr iaith o unrhyw bwys i mi. Siaradwn Gymraeg, wrth gwrs, ond trwy gyfrwng y Saesneg y cefais y rhan helaethaf o'm haddysg uwchradd yn Ysgol Ramadeg Caernarfon, ac yna (yn fwy naturiol efallai) yn Ysgol Rydal, Bae Colwyn. 'Wn i ddim pam y cefais fy anfon 'i ffwrdd i'r ysgol', heblaw am y syniad a fodolai y ceid gwell addysg mewn ysgol o'r fath. 'Roedd fy rhieni, fel y rhan fwyaf o rieni Cymru y cyfnod, eisiau sicrhau'r addysg orau i'w plant er mwyn 'dod ymlaen yn y byd'. 'Roedd yn ddyhead digon naturiol ac mae'n hawdd i'n cenhedlaeth ni a gafodd bob cyfle addysgol heb fawr o ymdrech, fethu ag amgyffred y meddylfryd. Gwlad ddigon tlawd a llwm oedd Cymru gynt ac addysg oedd yr allwedd amhrisiadwy i wella'r rhagolygon.

'Roeddwn hefyd yn unig blentyn, ac mae'n bosibl fod a wnelo hynny rywbeth â'r penderfyniad. Ni chredaf mai fy anfon i ffwrdd er mwyn fy nhroi'n Sais oedd y bwriad. Pe bai'n wir, fe fethodd y cynllun mewn modd eithaf dramatig oherwydd yno ynghanol môr o blant Saeson dosbarth canol ariannog Sir Gaerhirfryn, y deuthum yn ymwybodol am y tro cyntaf fod yna wahaniaeth rhwng Cymro a Sais, rhywbeth nad oedd wedi fy nharo yn yr ysgol yng Nghaernarfon. Yn fuan iawn sylweddolais nad oedd gennyf yr awydd na'r gallu i'm troi fy hun yn Sais bach eilradd, a thrwy ryw ddeffroad cyffelyb i'r *ugly duckling*, deuthum yn ymwybodol o'm Cymreictod.

Un achlysur a ddyfnhaodd yr ymwybyddiaeth ieithyddol ynof oedd ymweliad yr Eisteddfod Genedlaethol â Chaernarfon ym 1959. Agorodd ddeimensiwn newydd sbon i Gymreictod. 'Roedd yr iaith yn swyddogol, am wythnos, a gwefr o fod ar y Maes yng Nghaernarfon gyda'r nos, ynghanol y canu awyr-agored hwnnw a fodolai cyn i'r tafarndai lyncu nosweithiau'r Brifwyl. Byth er 1959, bûm yn gredwr mawr mewn eisteddfod symudol, fel y gallai'r nifer mwyaf posibl o'n cyd-wladwyr gael profiad o'u cenedligrwydd.

Daeth gwefr hefyd trwy glywed y 'ceiliog' yn canu am y tro cyntaf. Dyma'r darllediadau radio answyddogol ar donfedd deledu, yn hwyr y nos, yn traddodi propaganda'r Blaid mewn cyfnod pan nad oedd ganddi'r hawl i ddarllediadau gwleidyddol swyddogol. Llwyddodd rhai cenedlaetholwyr i'w trefnu er gwaethaf ymdrechion yr awdurdodau i'w hatal. Yno, ar y Maes yng Nghaernarfon gyda'r nos, ar ganol sesiwn o ganu cynulleidfaol, daeth yr heddlu i chwilio'r moduron am offer darlledu. 'Wn i ddim faint a wrandawai ar y rhaglenni hwyrnos hyn, ond fe gawsant sylw mawr yn y wasg, gan amlygu bodolaeth y Blaid a dymuniad y sefydliad i'w thagu.

Yn yr ysgol ym Mae Colwyn, fe hybwyd y broses o ddatblygu'r ymwybyddiaeth Gymreig gan y prifathro, y diweddar Donald Hughes, dyn arbennig iawn, athrylith, rhyddfrydwr a hynny mewn môr o geidwadaeth. Ystyriai mai prif amcan addysg oedd dysgu plant i feddwl drostynt eu hunain a sefyll dros yr hyn a gredent.

Dyma'r dyn a dalodd o'i boced ei hun i roddi addysg

yn Rydal i fachgen croenddu o Affrica — er na sylweddolem bryd hynny mai'r prifathro oedd ei noddwr. Cafodd rhai o'r rhieni ceidwadol, adweithiol, Seisnig sioc enfawr tua 1960 pan wnaed y bachgen croenddu, Tommy Fletcher, yn brif ddisgybl yr ysgol — a hynny'n gwbl haeddiannol. Aeth rhagddo i chwarae rygbi i Gymry Llundain, ac 'roedd hynny hefyd wrth fodd calon Donald Hughes. Bu'r prifathro farw'n fuan wedyn mewn damwain car drychinebus.[1]

Un cyfraniad a wnaed i'm hymwybyddiaeth wleidyddol gan y prifathro oedd cael George Thomas, AS, i bregethu yn yr ysgol un dydd Sul. Cefais innau wahoddiad i'w gyfarfod am paned o de cyn oedfa'r hwyr. Y pryd hwnnw 'roedd George Thomas yn is-lywydd Cymanfa'r Methodistiaid heblaw ei fod yn wleidydd amlwg.

Gan mor Gymreig oedd ei acen, tybiwn y byddai'n cydymdeimlo â Chymreictod gwleidyddol. Dyna pa mor ynysig y gall addysg breifat fod! Yn ystod y te, gofynnais i'r ymwelydd pwysig pryd y gallem ddisgwyl i Gymru gael ei Senedd. Nid hawdd fyddai anghofio'r ateb a gefais ganddo'n syth, a'i wên gynnil yn cuddio argyhoeddiad caled iawn, iawn: *'But we've already got a Parliament!'* Sylweddolais bryd hynny nad yw acen yn fesur o wladgarwch gwleidyddol. Yn wir gall person a swnia'n hynod Gymreig, o ran iaith yn ogystal ag acen, feddu ar agwedd wleidyddol gwbl negyddol tuag at ei wlad.

Cyfraniad arall gan y prifathro i'm gwleidyddiaeth oedd codi cwestiwn yn un o'r gwersi trafod a gaem yn rheolaidd yn y chweched dosbarth. Dyma'r cwestiwn: 'A ydych chwi erioed wedi meddwl hyd eithaf unrhyw broblem, meddwl mor bell ac mor fanwl nes i chwi gyrraedd yr unig gasgliad rhesymegol y mae modd ei gyrraedd?'

Awgrymodd y dylem geisio gwneud hynny. Y prynhawn hwnnw digwyddwn fod yn mynd i'r ystafell ddarllen yn llyfrgell y dref ym Mae Colwyn. Arferwn fynd yno yn rheolaidd i ddarllen pob papur newydd a oedd ar gael, o'r *North Wales Pioneer* i'r *Faner* a'r *Times* (arwydd, o bosibl, o'r hyn a oedd i ddod yn fy ngyrfa). Darllenais yno erthygl — ni chofiaf gan bwy nac ym mha bapur — yn datgan pryder am ddyfodol yr iaith Gymraeg. Daeth y syniad i'm meddwl mai ynglŷn â hynny y dylwn 'feddwl hyd at gasgliad rhesymegol'; sylweddolais fy mod eisiau i'r Gymraeg fyw, a'r casgliad rhesymegol oedd y dylwn wneud rhywbeth o ddifri i sicrhau hynny.

Penderfynais y buaswn yr haf dilynol yn sefyll arholiad lefel 'O' yn y Gymraeg, rhywbeth nad oedd cyn hyn yn bosibl ei wneud yn yr ysgol. Chwarae teg i'r prifathro, fe dderbyniodd fy nghais fel un rhesymol (a rhesymegol mae'n debyg!) a threfnodd i'r athro cerdd, Walter Jones, yr unig athro Cymraeg ei iaith ar y staff, roddi gwersi i mi. Llwyddais i basio'r arholiad yn yr haf yr un pryd â'r arholiadau lefel 'A' mewn gwyddoniaeth. Yr unig dro, felly, i mi sefydlu unrhyw record newydd i'r ysgol, mewn unrhyw faes, oedd trwy fod y disgybl cyntaf yn hanes hir yr ysgol, hyd y gwn, i lwyddo gyda lefel 'O' yn y Gymraeg. Mae'n dda gennyf ddeall fod hyn wedi esgor ar draddodiad newydd yno, a bod amryw wedi llwyddo mewn arholiadau Cymraeg ar ôl hynny.

Heb amheuaeth 'roedd yr iaith Gymraeg yn rhan allweddol o'm symbyliad cenedlaethol. Teg hefyd dweud nad ieithyddol-ddiwylliannol oedd y cyfan o'r symbyliad, na hyd yn oed yr elfen bwysicaf, er ei fod yn allweddol. Ochr yn ochr ag achos Tryweryn, a sialens yr iaith, datblygodd ymwybyddiaeth fod Cymru'n cael bargen sâl mewn bywyd economaidd a safon byw. Yn yr ysgol, gwelid gwrthgyferbyniad trawiadol rhwng cyfoeth llawer o'r rhieni Seisnig a'r safon byw yng Ngogledd Cymru. 'Roeddwn innau rywle rhwng y ddau: 'roedd fy rhieni'n ddigon cyfforddus eu byd, ond byd heb y *gin & tonics* na'r gwyliau sgio.

Gwyddwn am y tlodi a'r caledi ym mhentrefi'r chwareli o'm cwmpas yn Arfon, y dicáu, y silicosis a'r diboblogi. Pan gaeodd llawer o'r chwareli yn y chwedegau, gwaethygodd diweithdra'n enbyd. Teimlwn i'r byw fod meibion a merched y fro'n gorfod ymadael i chwilio am waith, a'u rhieni'n cymryd yn ganiataol fod hyn yn rhan o'r drefn, yn gwbl anorfod. Gadawodd y chwareli graith ar gymdeithas, yn ogystal ag ar amgylchedd ac ysgyfaint.

Gadawyd craith arnaf innau hefyd gan orymdeith-iau'r chwarelwyr di-waith drwy Gaernarfon. Hyd heddiw, nid oes gennyf ddiddordeb mewn cenedlaetholdeb nad ydyw'n sensitif ac yn berthnasol i argyfwng economaidd gwerin gwlad. O'i roddi'n syml, onid oes bywoliaeth i'w gael mewn cymuned, mae pobl yn gadael; dim ond y defaid sydd ar ôl, ac nid yw defaid yn siarad Cymraeg!

Mae'n rhaid ceisio ateb i'n problemau economaidd os ydym am warchod iaith a diwylliant. Mae'r cyfan yn plethu i'w gilydd. Canlyniad tranc Tryweryn oedd chwalu cartrefi a chymdogaeth. 'Roedd tagu iaith wedyn yn bygwth chwalu'n hetifeddiaeth a'n bodolaeth genedlaethol a diffyg gwaith yn ysigo cenhedlaeth gyfan, yn chwalu cymunedau ac yn gyrru'r plant ar ddisberod i bedwar ban byd. Dyma'r elfennau a'm perswadiodd fod rhaid canfod amgenach ffyrdd o redeg gwlad na'r chwalfa a ddeilliai o Lywodraeth Seisnig Llundain.

★ ★ ★

Y tro cyntaf i mi wynebu etholiad oedd yn Ysgol Rydal ym 1959. 'Roedd Etholiad Cyffredinol yn yr hydref a minnau yn y chweched dosbarth, newydd gael hwb i'r galon gan Eisteddfod Caernarfon — a hwb i'r dychymyg gan antics y ceiliog! Ar gais nifer o'm cyd-ddisgyblion — y rhan fwyaf ohonynt heb fwriad o gwbl i bleidleisio i mi — fe roddais fy enw gerbron yn ymgeisydd y Blaid. Tra oedd McMillan a Henry Brooke yn ceisio perswadio Prydain *'You've never had it so good'*, euthum innau ati i bregethu achos Cymru i 280 o bobl ifanc, y mwyafrif helaeth ohonynt yn Saeson rhonc.

Cafwyd etholiad cofiadwy! I ddechrau, 'roedd eisiau llenyddiaeth, ac am flynyddoedd wedyn bu 'Nhad yn edliw fel y bu'n rhaid iddo sleifio i mewn i siop etholiad y Blaid, wrth y Cloc Mawr yng Nghaernarfon, i gael pentwr o daflenni a phamffledi, gan ddianc oddi yno â'i goler i fyny, a'i het i lawr, rhag ofn i gynghorwyr sirol feddwl fod eu Trysorydd yn chwyldroadwr cudd!

Gan mai'r 'ceiliog' oedd prif destun trafod y papurau

newydd Cymreig ar y pryd, bu'n rhaid i minnau, a'm cynrychiolydd yn Rydal (yn addas iawn, Gwyddel o Corc o'r enw Peter Wolfe) ddarganfod modd o ddarlledu'n 'anghyfreithlon' i ddisgyblion yr ysgol. Nid oedd ond un cyfle, hyd y gwelwn, sef pan fyddai'r plant i gyd, yn arbennig ar fore gwlyb, yn heidio i siop fferins yr ysgol am ryw ddeng munud ganol bore. 'Roedd yno radio bob amser yn chwarae cerddoriaeth ysgafn. Dyma ein cyfle.

Aed ati un noson i redeg gwifren o'r radio drwy'r ffenestr i ystafell newid islaw. 'Roedd yn straen ar fy ngallu electroneg, ond rhywsut llwyddwyd i gael meicroffon ac ampliffeiar a fyddai'n gweithio ar uchel-seinydd y radio.

Trannoeth, ar ganol bwrlwm y siop yn y bore, dyma ribidires o sloganau cenedlaethol Cymreig yn boddi'r miwsig nes i'r athro a ofalai am y siop (a'm hathro Ffiseg at hynny), sylweddoli beth a ddigwyddai, a diffodd y radio. Nid wyf yn sicr p'run oedd y drosedd fwyaf yn ei olwg — ai peryglu'r radio drwy ffidlan yn ei bol, ynteu rhoddi llond ceg o wleidyddiaeth i griw na fynnent wrando. Cefais gerydd chwyrn iawn, beth bynnag!

Yn anffodus, ni argyhoeddwyd y miloedd gan y darllediad. Canlyniad yr etholiad, fel y gellid disgwyl, oedd buddugoliaeth ysgubol i'r Tori, gyda 202 pleidlais. Daeth y Rhyddfrydwr yn ail, gyda chefnogaeth frwd y prifathro, â 66 o bleidleisiau, cyfuniad o arch-grafwyr yr ysgol, iypïaid chweched dosbarth, a dyrnaid o Eingl-Gymry yr oedd eu teidiau yn mynd i'r capel. Cefais innau 9 pleidlais, dechreuad sigledig i yrfa wleidyddol! Yr unig gysur oedd trechu Llafur, na chafodd ond 4 pleidlais. Adlewyrchai'r canlyniad batrwm cymdeithasol y cyfryw ysgolion, a'r pleidleisio nid ar sail dosbarth yn unig, ond ar sail hil hefyd! Bu'n wers werthfawr i mi ar gyfer y dyfodol!

Y siom fawr yn Etholiad 1959 (ar wahân i'r bleidlais bitw a gefais i yn Rydal) oedd canlyniad Meirionnydd. Disgwyliai llawer y byddai Gwynfor Evans wedi ei ethol, yn arbennig o ystyried dyfnder y teimlad ynglŷn â Thryweryn. Cadwodd T. W. Jones y sedd i Lafur, gyda'r Rhyddfrydwyr yn ail clós iawn, gan adael Gwynfor yn drydydd. Collwyd sawl deigryn a thorrwyd ambell galon. Ond 'roedd had ei neges wedi cyrraedd clustiau, meddyliau a chalonnau'r to ifanc, a minnau yn eu plith; had a ddygai ffrwyth ymhen degawd arall.

Toc ar ôl yr etholiad, daeth Gwynfor Evans i annerch cyfarfod ym Mae Colwyn, a chefais ganiatâd arbennig i fynd o'r ysgol gyda'r nos i wrando arno. Cynhelid y cyfarfod mewn ystafell uwchben caffi yn y dref, ac 'roedd hanner cant neu ragor wedi dod ynghyd. Dyna'r tro cyntaf i mi glywed Gwynfor yn siarad, a gadawodd argraff ddofn arnaf, yn enwedig ei ddull o drin cwestiynau digon pigog mewn modd rhesymol, addfwyn.

Yn ystod yr etholiad hwnnw yn yr ysgol, gwneuthum un cysylltiad a oedd i barhau hyd heddiw, sef gyda Dafydd Orwig, ymgeisydd y Blaid yn Arfon. Bûm mor hy â'i ffonio i'w gartref ym Methesda i ofyn sut i ddelio â chwestiynau arbennig o anodd gan gyd-ddisgyblion. Chwarae teg iddo, ar ganol ymgyrch etholiad go-iawn, rhoes o'i amser i egluro'n fanwl imi bolisïau'r Blaid ar wahanol faterion. Mae'n wers i ni oll, fe dybiaf.

Dylanwad arall bryd hynny oedd yr erthyglau a'r llythyrau a ymddangosai yn y wasg, yn arbennig yn y *Liverpool Daily Post*, papur a ddeuai i'r ysgol. 'Roedd erthyglau H. W. J. Edwards yn aml yn peri i mi feddwl, a throeon bûm yn darllen llythyrau miniog a chenedlaetholgar gan un o Ddyffryn Nantlle, a arwyddai ei enw: 'Humphrey Roberts'. Ni allwn wybod ar y pryd cymaint o ddylanwad a gâi Wmffra arnaf. Bymtheng mlynedd yn ddiweddarach, ef oedd fy nghynrychiolydd etholiad yng Nghaernarfon. Mor bwysig yw llythyru i'r wasg. Ofnaf nad ydym fel aelodau seneddol y Blaid yn gwneud hanner digon o hyn, ac o ganlyniad collwn gyfle i ddylanwadu ar ryw blentyn ysgol neu fyfyriwr a ddigwyddo ddarllen pwt o neges wrth droi o'r tudalen radio at y newyddion chwaraeon.

Bu pêl-droed o ddiddordeb angerddol i mi erioed. Eironi oedd i mi gael fy anfon i ysgol enwog am ei rygbi (ysgol Bleddyn Williams a Wilf Wooller) a minnau'n gwbl anobeithiol yn y gêm. 'Roeddwn yn rhy fach i fod yn flaenwr, yn rhy araf i fod yn dri chwarter, ac yn rhy lwfr i chwarae'n fewnwr neu fachwr! At hynny, gwelwn fod y math o rygbi a geid yn yr ysgol arbennig honno yn gymaint o ddatganiad cymdeithasol ag ydoedd o ymarfer corff. Gwelid *hangers-on* benywaidd y timau o Sir Gaer — y *Cheshire set* — yn lolian o gwmpas yn *Daddy's Jag*. Wedi'r cyfan, 'roedd gallu chwarae rygbi cystal cymhwyster â bri academaidd i ennill lle yn un o golegau Caergrawnt.

Gellir dychmygu mor syfrdanol i grwt tair ar ddeg oed

oedd y gwahaniaeth diwylliant rhwng cae pêl-droed tref Caernarfon a chae rygbi ysgol Rydal. Euthum ati i ffurfio tîm pêl-droed answyddogol yn yr ysgol, er mawr syndod a dychryn i'r sefydliad. Rhoddwyd caniatâd — un cyndyn iawn — i ni drefnu gemau pêl-droed yn erbyn ysgolion eraill yr ardal, ar yr amod nad oeddem yn galw'r tîm yn dîm 'Rydal'. Nid oeddem i wisgo lliwiau swyddogol yr ysgol ychwaith ac 'roedd y gemau i'w chwarae yn ystod y gwyliau. Athrawiaeth gyd-nabyddedig yr ysgol am bêl-droed oedd ei bod yn *game for gentlemen played by cads!'*

Un peth a brofodd yr ysgol imi oedd fod natur 'rebel' yn rhan ohonof. Ceisiodd fy nhroi'n chwaraewr rygbi, a'm creu'n rebel pêl-droed. Ceisiodd wneud gwyddonydd ohonof, a deuthum yn wleidydd. Ceisiodd fy nghyflyru i fod yn Sais, a'm troi'n fwy o Gymro na phe bawn wedi aros gartref. Cefais fy mwydo ag athroniaeth Geidwadol, neu ar y gorau Rhyddfrydol-Seisnig, a deuthum oddi yno yn genedlaetholwr Cymreig. Efallai fod yna ryw gyfiawnhad i sefydliadau o'r fath wedi'r cyfan!

Un peth ffodus iawn i mi yn y cyfnod hwn oedd imi gadw cysylltiad clós â'm cyfeillion yn Ysgol Caernarfon. 'Roedd yna griw ohonom a barhaodd yn gyfeillion drwy gyfnod ysgol a choleg: Eifion Williams a ddaeth yn Ddirprwy Brifathro Ysgol Dyffryn Conwy, Llanrwst; Myrfyn Owen a ddilynodd Peter Scott yn Bennaeth y Wildfowl Trust yn Slimbridge; Dewi Edwards, tad Sara a enillodd edmygedd y genedl drwy orchfygu llid yr ymennydd, a dod yn ddoctor, er iddi golli ei choesau. Yn y criw hwnnw 'roedd Sara Bowen Griffith, merch

I.B.; John Hughes a ddaeth yn beilot yn y Llu Awyr; Siân Hefin Griffith, Moira Phillips, Helen Evans, Ian Gow, Billy Hitchinson, David Benest — haid fawr ohonom. Yn yr un flwyddyn yng Nghaernarfon 'roedd tair merch a wnaeth farc arbennig mewn gwahanol feysydd: Christine Pritchard, sy'n wyneb cyfarwydd fel actores, Eleri Evans (bellach, Carrog), sefydlydd 'CEFN' ac ymgyrchydd brwdfrydig dros achos yr iaith Gymraeg, a Nerys Thomas (Dr Nerys Patterson erbyn hyn) sy'n ddarlithydd blaenllaw ym Mhrifysgol Havard yn yr Unol Daleithiau.

Heb gadw fy ngwreiddiau gyda chriw o gyfoedion fel hyn, efallai y byddwn innau hefyd wedi cael fy nghyflyru gan yr addysg a dderbyniais. Pethau pwysig iawn yw gwreiddiau.

1. Gweler ei fywgraffiad *'Donald Hughes: Headmaster'*, 1970.

Coleg ym Manceinion

O'r ysgol euthum i wneud gradd Ffiseg ym Mhrifysgol
Manceinion. Pam Manceinion? Wel, oherwydd bod
pêl-droedio da yn y ddinas, a minnau'n gefnogwr brwd
i Manchester United. 'Roedd cysylltiad trenau hwylus
ar hyd arfordir y gogledd a rhoddid enw da i'r adran
Ffiseg yno. Dyna'r rhesymau, a dyna drefn eu
blaenoriaeth!

Yn y Brifysgol ym Manceinion, wele ryddid o'r
newydd! Rhyddid i chwarae pêl-droed, rhyddid i ffurfio
clamp o Gymdeithas Gymreig — 'roedd tua thrichant o
fyfyrwyr o Gymru yn y Coleg — a rhyddid cyffredinol
i ymlacio'n wyllt. 'Does gennyf ddim i'w frolio ynglŷn
â'm gyrfa academaidd, ond mae gennyf lawer i'w gofio!

Cawsom hwyl arbennig yn y Gymdeithas Gymreig.
Yn ystod fy wythnos gyntaf yn fyfyriwr daeth imi lawlyfr
Undeb y Coleg, yn manylu ar ba gymdeithasau a fodolai
yno. Rhestrwyd swyddogion a gweithgarwch y
Gymdeithas Babyddol, Cymdeithas Fynydda a
Chymdeithas Iraniaid. Yr unig gyfeiriad at Gymdeithas
Gymreig oedd ôl-nodyn a ddywedai 'credir fod yma
hefyd Gymdeithas Gymreig'.

Pan fethwyd â chael hyd iddi, aed ati i greu un.
'Roeddwn wedi cyfarfod â myfyriwr arall o Sir
Gaernarfon a oedd newydd ddechrau ym Manceinion,
sef Ioan Roberts o Roshirwaun, a ddaeth yn
ddiweddarach yn olygydd rhaglenni newyddion 'Y
Dydd' ar HTV, ac sydd bellach yn un o dîm 'Hel

Straeon'. Ar fyrder, 'roeddem wedi crynhoi o'n cwmpas griw o Gymry. Trowyd lolfa'r Undeb ar nos Sadwrn yn debyg i dŷ tafarn yn ystod wythnos yr Eisteddfod, a'r canu Cymraeg yn denu pob Cymro a ddeuai i'r adeilad ar gyfer y ddawns wythnosol. Gan fod cynifer o'r myfyrwyr Cymreig yn dod o Forgannwg a Gwent, penderfynwyd mai drwy gyfrwng y Saesneg y gweithredid, ond fod y gweithgareddau a drefnid yn rhai a fyddai'n cyflwyno'r Gymraeg iddynt. 'Roedd yn amlwg fod y canu Cymreig yn cyrraedd calon y myfyrwyr o Gymru a chofiais am effaith y canu awyr-agored yng Nghaernarfon arnaf innau. 'Roedd Ioan yr un mor frwdfrydig â minnau ynglŷn â'r canu, a'r un mor angerddol hefyd. Cyd-ddigwyddiad eironig yw ei fod ef a minnau, rai blynyddoedd yn ddiweddarach, wedi priodi dwy delynores flaenllaw.

Wrth geisio trefnu gweithgareddau i'r Gymdeithas newydd, deuthum benben â phroblem yn syth. Darganfuwyd fod Cymdeithas Gymreig wedi bod yno y flwyddyn flaenorol, ond iddi chwalu ar ôl cael ei gwahardd o bob adeilad yn y Brifysgol, o'r Coleg Technegol hefyd, a hyd yn oed o glybiau chwaraeon y ddinas! Yn ddiweddarach, cefais ar ddeall mai Dyfed Glyn Jones o Sir Fôn (awdur *Iâr ar y Glaw* a nofelau eraill) oedd un o arweinwyr y Gymdeithas bryd hynny, ac is-lywydd yr Undeb yn ogystal. Mae'n amlwg iddo adael ei farc ar y Brifysgol!

Yn y man, deuthum o hyd i glwb yn y ddinas, lle 'roedd dau o ochrau Pwllheli yn gweithio fel bownsars. Cafwyd caniatâd i gynnal nosweithiau cymdeithasol yn y seler. Bu yno nosweithiau cofiadwy a chafwyd 'sêr' megis Helen Wyn (Tammy Jones bellach) i'n diddanu.

Aeth y Gymdeithas rhagddi o nerth i nerth. Fe'n hailfderbyniwyd i adeiladau'r Coleg ar ôl inni addo byhafio'n hunain, ac o fewn dim 'roedd gennym 250 o aelodau, yn cynnal timau pêl-droed a rygbi ac, yn achlysurol, gôr hanner-ffurfiol. Daeth ein tripiau i gemau rygbi rhyngwladol yng Nghaerdydd, Caeredin a Twickenham yn atyniadau mawr y flwyddyn academaidd.

Dau aelod o staff y Coleg a fu'n gymorth mawr inni gael ein hailderbyn gan yr Undeb oedd Dr Glyn Tegai Hughes, darlithydd yn yr Adran Ffrangeg, ac wedyn pennaeth Canolfan Gregynog, ac Emrys Evans, darlithydd mewn Astudiaethau Celtaidd, a fu'n gynrychiolydd i Chris Rees pan ymladdodd Chris sedd Gŵyr mewn etholiad seneddol ym 1955 ac yntau ar y pryd yn y carchar yn sgîl ei brotest yn erbyn gwasanaeth milwrol.

Ymhlith ein haelodau 'roedd Karl Francis, a ddaeth yn enwog fel cynhyrchydd ffilmiau, a Gwynne Howells, y canwr, a oedd yn astudio yn yr adran gynllunio. Ymhlith fy nghyfeillion agos 'roedd Trefor Williams o Langollen sydd bellach yn ddarlithydd yng Nghanada; Roger Mahoney o ardal Ogwr, yntau hefyd yng Nghanada yn ddaearegwr, a Ron Rainbow o Ben-y-ffordd, sydd bellach yn y diwydiant olew yn Texas. Cymdeithas gwbl werinol ydoedd, ac fe roddwyd statws o 'Gymry anrhydeddus' i nifer o Saeson, ac i ddau Bakistani, a oedd yn fodlon ymuno yn ein hwyl.

Bu'n gyfnod pwysig yn fy natblygiad gwleidyddol. Am y tro cyntaf, deuthum i adnabod llawer o fechgyn a merched di-Gymraeg o Gymoedd y De, a dod i sylweddoli eu bod hwy yr un mor ymwybodol ac eiddgar Gymreig â'r myfyrwyr Cymraeg o gefn gwlad. Weithiau 'roeddynt yn fwy brwd, ac yn sicr yn fwy hyderus o'u Cymreictod. Ymhlith hoelion wyth y Gymdeithas ceid myfyrwyr o Gasnewydd a Chaerdydd, o Ferthyr Tudful ac Abertawe.

Wrth weld y fath angerdd o du'r cyfeillion di-Gymraeg hyn at eu gwlad a'u gwreiddiau, cefais fy argyhoeddi fod ennill cefnogaeth pobl ddi-Gymraeg Cymru yn gwbl allweddol i lwyddiant unrhyw fudiad cenedlaethol. Sylweddolais hefyd y gellid denu Saeson ac eraill a feddai'r agwedd iawn, a'u cael i'w huniaethu eu hunain â Chymru, pa mor denau bynnag eu cysylltiad â'n gwlad.

Yno, ym Manceinion, euthum ati i ddysgu llawer o'r pethau na chawswn mohonynt yn fy addysg. Prynais lyfr Dewi Emrys, *Odl a Chynghanedd*, a'i ddarllen fesul tudalen bob nos cyn cysgu er mwyn ceisio meistroli'r gynghanedd. 'Roedd Ioan Roberts yn gymorth mawr imi ymgyfarwyddo â gweithiau beirdd ein gwlad, yn arbennig R. Williams Parry, a erys i mi, yng ngeiriau John Gwilym Jones, 'y mwyaf oll'. Dyna eironi arall — fy mod wedi dysgu llawer mwy am Gymru tra bûm yn fyfyriwr ym Manceinion nag a wneuthum yn yr ysgol ym Mae Colwyn.

'Roedd digon o gysylltiadau Cymreig ym Manceinion. Cynhaliai'r Cymmrodorion ddarlith fisol o safon, a cheid yno nifer o gapeli Cymraeg. Yng nghapel Wesla 'Gore Street', 'roedd y diweddar Barchedig Baldwyn Pugh yn weinidog, cenedlaetholwr o argyhoeddiad, a chyfaill hynod annwyl. Yno hefyd y pregethai Glyn Tegai, gydag athrylith arbennig. Oddi yno, wedi oedfa nos Sul, byddai criw o bobl ifanc yn troi i Gymdeithas y Ddraig Goch, clwb i ieuenctid Cymraeg y ddinas, a gyfarfyddai deirgwaith yr wythnos mewn seler tu cefn i Orsaf Victoria.

Ar brynhawn Mercher ac ar fore Sadwrn, deuai cyfle i chwarae pêl-droed. Bûm yn chwarae i dîm blwyddyn gynta'r Brifysgol ac i dîm yr adran Ffiseg. Erbyn y drydedd flwyddyn, 'roedd gennym dîm pêl-droed Cymreig hynod lwyddiannus a enillodd bencampwriaeth ei gynghrair y flwyddyn honno.

Ar brynhawniau Sadwrn, 'roedd dewis da o bêl-droed i'w wylio. Pan oedd United gartref, yno y byddwn ar y teras yn Old Trafford. Y Sadwrn wedyn awn i Bolton, i weld hen gyfaill o Gaernarfon, Wyn Davies, yn chwarae *centre forward* i'r tîm, a oedd bryd hynny yn yr adran gyntaf.

Teimlwn fod gennyf gysylltiad personol â Wyn, oherwydd ym 1960, yn gêm gynta'r tymor, 'roedd ef a minnau'n chwarae i ail dîm Caernarfon, yn erbyn Biwmares. Erbyn y nos Iau, cawsai Wyn ddyrchafiad i'r tîm cyntaf; erbyn y Nadolig 'roedd wedi arwyddo i Wrecsam, ac o fewn dim dacw fo gyda Bolton yn yr adran gyntaf. A minnau? Ar ôl y gêm gofiadwy honno ym Miwmares, cefais 'drop'! Ond 'roedd pwyntiau — beth bynnag am goliau — i'w sgorio ar nos Sadwrn yn yr Undeb wrth esbonio paham y bûm yn Bolton y prynhawn hwnnw: *'Wyn and I used to play in the same team you know!'*

Er nad oedd y Gymdeithas Gymreig yn y coleg yn un

wleidyddol, fel y cyfryw, gofalwn y byddai siaradwr o'r Blaid yno bob blwyddyn. 'Roeddwn wedi ymuno'n ffurfiol â'r Blaid ym 1961, yn fuan ar ôl mynd i'r coleg. Un o'r siaradwyr a sicrheais oedd Emrys Roberts, trefnydd y Blaid yn Ne Cymru ar y pryd. Gwnaeth argraff ddofn arnaf oherwydd ei allu a'i weledigaeth. Ychydig a feddyliwn bryd hynny y buasem yn cydweithio'n glós iawn â'n gilydd ym Merthyr Tudful o fewn degawd.

Bu ymweliad Emrys yn ysgogiad imi i sefydlu cangen o'r Blaid yn y ddinas, ac wrth baratoi ar gyfer y cyfarfod cyntaf, cefais restr gan J. E. Jones, Ysgrifennydd Cyffredinol y Blaid, o enwau a chyfeiriadau 'aelodau a chefnogwyr y Blaid ym Manceinion'. Felly, cychwynnais ar dramp o gwmpas y ddinas i ddwyn y neges i ddwsinau o aelodau y gwelid eu henwau ar lyfrau'r Blaid. Mewn tŷ ar ôl tŷ, cefais fod yr aelod wedi symud, wedi marw neu'n gwbl anadnabyddus i'r deiliaid. Yn y diwedd sylweddolais sut fath o restr a gawswn. Wrth imi sefyll ar garreg drws un tŷ teras, dyma'r wraig yn galw ar ei gŵr: *'Hey luv, wasn't Dai Jones that Welsh student we had here in digs before the war?'*

Flynyddoedd yn ddiweddarach deallais fod aelodaeth y Blaid, bryd hynny, yn *culmulative*, ac na chawsai'r un aelod byth ei ddiarddel, hyd yn oed os oedd heb dalu ei dâl aelodaeth ers dros ugain mlynedd! Y gangen fwyaf, yn ôl rhestri'r pencadlys, oedd yr un dan y pennawd 'wedi marw'. 'Roeddynt hwythau, hefyd, yn dal ar y rhestri! Mae un stori — apocryffal mae'n debyg — am wirfoddolwr ifanc di-Gymraeg yn gweithio yn y pencadlys yn gofyn i aelod o'r staff *'Fantastic branch we've got here; say — in which constituency is this town Wedimarw?'*

★ ★ ★

Ym 1962 daeth fy nghyfle cyntaf i fwrw i mewn i ymgyrch wleidyddol go-iawn. Bu farw aelod seneddol Rhyddfrydol Maldwyn, Clement Davies. Yn rhannol oherwydd mai dyma fy nghyfle cyntaf i wleidydda, ac yn rhannol oherwydd cysylltiad y teulu â Maldwyn, teimlais reidrwydd i fynd i lawr yno i ganfasio. Hwn oedd y tro cyntaf i'r Blaid ymladd y sedd, ac Islwyn Ffowc Elis oedd ein hymgeisydd.

Euthum yno i aros am noson neu ddwy yn ystod gwyliau'r Pasg o'r coleg. Daeth cyfaill i mi, Myrfyn Owen, myfyriwr yng Ngholeg Aberystwyth, gyda mi. Aethom i'r swyddfa yn Llanfair Caereinion i gael cyfarwyddyd gan Trefor Edwards, y cynrychiolydd, ac anfonwyd ni i ganfasio'r ffermydd ar hyd y ffin â Lloegr, o gwmpas Middleton. 'Roeddwn yn eithaf balch fod Myrfyn, mab fferm o'r Groeslon, yn gwybod rhywbeth o leiaf am broblemau amaethwyr.

Felly hai ati, parcio'r fan, a cherdded i fyny at fuarth y fferm gyntaf. Cyfarch yr amaethwr a syllai'n amheus ar y ddau lanc ifanc a gerddai'n eiddgar-bwrpasol tuag ato. 'Roedd y Blaid bryd hynny'n dlawd — fel pob amser — ac nid oedd gennym daflen i'w rhoi i'r ffermwr. Yn hytrach, disgwylid i ni werthu iddo gopi o bolisi amaethyddol y Blaid! *'Would you like to buy Plaid Cymru's agriculture policy?'* Yntau'n cydio yn y pamffledyn, yn edrych arno hyd braich, troi atom, pwyntio tua'r gorllewin a datgan yn acen laes y gororau:

'You see them there hills? Well get back to them!'

A dyna oedd fy mhrofiad cyntaf o ganfasio dros y Blaid. Flynyddoedd yn ddiweddarach, ar ôl i mi ennill sedd Arfon ym 1974, un o'r cyfarfodydd cyntaf a fynychais yn y Senedd oedd lobi gan undeb amaethyddol o Gymru, yn protestio yn erbyn pris afreal o isel y farchnad ar gyfer gwartheg a lloi. Yn eu plith, 'roedd ffermwr o Middleton. Ni allwn lai na gwenu, er nad hwn mo'r ffermwr a gyfarfûm gyda Myrfyn gynt. Ac meddwn wrthyf fy hun:

'Dyrchafaf fy llygaid i'r mynyddoedd . . .'

Pan ddaeth canlyniad yr is-etholiad, 'roeddem yn siomedig. Cadwodd y Rhyddfrydwyr y sedd, gydag Emlyn Hooson yn ymgeisydd arbennig o gryf. 'Roedd ei gysylltiadau cyfreithiol ac amaethyddol yn help mawr iddo, ac yn arbennig felly gwreiddiau teuluol ei wraig, Shirley, a oedd mor ddwfn yn y sir. Pedwerydd oedd y Blaid, a'r bleidlais a gafodd Islwyn Ffowc Elis oedd 1,594. Methwn â deall paham na fyddai'r etholwyr, mewn is-etholiad fel hyn, yn fwy parod i ddatgan eu Cymreictod. Flynyddoedd yn ddiweddarach y sylweddolais fod yn rhaid wrth waith manwl, trwyadl a hynny dros gyfnod o amser, cyn y try etholwyr at y Blaid.

Mynychais Ysgol Haf a Chynhadledd y Blaid am y tro cyntaf pan ddaeth i Gaernarfon ym 1963, y penwythnos cyn Eisteddfod Genedlaethol Llandudno. 'Roedd Cynhadledd y Blaid bryd hynny'n dal i fod yn debyg braidd i ryw gymysgedd o wersyll yr Urdd a chynhadledd enwadol. Gosodid rhesi o *camp beds* mewn ysgol, ac yno, yn eu sachau cysgu, y cysgai arweinwyr y genedl. Cafwyd yng Nghaernarfon ddarlithoedd safonol ar wahanol bynciau, a chyfieithiad hir a manwl yn dilyn anerchiadau yn y ddwy iaith. 'Roedd yno hwyl aruthrol, gyda chymeriadau megis Harri Webb, Ray Smith, Gareth 'Treffynnon' Roberts, a llu o rai eraill yn cynnal nosweithiau llawen anffurfiol tan oriau mân y bore.

Cefais yr ymdeimlad mai hobi oedd gwleidyddiaeth i'r rhan fwyaf o'r bobl a ddeuai i'r Ysgol Haf. 'Roedd ei hamseriad a'i lleoliad yn fwriadol gyfleus i'r sawl a fynnai fynd ymlaen i'r Eisteddfod. I amryw, dyma esgus i ddechrau'r hwyl a fyddai'n parhau trwy gydol wythnos yr Eisteddfod. Mynegodd yr Athro Phil Williams y siom a gafodd pan ddaeth, yn fyfyriwr ifanc, i'r Ysgol Haf am y tro cyntaf. Meddai: *'I took care to take along a biro, pencil and notebook, ready to be educated in politics and found them to be totally redundant!'*

Cyfarfûm â Phil Williams pan ddaeth i Gaernarfon rhyw wyliau haf o'r coleg. 'Roedd ef, John Davies Bwlch-llan a nifer o fyfyrwyr eraill yn teithio o amgylch Cymru i geisio hyrwyddo gwaith y Blaid. Myfyriwr ymchwil yng Nghaergrawnt oedd Phil ar y pryd ac wedi gadael y Blaid Lafur i ymuno â Phlaid Cymru ym 1961. Bu'n gwrando ar Hugh Gaitskell yn siarad a cholli ffydd yn llwyr yn y Blaid Lafur. Un o'i gyd-fyfyrwyr yng Nghaergrawnt oedd Huw Griffith, mab I.B. Griffith, a chyfaill i mi gartref yng Nghaernarfon. Dyna sut y penderfynwyd dod â'r fintai o genhadon i Gaernarfon. Cyfarfûm â Phil yn y *Black Boy*. Cyfarfod pwysig i mi fu hwn, oherwydd fe deimlais ar unwaith fod yma rywun a gymerai ei wleidyddiaeth o ddifri, rhywun â gwybodaeth eang iawn a gallu aruthrol, a rhywun o blith Cymry di-Gymraeg y Cymoedd, y garfan hanfodol bwysig i'w hennill, fel y dywedais eisoes, os oedd y Blaid i dyfu. Bu fy nghysylltiad â Phil yn un allweddol drwy'r blynyddoedd.

Digwyddiad arall yn y cyfnod hwnnw oedd yr ymdrech i atal boddi Cwm Clywedog ym Maldwyn. 'Roedd i'r Cwm arwyddocâd arbennig i mi, oherwydd i'm teulu, am flynyddoedd, ffermio Eblid, un o'r ffermydd a oedd i ddiflannu dan y dyfroedd. Ar ôl profiad Tryweryn, 'roedd geiriau Cynan yn ei gerdd 'Balâd Dyffryn Ceiriog', yn atseinio'n fyw iawn:

'Gymro, os ydwyt eto'n rhydd,
Ymorol. Neu fe gladd y gŵr,
Nad yw Clawdd Offa iddo'n lludd,
Gwm ar ôl cwm o dan y dŵr.'

Felly, pan ddaethpwyd â chynllun gerbron gan Elwyn Roberts, Trefnydd y Blaid yn y Gogledd, i geisio rhwystro Corfforaeth Birmingham rhag gwireddu eu cynlluniau, 'roedd un Pleidiwr ifanc brwd iawn yn ei gefnogi. 'Roedd Elwyn Roberts yn gawr o ddyn. O'i swyddfa ym Mangor, ef a drefnai waith y Blaid, fel Cyfarwyddwr Cyllid a Threfnydd y Gogledd i ddechrau, wedyn fel Ysgrifennydd Cyffredinol, cyn ymddeol a gweithredu'n rhan-amser fel Trysorydd ac yn gynghorydd sirol amser-llawn.

Gwelais Elwyn am y tro cyntaf yn ystod egwyl o'r coleg ym 1962, pan fynychais gyfarfod o gangen Caernarfon o Blaid Cymru mewn caffi ar y Maes. Daeth yno gyda'i *brief case* yn orlawn. Deuai yno, mae'n amlwg, i gyfarwyddo'r gangen, nid i fân siarad a chymdeithasu. Dyma ŵr cwbl o ddifri ym mhopeth a wnâi, ac un cwbl benderfynol hefyd.

'Roedd ymweld â swyddfa Elwyn yn brofiad. Trefnai'r gwaith fel peiriant, ac 'roedd yn feistr corn ar bawb a phopeth yn y swyddfa ac o fewn maes ei gyfrifoldeb ei hun. Nid oedd ganddo fawr o amser i ffyliaid — a dangosai hynny'n weddol amlwg! Ond os oedd Elwyn wedi gweld fod gan rywun gyfraniad i'w wneud i'r mudiad cenedlaethol, 'doedd dim yn ormod o drafferth ganddo wedyn. 'Roedd wedi penderfynu, mae'n amlwg, fod gennyf fi ryw ran i'w chynnig, a chymerodd ddiddordeb manwl ym mhopeth a wnawn dros gyfnod o flynyddoedd. Byddwn yn galw i'w weld o bryd i'w gilydd tra oeddwn yn fyfyriwr, a phan oeddwn ar fin gadael y coleg awgrymodd y dylwn fynd i weithio i un o Gymoedd y De er mwyn dod i adnabod Cymru'n well. Am gyfnod, ffieiddiai fy mod wedi mynd at gwmni diwydiannol yn Lloegr. Pan welais ef ar ôl bwlch o ryw ddeunaw mis yn ystod is-etholiad Caerfyrddin ym 1966, 'roedd ei groeso'n ddigon oeraidd. Ond dychwelodd yr hawddgarwch pan ddeallodd fy mod am helpu Gwynfor yn y Senedd, a phwysodd arnaf i sefyll ym Meirion yn Etholiad Cyffredinol 1970.

Sut bynnag, yn ôl ym 1963, 'roedd gan Elwyn gynllun i brynu llain o dir yng ngwaelod Cwm Clywedog, ei rannu yn lleiniau bychain cymesur a gwerthu pob un o'r rhain i Bleidwyr a chefnogwyr, yn gyfreithiol ffurfiol a chywir. 'Roedd yn argyhoeddedig y byddai'n rhaid i Gorfforaeth Birmingham ddelio â phob un o'r tirfeddianwyr newydd hyn, mintai o unigolion nad oedd eu henwau a'u cyfeiriadau'n hysbys, ac y byddai'r drafferth yn llesteirio'r cynllun i foddi'r Cwm. Methodd y cynllun, ond cawsom hwyl am gyfnod yn cynllunio'r frwydr.

★ ★ ★

Teg oedd cyfaddef yn gynharach nad oedd fy ngyrfa academaidd ym Manceinion yn un ddisglair! Yn wir, 'roedd y nesaf peth i drychinebus. Y camgymeriad cyntaf fu mynnu parhau gyda'r cwrs Ffiseg, er ei fod yn gwbl amlwg i bawb nad oedd gennyf ddiddordeb yn y maes. Yn wir, 'roedd fy Mathemateg wedi pallu ar ddiwedd yr ail flwyddyn, ac 'roedd hwnnw yn bwnc cwbl hanfodol ar gyfer gradd Ffiseg Ddamcaniaethol o'r math a ddarperid ym Manceinion.

Pan lwyddais i grafu gradd ar ddiwedd y drydedd flwyddyn, bu bron i mi fynd ymlaen i Fangor i wneud gradd Economeg — y pwnc y dylwn fod wedi ei ddewis o'r cychwyn. Dangosodd fy mhrofiad ym Manceinion mor beryglus yw dilyn pynciau yn y coleg ar sail llwyddiant lefel 'A' — ond heb wir ddiddordeb yn y pwnc. Dangosodd hefyd y peryglon o barhau gydag unrhyw gwrs a fydd yn ôl pob arwydd yn fethiant. 'Does dim rhinwedd mewn rhuthro'n bengaled at wal frics neu dros ddibyn. Dylai'r gallu i feddwl gynnwys y gallu i asesu rhagolygon llwyddiant a methiant. Dim ond mewn amgylchiadau eithriadol y gellir cyfiawnhau rhygnu ymlaen pan fyddai newid ychydig ar y trywydd yn dod â llwyddiant yn lle methiant.

Cyhuddir fi weithiau, wrth bregethu fel hyn, o fod yn bragmataidd. Efallai fy mod i, ond ymddengys i mi mai twpdra yw glynu'n benstiff at unrhyw drywydd sy'n arwain i dranc, heb greu unrhyw ddaioni, yn hytrach na chwilio am well ffordd ymlaen.

Tua dechrau Ionawr 1964, a minnau ar fy mlwyddyn olaf yn y coleg, cefais wahoddiad i ymweld â swyddfa gynghori gyrfaoedd y Brifysgol. Nid oeddwn yn sicr ai gwneud gradd arall, mewn Economeg, ynteu ceisio swydd ym myd diwydiant a fyddai orau i mi. 'Roedd diwydiant yn apelio'n fawr oherwydd fy argyhoeddiad fod yn rhaid gwella bywyd economaidd Cymru cyn y gellid sicrhau parhad ein hiaith a'n diwylliant. Y broblem oesol oedd colli ein pobl ifainc drwy'r ymfudo o Gymru i chwilio am waith. Y cwestiwn a'm blinai oedd sut i gyfranogi mewn diwydiant, mewn modd a fyddai'n fy ngalluogi i ddylanwadu ar bethau o'r fath. Trefnais gyfweliad er mwyn ceisio goleuni ar y cwestiwn canolog hwn. Bu'n achlysur cofiadwy.

Holodd y swyddog gyrfaoedd i ba gyfeiriad yr hoffwn weld fy ngyrfa'n datblygu. Atebais innau: 'Diwydiant'. Sut fath o swydd ym myd diwydiant? Atebais, yn bowld i gyd: *'Management'*. A sut fath o *'management'*? Atebais innau, yn fwy beiddgar fyth: *'General Management!'*

Siglodd y swyddog gyrfaoedd yn ôl yn ei gadair. Edrychodd dros ei sbectol arnaf a dweud yn bwyllog mai ychydig iawn o swyddi penaethiaid oedd i'w cael ym myd diwydiant. I'w cyrraedd, byddai'n rhaid gweithio drwy ryw 'ddisgyblaeth' neu'i gilydd — personél, neu werthu, cynhyrchu neu gyllid, marchnata neu ymchwil. Awgrymodd y dylwn feddwl am hyn a dod yn ôl ymhen pythefnos.

Dyna'r sialens gyntaf a barodd i mi feddwl o ddifri

beth yr hoffwn ei wneud. Penderfynais y byddai cyllid yn gyfeiriad call. Dyma faes holl bwysig i bob cwmni. Ac felly pe bawn yn gorfod cychwyn mewn diwydiant yn Lloegr, byddai siawns o allu dychwelyd at gwmni yng Nghymru maes o law.

Felly ymhen pythefnos cyfarfûm eto â'r swyddog, ac fe'm rhoddwyd ar ben y ffordd i geisio hyfforddiant cyllidol gyda nifer o gwmnïau.

Yn un o'r cyfweliadau hynny, digwyddodd rhywbeth digon od. Cawn fy holi gan swyddog personél er mwyn penderfynu a gawn y fraint o ddod i rengoedd ei gwmni i gael hyfforddiant mewn cyllid diwydiannol. Gofynnodd i mi yn ystod y cyfweliad:

'What do you expect will be your job by the time you are thirty years old?'

Daeth ateb i'm meddwl fel pe o'r awyr, fel pe bai wedi ei blannu yn fy is-ymwybod. 'Byddaf yn aelod seneddol', meddyliais. 'Doedd gennyf ddim syniad paham y meddyliais fel hyn. Nid oeddwn erioed wedi ystyried y posibilrwydd, heb sôn am gynllunio gyrfa o'r fath. 'Roedd yn ddigwyddiad cwbl anesboniadwy. Trwy lwc, 'roeddwn yn ddigon o wleidydd erbyn hynny i beidio â datgelu i'r swyddog beth a ddaeth i'm meddwl, a rhoddais iddo'r math o ateb a fyddai'n rhesymegol iddo. Ond droeon wedi hynny, aeth fy meddwl yn ôl at y syniad hurt a ddaeth i'm pen y diwrnod hwnnw, yn ddigymell, heb reswm a heb esgus.

Derbyniwyd fi i weithio gyda Chwmni Moduron Ford yn Dagenham, a chael hyfforddiant mewn cyllid diwydiannol. 'Roeddwn i ddechrau ganol Hydref 1964, dyddiad y cytunwyd arno er mwyn fy ngalluogi i weithio dros yr haf yn trefnu ymgyrch Plaid Cymru yn etholaeth Arfon ar gyfer yr Etholiad Cyffredinol.

Yn ystod yr ymgyrch, gyda'r diweddar R. E. Jones yn ymgeisydd, deuthum i adnabod llu o genedlaetholwyr ifanc o'r ardal, rhai a ddaeth, ddeng mlynedd yn ddiweddarach, yn rhan ganolog o'r tîm ymgyrchu a enillodd sedd Arfon i Blaid Cymru ym 1974. Gweithiais yn ddi-baid i'r Blaid trwy gydol yr haf ar ôl gadael y Coleg, a bu'n gryn siom i mi na lwyddwyd i wneud fawr mwy na chynnal ein pleidlais yn yr Etholiad Cyffredinol ar ddydd Iau, 15 Hydref. Y dydd Llun dilynol 'roeddwn yn dechrau ar fy ngyrfa ym myd diwydiant.

Am Dro i Lundain

Bu bron iawn i mi wrthod y swydd gyda Chwmni Fords.
Cefais gynnig lle i wneud gradd mewn Economeg yng
Ngholeg Bangor. Pe derbyniwn, buaswn yn fyfyriwr am
dair blynedd arall, a hynny ar gost lawn i'm rhieni.
Buaswn hefyd wedi gorfod byw gartref — profiad braidd
yn chwithig i lanc un ar hugain oed a oedd wedi
mwynhau rhai blynyddoedd o annibyniaeth. Ac ar
ddiwedd y tair blynedd, mae'n ddigon posib mai mewn
gwaith tebyg yn y byd diwydiannol y byddwn wedyn.
Penderfynais dderbyn cynnig Cwmni Fords, gan anelu
at wneud arholiadau cyfrifydd yn fy amser hamdden.

Cyrhaeddais Lundain ar adeg difyr. 'Roedd yn tynnu
at derfyn oes aur Cymdeithas Cymry Llundain, ond
parhâi eu canolfan yn Grays Inn Road yn fan cyfarfod
i gannoedd, a'r dawnsfeydd ar nos Sadwrn yn denu llu
o Gymry ifanc. Yn ystod y chwedegau cynnar yr oedd
yno hoelion wyth megis Ryan Davies, Rhydderch Jones
a Hafina Clwyd yn arwain y gweithgareddau.

'Roedd y capeli Cymraeg hwythau, lawn cymaint â'r
tafarndai, yn fannau cyfarfod i'r to ifanc a lifai o Gymru
i chwilio am waith, am brofiad neu am addysg. Ar nos
Sadwrn byddai'r *Calthorpes* a'r *Blue Lion* yn Grays Inn
Road yn atseinio o ganeuon Cymraeg, ac ar nos Sul
gwelid cannoedd yn ymgynnull yn Hyde Park — llawer
o gantorion nos Sadwrn yn eu plith — i ganu emynau
Cymraeg dan arweiniad Tawe Griffith. Bûm innau'n
aelod o Gapel Charing Cross a Chiltern Street, ac yn

aelod brwd ond lled ddidalent o Gymdeithas Ddrama Cymry Llundain — yn cael fy nheip-castio bob tro fel plismon!

Fy nydd Sadwrn delfrydol i bryd hynny oedd treulio'r bore yn siop lyfrau Griffs, ger Charing Cross Road, lle casglai croesdoriad difyr o lenorion, beirdd a chymeriadau, i roddi'r byd yn ei le. Yn y prynhawn — chwarae pêl-droed gyda Chlwb Pêl-droed Cymry Llundain, ac yna gyda'r nos yn y ddawns, ymhlith heidiau o bobl ifanc a fyddai heddiw'n fwy tebygol o droi i Glwb Ifor Bach.

Bûm yn chwarae pêl-droed gyda'r Clwb — aelod o'r *Southern Olympian League* — am bedwar neu bum tymor. O 1967 ymlaen, wrth i'm diddordebau gwleidyddol fy nenu yn ôl i Gymru ambell Sadwrn, bu'n rhaid bodloni ar y trydydd tîm, a hynny'n fwyfwy achlysurol. 'Roedd criw o hogia'r werin yn gwmni arbennig yn y tîm hwnnw: pobl fel Eifion Davies, Porthmadog, a'r diweddar John Hughes (Bwrdd Datblygu'r Canolbarth) yn gefn i'r cyfan. 'Roedd nifer da o Arfon ymhlith y bechgyn — Ces Jones o Lanberis, Meic Rogers o Feddgelert, Emlyn Griffith, Chwilog ac Emrys Owen, Llithfaen yn y gôl. Daliaf i weld rhai ohonynt wrth grwydro ledled Cymru. Ond sôn am *'the art of coarse football'*! Bobol bach!

Bûm yn byw am gyfnodau yn Hornchurch, Romford ac Ilford mewn fflatiau gyda chyd-weithwyr ifanc yng nghwmni Fords. 'Roedd deg a thrigain ohonom wedi cychwyn gyda'n gilydd ar hyfforddiant i raddedigion. Un oedd Ian McAllister, sydd bellach yn Gadeirydd Cwmni Fords dros Brydain. Ond 'roedd y cysylltiad

Cymreig yn fy nenu i ganol Llundain, ac am flwyddyn bûm yn rhannu fflat uwchben y Clwb yn Grays Inn Road — tri ohonom, Huw Llew Williams o Gaergybi, Dewi Evans o Bencader a minnau — yn gwarchod yr eiddo, gweithredu fel rhyw fath o bwyllgor croeso i newydd-ddyfodiaid o Gymru, a chael fflat yn rhad yng nghanol Llundain am ein trafferth. Deuthum, o ganlyniad, i adnabod croesdoriad helaeth o 'Gymry Llundain' a'r 'Cymry yn Llundain', fel ei gilydd.

Ym 1965 cefais brofiad bythgofiadwy: mynd yn un o'r fintai o ddeg a thrigain o Gymru i Batagonia i ddathlu canmlwyddiant y Wladfa. Bu'n rhaid i mi dalu ffortiwn am fynd — 'roedd £350 bryd hynny bron â bod yn hanner cyflog blwyddyn. Daliaf i ryfeddu fy mod ddigon hy, yn ystod fy mlwyddyn gyntaf mewn gwaith, i ofyn i'r banc am fenthyciad i'r fath ddiben, a gofyn i Fords am dair wythnos o wyliau gyda'i gilydd.

Ond bu'n fargen oes. Dysgais lawer am y Wladfa, cael cyfarfod â'i phobl, a dod i adnabod llu o gymeriadau difyr ymhlith y fintai o Gymru — pobl fel Jenkin Alban Davies, Frank Price Jones, Tom Jones Llanuwchllyn, Y Prifardd Bryn Williams a Tudor Watkins AS. 'Roedd Robin Gwyndaf Jones a minnau ymhlith y rhai ieuengaf ar y daith.

Ar y ffordd i Ddyffryn Camwy cawsom aros noson yn Buenos Aires. 'Roedd hynny ynddo'i hun yn brofiad, gan y bu ymgais i greu chwyldro yno ddeuddydd cyn i ni gyrraedd, a'r gwesty yn frith o farciau bwledi ar y muriau allanol. Clywais hefyd, am y tro cyntaf, enwi'r *Malvinas*, a dod i sylweddoli fod yr Archentwyr, a'r Cymry yn eu plith, yn gwbl argyhoeddedig mai'r

Ariannin oedd piau'r ynysoedd. Bu hyn yn werthfawr iawn i mi bymtheng mlynedd yn ddiweddarach adeg rhyfel y Falklands.

Tra'n aros yn Buenos Aires, daeth profiad arall cwbl anhygoel. 'Roeddwn yn teithio'n ôl i'r gwesty ar lawr uchaf y bws. Troais at y dyn a eisteddai tu ôl i mi — dieithryn llwyr — a gofyn mewn Sbaeneg carbwl a oedd y bws yn mynd i gyfeiriad y gwesty. Atebodd yntau yn Saesneg — wedi sylwi, mae'n siŵr mor dila oedd fy Sbaeneg. Yr oedd ei Saesneg ef yn dda, er cryfed ei acen Sbaeneg, a gofynnais iddo ym mhle yr oedd wedi dysgu Saesneg. *'In North Wales'*, meddai. *'I was in school in Colwyn Bay.'* Prin y gallwn gredu. Ond ar ôl sgwrsio'n hwy canfûm mai Rolant Hughes ydoedd, mab y diarhebol Hywel Hughes, miliwnydd Cymraeg o Bogota, Colombia, a chanddo gartref ym Mhorth-aethwy, ac a fu'n hael iawn ei gefnogaeth i Blaid Cymru. 'Roedd Rolant hefyd wedi mynychu ysgol Rydal, rai blynyddoedd o'm blaen i, a hynny, fe dybiaf wedi helpu i greu cenedlaetholwr Cymreig ohono yntau hefyd. Buom yn gyfeillion byth er diwrnod y cyfarfod anhygoel hwnnw ym 1965. Bydd ef, ei frawd Dewi a'i chwaer Teleri — a gipiwyd gan derfysgwyr yn Colombia — yn galw heibio inni yn y Bontnewydd pan ddônt draw i Wynedd o ben arall y byd.

Cofiaf i'r byw y profiad o lanio yn ein hawyren yn Nhrelew. 'Roedd y maes awyr fel rhyw gae mawr llychlyd, ac o amgylch ei derfynau, fel y gwelir ar gae criced, 'roedd torf niferus o bobl wedi ymgynnull. Ymddangosai fel pe bai holl boblogaeth Dyffryn Camwy yno. Wrth i'r awyren arafu ac aros, rhuthrodd y dorf amdanom. Cawsom, bob un ohonom, ein cofleidio gan ddwsinau o'n cyd-genedl tramor. Hon oedd y fintai sylweddol gyntaf i gyrraedd y Wladfa ers y Rhyfel Byd cyntaf. Pe baent wedi eu gadael ar ochr dywyll y lleuad a heb weld copa walltog ers dwy genhedlaeth, ni fyddai'r croeso'n gynhesach. Ac fe barhaodd y croeso, yn y Dyffryn ac yng Nghwm Hyfryd am dair wythnos.

Gwneuthum nifer o gyfeillion yn y Wladfa gan gynnwys rhai a ddaeth drosodd i Gymru i astudio, ac mae'r cysylltiad yn parhau hyd heddiw. Ymhlith y Cymry ifanc o'r Wladfa a gyfarfûm ym 1965 y mae Elvey McDonald, sydd erbyn hyn wedi cartrefu yng Nghymru ac yn drefnydd Eisteddfod yr Urdd.

Ym 1965 y cyfarfûm ag Elinor — am 7.00 y bore y tu allan i orsaf trên twrch Hammersmith. Nid cyd-ddigwyddiad llwyr mo hyn ychwaith, gan ein bod ein dau yn teithio gyda chyfeillion eraill i Eisteddfod yr Urdd yng Nghaerdydd. 'Roedd Elinor yn astudio'r Delyn yn yr Academi yn Llundain, ar ôl graddio yn y Gyfraith yn Aberystwyth. Priodasom ym 1967, yn Llanuwchllyn (lle cafodd Elinor ei magu) gyda'r diweddar Erfyl Blainey, ein gweinidog yn Llundain, yn gwasanaethu. Gwnaethom ein cartref cyntaf yn Heston, ger Hounslow.

Yr wythnos cyn priodi, gadewais gwmni Fords, i ymuno â chwmni Mars yn Slough: newid gwaith, newid cyflwr a newid tŷ, i gyd o fewn pythefnos. Chwedl I. B. Griffith yn ein parti priodas: 'Mae'r Americanwyr 'ma yn sôn am anfon dyn i'r lleuad, ond mae 'na hogyn o'r Bontnewydd yn mynd i Mars ddydd Llun'. Newid

cyfnod, a chau pennod, ond 'roedd y blynyddoedd o
1964 hyd 1967 yn rhai cyffrous i mi, ac nid wyf wedi
difaru o gwbl imi fynd am dro i Lundain.

* * *

'Roedd y chwedegau, o ran hynny, yn gyfnod cyffrous
drwy rannau helaeth o'r byd. Dyma'r cyfnod y daeth
cenhedlaeth nad oedd yn cofio'r ail Ryfel Byd i'w hoed;
cenhedlaeth, o'r herwydd, a oedd yn fodlon herio llawer
o ragdybiaethau'r pumdegau. Mae'n eironig fod hyn yn
bosibl i raddau oherwydd cynnydd yn y safon byw, a
diflaniad y diweithdra mawr a fodolai cyn y rhyfel.
Teimlai'r ifanc yn ddigon hyderus i herio'r drefn.
Gwrthdystiai chwyldroadwyr ar strydoedd Paris.
Protestiai'r myfyrwyr yn erbyn Vietnam ar gampws y
colegau yn yr America ac yn Grosvenor Square. Ym
Mhrâg, bu ymdrech i sefydlu 'gwedd ddynol' ar
sosialaeth Gomiwnyddol. Yng Nghymru hefyd cododd
llais y genhedlaeth ifanc dros ryddid newydd. Daeth
seiniau 'Fe orchfygwn ni . . .' yn anthem i'n
cenhedlaeth, i'w chlywed mewn llawer iaith dros wyneb
daear.

Lledaenodd yr ynni ifanc, afieithus hwn i sawl
cyfeiriad, gan amlaf i fudiadau protest. Ond daeth rhan
o'r brwdfrydedd i'r maes gwleidyddol, ac yng Nghymru
i'r mudiad cenedlaethol ac i Blaid Cymru.

Sylweddolais yn fuan ar ôl symud i weithio i gwmni
Fords yn Dagenham ym 1964, na allwn wneud llawer
o gyfraniad uniongyrchol i hyrwyddo gwaith y Blaid o
Lundain. Cyfarfûm eto â Phil Williams ar ôl iddo
annerch cyfarfod o Gangen Llundain o'r Blaid yn Grays

Inn Road ym 1965; anerchiad o bwys anghyffredin, gan ei fod bryd hynny'n 'corddi' gyda'r *New Nation Group*, nifer o genedlaetholwyr a erfyniai am weld newidiadau o fewn y Blaid i'w throi'n fwy 'gwleidyddol'. Penderfynais bryd hynny mai'r cyfraniad mwyaf adeiladol y gellid ei wneud o Lundain oedd creu mudiad ymchwil, gwaith y gellid ei gyflawni yr un mor rhwydd yn Llundain ag yng nghefn gwlad Cymru — efallai'n rhwyddach.

Yn fuan iawn ar ôl dechrau ymddiddori mewn gwleidyddiaeth fe'm hargyhoeddwyd o bwysigrwydd ymchwil wleidyddol. O'r diwrnod y cyfarfûm gyntaf â Phil Williams, yng Nghaernarfon ym 1961, teimlais fod hwn yn un cyfraniad y gallem ein dau ei wneud i Blaid Cymru. Mewn gwirionedd, 'roedd angen gwaith ymchwil, yn economaidd a chymdeithasol, i Gymru'n gyffredinol yn ogystal ag i'r Blaid. Rhaid cofio nad oedd llawer o wybodaeth ystadegol ar gael yn nechrau'r chwedegau ynglŷn ag economi Cymru. Yn wir, agwedd gyffredinol y gwleidyddion — Llafur yn ogystal â Thori — oedd peidio â chydnabod y fath syniad ag 'Economi Gymreig'. Onid oedd yna Economi Brydeinig? Ar y lefel hon y gwneid penderfyniadau llywodraethol. Os oedd unrhyw ystyr i economi ranbarthol, gwelid hyn yng nghyd-destun cyfleuster. Felly 'roedd yn bosibl i'r *Economist* ym 1963 ddatgan, ynglŷn â datblygu'r syniad o ranbarthau ym Mhrydain, y dylid cysylltu *'to the dignified capital of Liverpool, the underdeveloped wastes of North Wales . . .*[1]

Dyna'r agwedd gonfensiynol tuag at economeg ranbarthol. Edrychid ar ddeheubarth Cymru fel rhan o lannau Hafren, gyda Bryste yn brifddinas. Gwelid canolbarth Cymru yn faes chwarae i Birmingham, a'r gogledd yn diriogaeth naturiol ar gyfer pobl Lerpwl. Dyma oedd rhanbartholdeb Prydeinig naturiol. Nid oedd mo'r fath beth â chenedl Gymreig. Unedau rhanbarthol oedd y rhai mwyaf cyfleus i Lundain i'w gweinyddu.

Mae'n wir fod ambell un yn rhwyfo yn erbyn y lli. Yn ôl ym 1941 cyhoeddwyd *Braslun o Hanes Economaidd Cymru* gan y diweddar Ben Bowen Thomas. Yn ddiweddarach cafwyd cyfrol bwysig yr Athro Brinley Thomas, *The Welsh Economy — Studies in Expansion* ym 1962, a gwnaed gwaith arloesol gan y diweddar Athro Edward Nevin, yng Ngholeg Aberystwyth gyda'i gyhoeddiadau ar sefyllfa'r economi Gymreig yn y pumdegau[2]. Ond yn gyffredinol ni chafwyd ystadegau cyson, swyddogol a chyhoeddus ar fywyd economaidd a chymdeithasol Cymru hyd nes sefydlu'r Swyddfa Gymreig ym 1964, gan adlewyrchu pwysigrwydd strwythur gwleidyddol. Gwelwyd enghraifft arall i brofi hyn yn y gyfres hir o adroddiadau ar wahanol agweddau o fywyd Cymru, a gyhoeddwyd o dan nawdd Cyngor Cymru[3], o 1968 nes y diddymwyd y Cyngor gan Nicholas Edwards, un o'i weithgareddau cyntaf ar ôl dod yn Ysgrifennydd Gwladol ym 1979. Pan ddaeth bywyd y Cyngor hwnnw i ben, daeth diwedd ar y cyhoeddiadau hefyd.

Ond ym 1964 prin iawn oedd y ffeithiau am gyflwr economi Cymru. Felly bu trafod ymhlith cenedlaetholwyr yn ystod 1965 am greu rhyw fath o sefydliad ymchwil i astudio'r economi Gymreig, i gyhoeddi'r ffigurau, ac i helpu datblygu strategaeth economaidd i Gymru. Mae'n werth nodi, chwarter canrif yn ddiweddarach, fod y fath ystyriaeth eto wedi symbylu 'Sefydliad Cymru' i lywio 'Prosiect 2010' sydd ag amcanion cyffelyb yn y byd sydd ohoni heddiw.

Rhan o'n cymhellion wrth ystyried hybu gwaith ymchwil o'r fath oedd gorfodi'r Blaid ei hun i wynebu realiti gwleidyddol. 'Roedd lle i amau llawer gosodiad yng nghyhoeddiadau'r Blaid. Fe geid cyfeiriadau mewn areithiau a thaflenni yn dyfynnu rhyw economegydd Ffrengig anhysbys a honnai mai Cymru oedd y wlad gyfoethocaf yn y byd o ran adnoddau. Ni wyddai fawr neb ble 'roedd tarddiad y dyfyniad, heb sôn am enw'r economegydd! Mewn taflen arall, honnid fod Cymru'n allforio mwy o ddŵr mewn blwyddyn na chyfanswm y glaw a ddisgynnai ar ein gwlad!

'Roedd dau reswm arall dros wella proffesiynoldeb mewn gwaith ymchwil, o safbwynt y Blaid ac i wella safon trafodaeth gyhoeddus yng Nghymru. Yn y lle cyntaf, 'roedd angen creu hunanhyder ymhlith cenedlaetholwyr. Clywid yr hen ddadl yn gyson na allai Cymru byth fforddio hunanlywodraeth. Dylid gwrthbrofi hyn. Nid oedd unrhyw werth mewn datganiadau moel ein bod yn wlad gyfoethog. Annigonol hefyd oedd haeru ein bod yn cynhyrchu mwy o gig oen y pen na gweddill y byd. Ni cheid dadansoddiad llawn o'n cyfoeth a'n tlodi, o'n potensial fel gwlad a'r bygythion i'n safon byw, na dogfen yn dangos wedyn sut y gellid gwella'r rhagolygon gyda hunanlywodraeth.

Yn yr ail le, 'roedd angen creu agwedd gyfrifol tuag at ein gwleidyddiaeth a'n gwlad. Ni ellid disgwyl i bobl

Cymru arwyddo siec agored ar sail emosiwn; rhaid oedd dangos i'n cydwladwyr ein bod yn gwybod yn union beth oedd cyflwr ein gwlad, beth oedd yn ymarferol bosibl, a sut yr oeddem am gyrraedd y fath nod. 'Roedd wynebu realiti'r sefyllfa yn onest yn rhan o'r broses o aeddfedu'n wleidyddol.

Tua'r un adeg ceisiai grŵp o Gymry ifanc cyffiniau Caerdydd sbarduno'r meddwl ynglŷn â phatrwm posibl Senedd Etholedig i Gymru, o fewn fframwaith Brydeinig. Aethant ati i gyhoeddi eu syniadau mewn cyfnodolyn o'r enw *Devolution Wales*. Cynhwysai'r criw yma rai o blith y Blaid Lafur, a rhai Pleidwyr a oedd yn anfodlon ar arafwch Plaid Cymru i ffurfio rhaglen fanwl, ymarferol. Yn eu plith 'roedd pobl fel Rod Evans, Peter Houraghan, Paddy Kitson, Rhodri Morgan a Wil Roberts, gwŷr a ddaeth i gyfranogi ym mywyd cyhoeddus Cymru yn y man.

Yn gynnar ym 1966 daeth nifer ohonom at ein gilydd yn Llundain i ystyried sut i wella lefel ymchwil a gwybodaeth ynglŷn â'r ddadl genedlaethol yng Nghymru, fel cefndir hanfodol i ddatblygu syniadau gwleidyddol. Bryd hynny, gwelid dau bosibilrwydd: gweithio o fewn Plaid Cymru, neu greu Sefydliad Ymchwil Genedlaethol Gymreig. Byddai'r fath sefydliad yn gweithredu oddi allan i ffiniau plaid ar brosiectau a fyddai o ddefnydd i bob plaid radical Gymreig a gredai mewn unrhyw ffurf o ddatganoli i Gymru.

'Roedd rhesymau digonol dros edrych yn ehangach na ffiniau Plaid Cymru. 'Roedd y Blaid mewn cyflwr isel iawn ar ôl ei methiant i wneud argraff yn Etholiad

Cyffredinol 1964. Rhwygwyd hi gan ddadleuon mewnol — y gwenwyn gwleidyddol mwyaf marwol mewn bod. 'Roedd cyfran o'r aelodaeth yn anfodlon iawn gyda'r diffyg 'safiad' ynglŷn â Thryweryn. 'Roedd Cymdeithas yr Iaith bellach mewn bod a'i dulliau newydd, cynhyrfus o ymgyrchu yn denu brwdfrydedd llawer o aelodau mwyaf ymroddedig y Blaid, yn ogystal â thalp o'r to ifanc. 'Roedd sefyllfa ariannol Plaid Cymru'n echrydus, ac oni bai am haelioni'r diweddar D. J. Williams, a werthodd yr *Hen Dŷ Fferm,* a rhoddi'r arian i'r Blaid, mae'n amheus a allai Plaid Cymru fod wedi ymladd Etholiad Cyffredinol 1966.

Yn yr ail le, y Blaid Lafur a lywodraethai, newydd sefydlu'r Swyddfa Gymreig, gyda James Griffiths yn Ysgrifennydd Gwladol. 'Roedd y syniad ar ei agenda gwleidyddol ef y dylid sefydlu Cyngor Etholedig i Gymru. Gwelai rhai pobl hyn fel rhan o'r gwaith o ailwampio llywodraeth leol yng Nghymru — rhywbeth a fu ar yr agenda er 1947, ond na fagodd ddigon o unoliaeth i'w weithredu. 'Roedd ymddiswyddiad cyngadeirydd Cyngor Cymru, Huw T. Edwards hefyd, a'i weithred, fel sosialydd adnabyddus, yn gadael Llafur ac ymuno â Phlaid Cymru, yn peri i sawl un yn y Blaid Lafur ddadlau dros gorff mwy democrataidd na'r Cyngor enwebedig, di-rym.

Yn drydydd, 'roedd canol y chwedegau yn gyfnod a welodd gynnydd sylweddol yn y syniad 'rhanbarthol'. Ym 1965, cyhoeddodd y dirprwy Brif Weinidog, George Brown, ei *'National Plan',* sef yr ymdrech gyntaf (ac efallai'r olaf!) i greu cynllun economaidd 'cenedlaethol' i Brydain. 'Roedd y cynllun hwnnw i fod i esgor ar nifer o 'gynlluniau rhanbarthol'. O gofio am ddadleuon rhai yn y byd academaidd, ac ambell wleidydd, mai ar sail 'rhanbarthau' megis glannau Hafren ac o amgylch y dinasoedd mawr y dylid adeiladu polisi newydd, a hynny'n sail i ailwampio llywodraeth leol, 'roedd yn hanfodol bwysig cael y meddylfryd cyhoeddus i dderbyn Cymru fel uned ar gyfer unrhyw ddatblygiad 'rhanbarthol', er mai dyfodol cenedlaethol, ac nid rhanbarthol, a fynnem ni ar ei chyfer.

Am y rhesymau hyn teimlwn yn gynnar ym 1966 y gellid, o bosibl, sefydlu'r syniad o Gymru fel uned lywodraethol, trwy weithio'n annibynnol ar unrhyw blaid wleidyddol. Cryfhawyd y syniad gan ganlyniad yr Etholiad Cyffredinol ym Mawrth 1966. Ni chefais gyfle i wneud llawer yn yr etholiad hwnnw. Ni allwn ddianc o'r gwaith gan i mi ddihysbyddu fy hawl i wyliau yr hydref blaenorol wrth fynd i Batagonia. Etholwyd Llywodraeth Lafur gyda mwyafrif enfawr a chollodd y Blaid dir, gan lithro'n is na lefel wael 1964. Daeth Cledwyn Hughes, a ystyrid gan lawer fel cenedlaetholwr o fewn y Blaid Lafur, yn Ysgrifennydd Gwladol Cymru. Etholwyd Elystan Morgan, cyn-ymgeisydd y Blaid ym Meirion ym 1964, a'r gŵr y disgwylid iddo unwaith olynu Gwynfor yn Llywydd y Blaid, yn aelod seneddol Llafur dros Geredigion. 'Roedd yn ddyddiau tywyll ar Blaid Cymru. Dyna paham, yn fuan wedi'r etholiad, y trefnais gyfarfod yn Grays Inn Road, Llundain i geisio creu Sefydliad Ymchwil Cymreig ar draws ffiniau plaid. Ac yna digwyddodd un o'r damweiniau hynny sy'n gweddnewid hanes.

1. Economist: 'Federal Britain's New Frontiers', 18 Mai 1963
2. *Social Accounts of the Welsh Economy, 1948-56*, Edward Nevin. Gwasg Prifysgol Cymru, 1957.
3. Cyhoeddwyd cyfres o adroddiadau gan Gyngor Cymru ar faterion megis Dŵr, Tai, Ffyrdd, Diweithdra ac ati rhwng 1968 a 1979, o dan gadeiryddiaeth yr Athro Brinley Thomas ac wedyn (Syr) Melvyn Rosser.

Buddugoliaeth Gwynfor, 1966

Ar 14 Mai 1966, bu farw'r Fonesig Megan Lloyd George, aelod seneddol Llafur dros Gaerfyrddin. Gwynfor Evans oedd ymgeisydd y Blaid. 'Roedd yn ymgeisydd yno dri mis yn gynharach yn yr Etholiad Cyffredinol ac wedi cael canlyniad digon parchus:

Megan Lloyd George (Llafur) 21,221
D. H. Davies (Rhyddfrydwr)...........................11,988
Gwynfor Evans (Plaid Cymru) 7,416
S. J. Day (Ceidwadwr)................................... 5,338

Ond ni roddwyd fawr o siawns i'r Blaid chwyldroi'r sgôr yn yr is-etholiad, gyda Llafur ar frig y don a Phlaid Cymru heb erioed ennill sedd seneddol.

Weithiau mae dyn yn cael teimlad cwbl reddfol, heb iddo unrhyw sail wyddonol, rhyw deimlad annisgwyl, anghredadwy a chroes i bob rheswm. Teimlad felly'n union a gefais i yn ystod Mehefin a Gorffennaf 1966. 'Roeddwn yn gweithio yn Dagenham, ac yn byw, fel y dywedais, mewn fflat uwchben Clwb Cymry Llundain yn Grays Inn Road. Gallaf gofio fel pe bai'n ddoe amdanaf fy hun yn cerdded yn ôl o orsaf y trên twrch i'r fflat, ac yn adrodd ac ailadrodd wrthyf fy hun 'Mae'n rhaid i Gwynfor ennill! Mae Gwynfor yn mynd i ennill!' Os oes miloedd o bobl yn ewyllysio'r un peth yn ddigon taer ac yn ddigon hir, efallai ei fod yn dylanwadu ar ddigwyddiadau. Pwy a ŵyr? Mae mwy mewn nef a daear nag a ŵyr yr un ohonom.

Yn anffodus, dim ond unwaith y llwyddais i fynd

draw i Gaerfyrddin i ganfasio, sef penwythnos ola'r ymgyrch. Pan droais i mewn i'r swyddfa yn nhref Caerfyrddin i gynnig fy ngwasanaeth cefais andros o gilwg gan Elwyn Roberts. 'Doedd ganddo fawr o amynedd gydag aelodau rhan-amser o'r Blaid, ac 'roedd yn amlwg ar ei wyneb yr ystyriai imi fod eisoes yn llawer rhy hir yn Lloegr, a bod fy nghyfraniad, ar ôl etholiad 1964, yn brin o'i ddisgwyliadau. Fe'm hanfonodd allan i ganfasio o amgylch tref Caerfyrddin.

Teimlais ar unwaith fod yr etholiad yn wahanol i unrhyw beth a brofais o'r blaen. Ers yr Etholiad Cyffredinol ym Mawrth, 'roedd pethau wedi chwerwi tuag at Lafur, a phroblemau economaidd yn dechrau cymylu'r gorwel. Ac er bod eu hymgeisydd, Gwilym Prys Davies (bellach yr Arglwydd Prys Davies) cystal cenedlaetholwr â neb yn y Blaid Lafur, 'roedd ar dir dieithr, y gwynt yn ei erbyn, a'r llanw'n dechrau troi tuag at Gwynfor.

Pan ddychwelais i'r swyddfa i adrodd fy mhrofiad wrth Elwyn, 'roedd ei lais a'i oslef wedi newid. Mewn islais anghyffredin ō dawel, bron yn ofnus am wn i, dywedodd fod yr un adroddiadau yn dod yn ôl o bobman yn yr etholaeth a'i fod yn credu o ddifri fod gan Gwynfor siawns o ennill. Dychwelais i Lundain yn dyheu am weld y diwrnod pleidleisio yn cyrraedd, sef y dydd Iau canlynol, 14 Gorffennaf, diwrnod cwymp y Bastille.

Cefais wybod y canlyniad hanesyddol ar newyddion un o'r gloch y bore ar Radio 2; recordiais y bwletin nesaf am ddau o'r gloch y bore, er mwyn sicrhau bod fy nghlustiau wedi clywed yn gywir. Mae'r recordiad gennyf o hyd, er bod problem bellach o gael peiriant i'w droi! Y canlyniad oedd:

Gwynfor Evans (Plaid Cymru) 16,179
Gwilym Prys Davies (Llafur)..........................13,743
H. Davies (Rhyddfrydwr)................................ 8,615
S. J. Day (Ceidwadwr)................................... 2,934

Mae'n debyg fod pob cenedlatholwr gwerth ei halen yn cofio lle 'roedd pan glywodd y newyddion, fel mae'r rhan fwyaf yn cofio lle 'roeddynt pan glywsant am lofruddiaeth Kennedy. Mae'r straeon yn frith am y dathlu a fu'r noson honno, yn arbennig i'r rhai ffodus hynny a oedd yno, ac a all ddweud: 'Wyt ti'n cofio Sgwâr Caerfyrddin . . .?

Fore trannoeth, yn yr oriau mân, cerddwn ar gymylau i ffatri Ford yn Dagenham. 'Roeddwn i, fel miloedd eraill, yn gwireddu geiriau Gwynfor pan ddywedodd fod pobl yng Nghymru y diwrnod hwnnw yn cerdded â'u cefnau ychydig yn sythach a'u pennau ychydig yn uwch. Ac felly hefyd yn Dagenham!

Am ryw reswm nad yw hyd heddiw yn gwbl glir i mi, cefais y fraint a'r cyfrifoldeb o drefnu'r croeso yn Llundain ar gyfer Gwynfor. Tybiais, yn ddigon naturiol, mai yn neuadd Cymry Llundain y byddai croeso o'r fath. Gan fy mod ar y pryd yn gweithio rhan amser gyda Chymdeithas Cymry Llundain credwn na fyddai unrhyw broblem o safbwynt trefnu. Ond er mawr syndod imi, cefais ar ddeall gan yr ysgrifennydd fod achlysur o'r fath yn un 'gwleidyddol', ac na fedrai roddi caniatâd i mi. Byddai'n rhaid i mi holi'r ymddiriedolwyr. Gwneuthum hynny, a chefais yr un ateb sarrug, diddychymyg, anghynnes, pathetig.

Penderfynais yn y fan a'r lle fod fy nghyfnod o weithio dros Gymry Llundain ar ben.

Euthum ati i drefnu'r croeso i Gwynfor mewn ystafelloedd wrth ymyl gorsaf Baker Street, y Chiltern Rooms, a threfnais hefyd fod rhai i'w gyfarfod yn Paddington, gan gynnwys pibydd o'r Alban. Fel y digwyddodd, daeth cannoedd i'r orsaf, a chlywid Hen Wlad fy Nhadau'n atseinio yno er syndod i deithwyr swbwrbaidd Llundain. Oddi yno aeth car â Gwynfor a Rhiannon Evans i'r derbyniad yn Baker Street. 'Roedd yn noson i'w chofio, gydag Elinor yn canu penillion croeso gyda'r delyn, y geiriau gan Hafina Clwyd. Trefnais iddynt aros yn y Strand Palace dros nos, a thrannoeth cymerodd Gwynfor ei sedd yn Nhŷ'r Cyffredin, yng ngŵydd un o'r torfeydd mwyaf a welwyd erioed ar achlysur o'r fath. Casglodd mintai fawr wrth y Brif Fynedfa, i ddangos i'r byd na cherddai aelod seneddol y Blaid lwybr unig y tu allan i'r Senedd, pa beth bynnag a'i disgwyliai oddi fewn. 'Roedd pennod newydd yn agor, i Gwynfor, i'r Blaid, i Gymru — ac i minnau.

Yn sgîl buddugoliaeth Gwynfor 'roedd yn amlwg fod yn rhaid bwrw ati i'w helpu gyda pha beth bynnag a ellid er mwyn yr achos. Un o'r pethau amlycaf y gellid eu cyflawni yn Llundain fel y crybwyllais eisoes oedd gwaith ymchwil. Dywedodd Gwynfor ar unwaith y byddai'n ddiolchgar am unrhyw help. Felly newidiwyd y syniad gwreiddiol o greu 'Sefydliad Ymchwil' i fersiwn mwy addas i'r amgylchiadau newydd, sef sefydlu 'Grŵp Ymchwil Plaid Cymru'.

Ar y pryd, 'roedd Phil Williams yn fyfyriwr ymchwil

ym Mhrifysgol Caergrawnt, yn ddigon agos i deithio i Lundain pan oedd angen. Yn y ddinas ei hun, yn cwblhau ei radd yn y *London School of Economics* 'roedd bachgen ifanc o Gaerdydd a ddysgodd Gymraeg fel ail iaith. Dafydd Williams oedd hwnnw, ac 'roedd yn aelod o'r grŵp ymchwil cyntaf a sefydlwyd. Prin y meddyliwn ar y pryd y byddai o fewn ychydig flynyddoedd yn Ysgrifennydd Cyffredinol y Blaid.

Un arall a ymunodd â ni oedd bachgen o'r pentref agosaf i mi yn y Bontnewydd, sef y Dr Gareth Morgan Jones, gynt o Rostryfan, sy'n awr yn athro ym Mhrif- ysgol Alabama. Ni welswn mohono ers blynyddoedd nes ei gyfarfod ar Orsaf Paddington yn disgwyl am drên Gwynfor. Bu Gareth wedyn am gyfnod yn gweithio amser llawn i'r Blaid yng Nghaerdydd ac yn ymgeisydd seneddol yn Aberdâr, lle cafodd 30% o'r bleidlais, y canran uchaf a gafodd y Blaid erioed yn y sedd seneddol honno.

Myfyriwr arall, yn astudio am Ph.D. ym Mhrifysgol Llundain, oedd Eurfyl ap Gwilym o Aberystwyth. Cyfrannodd yntau'n sylweddol at waith y Blaid. Yn ddiweddarach fe ddaeth yn gadeirydd cenedlaethol y Blaid, ac yn ymgeisydd ym Merthyr Tudful. Bu am gyfnod yn un o brif swyddogion cwmni *General Electric* ym Mhrydain, ac erbyn hyn mae'n bennaeth cwmni rhyngwladol arall.

'Roedd yn y Grŵp Ymchwil felly nifer o bobl ifanc talentog, wedi eu denu i'r Blaid gyda'r llanw o bobl ifanc a ddaeth i'w rhengoedd yn y chwedegau yn sgîl buddugoliaeth Gwynfor. Pobl fel Roderic Evans, Treforus a Keith Bush, bellach o Gaerdydd, y ddau heddiw yn fargyfreithwyr llwyddiannus; John Lewis, sy'n brynwr olew *British Airways*; Dr Dafydd Walters sy'n feddyg ysbyty; a rhai eraill, mewn swyddi uchel yn y byd cyhoeddus, na hoffent, efallai, i mi grybwyll eu henwau!

Ond mae'n addas beth bynnag cyfeirio at ddau arall a ddaeth i'n plith y pryd hwnnw. Bachgen ifanc o Lynebwy oedd un, myfyriwr ym Mhrifysgol Llundain. Pan ymunodd â ni, 'roedd yn gwbl ddi-Gymraeg ond yn ystod cyfnod o dri mis ym 1967, llwyddodd i ddysgu'r Gymraeg mor rhugl nes ei fod yn mynnu cynnal pob sgwrs â ni yn yr iaith. Ond er i ni sylweddoli ar y pryd ei fod yn ieithydd o fri, go brin y breuddwydiem y byddai'n Brifardd o fewn ychydig flynyddoedd. Ei enw oedd Robat Powel, bardd y gadair yn Eisteddfod Genedlaethol y Rhyl, 1985!

'Roedd y llall yn ŵr mor wahanol ag y gellid ei ddychmygu. Yr unig beth yn gyffredin rhyngddynt oedd eu bod yn ddi-Gymraeg. Daeth Brian Morgan Edwards i gysylltiad â'r Grŵp Ymchwil wedi iddo anghydweld â'r Torïaid ynglŷn â'u polisi ar Rhodesia. Ef a sefydlodd yr *Hyde Park Tories*, grŵp o Geidwadwyr ymosodol, a'u henw'n tarddu o'u parodrwydd i bregethu gwleidydd-iaeth o ben bocs sebon yn Hyde Park. Ar un achlysur siaradodd yno yn ddi-dor am bum awr, a bu'n herio Comiwnyddion yno sawl tro. 'Roedd yn gyn-lywydd myfyrwyr y *London School o Economics* a bu'n ymgeisydd Torïaidd yn Hackney ar gyfer Cyngor Llundain ym 1961.

Daeth Brian atom ar ôl iddo ysgrifennu at Gwynfor yn y Senedd. Ni wyddai'r Llywydd yn union sut i ddelio â chreadur mor gwbl wahanol i unrhyw beth a welwyd cynt (nac wedyn o bosibl) o fewn y Blaid! Felly cyfeiriodd Gwynfor ef ataf fi i weld a allai gyfrannu at waith y Grŵp Ymchwil. Wedi'r cyfan, 'roedd ganddo radd Economeg o'r LSE, ac os oedd heb Gymraeg fe siaradai Eidaleg yn rhugl. Yn wir 'doedd ei acen yn dangos yr un rhithyn o Gymreictod. Deuai ei rieni o Gaerdydd ac Abertawe ond yn Nyfnaint y magwyd ef.

Cyfarfûm ag ef ryw nos Fawrth yn gynnar ym 1967. Dim ond y fo a fi. 'Roedd ef ar y pryd yn un o werthwyr cyfrifiaduron mwyaf llwyddiannus Prydain ac yn teithio'r byd yn helaeth. Y gwanwyn hwnnw bu yn Chicago ac ar ymweliad â Rhodesia lle cyfarfu â'r Prif Weinidog Ian Smith. Mewn ychydig wythnosau llwyddodd i gyrraedd ei darged blwyddyn o werthu gwerth miliynau lawer, ac felly 'roedd ganddo amser ar ei ddwylo *'to help sort out this party of yours'!*

Buom yn trafod y Blaid am ryw dair awr. Bu'n rhaid i mi esbonio'r pethau mwyaf elfennol iddo am y Blaid ac am Gymru fel gwlad, gan mor brin oedd ei wybodaeth amdanynt. Ar ddiwedd y noson, cododd o'i gadair gan ddatgan:

'Right, you're on! I'll join your crowd, and from what you've just said, I should be coming in at number four or five!'

Gallwn ysgrifennu llyfr o hanes 'BME' yn y Blaid, er na wn ond am gyfran fechan o'i weithgareddau. Cymerodd amser maith iddo ddod i arfer â'r Blaid a'i meddylfryd — ac efallai amser hwy na hynny i rai Pleidwyr ddod i ddygymod ag ef. Ond pa mor ddadleuol bynnag ei safbwynt a'i ragfarnau, a pha mor gwbl ddiflewyn-ar-dafod ei fynegiant ohonynt, teg yw nodi iddo roi amser ac arian sylweddol iawn i hybu'r achos. Bu'n ymgeisydd seneddol ddwywaith a bu hefyd yn allweddol ei help i sefydlu nifer o fentrau yng Nghymru, gan gynnwys cwmni recordiau Sain, Cymdeithas Tai Gwynedd a chwmni cynhyrchu Triban. Bu am gyfnod yn ŵr busnes ym Milan, ac mae'n awr wedi ymddeol ac yn byw ger Pwllheli. Byddai'n deg cyfaddef na wnaeth lawer o waith ymchwil i'r Grŵp ond nid dyna ei steil! Fe wnaeth gyfraniad unigryw i'r Blaid, serch hynny.

Bu'r Grŵp Ymchwil yn weithgar iawn yn y cyfnod rhwng 1966 a 1970. Fe'i gweinyddid gan nifer fechan ohonom yn Llundain, rhyw ddwsin ar y mwyaf. Byddem yn cyfarfod bob nos Lun mewn swyddfa fechan a feddai'r Blaid ger Clerkenwell Road. Crewyd tri rhwydwaith sylfaenol gan y Grŵp.

Y rhwydwaith cyntaf oedd arbenigwyr, llawer ohonynt yn Gymry a weithiai mewn prifysgolion neu ym myd diwydiant yn Lloegr. 'Roedd ganddynt wybodaeth arbenigol ar faterion o bwys i'r byd gwleidyddol. Wedi creu'r cysylltiadau, gallem droi atynt ar fyrder pan godai materion astrus i'w trafod.

Sefydlwyd ail rwydwaith i gadw llygad ar y papurau newydd — y rhai lleol yng Nghymru yn ogystal â'r rhai cyffredinol a chyfnodolion. Buom yn cadw ffeiliau o doriadau o'r papurau hyn, y cyfan wedi eu cofnodi ar gardiau indecs. Bu dwsinau o Bleidwyr, ledled Cymru, wrthi'n ddyfal yn ein bwydo â phecynnau wythnosol o bytiau o'r papurau. O'r gwaith hwn, datblygwyd disgyblaeth i gadw llygad barcud ar yr hyn oedd yn digwydd, agwedd y wasg a'r cyhoedd tuag atom fel plaid, a'r gallu i fwydo gwybodaeth i'r rhai o fewn y Blaid a ddylai fod yn gweithredu'n wleidyddol.

Y trydydd rhwydwaith oedd y rhai a fanteisiai ar ganlyniad ein gwaith. Cynhyrchwyd dwsinau o gwestiynau seneddol i Gwynfor, a bûm innau'n mynd heibio i'r Senedd yn gyson, gan amlaf ar nos Fawrth, i drosglwyddo ffrwyth ein gweithgarwch iddo. Anfonem hefyd bapurau ymchwil, ystadegau a dyfyniadau defnyddiol i'n hymgeiswyr, cynghorwyr a llefarwyr, yn ogystal ag i'r *Ddraig Goch* a'r *Welsh Nation*. Cyhoeddwyd nifer o astudiaethau a phapurau trafod gan y Grŵp Ymchwil, cynhaliwyd seminarau ar wahanol bynciau a lluniwyd cynigion ar gyfer Cynhadledd y Blaid.

Y gwaith pwysicaf a gyflawnwyd gan y Grŵp oedd llunio 'Cynllun Economaidd i Gymru', a gyhoeddwyd ym Mai 1970. Daeth aelodau'r Grŵp i weithredu'n fwyfwy canolog yng ngwaith gwleidyddol y Blaid yn genedlaethol, a bûm innau am gyfnod yn Gyfarwyddwr Ymchwil y Blaid. Sefydlu'r Grŵp Ymchwil a chyfarwyddo'r gwaith oedd fy mhrentisiaeth wleidyddol. Dysgais werth gwneud fy 'ngwaith cartref', gwers hanfodol i bob gwleidydd sydd o ddifri.

Chwyldro'r Chwedegau

Is-etholiad Caerfyrddin oedd y cyntaf o nifer o is-etholiadau hanesyddol. Bu rhai eraill yn yr Alban yn ogystal â Chymru, a weddnewidiodd wleidyddiaeth y ddwy wlad. Ar 3 Rhagfyr 1966 bu farw aelod seneddol Gorllewin y Rhondda, y diweddar Iori Thomas. Y pryd hwnnw 'roedd dwy sedd i'r Rhondda — y Gorllewin, yn cyfateb yn fras i'r Rhondda Fawr, a'r Dwyrain i'r Rhondda Fach. Gwyddwn ar unwaith mor dyngedfennol fyddai'r is-etholiad. Pe bai'r Blaid yn 'sgorio'n' wael, gellid anghofio Caerfyrddin fel rhyw 'sioe un dyn', ond pe bai'r Blaid yn gallu cipio'r sedd, gallai hynny ysgubo drwy'r Cymoedd gan ddisodli'r Blaid Lafur o'i chadarnleoedd Cymreig.

'Roedd i Blaid Cymru ei gwreiddiau yn y Rhondda, er mai prin fu ein llwyddiant yno hyd hynny. Dyma, serch hynny, gynefin rhai o hoelion wyth y Blaid yn y dyddiau cynnar, pobl fel Fred Jones, Treorci, taid Dafydd Iwan, a Morris Williams. Trigai H. W. J. Edwards yn Nhrealaw, cenedlaetholwr Cymreig o anian Doriaidd (os yw'r fath gyfuniad yn bosibl). Bu'n cyfrannu erthyglau cyson i'r *Liverpool Daily Post* yn y pumdegau, ysgrifau a barodd i mi feddwl llawer. Cefais ei gyfarfod am y tro cyntaf yn ystod ymgyrch yr is-etholiad.

Dyma hefyd gynefin Kitchener Davies, a fu flynyddoedd ynghynt yn pregethu achos Cymru ar gorneli'r strydoedd ym mhob rhan o Gwm Rhondda ac yn arbennig ar Sgwâr y Pandy. Parhâi'r sôn bryd hynny am y digwyddiad yn ysgol uwchradd Pentre, drannoeth llosgi'r Ysgol Fomio ym 1936. 'Roedd rhai o'r athrawon yno yn ei wawdio, ac meddai un ohonynt, gan gyfeirio at y llosgwyr: *'And I'll bet that the matches they used were "England's Glory".'* Cafodd ateb a'i lloriodd: *'No,'* meddai Kitch ar drawiad, *'They were "Pioneer".'*

Ond er i'r Blaid fod wrthi'n ddigon dygn am flynyddoedd, a chymeriadau megis Glyn James, Ferndale wedi cymryd yr awenau oddi ar genhedlaeth Kitchener Davies, nid oeddem wedi llwyddo i fod yn fygythiad gwleidyddol yn y Rhondda. Hwn oedd ein cyfle.

Gan fod y Grŵp Ymchwil eisoes yn gweithio ar lefel seneddol gyda Gwynfor Evans, 'roeddem yn ddigon hurt i dybio bod gennym hawl i roddi'n trwynau yn y brywes etholiadol, ac i gynorthwyo i lunio'r ymgyrch. O edrych yn ôl, 'roedd hyn yn beth hynod bowld ar ein rhan, a ninnau ond prin wedi ein sefydlu ein hunain! Ta waeth, aethom ati, beth bynnag. Y peth cyntaf oedd dewis ymgeisydd, mater a oedd yn bennaf yn gyfrifoldeb lleol mewn gwirionedd. Mae'n wir i mi bwyso'n galed ar Phil Williams i sefyll, a bu crybwyll enwau eraill, gan gynnwys Wynne Samuel, Illtyd Lewis a Chris Rees ond yn y diwedd, dewiswyd dyn lleol — Vic Davies, Treorci, a oedd wedi sefyll yn yr Etholiad Cyffredinol ym Mawrth, 1966. Gwnaed hyn yn rhannol oherwydd y disgwylid i Lafur ddewis ymgeisydd o'r tu allan i'r Cwm, rhywun fel Gwyn Morgan, a oedd ar y pryd yn ddirprwy Ysgrifennydd Cyffredinol y Blaid Lafur yn Llundain. Gallai ymgeisydd lleol fanteisio'n fawr ar hynny mewn sedd fel y Rhondda, a'i chymuned glós, yn arbennig mewn is-etholiad. Gallem ddefnyddio'r slogan *'Vote Vic Davies, the man you know and trust!'*

Teimlem yn bur hyderus, yn sgîl buddugoliaeth Gwynfor lai na blwyddyn ynghynt, y gallai'r Blaid wneud ei marc y tro hwn, yn enwedig gan fod y Llywodraeth Lafur yn mynd drwy gyfnod digon amhoblogaidd. Credem y deuai pleidlais brotest sylweddol i'n rhan ond fod perygl ei chwalu, pe bai'r Rhyddfrydwyr neu'r Comiwnyddion yn llwyddo i fod yn gredadwy.

Cafwyd ar ddeall fod amheuaeth a fyddai'r Rhyddfrydwyr yn sefyll, oherwydd mai dim ond un ymgeisydd credadwy a feddent. 'Roedd gan hwnnw gysylltiadau agos â'r Cwm, ond ei fod oddi cartref mewn coleg. Clywais yn ddiweddarach, pam, yn ôl chwedloniaeth y cyfnod, y penderfynodd y Rhydd-frydwyr beidio â sefyll. Yn ôl y stori, cymerodd un o gefnogwyr y Blaid y mater i'w ddwylo ei hun. Cododd y ffôn i siarad ag un o arweinwyr y Rhyddfrydwyr, gan gymryd arno mai'r cyfaill o'r coleg oedd yn galw. Dywedodd iddo glywed y crybwyllid ei enw ar gyfer y sedd, ond nad oedd ganddo unrhyw ddiddordeb mewn ymgeisio! 'Wn i ddim a glywodd y cyfaill yn y coleg hyd heddiw am yr alwad ffôn, nac ychwaith a oedd arno awydd sefyll etholiad ai peidio. 'Wn i ddim ychwaith ai cywir yr hanesyn. Y mae pob etholiad yn magu ei chwedloniaeth! Er gwell, er gwaeth, ni ddaeth neb o blith y Rhyddfrydwyr i'r maes.

Gwaith cychwynnol penodol y Grŵp Ymchwil oedd llunio holeb fanwl ar gyfer yr etholiad. Gwnaed hyn mewn cydweithrediad â Cennard Davies, cynrych-iolydd Vic Davies. Dyma'r tro cyntaf i mi gael cyfle i adnabod Cennard a Mary Davies, Treorci, a fu'n gymaint o gefn i Gymreictod y Cwm dros y blynyddoedd, yn enwedig yn y frwydr dros addysg Gymraeg a oedd ar gynnydd yn y chwedegau. Bu Cennard yn gawr o gynrychiolydd, ei frwdfrydedd yn afieithus, a'i gred yn ddi-sigl yn y Rhondda a'i phobl. Byddai wedi gwneud ymgeisydd penigamp ei hun yn yr is-etholiad. Bu'n drefnydd ardderchog i Vic Davies.

Trefnwyd y pôl barn ar ddydd Sadwrn, yn Ionawr 1967, gan holi pobl ar y strydoedd ym mhob rhan o'r Cwm. Cafwyd canlyniadau hynod o ddifyr. Holwyd 500 o bobl gan dîm o aelodau ifanc y Blaid, a geisiai eu gorau glas i beidio ag edrych fel cenedlaetholwyr! Aeth aelodau'r Grŵp Ymchwil ati dros nos i ddadansoddi'r canlyniadau er mwyn i'r pwyllgor ymgyrch gael arweiniad ar gyfer themâu'r etholiad fore trannoeth.

Bu'r wybodaeth a ddeilliodd o'r holeb yn hynod o werthfawr. Dangosai:

★ Mai dim ond 7% a fyddai'n pleidleisio i'r Blaid ond y byddai cynifer â 41% yn fodlon gwneud hynny pe credent fod gan y Blaid siawns o ennill.

★ Fod cynifer â 60% yn cefnogi Senedd i Gymru.

★ Fod y Blaid Lafur yn syndod o amhoblogaidd, ond Harold Wilson (y Prif Weinidog ar y pryd) yn eithaf poblogaidd fel arweinydd.

★ Fod teimlad angerddol ynglŷn â'r modd y dirywiodd Cwm Rhondda.

'Roedd y wybodaeth hon yn allweddol bwysig. Aed ati i ymosod ar Lafur, ond nid ar Wilson; i uniaethu â dyfodol y Cwm (*'Make Rhondda Great Again!'*), ac yn bennaf oll, i greu'r ymwybyddiaeth fod gan y Blaid siawns o ennill.

Bûm innau, a'r cyfeillion o'r Grŵp Ymchwil yn Llundain, i lawr yn y Rhondda bob penwythnos, gan ddadlwytho llond car o lafnau ifanc ar Cennard a Mary Davies yn hwyr bob nos Wener. 'Roedd eu cartref fel gwesty, cyn i ni droi'n ôl am Lundain yn hwyr brynhawn Sul. Dysgais lawer am wleidyddiaeth De Cymru wrth ganfasio o ddrws i ddrws yn y Rhondda Fawr — pob pentref o Flaen-cwm i Donypandy — ac wrth gymdeithasu â'r trigolion ar nos Sadwrn.

Gwelais harddwch y Cwm, teimlais gynhesrwydd y bobl a'u Cymreictod greddfol, sicr. Deallais lawer mwy hefyd am wreiddiau eu sosialaeth. Yr oedd llawn cymaint ohono yn tarddu o'r Beibl ac o synnwyr cynhenid am 'chwarae teg' ag ydoedd o Karl Marx. Deuthum i sylweddoli mor ddwys oedd eu hofn gwirioneddol y deuai diweithdra'n ôl. Parhâi rhai o'r pyllau glo i weithio, ond o dan fygythiad. Mawr oedd y sialens i gael gwasanaethau teilwng i'r Cwm a fu'n dioddef caledi a thlodi cyhyd. Dysgais am gysylltiadau lawer ag ardaloedd y chwareli gan i gynifer o deuluoedd ymfudo o Wynedd i'r Rhondda fel y sonnir yng ngweithiau T. Rowland Hughes. Yn awr wele'r Cwm ei hun yn wynebu chwalfa arall.

Cymerais egwyl o'r gwaith yn ystod dyddiau olaf yr ymgyrch i bregethu ar gorn siarad ar hyd y Cwm. Bûm wrthi mor aml nes mae'r geiriau'n dal yn fy nghof:

'*History is being created in this valley on Thursday! From Blaen-cwm to Tonypandy, thousands of people are swinging to Plaid Cymru. Be part of that history, and join the big swing to Plaid Cymru! Make Rhondda Great Again! Vic Davies, the man you know and trust, can win on Thursday! With your help he WILL win and open a new exciting chapter in the political history of this valley, and wake up London to the needs of Wales!'*

. . . ac yna ailadrodd eto, fel tiwn gron!

'Roedd y sloganau hyn yn bur arwynebol. Prin eu bod yn cynnwys yr un neges ddofn ag a glywid yn is-etholiad Caerfyrddin. Ond 'roeddynt yn cydweddu â'r neges a gawsom o'r pôl barn, a ddangosai botensial aruthrol yr etholaeth.

Adroddais gymaint ar y geiriau hyn dros bum diwrnod diwethaf yr ymgyrch, nes i'm llais lwyr ddiflannu erbyn y noson olaf. Yn wir, 'roeddwn wedi diffygio'n lân, yn sâl drwy'r nos, ac yn methu â gwneud dim yn y bwth yn Nhonypandy lle ceisiwn weithio am saith fore trannoeth. 'Roedd David a Mair Davies, Tonypandy, fy lletywyr am yr wythnos, yn poeni amdanaf, ond erbyn hanner dydd 'roeddwn yn ôl ar y ffordd, a'm llais fel crawc llyffant.

Achlysur i'w gofio y rhawg fu'r cyfarfod mawr olaf yn neuadd Park and Dare, Treorci. 'Roedd y lle o dan ei sang, — rhyw 1,200 o bobl yno, a 200 arall wedi methu â chael mynediad. Areithiwyd gan Illtyd Lewis, Meredith Edwards a Gwynfor Evans, ac erbyn i Vic Davies esgyn i'r llwyfan, 'roeddwn yn dechrau credu fod gwyrthiau ar ddigwydd.

Ysywaeth nid felly y bu. Ond fe gafwyd canlyniad a wasgodd ddigon ar wynt y Blaid Lafur i beri iddynt sylweddoli nad seren wib oedd canlyniad Caerfyrddin.

Y ffigurau, (gyda rhai'r Etholiad Cyffredinol mewn cromfachau) oedd:

	1967	1966
Alec Jones (Llafur)	12,373	(19,060)
Vic Davies (Plaid Cymru)	10,067	(2,172)
Arthur True (Comiwnydd)	1,723	(1,853)
Gareth Neale (Tori)	1,075	(1,955)
Mwyafrif	2,306	(16,888)

'Roedd canran y Blaid yn 39.9%, o fewn trwch blewyn i'r hyn yr oedd y pôl wedi ei ddarogan a fyddai'n bosibl, sef 41% chwi gofiwch. 'Roeddwn innau wedi darogan y byddai 10,000 yn ddigon i ennill; ond 'doedd o ddim, oherwydd i ni wasgu gymaint ar y pleidiau eraill. Er na chafwyd buddugoliaeth, 'roedd bron iawn cystal â bod. I Vic Davies, a gafodd gryn fraw at ddiwedd yr ymgyrch wrth feddwl y byddai'n gorfod wynebu San Steffan, efallai mai dyma'r canlyniad gorau posibl!

Golygai hefyd fy mod innau wedi blasu gwleidyddiaeth go-iawn. Dyma'r tro cyntaf i mi fod ynghanol llunio ymgyrch a ddaeth o fewn trwch blewyn i ennill. Dyma hefyd fy mhrofiad cyntaf o wleidydda yn y Cymoedd. Gallem, fel Grŵp Ymchwil, honni ein bod o leiaf wedi helpu i gynllunio a chynllwynio ymgyrch eithaf llwyddiannus, un a barodd y dychryn mwyaf i'r Blaid Lafur yng Nghymoedd y De ers blynyddoedd. Yn ddiweddarach y flwyddyn honno cyfeiriodd y *Western Mail* at yr ymgyrch hon, wrth adrodd am fy enwebiad yn ymgeisydd ym Meirionnydd: *'Plaid choose shock plotter'*. Parhâi'r sôn am ddigwyddiadau cofiadwy isetholiad Rhondda Fawr!

★ ★ ★

Tyfodd yr SNP, plaid genedlaethol yr Alban, ochr yn ochr â Phlaid Cymru yn ystod y chwedegau. Mae llawer o debygrwydd yn hanes y ddwy blaid. Sefydlwyd Plaid Cymru ym 1925, a phlaid yr Alban ym 1927. Bu'r cyfnod cyn y rhyfel yn anodd i'r ddwy, gyda chryn dipyn o ymrannu mewnol yn y naill a'r llall. Tua diwedd y rhyfel, dangosodd y ddwy blaid arwydd o dyfiant a'r gallu i fygwth y sefydliad gwleidyddol yn y ddwy wlad. Cafwyd canlyniadau da i Blaid Cymru yn is-etholiad sedd seneddol Prifysgol Cymru, pan ddaeth Saunders Lewis o fewn 1,768 i ennill. Ac yn Ebrill, 1945 enillodd Dr Robert McIntyre sedd Motherwell dros yr SNP.

Yn ystod y pumdegau bu tyfiant cyffelyb ym mhleidlais y ddwy blaid mewn Etholiadau Cyffredinol:

	Plaid Cymru		Plaid yr Alban	
1950	17,580	(1.2%)	9,708	(0.4%)
1955	45,119	(3.1%)	12,112	(0/5%)
1959	77,571	(5.2%)	21,738	(0.8%)
1964	69,507	(4.8%)	64,044	(2.4%)
1966	61,071	(4.3%)	128,474	(5.0%)

'Roeddwn eisoes wedi cyfarfod ag un cyfaill o'r SNP yng Nghynhadledd Plaid Cymru ym Machynlleth ym 1965. Gordon Wilson oedd ei enw, cyfreithiwr ifanc o Paisley a etholwyd ychydig cyn hyn yn Ysgrifennydd Cenedlaethol Mygedol ei blaid. Ef oedd cynrychiolydd yr SNP ym Machynlleth. Bu'n gyfarfyddiad hynod o bwysig i mi, gan i ni ill dau gael ein hethol yn aelodau seneddol ar yr un diwrnod ym 1974. Ac yn ddiweddarach, daethom ein dau yn arweinyddion ein pleidiau. Buom yn gyd-aelodau hyd 1987, pan gollodd Gordon ei sedd yn Dundee — colled aruthrol i'r SNP. Yr ydym yn cadw cysylltiad hyd heddiw.

Un gyda'r nos yn ystod Cynhadledd Machynlleth bu un cyd-ddigwyddiad digon doniol pan oeddem yn mwynhau egwyl ac yn ymlacio wedi gwleidyddiaeth y dydd. Wrth i Ioan Roberts, Gordon a minnau sgwrsio am hyn a'r llall, digwyddodd Ioan ddweud: *'You know, Gordon, you're only the second live Scottish Nationalist I've ever met. The first was this lovely girl I met in Ireland hitch-hiking a couple of years ago . . . her name, if I remember, was Edith Hassall . . . we had a lot of fun . . .'* Gwelwn wyneb Gordon yn tywyllu, a thorrodd ar draws Ioan cyn iddo gael cyfle i ymhelaethu dim ar yr 'hwyl'. Meddai'n syml: *'She's my wife!'*

Ym 1967, ar yr un diwrnod â llwyddiant y Blaid yn y Rhondda, cynhaliwyd is-etholiad yn sedd Pollock yn Glasgow. Cafodd yr SNP bleidlais arbennig o dda, o ystyried lleoliad yr etholaeth yng nghanol Glasgow. Enillodd eu hymgeisydd, George Leslie, 10,884 pleidlais, sef 28.2%, er gwaetha'r ffaith fod yr etholiad yn un clós rhwng Tori a Llafur. 'Roedd y deffroad cenedlaethol yng Nghymru yn cael ei adlewyrchu yn yr Alban. Yn y cyfnod hwn, cafodd Gwynfor Evans groeso aruthrol mewn cyfarfodydd yno. Yn ôl Mrs Margaret Ewing, sydd bellach yn arweinydd seneddol yr SNP, gwrando ar Gwynfor yn annerch yn Glasgow a'i darbwyllodd i ymuno â'r SNP. Bu'n gyd-ddigwyddiad hapus. O fewn saith mlynedd, 'roedd hi a Gwynfor yn gyd-aelodau yn y Senedd.

Yn ddiweddarach ym 1967 bu farw aelod seneddol Hamilton, sedd Lafur ddiogel un o ardaloedd diwydiannol yr Alban. Dewisodd yr SNP fargyfreith-wraig ifanc drawiadol a galluog, sef Mrs Winnifred

Ewing yn ymgeisydd. (Mae Margaret Ewing yn ferch yng nghyfraith iddi bellach). Daeth Winnie i Gynhadledd Plaid Cymru yn Nolgellau yn ystod haf 1967, a thraddododd araith gofiadwy. Cyflwynwyd torch o rug iddi, ac wrth ei derbyn, trodd at Gwynfor gan ddweud, *'Before this heather fades, I shall be with you at Westminster!'*

Geiriau dewr, fe dybiem, o gofio faint o gamp a fyddai ennill sedd mor anodd. Bu'r is-etholiad ar 2 Tachwedd 1967, a dyma'r canlyniad:

Winnifred Ewing (SNP)...................................18,397
A. Wilson (Llafur) 16,598
I. Dyer (Tori) 4,986

'Roedd Winnie Ewing wedi cadw ei gair, ac wedi ymuno â Gwynfor, gan ennill 46% o'r bleidlais. Agorodd hyn gyfnod newydd o gydweithio rhwng Plaid yr Alban a Phlaid Cymru, gan fod i'r ddwy blaid un aelod yr un yn y Senedd, a'r ddwy blaid yn dangos arwyddion cyffelyb o dyfiant hefyd. Fel rhan o'm gwaith ymchwil dros y Blaid, deuthum i gysylltiad â'r SNP yn Llundain ac yn yr Alban a bûm yn cydweithio'n agos â swyddog ymchwil cyflogedig yr SNP, Donald Bain, ar gynlluniau economaidd i'r ddwy wlad.

Dros y Sulgwyn 1968, euthum am y tro cyntaf fel cynrychiolydd swyddogol Plaid Cymru i Gynhadledd Flynyddol yr SNP yn Oban. Bu'n brofiad gwefreiddiol, oherwydd dyma'u cynhadledd gyntaf ers buddugoliaeth Winnie Ewing. 'Roedd hi fel diwygiad yno. 'Roedd hefyd yn ddifyr, gan fod arweinydd radical newydd yn dod i'r amlwg, sef Billy Wolfe, un a feddai syniadau pellgyrhaeddol ar faterion economaidd, gan gynnwys democratiaeth ddiwydiannol, maes agos iawn i'm calon. Ar y pryd dehonglid ethol Billy Wolfe yn Gadeirydd Cenedlaethol yr SNP fel gogwydd i'r chwith i'w blaid ac yn rhywbeth i'w groesawu gan Blaid Cymru, gan y byddai'n dod â'r ddwy blaid yn nes at ei gilydd.

Felly, fe'm syfrdanwyd pan ddarllenais erthygl olygyddol y *Glasgow Herald*, ar ail fore'r Gynhadledd, o dan y pennawd 'Mac-Marx'. Ceisiai bardduo syniadau Wolfe a'r SNP drwy honni eu bod yn gefndryd i'r Comiwnyddion. Wrth annerch y Gynhadledd yn ddiweddarach y diwrnod hwnnw, cyfeiriais yn benodol at yr erthygl. Dywedais fy mod dan yr argraff fod gennym ni broblemau gyda'r wasg yng Nghymru, ond na welswn ddim byd mor ffiaidd â hyn. Er syndod a llawenydd imi, daeth bonllefau o gymeradwyaeth, ac yn sydyn, cododd y gynulleidfa fel un gŵr. Dyna'r *standing ovation* cyntaf a gefais erioed!

'Roeddwn ar ben fy nigon, deuai cyfeillion ataf i'm cyfarch am weddill y Gynhadledd, a phawb yn mynnu prynu wisgi i mi (er na fûm erioed yn or-hoff o'r cyfryw wenwyn!) Bu'n rhaid imi ddisgwyl hyd ddiwedd y Gynhadledd cyn cael gwybod y gwir — a chael pin go hegar yn fy malchder. Un o fois y BBC a ddywedodd wrthyf: 'Ydach chi'n gwybod paham y bu'n rhaid i ni fanteisio arnoch, ac annog y gynulleidfa i godi ar eu traed i gymeradwyo?' Edrychwn arno'n syn oherwydd nid oeddwn wedi amau am foment fod y peth wedi'i drefnu. Aeth y cyfaill rhagddo i esbonio: 'Fe dorrodd y camera pan oedd Billy Wolfe yn cael ei gymeradwyaeth ef, a gwelsom gyfle, heb ymyrryd yng ngwleidyddiaeth yr Alban, i drefnu un i chwi pe caem hanner cyfle.

Gallem ei ddarlledu fel pe bai'n ymateb i araith Wolfe!'

A dyna i chwi gyw-gwleidydd o Gymro a'r gwynt wedi ei ysgubo o'i hwyliau'n llwyr, heb ddim ond cur pen y wisgi'n atgof! Ond bu'r Gynhadledd o fudd rhyfeddol. Cefais gyfarfod yno â nifer o gyfeillion ardderchog y cedwais gysylltiad â hwy hyd heddiw. Yn eu plith mae rhai a ddaeth yn aelodau seneddol ym 1974, yr un flwyddyn â minnau.

* * *

Pan fu farw Ness Edwards, AS Llafur Caerffili, ar 3 Mai 1968, daeth cyfle a sialens arall i'r Blaid. Y tro hwn, nid oedd unrhyw amheuaeth pwy ddylai fod yn ymgeisydd. 'Roedd Phil Williams wedi ei fagu ym Margoed, yn gyn-ddisgybl o Ysgol Pengam (yr un ysgol â Neil Kinnock, ac yn yr un cyfnod), ac 'roedd eisoes wedi sefyll dros y Blaid am sedd Caerffili yn etholiad 1964, pan gafodd 11% o'r bleidlais. Dyna'r pedwerydd canlyniad gorau i'r Blaid ledled Cymru yn yr etholiad hwnnw.

Bu Phil yn wyddonydd ymchwil yn Labordai Cavendish, Caergrawnt ac 'roedd newydd ei benodi'n ddarlithydd yng Ngholeg y Brifysgol, Aberystwyth. 'Doedd dim amheuaeth nad Phil fyddai'r dewis. Ac felly bu. 'Roedd yr is-etholiad yn gyfle i osod gerbron y byd ddadansoddiad Grŵp Ymchwil y Blaid o anghenion economaidd Cymru, gwaith a wnaed i raddau helaeth o dan arweiniad a dylanwad Phil Williams ei hun. Sylfaen ein cred oedd mai drwy hunanlywodraeth yn unig y gellid gwireddu'r amcanion economaidd hynny. Gallai Phil gyflwyno'r syniadau mewn modd deheuig a pherthnasol i amgylchiadau Cwm Rhymni.

'Roedd cyfarfodydd cyhoeddus y Blaid yn yr ymgyrch yn ddigwyddiadau hynod, yn debycach i seminarau ar broblemau Cymru a'r fro, a Phil yn dadansoddi mewn modd mor dreiddgar fel nad oedd lle i wrthddadlau. Nid ymgyrch 'gwres a chalon' mo hon, fel un y Rhondda, ond yn hytrach cyfle i gyflwyno syniadau newydd mewn modd adeiladol. Nid oedd gan y pleidiau eraill unrhyw ateb; 'roeddynt allan o'u dyfnder.

Hyd y gallaf gofio, un ffrae bersonol a gefais erioed â Phil Williams (er i ni gael sawl dadl wleidyddol boeth dros y blynyddoedd), ac ar drothwy is-etholiad Caerffili y bu'r ffrae fawr. Y testun? Priodoldeb barfau gwleidyddol!

'Roeddwn i ar y pryd — ac i raddau 'rwy'n dal felly — o'r farn nad oedd barf o help yn y byd i'r sawl a geisiai argyhoeddi'r cyhoedd i'w ethol. Rhagfarn? Ie, wrth gwrs! Ond mae rhagfarn weithiau yn dylanwadu ar lawer o'r etholwyr! Credaf fod elfen o ragfarn yn erbyn gwleidyddion barfog ym mhob plaid, ac yn arbennig felly mewn plaid wleidyddol 'eithafol' sy'n ceisio chwyldroi'r gyfundrefn wladol. 'Roedd gan Phil farf, ac ni theimlai'n hapus o gwbl ein bod yn pwyso arno i'w heillio! Yn y diwedd, fe gytunodd, ond daliai'n flin a dihiwmor! A wnaeth hyn unrhyw wahaniaeth i'r canlyniad? 'Wn i ddim. Efallai y byddai barfau gwleidyddol yn rheitiach testun ar gyfer Ph.D. na rhai o'r testunau ymchwil a geir yn ein colegau!

Megis yn y Rhondda, cafwyd pôl barn yng Nghaerffili hefyd, ac unwaith eto sicrhawyd tystiolaeth hynod werthfawr wrth saernïo manylion yr ymgyrch. Gwelwyd eto fod posibilrwydd o ennill tua 40% o'r bleidlais pe gellid perswadio pobl fod gobaith i'r Blaid ennill. Yr oedd digon a hoffai weld y Blaid yn gwneud yn dda. Yma eto fel yn y Rhondda, 'roeddem yn adeiladu ar seiliau a osodwyd gan gewri o genedlaetholwyr — pobl fel H.P. a Lily Richards a Bryn John.

Ond un peth a erys gyda phawb a fu'n ymwneud ag is-etholiad Caerffili yw'r cof am angerdd y cannoedd, onid miloedd, o bobl ifanc a ymgasglodd yno o bob cwr o Gymru ar haf braf i ganfasio ac ymgyrchu. Dyddiad yr etholiad oedd 18 Gorffennaf, dyddiad hynod o gyfleus i fyfyrwyr wedi cwblhau eu harholiadau, a dwy flynedd union ar ôl buddugoliaeth Caerfyrddin. Ni allai'r Blaid Lafur fod wedi ein trin yn well! Pe gofynnid i'r rhai a fu yno restru'r uchafbwyntiau, un ohonynt yn sicr fyddai'r fodurgad fwyaf a welodd Cymru erioed. Ymdroellai ceir am tua phum milltir fel rhyw lysywen fawr i fyny ac i lawr ffyrdd culion y cwm. Mae'r lluniau a dynnwyd o hofrenydd yn dangos nerth y Blaid — neu o leiaf y lefel uchel o berchenogion cerbydau ymhlith ei selogion!

Fy nghyfraniad i ar ddiwrnod yr etholiad oedd gofalu am fwth pleidleisio ym mhentref Nelson, a gwneud hynny o gartref gŵr ifanc a ddysgai Gymraeg. Bu Elinor yno hefyd yn gweithio yn yr un bwth. Dysgais am y tro cyntaf, gan gyfeillion fel Les Lewis, Bargoed sut yn union i hyrwyddo ymgyrch leol mewn sedd lle ceid yr adnoddau a'r bobl wrth law i wneud y gwaith yn drwyadl. Bu'r gwersi'n hynod werthfawr ym Meirion, Merthyr ac Arfon yn y blynyddoedd dilynol. Do, bu is-etholiad Caerffili yn ysgol brofiad i laweroedd o bobl ifanc ein cenhedlaeth.

Pan ddaeth y canlyniad, cafwyd y ganran uchaf i'r Blaid erioed. Dyma'r tro cyntaf inni basio 40% o'r bleidlais:

Fred Evans (Llafur) 16,148 (45.6%)
Phil Williams (Plaid Cymru) 14,274 (40.4%)
R. Williams (Tori) 3,687 (10.4%)
P. Sadler (Rhyddfrydwr) 1,257   (3.6%)
Mwyafrif Llafur 1,874

Dangosai'r etholiad hwn y gallai'r Blaid wneud yn well gyda rhaglen bositif, adeiladol a themâu economaidd nag ar bleidlais brotest yn unig. Dyma ystyriaeth hynod o bwysig os oedd y Blaid i fod yn fwy na seren wib. Dangosodd hefyd y gallai ymgeisydd di-Gymraeg mewn ardal ddi-Gymraeg wneud cystal onid gwell na'r Cymry Cymraeg, ac y gellid ennill pleidleisiau ym maestrefi perchentyol, dosbarth canol newydd Caerffili yn ogystal ag yn y cymoedd glofaol i'r gogledd.

Daeth criw o wynebau newydd gwerthfawr i'r Blaid yn sgîl is-etholiad Caerffili, ac yn eu plith: Phil Bevan, John Taylor, John Gwynne a Lindsay Whittle; rhai a ddeuai'n flaenllaw iawn yn y mudiad yn y blynyddoedd dilynol. Daeth tyfiant aruthrol i'r mudiad ysgolion Cymraeg yng Nghwm Rhymni yn y blynyddoedd wedyn, a phwy a wŷr a fyddai'r Cwm yn barod ai peidio am Eisteddfod Genedlaethol ym 1990, heb ddeffroad 1968? Er nad oedd yr iaith Gymraeg yn amlwg yn yr is-etholiad, 'roedd yn ffactor eithaf pwysig yn yr ymwybyddiaeth o Gymreictod.

Mae hanes Syd Morgan yn troi at y Blaid yn ddigon difyr. Fel Phil Williams, 'roedd yntau hefyd ar un adeg yn aelod o'r Blaid Lafur. Tua chanol y chwedegau cododd Syd Morgan gwestiwn o fewn y Blaid Lafur ynglŷn â sillafiad enw tref Caerffili (neu *Caerphilly* fel yr oedd yn swyddogol). Cafwyd cefnogaeth i newid i'r ffurf Gymraeg gan amryw o gynghorwyr Llafur ac fe'i pasiwyd gan bwyllgor y cyngor lleol. Fodd bynnag, fe'i hataliwyd gan gawcws Llafur y Cyngor trwy berswâd Bob Blundell, un a ddaeth yn ddiweddarach yn ymgyrchydd yn erbyn Datganoli.

Hwn oedd yr hwb terfynol a droes Syd Morgan at y Blaid ac a ddysgodd wers i'r Blaid Lafur fod pris i'w dalu am ei hagwedd tuag at y Gymraeg am ddegawdau. Mae'n wers hefyd y dylai'r Cymry Cymraeg ei chofio, sef fod Cymry di-Gymraeg fel Syd Morgan yn meddu ar ymwybyddiaeth ddofn o bwysigrwydd y Gymraeg a bod hyn yn rhan o'u gwleidyddiaeth. Daeth Syd Morgan yn arweinydd carfan y Blaid ar Gyngor Cwm Rhymni, yn ymgeisydd y Blaid ar gyfer Senedd Ewrop, ac ym 1989, pan oedd yn ymgeisydd seneddol y Blaid yn is-etholiad Pontypridd, gwnaeth argraff ddofn iawn. Mae bellach yn hybu'r chwyldro yn y Rhondda, ac mae ganddo eto ran allweddol bwysig yn y frwydr i ennill y Cymoedd i'r Blaid.

Is-etholiad Caerffili fu'r dystiolaeth gliriaf fod y Blaid yn fygythiad gwirioneddol i afael Llafur ar y Cymoedd. Bu'r gwreiddiau a blannwyd yn yr is-etholiad yn ysbrydoliaeth i bobl ifanc ledled Cymru i ymdaflu i'r frwydr genedlaethol. Bu hefyd yn gyfrwng i osod seiliau yng Nghwm Rhymni ac yn gymorth i adeiladu fframwaith ym myd llywodraeth leol. Yn wir, dyna'r gwahaniaeth mawr rhwng is-etholiad Caerffili â'r un blaenorol yn y Rhondda a'r un diweddarach ym Merthyr ym 1972.

Yng Nghaerffili yn unig y gellid dweud yn onest fod y Blaid wedi ymladd ar lwyfan cenedlaethol positif yn hytrach nag ar bleidlais brotest. Yng Nghwm Rhymni hyd heddiw mae gan y Blaid ddyfnder cefnogaeth a adlewyrchir ar y cynghorau. Heddiw, mae gan y Blaid dros hanner cant o gynghorwyr yno, wedi eu hethol yn swyddogol yn enw'r Blaid ar wahanol gynghorau — bro, dosbarth a sir. Yn y Rhondda, diflannodd y gefnogaeth ar ôl ychydig flynyddoedd a bu'n frwydr enfawr i arweinwyr lleol fel Geraint Davies adennill lle i'r Blaid ar y cynghorau. Bu'n rhaid disgwyl am genhedlaeth cyn gweld llwyddiant sylweddol yno gydag etholiad Jill Evans a chyfeillion eraill mewn etholiadau llywodraeth leol ym Mai 1992.

O gofio mai ym 1959 yr ymladdodd Plaid Cymru sedd Caerffili gyntaf mewn Etholiad Cyffredinol (o gymharu â 1929 yn Arfon) nid yw'n afresymol inni broffwydo mai eto y gwelwn ffrwyth y gwaith aruthrol a wnaeth Phil Williams a'i dîm etholiadol yno ym 1968.

Ymgeisydd ym Meirionnydd

Yn fuan ar ôl i ni briodi ym 1967, a symud i weithio gyda chwmni Mars, cefais wahoddiad i fod yn ymgeisydd seneddol y Blaid ym Meirion. Er mai dim ond 24 oed oeddwn, nid dyma'r gwahoddiad cyntaf i sefyll etholiad. Bûm dan bwysau ar ddechrau ymgyrch Etholiad Cyffredinol 1966 i sefyll yn Arfon, gydag Wmffra Roberts yn trefnu i Gwynfor geisio dylanwadu arnaf. Peth digon anodd fu gwrthod Gwynfor — ond dim ond 22 oed oeddwn bryd hynny, a heb fawr ddim profiad o siarad yn gyhoeddus. Tybiwn y dylai fod gennyf fwy o brofiad gwleidyddol hefyd cyn mentro, ac o ran hynny, fwy o brofiad ym myd diwydiant.

'Roedd buddugoliaeth Gwynfor a llwyddiant ymgyrch y Rhondda wedi tanio fy nychymyg, a meddyliais unwaith am anelu at etholaeth Maldwyn, gan fod teulu ochr fy nhad yn niferus iawn yno, a gwreiddiau Elinor hithau, o'r ddwy ochr, yn y sir. Ond bu'n gryn syndod cael y cyfle ym Meirion.

Rhan o'r broblem wrth ystyried y gwahoddiad oedd cofio mai dyma'r sedd y disgwylid i'r Blaid ei hennill ym 1959 ac ym 1964. Bu Gwynfor yn ymgeisydd ym Meirionnydd bedair gwaith, ym 1945, 1950, 1955 a 1959. Ym 1964, daeth Elystan Morgan yno, gobaith newydd disglair Plaid Cymru, ond methodd â chynnal pleidlais Gwynfor. Ym 1966 daeth Ieuan Jenkins i'r bwlch ar y funud olaf, chwarae teg iddo. Nid oedd unrhyw fai arno ef fod y canlyniad mor siomedig, yn enwedig o feddwl am y gobaith a fu ym Meirion dros ddau ddegawd. Y canlyniad ym 1966 oedd:

Wil Edwards (Llafur) 9,628 (44.2%)
E. G. Jones (Rhyddfrydwr) 7,733 (35.5%)
I. L. Jenkins (Plaid Cymru) 2,490 (11.4%)
A. Lloyd Jones (Ceidwadwr)................1,948 (8.9%)

Collodd Plaid Cymru ei hernes. Gostyngodd y bleidlais i hanner yr hyn ydoedd ym 1959. Ac 'roedd gan Lafur aelod newydd, ifanc a ymddangosai gryn dipyn yn fwy galluog na'i ragflaenydd. Safai cysgod Trywreyn dros yr etholaeth, a blas methiant yn tanseilio'r ysbryd. Mae'n wir fod aelodaeth gref gan y Blaid yn y sir, a hoelion wyth, a fu'n cydfrwydro â Gwynfor dros y blynyddoedd, yn gadarn fel y graig. Ar yr un pryd, traddodiad o genedlaetholdeb diwylliannol oedd yno. Amheuwn ai dyma'r lle i economegydd diwydiannol fentro i'r dwfn ac amheuwn fwy fyth a fyddai fy ngwybodaeth denau iawn am amaethyddiaeth yn bodloni'r etholwyr. 'Roeddwn yn gwbl sicr fod fy niffyg cefndir 'traddodiadol Gymreig' yn broblem. O ystyried popeth, dyn cwbl groes i'r *identi-kit* ar gyfer y sedd oeddwn i!

Ond 'roedd manteision hefyd o sefyll ym Meirion. Tybiwn fod a wnelo Elwyn Roberts rywbeth â'r gwahoddiad a estynnwyd imi, ac os felly, byddai ef yn sicr o gadw llygad ar y sefyllfa a bod yn gefnogol iawn pe bawn angen help gan y Blaid yn ganolog. Byddwn hefyd yn etifeddu peirianwaith o safbwynt canghennau ac aelodaeth, rhywbeth nad oedd ar gael i'r fath raddau yn y rhan fwyaf o etholaethau. Ac er nad oedd Meirion yn ardal gyfoethog yn ariannol, 'roedd traddodiad o gyfrannu hael i'r achos gan Bleidwyr y sir.

Gallwn hefyd fanteisio ar fy nghysylltiadau â'r ardal. Wedi'r cyfan, yn Nolgellau yr euthum i'r ysgol am y tro cyntaf. Nid oes raid ychwanegu i mi fynd 'ar streic' ar ôl y bore cyntaf a gwrthod yn lân â thywyllu'r drws wedyn! Ond dywedai fy nhaflen ganfasio'n ddigon cywir: 'treuliodd ei febyd yn Nolgellau a Chaernarfon'.

Mantais lawer mwy sylweddol oedd cysylltiad fy rhieni-yng-nghyfraith â'r sir. Buont yn byw yn Llanuwchllyn am flynyddoedd, ac yno y magwyd Elinor. Bu fy nhad-yng-nghyfraith, y diweddar Emrys Bennett Owen, yng nghanol 'y pethe' yno, ac ef oedd cadeirydd Cyngor Penllyn yn ystod brwydr Tryweryn. Erbyn 1967, ar ôl tymor yn Aberystwyth yn Ysgrifennydd Cyffredinol Undeb Amaethwyr Cymru — cysylltiad da arall — 'roedd wedi dychwelyd i Ddolgellau ac wedi agor busnes fel prisiwr a gwerthwr tai. 'Roedd yn aelod o'r Blaid ers y tridegau, yn edmygydd mawr o Saunders Lewis, a chlywais ef droeon yn adrodd ei hanes yn un o'r miloedd ym mhafiliwn Caernarfon yn croesawu SL, Valentine a DJ o'r carchar wedi achos yr Ysgol Fomio. Credaf ei fod yn falch iawn o'r cyfle i ailgysylltu â gwleidyddiaeth y Blaid ar ôl cyfnod o orfod canolbwyntio ar wleidyddiaeth y ffermwyr.

Cefais fy newis yn ddarpar ymgeisydd oddi ar restr fer a gynhwysai Wynne Samuel, ymhlith eraill. 'Wn i ddim faint o ddifri oedd yr ymgeiswyr eraill, ynteu a oedd eu henwau yno i ymorol fod rhestr ddigon parchus ar gyfer dibenion y wasg. Pe bai'r diweddar Wynne Samuel o ddifri, mae'n anodd gennyf gredu na fyddai wedi ennill yr enwebiaeth. Cynhaliwyd y cyfarfod mabwysiadu ym

Mlaenau Ffestiniog, gyda Gwynfor Evans AS yn siarad a'r neuadd dan ei sang.

'Roeddwn yn ymwybodol iawn o'm gwendid fel siaradwr cyhoeddus. Prin iawn oedd fy mhrofiad, ac 'roedd y rhan fwyaf o'r hyn a feddwn drwy gyfrwng y Saesneg. Ni chefais fy 'medyddio' fel siaradwr cyhoeddus yn y Gymraeg tan i'r diweddar I. B. Griffith roddi cyfle i mi ar 'lwyfan yr ifanc' yn Eisteddfod Genedlaethol Llandudno, 1963. Ac er fy mod wedi gwella rhyw gymaint ers hynny, nid oeddwn yn yr un cae â phobl fel Gwynfor ac Elystan Morgan a fu'n cario baner y Blaid ym Meirion.

Euthum ati i wneud iawn am wendidau llwyfan drwy sefydlu peirianwaith effeithiol a chyflwyno datganiadau i'r wasg wedi eu seilio ar ymchwil fanwl. Byddai'r ymchwil yn creu'r hygrededd a'r peirianwaith yn cyfleu'r neges. Bûm yn ffodus hefyd imi gael fy mhig i mewn ar ambell raglen deledu. Rhoes Gwyn Erfyl, yn garedig iawn, gyfle imi'n gynnar gan ddefnyddio fy ngwaith mewn diwydiant i agor y drws.

Bûm yn hynod ffodus o'r tîm a ddaeth at ei gilydd ym Meirion. 'Roeddwn yn benderfynol o sicrhau tîm ifanc o waed newydd rhag bod yn gaeth i rigol cenedlaetholdeb gorddiwylliannol. Credwn na fyddai hynny'n ddigon i greu'r hygrededd angenrheidiol. Cefais Elfed Roberts, athro ifanc eithriadol o frwdfrydig, yn gynrychiolydd, ac fe roddodd Buddug Llwyd Davies y gorau dros dro i'w gyrfa yn yr ysgol i weithio fel trefnydd cyflogedig amser llawn ar gyfer yr etholiad. Atynt hwy daeth criw da, yn cynnwys John Rogers, a fu wedyn yn ymgeisydd y Blaid yng Ngwent a Chlwyd, a Llew Huxley, sydd bellach yn un o hoelion wyth y Blaid ar Gyngor Meirionnydd. Bu rhai o'r hen griw hefyd yn gefn i mi, pobl fel Ifor Owen, Llanuwchllyn a H. R. Jones, Dolgellau — criw triw i'r Blaid ym Meirion ar gyfnodau cwbl wahanol i'w gilydd. Fy nhad-yng-nghyfraith oedd cadeirydd ein pwyllgor ymgyrch, ac Elfed Roberts wrth gwrs yn gyrru'r gwaith yn ei flaen.

Go brin yr anghofiaf fy nghyfarfod cyntaf wedi'r mabwysiadu. 'Roeddwn yn ŵr gwadd mewn cinio Gŵyl Ddewi gan Gangen Bro Dysynni. Ar fy ffordd i Dywyn o Ddolgellau, a minnau'n gyrru'n rhy gyflym, mae'n debyg, dyma ddafad yn rhuthro'n syth o flaen y car. 'Doedd dim gobaith ei hosgoi. Achoswyd tolc sylweddol i'r car, ac un gwaeth i'r ddafad druan. Wrth annerch, bûm yn ddigon ffôl i gyfeirio at y ddamwain ond ddim yn ddigon sensitif i sylweddoli pam 'roedd hanner y gynulleidfa'n gwgu. 'Roedd pob ffermwr mae'n amlwg yn dyfalu tybed ai un o'i ddefaid ef oedd yn gelain. Camgymeriad digon gwirion ar fy rhan oedd gwamalu am y digwyddiad. Cefais wybod wedyn yn ddigon plaen — neu mor blaen ag y rhoddir cerydd ym Meirion — nad oedd goryrru yn bechod mawr ac nad oedd cael tolc yn y car yn ddiwedd y byd ond bod anafu, a gwaeth fyth, lladd dafad yn rhywbeth difrifol iawn a bod gwamalu yn ei gylch wedyn yn bechod anfaddeuol. Dysgais wers. Byth ar ôl hynny bûm yn dra gofalus na thramgwyddwn yn erbyn yr un ddafad — na'i pherchennog, yn sicr!

Bûm wrthi'n llafurio fel darpar ymgeisydd ym Meirion am dros ddwy flynedd. Byw yn Hounslow, gweithio yn Slough a throi tua Meirionnydd bob yn ail benwythnos. Dod ar nos Wener (yn erbyn y cloc) gan ddychwelyd ddydd Sul, a hynny ar ffyrdd llawer salach nag ydynt heddiw. 'Roedd yn dipyn o dreth gorfforol, a minnau erbyn hynny wedi fy nyrchafu'n brif gyfrifydd costau gyda Mars, gwaith a alwai am ymdrech ac ymroddiad. Dyma pryd y daeth dyddiau'r bêl-droed i ben, i bob pwrpas. Dioddefodd fy iechyd hefyd — o losgi deupen y gannwyll, mae'n ddiau.

'Roedd yn gyfnod helbulus yng Nghymru, gyda chenedlaetholdeb, ar adegau, yn ymylu ar adael y rhigol gyfansoddiadol. Bu cyfres o ffrwydradau pibellau dŵr, a chawsai antics y *Free Wales Army* sylw helaeth — ac anghyfrifol — gan y wasg. Cynhaliwyd protestiadau di-ri' gan Gymdeithas yr Iaith. Bu llythyrdy Dolgellau yn un targed enwog, ac aflonyddodd hynny ar elfennau mwy parchus ym Meirion.

Yna ym 1969 cafwyd y syrcas fawr yng Nghaer-narfon, a mab y frenhines yn cael ei ddefnyddio'n ddidrugaredd i ddibenion gwleidyddol gan y Llywodraeth Lafur. Bu rhaid i mi rwyfo'r cwch yn hynod ofalus; ar y naill law, peidio â chefnogi'r sefydliad mewn unrhyw ffordd, gan y byddai hynny'n digio'r cenedlaetholwyr gweithgar yr oeddwn yn dibynnu arnynt ar gyfer fy ymgyrch. Ar y llaw arall, ni thalai i dynnu'r frenhiniaeth i mewn i'n gwleidydda. Cofiai fy nhad-yn-nghyfraith y miri a achosodd hynny cyn y rhyfel. 'Roedd yn hanfodol bwysig i'r Blaid beidio â disgyn i'r trap a osodwyd inni gan George Thomas, yr Ysgrifennydd Gwladol. Gwyddai ef sut byddai adwaith ffyrnig gan y Blaid yn pechu yn erbyn trwch y pleidleiswyr a hoffai syrcas.

Bu'n rhaid i mi erfyn droeon ar fy nhîm ifanc ym Meirion i ymbwyllo rhag llyncu'r abwyd. Y peth hanfodol oedd cadw'n llygad ar ein nod — ennill y sedd, ac ennill ymreolaeth. 'Roedd yn rhaid inni ddewis cerdded heibio ambell wal yn hytrach na rhuthro ati â'n pennau i lawr: y gamp oedd mynd heibio i'r wal heb frifo'n pennau. Deuai diwrnod arall, rai misoedd wedi'r arwisgo, a fyddai'n llawer pwysicach i ddyfodol Cymru na'r miri cyntefig yng nghastell Caernarfon.

Ond 'roedd hi'n anodd ar adegau. Un tro galwodd Arglwydd Faer Caerdydd heibio i ysgol uwchradd ym Meirion fel rhan o ddathliadau'r arwisgo. Ymateb yr athrawon fu eu cloi eu hunain yn yr ystafell athrawon a gwrthod ymwneud â'r achlysur. Cododd coblyn o stŵr yn yr ardal ond fe lwyddwyd i osgoi unrhyw niwed gwleidyddol. Ar ddiwrnod yr arwisgo ei hun gweithiwn wrth fy nesg yng nghwmni Mars yn Slough. 'Roedd dewis gweithio ar y diwrnod yn orchwyl ddigon hawdd ond codai anhawster gyda'r nos. Crefai un rhan ohonof am gael gwylio'r teledu er mwyn gweld wynebau cyfarwydd yng nghastell Caernarfon. Mynnai'r rhan arall ddiffodd y set ac ymwrthod â'r holl beth. Bu bron i'r teledu â ffiwsio wrth i mi droi'r nobyn i wylio a pheidio bob yn ail!

Daeth yr etholiad ym Mehefin, yn ystod cystadleuaeth bêl-droed Cwpan y Byd. 'Roedd yn dywydd braf ryfeddol. Ymddangosodd Cynllun Economaidd, *magnus opus* Phil Williams a minnau, ychydig cyn cyhoeddi'r etholiad. Nid gwaith cwbl hawdd ym

Meirion oedd amddiffyn y cynllun, oherwydd i ni osgoi'r llwybr rhwydd o gynnig datblygiad economaidd i bob tref a phentref. Yn hytrach, 'roeddem wedi dewis strategaeth o gael canolfannau twf. Nid oedd Blaenau Ffestiniog wedi ei nodi yn ganolfan o'r fath. Ein dewis oedd ardal Penrhyndeudraeth a Phorthmadog. Daliem y gellid helpu i gynnal gwaith yn 'Stiniog wrth gael y gwasanaethau diwydiannol yn y Penrhyn. Yn wir byddai sicrhau diwydiant yno yn gaffaeliad i weithwyr 'Stiniog. Os oeddent yn fodlon teithio i Drawsfynydd, nid afresymol disgwyl iddynt deithio i'r Penrhyn hefyd.

Cefais adwaith ffyrnig yn erbyn hyn gan y bobl a gredai y gellid darparu dewis eang o swyddi ym mhob pentref. Anwybyddent egwyddorion sylfaenol economeg. Daeth adwaith tebyg gan wleidyddion a welai gyfle i gynhyrfu'r dyfroedd wrth gwrs. O ran egwyddor 'roedd y cynllun yn iawn. Ai doethineb gwleidyddol oedd bod mor amrwd o onest sy'n fater arall.

'Roedd y Cynllun Economaidd yn ddadansoddiad manwl o anghenion Cymru ar y pryd. O edrych yn ôl, 'roedd y rhybudd y byddai angen tua 176,000 o swyddi newydd yng Nghymru yn ystod y saithdegau, i osgoi diweithdra a diboblogi, yn agos iawn i'r marc. Fel rhan o'r Cynllun 'roedd braslun o Awdurdod Datblygu cenedlaethol, rhywbeth a wireddwyd yn rhannol bum mlynedd yn ddiweddarach gyda sefydlu'r W.D.A.

Bu'r Blaid Lafur yn hynod garedig yn cynnig i ni lwyfan mor hawdd i ymosod arnynt. Ar wahân i fethiant y Swyddfa Gymreig i gynhyrchu Cynllun Economaidd credadwy, 'roeddent hefyd yn cael cam gwag o hyd. Yn y byd amaethyddol, awgrymodd Jim Callaghan fod unrhyw fferm gyda llai na 50 o wartheg yn rhy fechan. Dyna goblyn o gamgymeriad yng Nghymru. 'Roedd gan Lafur hefyd argymhellion i'r Bwrdd Datblygu Gwledig — uno ffermydd yn groes i batrwm amaethyddol traddodiadol y sir. Beth bynnag oedd rhinweddau'r argymhellion, cryn gamp i lefarwyr Llafur oedd amddiffyn polisi o'r fath ym Meirion.

Testun arall o bwys oedd y posibilrwydd y gallai Prydain geisio mynediad i'r Farchnad Gyffredin, fel y gelwid y Gymuned Ewropeaidd bryd hynny. 'Roeddwn i'n gwbl argyhoeddedig o bwysigrwydd Ewrop i Gymru, a'm tad-yng-nghyfraith yr un mor frwd. Ond 'roedd polisi'r Blaid ar y pryd yn wrthwynebus gan ofni y byddai Ewrop yn tyfu fel Prydain Fawr, ac awdurdod yn cael ei ganoli fwyfwy. Felly ymgyrchais am yr angen i Gymru gael ei llais ei hun o fewn y Farchnad, yn hytrach na dadlau yn erbyn y cyfan. Llwyddais i osgoi trafferthion mawr ar y pryd — ond fe ddaeth y rheini wedyn yn y saithdegau cynnar.

Dioddefodd y sector gwasanaeth, gan gynnwys twristiaeth, yn enbyd dan y *Selective Employment Tax*. Gosodid y dreth hon ar weithwyr yn y gwasanaethau, megis siopau a thai bwyta. Y syniad tu ôl i'r ffwlbri oedd ceisio datrys y broblem a fodolai ar ddechrau'r chwedegau, sef prinder gweithwyr yn y sector cynhyrchu. Yn sgîl y dreth credai Harold Wilson y gellid ailgyfeirio gweithwyr o'r gwasanaethau i'r ffatrïoedd. Credai, fe ymddengys, y gellid trawsnewid gweithwyr siop yn Nolgellau i fod yn gynhyrchwyr ceir yn Dagenham. Ymddangosai hyn fel polisi bwriadol i greu diboblogi.

Cyhoeddwyd taflen gan Grŵp Ymchwil y Blaid ar y pwnc, a chawsom hen hwyl yn darnio polisi Llafur, yn arbennig ar hyd yr arfordir o Aberdyfi i Harlech lle 'roedd bywoliaeth cynifer o bobl yn dibynnu ar dwristiaeth.

'Roedd diboblogi yn bwnc canolog i'm hymgyrch. Parai methiant y naill Lywodraeth ar ôl y llall i ddelio â'r broblem lawer o loes i'r etholwyr a welodd gynifer o'u plant yn gorfod gadael cartref i chwilio am waith yn Lerpwl, Birmingham neu Lundain. Yn fy anerchiad etholiadol, o dan y pennawd 'Y plant sy'n gorfod mynd,' soniais am y miloedd a orfodid i adael Cymru:

'. . . Oherwydd nad oes gwaith ar eu cyfer o fewn cyrraedd i'w cartrefi . . . mynd i drefi lle mae gormod o bobl eisoes . . . Mae Rhagluniaeth wedi bendithio Meirionnydd â daear, dŵr ac awyr, digon i gynnal cenedlaethau lawer, digon i gynnal eich plant a phlant eich plant am ganrifoedd i ddod. Ein gwaith ni heddiw yw gofalu y cânt aros yma, os felly eu dewis . . .'

'Roedd yn neges syml, glir ac yn cyffwrdd â'r galon. A chan fod gennym ein Cynllun Economaidd ein hunain, a hwnnw wedi cael cryn sylw cyn yr etholiad mewn adolygiadau ffafriol, 'roeddem yn ddiogel rhag cael ein cyhuddo o weld bai heb fedru cynnig ateb.

Ond 'roedd yn rhaid troedio'n ofalus. Wedi'r cyfan, Llywodraeth Lafur oedd mewn grym, a llawer o Gymry blaenllaw yn ei rhengoedd. 'Roedd Cledwyn Hughes, George Thomas, yr Arglwydd Elwyn Jones a Jim Callaghan yn y Cabinet, ac 'roedd amryw o aelodau seneddol Cymreig, megis Goronwy Roberts, John Morris, Elystan Morgan, Eirene White ac Ifor Davies yn is-weinidogion. Felly annoeth fyddai ymosod arnynt fel plaid, ac yn arbennig fel unigolion.

Felly pwysleisiais yr angen am newid y gyfundrefn — nid newid unigolion nac ychwaith newid pleidiau. Mewn cylchlythyr at yr etholwyr ar ddydd Gŵyl Ddewi 1970, rhybuddiais: 'Oni fydd newid yn y gyfundrefn, gallwn fod yn wynebu'r un hen broblemau o ddiweithdra a diboblogi eto ymhen 20 mlynedd.' (A gwir y gair). Meddwn ymhellach: 'Nid bai'r Blaid Lafur mwy na'r Torïaid yw hyn — yn wir mae llawer Cymro o fwriad da yn y Llywodraeth bresennol — ond yn hytrach, canlyniad anhepgor y drefn bresennol, trefn sy'n canoli pob penderfyniad mewn dinas bell ac yn nwylo ychydig . . . Dyma'r sialens yn yr etholiad nesaf: nid dewis rhwng dyn a dyn, nid dewis rhwng plaid a phlaid, ond dewis rhwng trefn a threfn . . .'

Bu'r neges hon yn un gyson gennyf drwy'r etholiad, ac wedyn ym 1974 pan enillais Arfon. Mae'n neges sy'n osgoi cerydd personol ac sy'n caniatáu i'r etholwyr hynny a fu'n pleidleisio i bleidiau eraill drwy'u hoes droi at y Blaid heb deimlo'n euog. Mae'n neges hefyd sydd yn ei hanfod yn rhoi bys ar holl wendid ein cyfundrefn lywodraethol.

Cynhaliwyd yr Etholiad Cyffredinol ar 18 Mehefin 1970. Wrth adael fy nesg ym Mars brynhawn Gwener, 29 Mai, i ddechrau ar fy nhair wythnos o 'wyliau' — yr unig wyliau a gefais y flwyddyn honno — 'roedd dau beth ar fy meddwl. Yn gyntaf, meddyliwn amdanaf fy hun yn gorfod cwtogi ar sgwrs â J. E. Jones, cyn-Ysgrifennydd Cyffredinol y Blaid, er mwyn i mi gael gorffen fy ngwaith, clirio fy nesg a chyrraedd Meirion i ddechrau'r ymgyrch. A dyna'r tro olaf i mi siarad ag ef. Bu farw trannoeth ar ôl bore arall o waith yn y swyddfa yng Nghaerdydd — y swyddfa lle bu ef, Nans Jones a chriw bychan yn ymlafnio dros yr achos. Euthum i'w angladd ym Melin-y-wig yn ystod wythnos gyntaf yr ymgyrch etholiad. Teimlwn yn euog am hydoedd wedyn imi derfynu ein sgwrs yn y fath fodd ac nad oedd gennyf mo'r amser i wrando ar un a wnaethai gymaint dros y Blaid. Yr ail atgof wrth adael Mars yw meddwl: tybed, wedi'r etholiad, a fyddaf yn dychwelyd yma? Trown am Feirion â'm holl fwriad ar ennill.

Ledled Prydain disgwylid i'r Blaid Lafur ennill yn hawdd, ond y Torïaid aeth â hi. Cefais frwydr eithaf ffyrnig, a'r profiad o weld wyau drwg wedi eu pledu i'm car ym Mryn-crug. Bu'r drewdod yn y car drwy gydol yr ymgyrch. Ceisiais amseru fy symudiadau er mwyn gweld cymaint ag a allwn o Gwpan y Byd, ac yng nghanol gwres haf bu Elinor a minnau'n mwynhau picnic ar ochr y ffordd bob canol dydd. A dweud y gwir, 'roedd yn debyg i wyliau. Ac yn llawer gwell nag ambell wyliau a gefais!

Fel ym mhob etholiad daethai straeon digon digri i'r fei. Ar un rhiniog cafodd canfasiwr y Blaid ymateb annisgwyl wedi iddo ofyn sut y bwriadai'r preswyliwr bleidleisio. 'I T.W. wrth gwrs,' meddai, gan gyfeirio at T. W. Jones a fu'n AS Meirion o 1951 hyd 1966. O atgoffa'r cyfaill nad oedd T.W. yn ymgeisydd, ac na fu, yn wir, yn AS ers pedair blynedd a mwy, aeth y dyn yn flin iawn. Taerai fod y 'Blaid Bach' yn ceisio ei ddrysu! 'Wn i ddim ar bwy yr adlewyrchai hyn: ar T.W., ar ei olynydd Wil Edwards ynteu ar yr etholwr ei hun!

Y canlyniad ym Meirion oedd:

Wil Edwards (Llafur) 8,861 (39.8%)
Dafydd Wigley (Plaid Cymru) 5,425 (24.3%)
Emlyn Thomas (Rhyddfrydwr) 5,034 (22.6%)
Elgan Edwards (Ceidwadwr)................2,965 (13.3%)

'Roeddwn wedi methu â chipio'r sedd, ond wedi dod yn ail; y tro cyntaf i'r Blaid wneud hynny ym Meirion. 'Roeddwn hefyd wedi cadw'r ernes, yn wahanol i'r tro blaenorol ac 'roeddwn wedi mwy na dyblu pleidlais y Blaid. Gallai pethau fod yn llawer gwaeth. Wedi'r cyfrif aethom i gartref rhieni Elinor ym Maes Hafren, Dolgellau i ymlacio a gwrando ar weddill y canlyniadau.

Yno y clywsom ganlyniad Caerfyrddin. Gwynfor wedi colli. 'Roedd yn ergyd drymach o lawer na fy methiant i ym Meirion. Y pryder oedd hyn: ai seren wib a welsom ar 14 Gorffennaf 1966 yng Nghaerfyrddin? A oedd popeth yn awr ar ben, y Blaid heb lais yn y Senedd, yr SNP wedi colli Winnie Ewing hefyd, ac a fyddai gwleidyddiaeth Cymru'n dychwelyd i'r hyn a fu cyn 1966? Dyma'r gofidiau a goleddai fy nghalon wrth droi'n ôl i Lundain unwaith eto. 'Roeddwn wedi hanner disgwyl y byddai'r etholiad wedi fy ngalluogi i ddychwelyd i Gymru, ac i Feirion i fyw. Bellach 'roedd yn rhaid edrych o ddifri am waith yng Nghymru. Yn y cyfamser 'doedd dim amdani ond troi eto at fy nesg ym Mars, a phalu'r ardd yn Hounslow.

Adref i Ferthyr

Fel y soniais yn gynharach, pan oeddwn ar fin gadael coleg bûm yn sgwrsio â'r diweddar Elwyn Roberts ynglŷn â'm bwriad o sicrhau gyrfa ym myd diwydiant. Pam na chwiliwn am waith yng Nghymoedd y De, gofynnodd. Daliai y byddai hynny o werth mawr i lunio gyrfa wleidyddol yng Nghymru. 'Rwy'n dal i gredu ei fod yn wirioneddol siomedig pan ddywedais fy mod yn ymuno â Fords yn Dagenham. Prin y bodlonid ef gan yr addewid mai tros dro yn unig y bwriadwn aros yn Lloegr. Mae'n debyg iddo glywed yr un hen stori droeon o'r blaen, hyd yn oed gan genedlaetholwyr, a'r rheini'n diflannu wedyn i niwloedd Lloegr heb gyfrannu dim byth mwyach i'r byd gwleidyddol yng Nghymru.

Cofiaf hefyd imi wneud cyfweliad ar dâp rywdro tua dechrau'r chwedegau — i ba ddiben, ni allaf amgyffred — yn sôn am ddyfodol Cymru a'r Blaid. Mae'r tâp gennyf o hyd. Dywedais bryd hynny nad Arfon a Meirion fyddai'n bwysig i'r Blaid ond Cymoedd y De. Mentrais broffwydo mai sedd Merthyr fyddai sedd seneddol gyntaf Plaid Cymru. Tarddai hyn mae'n debyg o roddi dehongliad braidd yn rhy lythrennol ar hanes diweddar Cymru. Ar y pryd, prin fy mod erioed wedi gweld Merthyr! Ond 'roedd hanes y dref ryfeddol honno, pair y chwyldro diwydiannol yng Nghymru, yn hysbys iawn i mi. Darllenwn am frwydrau mawr Henry Richard dros ryddfrydiaeth radical (a heddwch) a Keir Hardy dros sosialaeth (a heddwch) yn ystod y ganrif o'r blaen. Onid ym Merthyr gan hynny y gwelai'r Blaid wawrddydd hefyd — dros hunanlywodraeth a heddwch?

Wedi dweud hyn oll, rhaid imi gyfaddef na freuddwydiais am eiliad y buaswn yn fy nghael fy hun ynghanol bwrlwm gwleidyddol Merthyr, a hynny'n fuan iawn yn fy ngyrfa ddiwydiannol, ac yn gynharach fyth yn fy ngyrfa wleidyddol arfaethedig!

Ond erbyn 1971, 'roeddwn wedi hen syrffedu ar Lundain. Efallai fod Dr Johnson yn iawn yn ei ddydd pan ddywedodd fod y sawl a oedd wedi blino ar Lundain wedi blino ar fywyd. O'm profiad i — a hyn ar ôl blynyddoedd o brofi Llundain eilwaith — mae'n lle iawn am gyfnod pan fo dyn yn ifanc ond yn lle i ddianc ohono os bwriadwch dyfu gwreiddiau. O leiaf, nid yw'n lle addas na dymunol i fagu plant. A'n mab hynaf, Alun, newydd ei eni yn Ebrill 1971, 'roedd yn hen, hen bryd inni droi am adref.

Ond haws dweud na gwneud. Yn ystod fy nghyfnod yn ddarpar ymgeisydd y Blaid ym Meirion, o 1968 hyd 1970, 'roeddwn wedi ceisio droeon am swyddi yng Nghymru. Rhwng popeth, credaf i mi anfon at tua hanner cant o gwmnïau. Yna, a ninnau bellach yn dechrau aflonyddu, daeth y cyfle. 'Roedd Cwmni Hoover ym Merthyr Tudful yn hysbysebu am bennaeth cyllid a gweinyddiaeth yn eu ffatri beiriannau golchi.

Cawswn flynyddoedd bendithiol gyda chwmni Mars, gwneuthurwyr yr enwog *Mars Bar*, yn ogystal â rhesi o gynhyrchion eraill yn Slough. Dyna un o'r cwmnïau mwyaf goleuedig a phroffidiol ym Mhrydain. Yn ystod y pedair blynedd cwta y bûm gyda hwy, fe'm dyrchafwyd o fod yn Ddadansoddwr Costau i swydd Prif Gyfrifydd Costau, ac yna i swydd Rheolwr Cynllunio Ariannol y cwmni erbyn 1970. O safbwynt mwynhau'r gwaith, heb sôn am gyflog hael a rhagolygon difyr, nid oeddwn yn dymuno gadael y cwmni o gwbl. Pe bai eu ffatri yng Nghymru efallai na fuaswn byth wedi eu gadael. Ac o wybod am y drefn ddiwydiannol, buaswn bellach wedi hen ymddeol!

Cwmni Americanaidd oedd Hoover fel Ford a Mars. Ond dyna'r unig debygrwydd. 'Roeddynt mor wahanol ag y gellid dychmygu. Sefydlwyd Mars yn Slough ar ddechrau'r tridegau gan ddyn o'r enw Forest Mars. Yn ôl traddodiad y cwmni, 'roedd wedi ffraeo hefo'i dad yn yr Unol Daleithiau ac wedi cael gorchymyn fel hyn:

'Gee son, you and me, we don't get on! Here's £100,000 and one recipe — and clear off. I never want to see you again!'

Yn ôl y traddodiad fe laniodd yn Heathrow gyda'i arian a'i rysáit — sef rysáit y *Mars Bar*. Agorodd ffatri fach yn Slough gyda hanner dwsin o weithwyr, a bellach, fel y dywed yr hen air: 'Hanes yw'r gweddill'.

Tyfodd a thyfodd y cwmni. Pan fu farw yr hen Mr Mars gwreiddiol yn y pumdegau, 'roedd Forest Mars a'i gwmni ym Mhrydain yn ddigon cryf i reoli'r holl sioe a symudodd ef yn ôl i America i weinyddu'r cwmni byd-eang o Hacketstown.

Cyflogai Mars yn Slough tua 2,500 o bobl pan ymunais â hwy ym 1967. Ymhlith eu cynnyrch 'roedd y *Mars Bar, Bounty, Twix, Galaxy, Opals, Spangles* a *Tunes*, a'r cyfan yn cael eu gwneud mewn dwy ffatri enfawr ar stad ddiwydiannol Slough.

Bûm yn Rheolwr Costau ar y naill ffatri a'r llall yn eu tro, gyda phedwar neu bump o staff yn gweithio imi. Erbyn 1968 'roeddwn yn Brif Gyfrifydd Costau dros y ddwy ffatri, gyda rhyw ddwsin o staff, ac yn atebol drwy'r prif gyfrifydd i'r Cyfarwyddwr Cyllid. 'Roedd yn swydd ddelfrydol i ddeall yn union sut y gweithredai pob agwedd o'r cwmni.

Ymhyfrydai Mars yn eu polisïau personél goleuedig. 'Roedd yn rhaid i bawb 'glocio i mewn' yn y bore, ac os oeddech eiliad yn hwyr fe gollech 10% o gyflog y diwrnod — ffordd effeithiol iawn o gael pawb yno'n brydlon. 'Roedd hon yn rheol i bawb yn ddi-wahân. Daeth achlysur pan fu'n rhaid i mi dorri cyflog y Prif Weithredwr am fod yn hwyr — swm nid ansylweddol! Pe bai elw'r cwmni yn gostwng yn is na'r targed, cwtogid cyflog y rheolwyr 20%. Byddai pawb gan hynny yn torchi llewys i gyrraedd y targed.

Câi pawb eu talu yn wythnosol. 'Roedd gan bawb yr un hawliau gwyliau. Bwytâi pawb yn yr un cantîn. Gweithiai'r staff i gyd mewn un swyddfa fawr agored. 'Doedd dim symbolau statws i'r rheolwyr — dim ysgrifenyddes bersonol na chwpan crand i yfed eu coffi ohono. Ffurfio ciw a wnâi pawb, o'r Rheolwr Gyfarwyddwr i'r clerc isaf, i gael paned o'r peiriant, a thalu chwe cheiniog (hen arian) amdani. 'Roedd y cwmni hefyd yn talu'n eithriadol o dda. Gellid cymharu'r cyflogau (ar bob lefel) â chyflogau'r cwmnïau mwyaf ym Mhrydain a gofelid bod rhai Mars yn gyson well. Fe'u haddasid yn flynyddol i sicrhau hynny. 'Doedd dim undebau llafur yno (yn wahanol iawn i Fords) oherwydd y teimlid nad oedd eu hangen.

Weithiau byddai trefnyddion undebol yn gwneud cais am gael cyfarfod â'r gweithwyr a rhoddid pob hawl iddynt alw cyfarfod yn y cantîn. Rhybuddid y gweithwyr, fodd bynnag, os sefydlid cangen o undeb, y byddai'r cyflogau yn gostwng i'r lefel gyffredinol yr oedd yr undebau wedi cytuno arni o fewn y diwydiant — gostyngiad sylweddol iawn. Methiant fu pob ymdrech bryd hynny i sefydlu undeb. I raddau, 'roedd hyn yn annheg iawn â'r undebau, oherwydd trwy eu gwaith hwy yng ngweddill y diwydiant y sefydlwyd y lefelau cyflog cyffredinol. Ac wrth i Mars bennu lefelau cyflog mewn cymhariaeth â chwmnïau eraill, cawsai'r gweithwyr yno fantais o waith yr undebau heb dalu amdano. Ond ni theimlwyd bod angen undeb, ac felly ni chafwyd un.

Enghraifft dda o'r modd yr oedd rheolwyr yn gwarchod safonau rheoli yw'r hyn a ddigwyddodd un noson ar shifft nos. Aeth pethau'n boeth rhwng un o'r gweithwyr a rheolwr y shifft. Ymosododd y gweithiwr ar y rheolwr a'i daro â'i ddwrn. Cafodd y gweithiwr gerydd llym iawn a rhybudd terfynol ynglŷn â'i ymddygiad, ond cafodd y rheolwr ei ddiswyddo. Os methid â rheoli sefyllfa i'r graddau fod gweithiwr yn teimlo'r rheidrwydd i ymosod, nid oedd y rheolwr yn ffit i reoli! Prin y gallwn ddychmygu agwedd mor oleuedig yn Dagenham! O ganlyniad 'roedd Mars yn gwmni hapus, y gweithlu'n hyblyg, cyflogau'n hael, a'r elw yn eithriadol.

Ond ar wahân i'm dymuniad i ddod adref, 'roeddwn hefyd yn ymwybodol fod rhai o gyfarwyddwyr y cwmni yn synhwyro y byddai'n rhaid imi orfod dewis cyn hir:

gyrfa neu wleidyddiaeth. Fe awgrymwyd hyn imi, yn anuniongyrchol, yn fuan ar ôl Etholiad Cyffredinol 1970. Efallai fod pennaeth fy adran, y Cyfarwyddwr Cyllid, yn teimlo na allwn roddi fy holl sylw i'm swydd os oeddwn yn treulio'r penwythnosau yn cymudo o Slough i Feirion. Ac efallai ei fod yn iawn!

Sut bynnag, pan welais hysbyseb am y swydd ym Merthyr, 'roedd yn rhaid ymgeisio amdani. Gallasai fod wedi dod ar amser mwy cyfleus. Dim ond rhyw fis oed oedd Alun, a ninnau hefyd newydd arwyddo cytundeb i brynu cartref newydd ym Maidenhead, ond heb symud iddo. Ond 'doedd dim dewis mewn gwirionedd. Anaml y deuai cyfle mor ddeniadol i gael dychwelyd i Gymru. Ac efallai fod rhyw gof gennyf am y syniad hwnnw mai Merthyr fyddai ffocws datblygiad y Blaid, er bod Caerfyrddin wedi ennill y ras i ethol yr aelod seneddol cyntaf.

Felly dyma fi ar fy ffordd i lawr i Ferthyr am gyfweliad a chael profion seicolegol diwydiannol o'r math yr oeddwn yn hen gyfarwydd â hwy; sôn am greu model economaidd o'r cwmni, rhywbeth yr oeddwn eisoes wedi ei ddechrau ym Mars, a thrafod economi Blaenau'r Cymoedd, gorchwyl yr oeddwn wedi ei hastudio wrth lunio Cynllun Economaidd y Blaid yn ddiweddar iawn. Cefais gynnig y swydd, gyda chymorth effeithiol, distaw, 'rwy'n amau, y pennaeth personél ar y pryd, Hywel Thomas, yr unig Gymro Cymraeg ymhlith prif reolwyr y cwmni, ac un a groesawai weld Cymro arall ar 'fwrdd' Seisnig Hoover ym Merthyr. Pwy a ddywedodd na fuasai'r iaith Gymraeg byth yn eich helpu 'i ddod ymlaen yn y byd diwydiannol'?

Dychwelais i Lundain yn hapus iawn. Ond 'roedd fy ngorfoledd yn gynamserol. Dywedwyd wrthyf ym Merthyr y byddai'n rhaid i mi fynd am gyfweliad terfynol ym mhencadlys Hoover yn Perivale, Llundain. Mater cwbl ffurfiol fyddai hynny, meddid, oherwydd mai gan Ferthyr yr oedd yr hawl i ddewis pwy a benodid. Felly, ymhen ychydig ddyddiau wele fi yn Perivale yn cael sgwrs ag ysgrifennydd y cwmni. Ef, ac yntau'n dwrnai, a seliai gytundebau cyflogi prif swyddogion y cwmni.

Gellir dychmygu fy syndod pan ddywedodd, ar ôl sgwrsio am y cwmni a chyfrifoldebau'r swydd ac ati: *'Of course, you'll have to give up this politics.'* Esboniais fy mod eisoes wedi trafod hynny gyda'r penaethiaid ym Merthyr a'u bod yn ddigon bodlon y buaswn yn cadw fy ngwleidyddiaeth a'm gwaith ar wahân. 'Roeddwn wedi llwyddo i wneud hynny ym Mars ac nid oedd unrhyw reswm pam na allwn wneud hynny ym Merthyr hefyd. (Ni soniais, wrth gwrs, y bu cyfeirio at y dewis yn Slough yn ogystal). Sut bynnag, 'roedd y twrnai bach yn gwbl ddigyfaddawd. Cynghorodd fi i fynd ymaith i feddwl am y peth.

Nid oedd angen meddwl rhyw lawer, er pwysiced oedd cael dychwelyd i Gymru. Ysgrifennais lythyr cwrtais, nid at y dyn bach yn Perivale ond at bennaeth Merthyr, Doug Snowden, a oedd wedi cynnig y swydd imi. Adroddais hanes y cyfweliad gan esbonio na allwn, o dan yr amgylchiadau, dderbyn y swydd ym Merthyr. Cefais alwad ffôn yn peri imi beidio â rhuthro, a thoc daeth gair fod yr 'amod' wedi ei dileu! Flynyddoedd yn ddiweddarach y deuthum i wybod am y ffrae danllyd a fu rhwng Hoover Merthyr a Hoover Perivale ar y mater. Mynnai Merthyr eu hannibyniaeth i benodi pwy a fynnent ar y telerau a fynnent ac nad oedd a wnelo Llundain ddim oll â'r mater. O wybod mai felly y bu 'roeddwn yn hapusach fyth imi dderbyn y swydd, ffarwelio â Llundain a chychwyn bywyd newydd yn y De.

Cyn symud, 'roedd yn rhaid chwilio am dŷ. Dywedwyd wrthyf yn y cyfweliad fod 'y rheolwyr yn arfer byw, nid ym Merthyr ei hun ond yn y Fenni, yn Nhrefynwy neu yng nghyffiniau Caerdydd'. Efallai eu bod nhw, meddyliais innau, ond ein bwriad ni, o ddychwelyd i Gymru oedd dod i Gymru, nid dianc o'r gwaith i fyw yn nes i Loegr ac mor bell oddi wrth y gweithwyr ag oedd yn bosibl. Felly, chwilio am dŷ ym Merthyr oedd y cam nesaf.

Dangosai'r profiad cyntaf ein bod yn nofio yn erbyn y lli. Ar y ffordd i Ferthyr gelwais yn swyddfa cwmni adnabyddus o werthwyr eiddo yng Nghaerdydd i holi am dai ym Mlaenau'r Cymoedd. Llundeiniwr oedd wrth y ddesg a gofynnodd imi ble 'roeddwn yn byw. 'Maidenhead', meddwn innau. Gofynnodd wedyn ble yr hoffwn fyw. Pan ddywedais 'Merthyr' siglodd yn ôl yn ei gadair, ac meddai mewn acen gocni lydan:

'Merthyr? Maidenhead to Merthyr? You must be bleeding mad!'

Atebais innau: *'Beauty is in the eye of the beholder'.* Neidiais i'r car a ffoi tua'r gogledd, i gyfeiriad Merthyr, ar drywydd y Gymru y chwiliem amdani, yn hytrach na lobscows cosmopolitanaidd, sinicaidd Caerdydd.

'Roedd y profiad a gefais ar fy niwrnod cyntaf ym

Merthyr yn adlewyrchu cymeriad gwahanol a hynod y dref honno. Ar ddiwedd dydd, cerddais i fyny prif stryd — bron unig stryd — y dref at 'Pontmorlais Circus'. Gwahanol braidd i Piccadilly Circus, meddyliais, gan droi i mewn i siop bapur newydd i gael copi o'r papur nos. Rhywbeth tebyg i hyn fu'r sgwrs:

'*South Wales Echo, please.*'

Cododd perchennog y siop gopi o'r papur o'r domen wrth ei ochr, ond cyn ei estyn imi, gofynnodd:

'*Who are you, then?*'

'*I'm working at Hoover,*' atebais, gan geisio newid gêr ac anghofio'r prinder sgwrsio a oedd yn arferol mewn siopau papur newydd yn Llundain.

''*Oovers,*' meddai, gan gywiro fy ynganiad o enw cwmni mwya'r cwm. ''*Oovers — what you doin' there?*'

'*I'm in charge of administration,*' meddwn innau, ac osgoi cyfeirio fy mod yn bennaeth cyllid rhag ofn iddo feddwl fy mod yn rhyw fath o deicŵn.

'*Oh, are you then?*' meddai yntau, heb eto roi fy mhapur imi, ac ychwanegodd, '*Nobody told me!*'

A dyna i chi Ferthyr Tudful. Disgwyliai'r trigolion wybod beth oedd pawb yn ei wneud ac, yn amlach na pheidio, 'roeddynt **yn** gwybod hanes pawb a phopeth. Dyma'r dref ddi-Gymraeg Gymreiciaf y gellid ei dychmygu. Ni chymerodd fawr o dro inni ymgartrefu yno. Buom yn ffodus o allu prynu tŷ yn agos i ganol y dref, ac eto mewn cornel dawel a fu unwaith yn barc. Hwn oedd y tŷ gwreiddiol a adeiladwyd ar gyfer rheolwr cyntaf Hoover ar ôl y rhyfel. 'Roedd wedi newid dwylo ers hynny, a heb gysylltiad pellach â'r cwmni. 'Roedd yno ardd hyfryd, a digon o libart — gwahanol iawn i'r tai yn ochrau Llundain.

Cawsom gymdogion difyr hefyd. Dros y ffordd cartrefai Eddie Thomas, y cyn-bencampwr paffio a rheolwr Howard Winstone pan enillodd ben-campwriaeth y byd. 'Roedd Eddie a'i wraig Kay yn gymeriadau anhygoel, yn gwbl ddi-lol a hollol ddiflewyn-ar-dafod. 'Doedd eu cenhedlaeth hwy ddim ond hanner cam oddi wrth y genhedlaeth Gymraeg olaf ym Merthyr. Deuthum yn ffrindiau mawr â hwy, a chyda Mari a Graham Davies — yntau ar y pryd yn swyddog cynllunio'r fwrdeisdref. Bu wedyn yn gynghorydd Llafur ar Gyngor Sir Morgannwg Ganol. Bu Graham a Mari'n gefn aruthrol i'r mudiad ysgolion Cymraeg yn y dref.

Saif Merthyr mewn cwm a welodd dwf diwydiannol aruthrol yn y ganrif ddiwethaf. 'Roedd yn dref o 17,404 o boblogaeth ym 1821 pan nad oedd Caerdydd fawr mwy na phentref o 3,521. Uwchben Merthyr yr oedd Dowlais, a holl greithiau'r chwyldro diwydiannol i'w gweld yn amlwg bryd hynny — y dur, y glo a'r hagrwch i gyd.

Yn y ganrif ddiwethaf, dyma dref a etifeddodd broblemau di-ri' yn deillio o'r gorddiwydiannu cyflym: budreddi, diffyg carthffosiaeth, tai cwbl anaddas, afiechydon, creulondeb a thlodi. Daeth pobl yno o bedwar ban byd. 'Roedd nifer y Pabyddion yn y dref (39%) yn dangos fel y bu mewnlifiad sylweddol o Iwerddon, ac o Sbaen hefyd. Ond lobscows Cymreig a geid ym Merthyr pan gyrhaeddais i. Er mai ychydig a siaradai Gymraeg, 11% ym 1971, 'roedd yr ymwybydd-iaeth Gymreig yn gryf.

Yn y cwm hwn y bu'r trychineb arswydus ym 1966. Ni raid ond yngan yr enw — Aberfan. 'Roedd olion y sioc yn dal yn ddwys, ac adwaith llawer i'r ddamwain yn chwerw, pan ddeuthum i Hoover's. 'Roedd nifer o weithwyr y cwmni wedi colli un neu ragor o'u plant.

Yn ystod dirwasgiad y tridegau dioddefodd Merthyr fwy nag unman arall yng Nghymru. 'Roedd diweithdra yn 63.6% ym 1935; a chyn uched â 80% yn Nowlais yng ngogledd y fwrdeisdref. Dyna oedd cefndir sefydlu Cwmni Hoover yno ym 1947. Ynghanol düwch y tomenni glo ac olion y diwydiant dur, daeth ffatri newydd sbon, ffatri a oedd erbyn dechrau'r saithdegau yn cyflogi dros 5,000 o weithwyr.

'Roedd y cwmni, mewn gwirionedd, yn llawer rhy bwysig ac yn rhy allweddol er lles y dref. Dyma'r unig gyflogwr o unrhyw faint yno, a gwir oedd y gred leol: 'Pan mae Hoovers yn pesychu, mae Merthyr yn cael niwmonia.'

Mor wahanol oedd y patrwm gwaith ym Merthyr i'r hyn ydoedd yn Slough! Yno, ar yr ystâd ddiwydiannol yn niwedd y chwedegau 'roedd cynifer ag 800 o gwmnïau yn cyflogi gweithwyr; cwmnïau mawr a bach, mewn gwahanol sectorau, a chanddynt amrywiaeth eang o waith i'w gynnig. Pe bai rhywun yn syrffedu ar weithio mewn un ffatri yn Slough, y peth hawsaf yn y byd fyddai symud i waith arall gerllaw. Ond ym Merthyr, Hoover oedd yr unig gyflogwr. Pe bai gweithwyr yn ffraeo gyda'r cwmni neu gyda'u cyd-weithwyr 'doedd dim dewis ond aros yno a dioddef yn ddistaw. O ganlyniad, 'roedd llawer un wedi hen 'laru ar ei waith yno ond yn gorfod dal ati. 'Roedd hynny'n anorfod a phrin fod sefyllfa felly yn ddelfrydol o safbwynt heddwch diwydiannol a hapusrwydd y gweithlu.

Dyna ran o gefndir y streic a barodd am wyth wythnos yn y ffatri, ychydig cyn i mi ymuno â'r cwmni. Yn sicr, 'roedd bai o'r ddeutu fod yr anghydfod wedi parhau cyhyd. Ond pwy bynnag oedd ar fai, fe'm cefais fy hun yng nghanol yr awyrgylch anodd hwnnw sydd bob amser yn dilyn cythrwfl diwydiannol.

Yn ystod fy nghyfnod ym Mars ni threuliais ragor nag ychydig oriau yn ymdrin â phroblemau staff. Nid oedd streic wedi bod yno erioed, na sôn am streic. Ond yn ystod fy wythnos gyntaf yn Hoover treuliais fy holl oriau gwaith arferol mewn cyfarfodydd yn ceisio datrys rhyw anghydfod neu'i gilydd. Ni fedrwn ddechrau ar fy mhriod waith ynglŷn â chyllid ac economi'r cwmni tan ar ôl pump. 'Roedd y peth yn anhygoel i mi, a gofynnwn i mi fy hun sut aflwydd y llwyddai rheolwyr y cwmni i wneud eu gwaith, os mai dyna oedd y patrwm arferol.

Teg yw dweud fodd bynnag i bethau wella'n fuan ac yn sylweddol. Ond o ystyried cefndir diwydiannol Merthyr, heb sôn am y streic wyth wythnos, o gofio am ddioddefaint y bobl, yr ansicrwydd cyflogaeth a danseiliai bob hyder, yr ecsploetio diwydiannol a fu yn y cwm yn y gorffennol, y teimlad angerddol am gyfiawnder, tegwch a chydraddoldeb i bob gweithiwr, o gofio'r pethau hyn a esgorodd ar fudiad undebol nerthol, nid yw'n syndod fod elfen o amheuaeth a drwgdybiaeth rhwng y gweithlu a'r rheolwyr i'w deimlo drwy gydol fy nghyfnod gyda'r cwmni.

Mae'n deg dweud fod pob cwmni, i raddau, yn creu'r awyrgylch diwydiannol a haedda. Yn nwylo rheolwyr a chyfarwyddwyr y mae'r grym i ffurfio gwerthoedd cwmni a chreu'r hinsawdd sy'n dylanwadu ar ymddygiad pawb o'i fewn. Os mai ar sail sinicaidd o ddefnyddio pobl yn ddiegwyddor y sefydlir ac yr adeiladir cwmni, prin y gall y cyfarwyddwyr gwyno os ceir adwaith yr un mor sinicaidd gan y gweithlu. Nid bod Hoover yn gwmni gwael yn hyn o beth — yn wir, 'roedd yn llawer gwell na Ford, yn ôl yr hyn a welais — ond 'doedd dim cymhariaeth rhyngddo a Mars. Efallai fod a wnelo'r pethau hyn â maint cwmni. Gwaith anodd yw creu ysbryd brawdol mewn cwmni enfawr. Mae'n haws, 'does dim dwywaith, mewn cwmni bychan. Mae natur y diwydiant yn gwneud gwahaniaeth hefyd. Os yw natur y farchnad yn ansefydlog ac yn sensitif iawn i ffactorau economaidd, fel graddfeydd llog, mae'n anorfod y bydd yn rhaid i reolwyr ystyried diswyddo gweithwyr. Dyna'r ergyd waethaf posibl. Mae'n milwrio yn erbyn pob ymdrech i greu seiliau cytûn, hapus. Ym myd peiriannau golchi, fel ym myd moduron, bydd y farchnad yn dirywio'n drychinebus mewn cyfnod o ddirwasgiad, a gwelir cyfnodau o ddiswyddo'n dilyn. Mae hyn yn rhwym o esgor ar dyndra rhwng y gweithwyr a'u rheolwyr, er gwaethaf pob ymdrech.

Patrwm marchnad gwahanol iawn sydd i gynnyrch fel *Mars Bar*. Yn ôl coel y cwmni pan oeddwn yn gweithio yn Slough, cynyddu'r gwerthiant a wnâi dirwasgiad. Ar adeg o dlodi nid yw pobl yn bwyta cinio llawn ond yn hytrach yn prynu *Mars Bar*! Yn sicr ddigon, ar gyfnod gwan fe welid llai o wahaniaeth yn y gofyn am gynnyrch cwmni Mars nag yn yr archebion am beiriannau golchi. Gorchwyl gymharol hawdd yw cadw gweithlu'n hapus os yw lefel gwerthiant yn wastad. Mae'n bosibl hefyd creu'r gofyn am *Mars Bar* mewn modd nad ydyw'n bosibl ar gyfer peiriant golchi. 'Gwerthiant blys' yw gwerthiant *Mars Bar* yn siop y gornel. Â'r cwsmer yno i brynu rhywbeth arall ac, ar funud gwan, mae'n prynu siocled hefyd! Camp fawr y cwmni yw dylanwadu ar is-ymwybod darpar brynwyr. Dyna paham y ceir gwario mor sylweddol ar hysbysebu. Gwnaed arbrawf unwaith gan Mars yn ôl y sôn — cyn fy nghyfnod i — ar effaith peidio â hysbysebu. Am ryw ddeufis fe barhaodd lefel y gwerthiant yn bur wastad ond wedyn daeth cwymp go arw. Byrhoedlog yw'r cof cyhoeddus. Yn wir y mae cred yn y byd gwleidyddol mai rhyw dri mis yw cof etholwyr. Dyna paham y gwelwch wleidyddion yn byhafio'u hunain mor dda yn ystod y misoedd cyn Etholiad Cyffredinol!

Ond yn ôl at Hoover. Gormodiaith fyddai dweud imi fy nghael fy hun mewn nyth cacwn, ond cyfaddefaf serch hynny imi orfod ymdrechu'n galed i gael fy nhraed danaf ar adeg digon anodd i'r cwmni. 'Roedd y dulliau rheoli yn 'draddodiadol', a dweud y lleiaf! Ar adegau, ystyrid nerth llais yn bwysicach na grym dadl a rhesymeg. O'r hen ysgol reoli y deuai llawer o benaethiaid Hoover ym Merthyr, wedi dringo drwy'r rhengoedd o lawr y ffatri, chwarae teg iddynt. Ond yn y saithdegau, ymunodd cenhedlaeth newydd o bobl ifanc o gefndir prifysgol â hwy, rhai llai profiadol o safbwynt y diwydiant. Hawdd dychmygu'r tyndra a dyfai ar adegau rhwng ambell aelod o'r naill garfan a'r llall.

Deuai hyn i'r amlwg amlaf yng nghyfarfod wythnosol Bwrdd Rheoli'r ffatri. Tarddai'r Bwrdd o gyfnod blaenorol pan oedd ffatri Merthyr yn gwmni ynddo'i hun, sef *Hoover Washing Machines Ltd.* Erbyn y saithdegau nid Bwrdd ydoedd mewn gwirionedd ond pwyllgor rheoli gyda rhyw ddwsin o reolwyr adrannol yn cydgyfarfod yn wythnosol i drefnu'r gwaith.

Pan âi pethau'n ddrwg 'roedd tuedd gan bennaeth y cwmni ym Merthyr i chwilio am fwch dihangol. Beth bynnag fyddai'r gwir am wahanol sefyllfaoedd, gallai un rheolwr druan o blith y dwsin ei gael ei hun yn gyfrifol am bob diffyg a methiant a fu yn ystod yr wythnos. Y syniad, mae'n debyg, oedd dychryn pawb arall rhag llaesu dwylo. Ond yn fy nhyb i ffordd gyntefig iawn o reoli oedd hon, a disgwyliwn am gyfle i wneud rhywbeth yn ei chylch.

Un prynhawn Gwener fy nhro i oedd cymryd y bai a'r baich am bob nam a methiant, ac 'roeddwn wedi hen syrffedu ar yr holl ffiasco. 'Roedd hi'n gêm fudr. Brathais fy nhafod am ddwyawr ddiflas. Ystyriais fy sefyllfa'n ofalus dros y Sul, ac ar y bore Llun cyflwynais fy ymddiswyddiad i'r pennaeth gan esbonio iddo nad oeddwn yn bwriadu parhau i fod yn bêl i'w chicio mewn gêm wythnosol o amgylch y bwrdd.

Deallais yn ddiweddarach y bu hyn yn ergyd aruthrol iddo, ac er syndod imi, yn ergyd annisgwyl hefyd. Dyma'r tro cyntaf, fe ymddengys, i unrhyw reolwr wrthryfela yn erbyn yr hen drefn. Gofynnodd imi ymbwyllo am ychydig ddyddiau tra byddai'n ystyried sail fy nicter. Cytunais innau. Dyn a ŵyr beth fyddai fy hanes pe bai wedi derbyn fy ymddiswyddiad neu pe bawn innau wedi styfnigo a mynnu gadael. Nid oedd gennyf swydd arall mewn golwg ac mae'n ddigon posibl na fuaswn wedi gallu ymgeisio am sedd Arfon yn yr Etholiad Cyffredinol ddwy flynedd yn ddiweddarach.

Ond tawelodd y stormydd a, chwarae teg iddo, diwygiodd Doug Snowden ei holl ffordd o redeg y cwmni. Trodd cyfarfod wythnosol y Bwrdd yn seiat drafod feddylgar yn hytrach na maes brwydr. Ac ymhen sbel bach 'roedd y pennaeth a minnau yn ffrindiau cytûn.

Ond cyn i'r heddwch newydd gael ei draed dano bron, gwthiodd gwleidyddiaeth ei thrwyn annisgwyl ar draws patrwm fy mywyd ym Merthyr, a hynny mewn modd ysgytwol a phellgyrhaeddol. Yn Chwefror 1972 bu farw S. O. Davies, aelod seneddol Merthyr, gan achosi is-etholiad tyngedfennol arall.

Gwleidyddiaeth y Cymoedd

Bu farw S.O. ymhen chwe mis ar ôl inni gyrraedd Merthyr. Dechreuais gyda Hoover ar 1 Gorffennaf 1971, a symud i'n cartref newydd Maes-y-Nant, yn ystod mis Medi, mewn pryd i gofrestru ar y rhestr etholwyr ar 10 Hydref. Trefnwyd i gynnal yr is-etholiad am hen sedd S.O. ar 13 Ebrill a dyna finnau ar fy mhen yn y pair gwleidyddol yn syth!

Mae'n deg dweud nad oedd dim trefn ar drefniadaeth y Blaid ym Merthyr bryd hynny — nid peth anghyffredin i'r Blaid yn rhai o'r Cymoedd cynt nac wedyn! Yn y chwedegau, cafwyd peth llwyddiant mewn etholiadau llywodraeth leol, ac ym 1961 enillodd Plaid Cymru ddwy sedd ar y Cyngor Bwrdeisdref Sirol, a thrydedd sedd ym 1962. Erbyn 1967 'roedd y cyfan wedi eu colli.

Adeg marw S.O., dim ond ychydig selogion fel Penri Williams a Tudor Jones a gadwai achos y Blaid yn fyw, a 'doeddwn innau ddim ond prin wedi cael cyfle i ddod i'w hadnabod. Ond gwyddwn y byddai'r is-etholiad yn gwbl dyngedfennol. 'Roedd Gwynfor wedi colli Caerfyrddin ym Mehefin 1970, a 'doedd gan y Blaid yr un aelod seneddol. Pe bai modd cipio Merthyr, byddai'r gwynt yn ôl yn ein hwyliau a buasem yn dangos nad fflach undydd, unnos mo'r canlyniadau yn y Rhondda a Chaerffili yn niwedd y chwedegau. Byddai buddugoliaeth yn rhoddi Cymru yn ôl unwaith eto ar yr agenda gwleidyddol — a hynny mewn cyfnod pan ddisgwylid cyhoeddi Adroddiad Kilbrandon ar seneddau i Gymru a'r Alban. Ystyriwn yr is-etholiad cyn bwysiced ag un Caerfyrddin, ac fe'm hatgoffai o'm proffwydoliaeth gynharach mai ym Merthyr y byddai'r Blaid yn llwyddo gyntaf yn y Cymoedd.

A allai'r Blaid ennill? Ar un wedd, edrychai'n dasg amhosibl, gan fod Llafur wedi dal y sedd o 1905 hyd 1970. Dyna'r eironi. Y flwyddyn honno, am eu rhesymau eu hunain, penderfynodd y Blaid Lafur fod ''rhen S.O.' yn rhy hen i sefyll eto. Cyfaddefai ei fod yn 82 mlwydd oed ar y pryd, ac 'roedd lle i gredu ei fod yn nes i 86. Dewiswyd swyddog undeb y peirianwyr, a chynghorydd adnabyddus yn y dref, Tal Lloyd, i sefyll dros Lafur yn ei le. Nid oedd Llafur, mae'n amlwg, yn adnabod S.O. er iddo fod yn aelod seneddol Llafur dros Ferthyr am ragor na 36 o flynyddoedd. Yn Etholiad Cyffredinol 1970 safodd S.O. fel ymgeisydd Llafur Annibynnol — rhywbeth nad oedd yn gwbl ddieithr yn nhraddodiad gwleidyddol Merthyr — a threchodd yr ymgeisydd Llafur swyddogol. Dyma ganlyniad yr etholiad:

S.O. Davies (Llafur Annibynnol).....................16,701
Tal Lloyd (Llafur) 9,234
E. Jones (Tori) 3,169
Chris Rees (Plaid Cymru).............................. 3,076

Dylanwadodd Hoover ar y canlyniad i raddau. Yn gam neu'n gymwys, ystyriai amryw o'r gweithwyr i Tal Lloyd wneud tro gwael â hwy adeg y streic wyth wythnos. Streic answyddogol oedd honno ac 'roedd Tal Lloyd, fel swyddog yr undeb, wedi gorfod dadlau yn erbyn y gweithwyr i'w darbwyllo i fynd yn ôl i'w gwaith.[1]

Felly, er bod pleidlais y Blaid yn ddigon isel ym 1970, 'roedd lle i gredu bod rhai cenedlaetholwyr wedi cefnogi S.O., a oedd yn Gymro Cymraeg, oherwydd ei safiad dros Senedd i Gymru, dros Gymreictod, a thros draddodiad radical sosialaidd Cymreig: heb sôn wrth gwrs am y boddhad o roddi pigiad i'r Blaid Lafur! Pan ddeuai is-etholiad, a chael ymgyrch gyffelyb i'r un a gafwyd y drws nesaf yng Nghaerffili bedair mlynedd yn gynharach, teimlid y gellid gwasgu ar wynt y Blaid Lafur.

Yr ystyriaeth gyntaf, holl bwysig oedd sicrhau ymgeisydd. Gofynnwyd i mi gadeirio cyfarfod o'r Pwyllgor Rhanbarth i ddewis un. Gwrthodais i'm henw fy hun fynd gerbron, oherwydd fy mod mor anghyfarwydd â'r ardal, yn newydd-ddyfodiad, a phrin fy mod yn gwleidydda yn y modd tanllyd traddodiadol a oedd, yn fy nhyb i, yn hanfodol i Ferthyr. Teg yw dweud hefyd na fu llawer o bwysau arnaf i sefyll, am yr un rhesymau.

Ond 'roedd gennyf syniad pwy yr hoffwn ei weld yn ymgeisydd, sef Emrys Roberts, cyn-drefnydd y Blaid. Edmygwn ef am ei ymdrechion i wneud y Blaid yn berthnasol i'r ardaloedd di-Gymraeg. 'Roedd Emrys yn siaradwr tanbaid, a chanddo feddwl gwleidyddol praff. Cymerai ei waith o ddifri ac 'roedd yn weithiwr heb ei ail.

Un arall a enwebwyd oedd John Owen, Pen-y-bont, sydd bellach yn offeiriad yn yr Eglwys Babyddol. Er ei fod yntau yn siaradwr cyhoeddus a allai symbylu torf, ni feddai ar brofiad Emrys yn fy nhyb i. Tybiaswn y byddai Emrys yn ennill yr enwebiaeth yn hawdd a gellir dychmygu fy syndod ar ddiwedd y pwyllgor dewis pan ganfûm mai chwe phleidlais yr un a gafodd y ddau ymgeisydd. 'Roedd gennyf bleidlais fwrw, wrth gwrs, a gallwn fod wedi ei rhoddi i Emrys yn y fan a'r lle.

Meddyliais. Ystyriais. Achosi rhwyg mae'n siŵr a wnâi hynny — newydd-ddyfodiad, aelod o Bwyllgor Gwaith Cenedlaethol y Blaid, yn penderfynu ar y dewis yn y fath fodd. 'Roedd yn hanfodol bwysig cael pawb yn y Blaid ym Merthyr i gyd-dynnu. Hawdd iawn fyddai creu rhwyg, a gallai camddefnyddio'r bleidlais fwrw wneud hynny ar amrantiad. Felly cynigiais o'r gadair ein bod yn cyflwyno'r ddau enw i'r Pwyllgor Gwaith, gan fod rhaid iddynt hwy, p'run bynnag, gadarnhau'r dewis. Cytunwyd yn hapus ar hyn. A gwyddwn innau heb unrhyw amheuaeth mai Emrys fyddai'r dewis fan honno. Felly bu.

Dewis Llafur oedd Ted Rowlands, cyn-aelod seneddol dros Ogledd Caerdydd, a oedd wedi colli ei sedd ym Mehefin 1970. Nid oedd yn frodor o Ferthyr, ond cychwynnai â'r fantais o fod yn ymgeisydd profiadol. Galwodd Llafur yr is-etholiad ar frys anhygoel, sef llai na dau fis wedi marw S.O. 'Roeddynt yn benderfynol, mae'n amlwg, o beidio â gadael i Blaid Cymru gael gwynt i'w hwyliau, megis yng Nghaerffili ym 1968.

Gan ein bod yn byw dafliad carreg o ganol tref Merthyr, 'roedd yn anorfod y byddem ynghanol y frwydr. Bu dwsinau o weithwyr ifanc Gwynedd yn aros acw, a throwyd un ystafell yn swyddfa ar gyfer ward y Parc, y ward fwyaf yn yr etholaeth, a gynhwysai ystadau enfawr y Gurnos a Galon Uchaf. 'Doedd dim dewis ond torchi llewys, ac fe wnaed hynny, gyda Glyn Owen, Cwm-bach fel *sargeant-major* yn y brif swyddfa yn y Stryd Fawr yn gyrru pob copa walltog allan i ganfasio drwy'r gwynt a'r glaw. Cyhoeddwyd fflyd o daflenni a defnyddiau etholiad — yn amrywio o grysau-T *'Em for Merthyr'* i fatiau cwrw yn dwyn y slogan *'Henry Richard, Keir Hardy and S.O. Davies supported a Welsh Parliament; OUR VOTE FOR EMRYS ROBERTS WILL WIN IT.'* Ni welwyd y fath etholiad ym Merthyr ers blynyddoedd.

Ar adegau, aeth yr ymgyrchu'n frwnt o galed, hyd yn oed yn ôl safonau'r Cymoedd. Cyhuddwyd y Blaid o bob bai dan haul gan Lafur, a phan wrthododd Ted Rowlands gymryd rhan mewn dadl gyhoeddus, brandiwyd ef yn *'yellow Teddie'* gan weithwyr y Blaid. Clymodd rhywun gyw iâr wrth ymyl swyddfa'r Blaid Lafur i ategu'r cyhuddiad: *'chicken'*. Mae'n wyrth yn wir fod Ted Rowlands yn siarad ag unrhyw Bleidiwr byth ers hynny! Ond is-etholiad yw is-etholiad! Ar y noson olaf cyn y pôl cynhaliwyd cyfarfod cyhoeddus enfawr yn y Theatre Royal, Pontmorlais gyda Philip Madoc yn areithio'n ysgubol.

Llafur aeth â hi, ond 'roedd y mwyafrif yn sylweddol is na'r 17,655 a gafodd S.O. Davies fel ymgeisydd Llafur ym 1966. Y canlyniad oedd:

Ted Rowlands (Llafur)	15,562
Emrys Roberts (Plaid Cymru)	11,852
C. Barr (Tori)	2,366
Arthur Jones (Comiwnydd)	1,519
A. Donaldson (Rhyddfrydwr)	765

Oedd, 'roedd mwyafrif Llafur i lawr i 3,710, eu pleidlais o dan 50%, a hynny yn un o'u cadarnleoedd ar adeg pan oedd Llywodraeth Dorïaidd bur amhoblogaidd mewn awdurdod. Er gwaethaf colli Caerfyrddin, llwyddodd Plaid Cymru i ddangos ei bod yn dal yn fygythiad gwirioneddol i Lafur yn y Cymoedd, ac nid oes amheuaeth gennyf na fu hyn yn help i ennill Arfon a Meirion ddwy flynedd yn ddiweddarach, a gorfodi Llywodraeth Lafur 1974 i gymryd ystyriaethau Cymreig o ddifri.

Bu'r is-etholiad yn gyfrwng i mi ddod i adnabod Merthyr a'i phobl yn llawer iawn gwell, a chefais lu o gyfeillion newydd. Ond wedi'r is-etholiad mewn gwirionedd y daeth fy medydd gwleidyddol go iawn ym Merthyr.

'Roedd Emrys Roberts wedi addo, doed a ddelo, y byddai ef a Margaret a'u teulu'n symud i fyw i Ferthyr yn sgîl yr etholiad. Teimlais innau fod dyletswydd arnaf i'm bwrw fy hun i wleidyddiaeth y cwm, er mwyn ymorol nad seren wib fu'r is-etholiad, a'i heffaith yn darfod yr un mor sydyn ag y gwnaethai yn y Rhondda ar ôl is-etholiad 1967. Y cyfle cyntaf a ddaeth i ddangos ein bod, fel plaid, yno i aros ac i wasanaethu'r cwm oedd yr etholiadau lleol ym Mai, wrth gwt yr is-etholiad.

Prin fu'r amser i gael ein gwynt atom cyn bwrw iddi i ymladd am seddau ar Gyngor Bwrdeisdref Sirol Merthyr, sef yr hen uned lywodraeth leol, a gyfunai gyfrifoldebau sirol a dosbarth o fewn un cyngor. I'r graddau hynny 'roeddynt yn debyg i'r cynghorau newydd, aml-bwrpas a argymhellir ym 1992 gan y Llywodraeth Geidwadol. 'Roedd wyth ward yn yr hen Ferthyr, yn ffurfio Cyngor o 32 aelod ac 'roedd wyth sedd i'w llenwi ym Mai 1972. 'Doedd dim amser i'w golli felly cyn dewis ymgeiswyr.

Cawsom gyfarfod yn y New Inn i roi pethau ar y gweill rhag blaen. 'Doedd fawr o amser cyn diwrnod cau'r enwebiadau, ac 'roedd yn hanfodol bwysig sicrhau nifer da o enwau credadwy. O gofio am yr helbul gyda Hoover ynglŷn â gwleidydda, a'r ffaith fy mod wedi treulio cryn egni ac amser yn yr is-etholiad, nid oedd gennyf fi unrhyw fwriad i sefyll. Ond fel yr âi'r drafodaeth rhagddi daeth yn fwyfwy amlwg nad oedd neb am sefyll. Erbyn diwedd y noson 'roeddwn wedi cytuno i fod yn ymgeisydd ar yr amod ein bod yn ymladd o leiaf dair o'r wyth sedd yn y cwm.

Daeth dau arall i'r adwy — Ewart Davies a oedd yn berchen y New Inn a Gareth Foster, curad yn yr Eglwys a brodor o Fethesda. A dyna ni felly yn bwrw i etholiad arall. Y peth gwaethaf am wn i oedd gorfod hysbysu'r cwmni, ond gan nad ystyriai neb yno fod gennyf obaith mul o ennill y sedd, bu'n fwy o destun tynnu coes na phryder diwydiannol!

Yn ward y Parc yr ymgeisiwn, yn cynnwys dros 8,000 o etholwyr, a'r rheini'n byw i raddau helaeth iawn fel y soniais o'r blaen ar ystadau tai cyngor y Gurnos (un o ddatblygiadau nodweddiadol y chwedegau) a Galon Uchaf. Dyma'r ward a gynrychiolai Tal Lloyd ar y Cyngor. Llafur a ddaliai bob sedd yn y ward cyn yr etholiad.

Adlewyrchiad difyr o sbectrwm gwleidyddol Merthyr oedd y dewis gerbron yr etholwyr yn ward y Parc ar ddydd Iau, 4 Mai 1972: Llafur, Llafur Annibynnol (cefnogydd S.O.), Comiwnydd a minnau. 'Roedd mynd o gwmpas o ddrws i ddrws yn addysg ynddo'i hun, er bod mantais o ddilyn yn syth yn sgîl yr is-etholiad, a'r cardiau canfas gennyf yn dangos yn union ymhle yn y ward y cafodd Emrys Roberts ei bleidleisiau.

Cefais groeso iawn wrth y drysau, a chlywed llawer o straeon am ddiffygion, ffaeleddau a llygredd honedig y Blaid Lafur yn y fwrdeistref. Fel newydd-ddyfodiad i'r ardal, ni wyddwn a oedd sail i'r cyhuddiadau hyn ai peidio ond ni allwn lai na sylwi ar y siniciaeth cyffredinol tuag at y Cyngor, a phawb bron yn datgan ei bod yn hen bryd 'ysgwyd' neuadd y dref. Tybiwn serch hynny mai'r achwyn arferol oedd hyn ac nad oedd lle i ragweld unrhyw ddaeargryn gwleidyddol yn y ward.

Ond y fath syndod a gefais noson y cyfrif! Tra oedd y ddau arall a safai dros y Blaid wedi gwneud yn barchus dda, nid oedd yr un wedi ennill. Yna dyma'n cyfrif ni yn ward y Parc.

Dafydd Wigley (Plaid Cymru)	1,239
Arthur Jones (Comiwnydd)	1,201
Edward John Rowlands (Llafur)	924
John V. O'Neill (Llafur Annibynnol)	273

Wedi cyhoeddi'r canlyniad, yn hen neuadd y dref, dywedodd y swyddog etholiad, gyda phroc slei yn ei lais *'Congratulations Councillor Wigley, and welcome to Merthyr!'* 'Roeddwn wedi dychryn am fy hoedl o fod wedi ennill fy etholiad cyntaf dros y Blaid. Ac wrth draddodi pwt o araith ar ddiwedd y cyfrif crynai fy nwylo fel na allwn ddarllen fy mhenawdau ar y papur!

Y gred gyffredinol oedd imi ennill ar sail yr ensyniad *'Better the devil we don't know'*, fel y dywedodd un cyfaill wrthyf yn bryfoclyd. Ond 'roedd hyn braidd yn annheg ag Arthur Jones, y Comiwnydd. Dywedwyd wrthyf mai dyma'r pedwerydd tro ar ddeg iddo sefyll, ac 'roedd wedi colli bob tro ond unwaith. 'Roedd o'n greadur onest a chynnes, yn Gymro Cymraeg naturiol ac yn ymladd dros ei egwyddorion ar adeg pan amheuai llawer fod Llafur wedi hen anghofio'r fath ystyriaethau. Teimlwn yn euog o'i drechu ond ymhen blynyddoedd cefais gyfle i'w groesawu fwy nag unwaith yn Nhŷ'r Cyffredin pan oedd yno fel rhan o lobi dros ryw achos blaengar neu'i gilydd.

Mae yna hanesyn gogleisiol am y diweddar Arthur Jones. Un tro, ar ôl colli fel arfer mewn etholiad lleol, cerddai ar ei ben ei hun i fyny'r allt o neuadd y dref i gyfeiriad Galon Uchaf. Aeth car cefnogwyr Llafur heibio, ac o'i weld, dyma'r gyrrwr yn stopio i gynnig pás iddo. Gwrthododd. Ceisiodd y gyrrwr ymresymu ag ef gan ddweud ei bod yn hwyr, yn glawio a'i fod yntau, mae'n siŵr, wedi blino. Gwrthod eto wnaeth Arthur.

'Ond Arthur bach, dere mlân,' meddai'r gyrrwr. 'Paid â thorri calon — does 'da ti ddim i'w wneud nawr ond ei throi hi am adre.'

'O oes,' meddai Arthur, 'rwy'n gorfod gwneud galwad ffôn.'

'Paid â bod yn wirion, pwy sydd raid i ti ffonio amser hyn o'r nos?'

'Rhaid i mi ffonio Moscow gyda'r canlyniad!'

* * *

Trannoeth canlyniad etholiad y Cyngor bu'n rhaid i mi dorri'r newydd i'm cyd-reolwyr yn Hoover wrth gwrs. Euthum i mewn i'r swyddfa yn gynnar, a'r cyntaf i mi daro arno ar y coridor tu allan i'm swyddfa oedd Doug Snowden, pennaeth y ffatri. Ar ôl peth sgwrsio — a minnau'n ceisio troi'r drafodaeth i gyfeiriad etholiadau — gofynnodd yn syml, heb ddangos fawr ddim diddordeb: *'What happened, then?'*

Atebais innau'n syml: *'I won.'*

Pe bai'r to wedi disgyn, ni ddangosai fwy o syndod!

Esgorodd y fuddugoliaeth ar gyfnod newydd yn fy mhrofiad gwleidyddol, a phennod ryfeddol hefyd yn fy mherthynas â Hoover. Gellir dychmygu'r sefyllfa. 'Roedd bechgyn yr undebau yn y gwaith wedi hen arfer cael eu ffordd eu hunain ar y Cyngor. Patrwm y pleidiau yn neuadd y dref oedd:

Llafur	27
Llafur Annibynnol	2
Trethdalwyr	2
Plaid Cymru	1

I raddau helaeth, yr un criw a arweiniai'r Blaid Lafur ar y Cyngor ag a drefnai'r undebau yn y gwaith. 'Roedd Tal Lloyd, trefnydd rhanbarthol yr AEU, yn rhannu'r un ward â mi ac 'roedd trefnydd ardal o'r un undeb, Albert John, yn gynghorydd hefyd. Wedyn 'roedd Gerry Donovan, a ddaeth yn faer tra oeddwn i'n gynghorydd, yn aelod o bwyllgor yr undeb yn Hoover yn ogystal, ac felly'r Cynghorydd Mike Sullivan. A dyna finnau — ar ochr reoli'r ffatri!

Creai sefyllfa unigryw. Byddwn i o bryd i'w gilydd yn eistedd ar ochr y rheolwyr yn y *Joint Works Council*, yn gwrando ar yr undebau yn ein lambastio am fethu â gwneud hyn a'r llall; minnau'n gorfod amddiffyn y 'sefydliad' o safbwynt y ffatri. Yr un diwrnod efallai y byddwn yn mynd i un o bwyllgorau'r Cyngor a rhai o'r undebwyr eto, yr un rhai, yn fy wynebu ar draws yr ystafell am yr eildro'r un dydd. Ond yn awr myfi fyddai'n lambastio'r Cyngor am fethu â gwneud hyn a'r llall, a'r undebwyr llafur, fel cynghorwyr, yn gorfod amddiffyn y 'sefydliad' o safbwynt y Cyngor! Byddai pry ar y wal wedi mwynhau'n fawr y *role reversal* dwbl yma!

Penderfynodd y cawcws Llafur ar y Cyngor fy llorio trwy lwytho gwaith arnaf. Ymdriniwyd â mi'n wahanol i Gwynfor Evans ar hen Gyngor Sir Gaerfyrddin. Prin y rhoddwyd lle iddo ef ar unrhyw bwyllgor drwy gydol ei gyfnod ar y Cyngor. Ond fe'm hetholwyd i ar bron bob pwyllgor a fodolai. Ac o gofio mai bwrdeisdref sirol ydoedd, 'roedd yna nifer helaeth o bwyllgorau — yn ymwneud â'r holl feysydd sydd heddiw dan adain y Cyngor Dosbarth, a'r Cyngor Sir, heb sôn am faterion iechyd nad ydynt bellach yn rhan o swyddogaeth llywodraeth leol.

Rhwng popeth, eisteddwn ar 22 o bwyllgorau ac is-bwyllgorau, a phob un ohonynt bron iawn, yn cyfarfod yn fisol. Gan fod pwyllgorau'r Cyngor yn cyfarfod yn ystod y dydd yn ogystal â'r hwyr, rhagwelai'r arweinwyr Llafur y buaswn yn ei chael yn amhosibl mynychu'r pwyllgorau a gwneud fy ngwaith yn Hoover yr un pryd.

Dau bwyllgor nad oeddwn yn aelod ohonynt oedd y Pwyllgor Cyllid a'r Pwyllgor Diwydiannol, sef yr union ddau bwyllgor y gallwn fod wedi cyfrannu fwyaf i'w trafodaethau. Ni allai'r neges fod yn gliriach. 'Roedd y cyllyll allan! Ond fe lwyddais rhywsut i gadw presenoldeb gweddol ar y rhan fwyaf o'r pwyllgorau allweddol drwy gydol y ddwy flynedd y bûm ar y Cyngor. Methais tua'r diwedd pan oeddwn yn cymudo rhwng Merthyr ac Arfon i ymladd y sedd seneddol. O ystyried agwedd gynnar y cwmni, a'r tyndra yn y Pwyllgor Rheoli, mae'n rhaid imi gyfaddef y bu Hoover yn hynod o amyneddgar ynglŷn â'm hymweliadau â siambr y Cyngor. Ond erbyn diwedd y cyfnod, efallai eu bod yn falch o'r cysylltiad hyd yn oed.

Dyna'r addysg wleidyddol ddyfnaf a gefais erioed. 'Roedd ar y Cyngor gymysgfa ddifyr o aelodau Llafur. Yn eu mysg 'roedd nifer o gynghorwyr Cymraeg eu hiaith, yr hen genhedlaeth Gymraeg naturiol a oedd yn prysur ddiflannu ym Merthyr. Er cymaint yr ymdrech i wneud fy mywyd ar y Cyngor yn uffern wleidyddol, 'roedd gennyf gryn barch i'r hen genhedlaeth honno yn y Blaid Lafur. 'Roeddynt wedi byw drwy gyfnod o ddioddefaint anhygoel a'r Blaid Lafur wedi ei sefydlu ei hun drwy drefniadaeth fesul stryd, a thrwy i'r aelodau eu haddysgu eu hunain mewn modd clodwiw. Y mudiad Llafur oedd wedi rhoddi i'r genhedlaeth honno bopeth a feddent — iechyd, addysg, tai a gwaith. Beth bynnag fu hanes Llafur yn ddiweddarach, rhaid derbyn, parchu ac ymhyfrydu yn yr hyn a gyflawnwyd gan yr hen genhedlaeth.

'Roedd ar y Cyngor hefyd genhedlaeth ganol oed, cenhedlaeth Tal Lloyd a'i gyfeillion. 'Roeddynt hwythau hefyd i raddau helaeth yn deall y dadleuon sosialaidd a fu'n graig dan draed yr arloeswyr Llafur. Ond 'roeddynt hwy wedi datblygu'n sefydliad, wedi arfer rhedeg y Cyngor yn ddiwrthwynebiad, ac fel pob 'sefydliad', roeddynt wedi dechrau cymryd eu hawdurdod yn ganiataol.

'Roedd hefyd drydedd elfen o fewn y garfan Lafur — y newydd-ddyfodiaid i'r maes gwleidyddol, rhai wedi neidio ar y wagen, fe dybiwn, er mwyn cael grym a dylanwad a hynny weithiau at ddibenion tra gwahanol i'r gwerthoedd a symbylodd eu cyndadau. 'Roedd yn anodd credu bod egwyddor sosialaidd erioed wedi cyffwrdd cydwybod rhai aelodau o'r garfan hon. Hyd yn ddiweddar iawn, yn y gwledydd comiwnyddol, 'roedd yn rhaid i'r sawl a deimlai'n uchelgeisiol ymuno â'r Blaid Gomiwnyddol. Credai llawer o bobl fod yr un peth yn wir am Ferthyr a'r Blaid Lafur. 'Roedd yno rai cynghorwyr yn ddrych o hyn.

Daeth straeon am lygredd yn ddihareb, ac efallai mai protest yn erbyn diffygion honedig y Cyngor oedd un o'r prif resymau pam yr enillais fy sedd ac i'r Blaid yn ddiweddarach lwyddo mor ysgubol yn etholiadau'r Cyngor. Cofiaf am un hanesyn yn ystod yr is-etholiad seneddol, pan ddaeth Winnifred Ewing (bryd hynny'n gyn-aelod seneddol yr SNP) i lawr i siarad dros Emrys Roberts. Arhosai mewn gwesty yno, ac ar ôl diwrnod o ganfasio rhuthrodd yn ôl i'r bar gan ddatgan i bawb o fewn clyw ei bod wedi taro ar yr honiad mwyaf anhygoel o lygredd, rhywbeth a fyddai'n creu sgandal y ganrif, ac yn sicr o golli'r etholiad i Lafur. Safai'r tafarnwr â'i benelin ar y bar a'i law dan ei ên. Ni ddywedodd air nes i Winnie orffen ei llith. Yna, heb brin symud ei gorff, fel pe bai'r hanes yn ddim mwy na sylw ar y tywydd tu allan, llefarodd ddwy frawddeg:

'*Winnie bach, you've seen nothing. Al Capone wouldn't*

have been a tea-boy in the Merthyr Labour Party!'

Gor-ddweud, yn sicr, ond dyna'r math o beth a ddywedid ac a gredid gan lawer bryd hynny.

Mae'n debyg fod yna lygredd, er mai cymharol ychydig ohono a welais i fy hun. Ond gwelais ddigon i'm darbwyllo nad oedd mwg heb dân.

Gan ffrindiau inni, a chymdogion pur agos, y clywais yr enghraifft fwyaf trawiadol. 'Roedd ganddynt berthynas a oedd yn berchen llain o dir ar ffiniau'r dref. 'Roedd yn wael ei iechyd ac yn awyddus i werthu'r tir gyda chaniatâd cynllunio i godi tai er mwyn cael digon o arian i fyw gweddill ei ddyddiau'n lled gyfforddus. Cawsai gynnig hael gan gwmni o ddatblygwyr, dim ond iddo gael caniatâd cynllunio.

Un noson, galwodd cynghorydd arbennig heibio yn nhŷ ein ffrindiau, a dweud ei fod yn dymuno prynu'r llain tir. Soniodd am bris. Dywedodd ein ffrind, ar ran ei berthynas, y cafwyd cynnig dwywaith cystal â hynny gan y cwmni datblygu, a bod ei gynnig ef felly yn afresymol o isel. Fe'u hatgoffwyd yn bwrpasol oeraidd yn y fan a'r lle nad oedd y tir yn werth dim heb ganiatâd cynllunio. Ac 'roedd y cynghorydd hwnnw ar y Pwyllgor Cynllunio. Gwn fod yr hanesyn yma'n wir, oherwydd i'r ffrind ddod acw mewn dagrau yn syth ar ôl y digwyddiad. Ond 'roedd yn gyndyn o ddatgelu'r peth, yn gyndyn o achwyn am y fath ymddygiad. Pam? Ai oherwydd ofn y 'sefydliad' holl-bwerus, ynteu ai oherwydd rhyw gred mai'r peth anrhydeddus i'w wneud oedd tewi gan fod pawb yn torri'r rheolau weithiau? 'Wn i ddim. 'Wn i ddim ychwaith a oedd y digwyddiad hwn yn rhan o batrwm ehangach ynteu'n achos unigol, yn eithriad anffodus.

Mae enghraifft arall yn rhan o'm profiad fy hunan. Digwyddodd mewn maes sy'n gyforiog o sibrydion am lygredd, sef penodiadau athrawon. Cefais alwad ffôn un diwrnod gan ddyn a ddymunai alw heibio am sgwrs ynglŷn â mater addysgol. Iawn, meddwn, a gwahoddais ef i'm cartref. Daeth gyda ffeil drefnus, ac ar ôl ei hagor dechreuodd ar ei 'bregeth'. Gwyddwn yn syth nad myfi oedd y cyntaf i'w chlywed. 'Roedd yn ymgeisio am swydd athro ym Merthyr, yn gweithio yn Lloegr ar y pryd ond yn wreiddiol o'r ardal. Aeth rhagddo wedyn i restru a chanmol ei gymwysterau. Pwysleisiodd ei fod yn aelod o'r Blaid Lafur a'i fod yn deall pwysigrwydd hyn, a phwysigrwydd cydweithio â'r Blaid Lafur leol. Hanner awgrymodd y byddai'n gwbl fodlon cyd-ymffurfio ag unrhyw 'ddealltwriaeth' a oedd yn arferol gyda phenodiad o'r fath. Eisteddwn innau — braidd yn annheg efallai — yn gwrando arno a gadael iddo fynd ymlaen â'i bregeth. Yna dywedais yn syml:

'Ydych chi'n sylweddoli mai Cynghorydd Plaid Cymru ydw i?' Aeth yn wyn fel y galchen, ac ni welais neb yn diflannu drwy'r drws mor sydyn â'i gynffon rhwng ei goesau!

Ond yr enghraifft a erys gliriaf yn fy meddwl o'r gyfundrefn 'democratiaeth un blaid' a fodolai ym Merthyr y pryd hwnnw yw'r modd y collwyd rhyw 700 o enwau o'r gofrestr etholiadol yn ward y Parc yn Hydref 1972. Yn ôl yr arfer, 'roedd rheidrwydd ar i'r etholwyr lenwi ffurflenni i gofrestru am bleidlais yn nechrau Hydref. 'Roedd yr is-etholiad wedi dangos gwendidau enfawr yn y rhestr etholwyr, ac yn sgîl hynny disgwyliwn i'r Cyngor ymorol am ddileu'r diffygion.

Ond nid felly bu. Pan gyhoeddwyd y rhestr 'arbrofol' yn Nhachwedd, canfûm fod rhif yr etholwyr yn fy ward wedi gostwng o 8,200 i ryw 7,500. Od iawn, meddwn, a phenderfynais chwilio'n ofalus am yr enwau ar yr hen restr adeg etholiad y Cyngor ym Mai i ganfod yn union pwy oedd wedi 'diflannu'. Er mawr syndod imi, canfûm fod y mwyafrif llethol o'r enwau diflanedig yn enwau a oedd gennym ni ar ein cofnodion etholaeth fel pleidleiswyr Plaid Cymru!

Ymddengys mai rhywbeth fel hyn oedd wedi digwydd. 'Roedd pob tŷ wedi cael y ffurflenni i'w llenwi ond yn hytrach na gadael i'r etholwyr eu postio i neuadd y dref, yr arferiad ym Merthyr y pryd hwnnw — bob blwyddyn — oedd i'r Cyngor benodi pobl i'w hel o ddrws i ddrws. Ymddengys bod y 'gweithwyr arbennig' a gyflawnai'r dasg hon yn ward y Parc wedi galw ym mhob tŷ ac eithrio'r 700 neilltuol hyn, am ryw reswm! Cawsom y gwaith llafurus o lenwi ffurflen ar gyfer pob un a gollasai bleidlais, er mwyn eu cael yn ôl ar y rhestr o fewn y tair wythnos statudol. Llwyddwyd i wneud hyn, a dyna'r tro olaf, hyd y gwn, i unrhyw un ym Merthyr geisio 'glanhau'r' rhestr etholwyr ar draul un blaid!

Peth hawdd yw creu darlun du. 'Rwyf yn gwbl sicr fod y mwyafrif llethol o weithwyr llywodraeth leol, athrawon, cynghorwyr ac aelodau'r Blaid Lafur yn y Cymoedd heb gael unrhyw brofiad o lygredd o'r fath. Credaf fod ambell afal drwg yn effeithio ar gynnwys y gasgen, ac efallai fod pobl a ddylai godi llais yn erbyn yr ychydig hyn wedi dewis y ffordd rwyddaf, sef gweld dim, clywed dim. Y wers wleidyddol yn hyn yw'r perygl a ddeillia o lywodraeth un blaid mewn unrhyw awdurdod. Rhaid cael gwrthblaid gredadwy ac etholadwy bob amser cyn y gall democratiaeth weithio.

Elfen arall hanfodol mewn democratiaeth yw gwasg rydd a chyfrifol. Tra oeddwn ar Gyngor Merthyr cefais gryn gymorth gan ohebwyr y papurau lleol. Cynrychiolydd y *Merthyr Express* oedd dyn ifanc o'r enw David Hughes. Aeth wedyn at y *Western Mail* yn ohebydd seneddol ac yna fel prif ohebydd gwleidyddol y *Sunday Times*. 'Roedd yn un o ohebwyr disgleiriaf y 'lobi' seneddol. Cawn hel atgofion weithiau ac atgoffa'n gilydd fel y bu i yrfaoedd y ddau ohonom gychwyn yn Siambr Cyngor Merthyr ac arwain i Lundain! Enillodd y ras yn ôl i Gaerdydd — penodwyd ef yn olygydd y *Western Mail* ym 1992. Iddo ef, a Hywel Davies (a fu'n olygydd y *Merthyr Express* yn ddiweddarach) ac i Philip Nyfield o'r *South Wales Echo*, y mae gennyf le i ddiolch.

1. Am hanes llawnach, gweler *'S.O. Davies — A Socialist Faith'* gan Robert Griffiths: Gwasg Gomer, 1983.

Brwydrau Cyngor Merthyr

Ni ddefnyddid yr un gair o Gymraeg yn siambr y Cyngor, ac 'roedd yn rhaid i minnau fod yn ofalus rhag gorbwysleisio ystyriaethau'r iaith, gan mai mêl ar fysedd Llafur fyddai dangos nad oeddwn yn adlewyrchu blaenoriaethau'r ward a'm hetholodd. Penderfynais felly mai'r cyfraniad pwysicaf y gallwn ei wneud dros yr iaith oedd ceisio sicrhau ysgol gynradd Gymraeg i Ferthyr. Bryd hynny, nid oedd gan Bwyllgor Addysg Merthyr yr un ysgol Gymraeg yn y cwm, er bod Cyngor Sir Forgannwg wedi arloesi yn y maes drwy ddylanwad caredigion yr iaith megis y Cynghorydd Llew (yn ddiweddarach Arglwydd) Heycock.

'Roedd brwdfrydedd dros addysg Gymraeg ar gynnydd yn y Cymoedd bryd hynny. Deilliai i raddau helaeth am fod to newydd o rieni ifanc yn teimlo iddynt gael eu hamddifadu o'r iaith. O ganlyniad 'roeddynt yn benderfynol y byddai eu plant yn adfeddiannu'r etifeddiaeth. Dan arweiniad pobl fel y Cynghorydd Glyn Owen, cafwyd brwydrau ffyrnig a llwyddiannus yng Nghwm Cynon dros y mynydd o Ferthyr i sefydlu a datblygu ysgolion Cymraeg. Gwnaed cynnydd sylweddol hefyd i'r dwyrain yng Nghwm Rhymni. Oherwydd diffyg ysgolion Cymraeg ym Merthyr, 'roedd yn rhaid i blant yr ardal deithio i'r cymoedd cyfagos i gael addysg Gymraeg. 'Roedd yn siwrnai hir, flinedig ac anghyfleus, yn enwedig i blant ifanc.

Bu ymdrechion cynharach yn y chwedegau i sicrhau

ysgol Gymraeg ym Merthyr ond gwrthwynebwyd hyn yn styfnig gan Bwyllgor Addysg y fwrdeisdref ac, fe ymddengys, gan y Cyfarwyddwr, Mr John Beale. Yn ôl yr hyn a glywais 'roedd yr ymdrechion blaenorol wedi methu oherwydd i'r Awdurdod fynnu bod yn rhaid wrth 50 o blant o'r cychwyn ar gyfer ysgol newydd fel hyn — er bod profiad bron pob ardal ym Morgannwg yn dangos mai cychwyn gyda llawer llai na hynny a wnâi'r ysgolion Cymraeg, a thyfu'n raddol a chadarn nes eu bod yn ysgolion llewyrchus a phoblogaidd.

Nid oeddem ni wedi dychwelyd o Loegr i fyw yng Nghymru er mwyn i'n plant gael eu magu drwy'r Saesneg. Aed ati i gychwyn ymgyrch dros ysgol Gymraeg ym Merthyr. Cawsom griw brwdfrydig at ei gilydd: Graham a Mari Davies, a oedd wedi symud yno o'r Barri, ac wedi arfer â manteision ysgol Gymraeg; Raymond Gethin, athro Cymraeg yn ysgol Cyfarthfa; Mrs A. M. Protheroe, Cymraes naturiol o Ferthyr, a drefnai uned feithrin Gymraeg i blant bychain yn ysgoldy Capel Soar yn y dref; ei mab, David, plismon bryd hynny, a'i wraig Ann a hanai o Loegr ond a oedd yn frwd dros i'w phlant ddysgu'r Gymraeg; Gwyn ac Ann Griffiths o Droed-y-rhiw; a T. Eyton Jones, cyn-athro a drigai yn Nowlais ac a fu'n ddiwyd yn yr ymdrechion blaenorol i gael ysgol Gymraeg i'r ardal. Fel pe na bai'r criw yma yn ddigon nerthol a phenderfynol, manteisiais ar fy nghyfeillgarwch â Cennard Davies, Treorci, y daethwn i'w adnabod yn dda yn ystod is-etholiad y Rhondda, 1967, i'n cynorthwyo; dyn yn troi ym myd addysg, a brwydrwr heb ei ail dros sefydlu ysgolion Cymraeg.

Ffurfiwyd yr ymgyrch ddiweddaraf hon cyn yr is-etholiad, ond yn sicr fe roddwyd nerth i'r mudiad gan y cynnydd mewn ymwybyddiaeth Gymraeg a ddaeth yn sgîl yr is-etholiad. Bûm braidd yn amhoblogaidd gan rai o'm cyd-Bleidwyr am sbel, oherwydd i mi bwyso am gael yr aelod seneddol newydd, Ted Rowlands, yn llywydd y mudiad dros ysgol Gymraeg. Gwyddwn fod ei wraig, Janice, yn frwd dros y Gymraeg, a chan fod ganddynt fab ifanc, tybiais, yn enw pob synnwyr, mai peth doeth fyddai cael yr AS yn rhan o'r frwydr. Yn un peth byddai hynny yn gosod cynghorwyr Llafur Merthyr mewn sefyllfa ddigon anodd! Ac mae'n deg cyfaddef, o edrych yn ôl dros ugain mlynedd, fod Ted a Janice Rowlands wedi gwneud llawer i hybu'r Gymraeg yn yr ardal. Pwy na chofia eu hymdrechion dros Eisteddfod yr Urdd ym Merthyr ym 1987?

Yn unol â'u hagwedd at ymdrechion cynharach i sefydlu ysgol Gymraeg ym Merthyr, dywedodd y Pwyllgor Addysg unwaith eto fod eisiau o leiaf 50 o blant i gychwyn yr ysgol. Byddai gofyn hefyd i'r rhieni ddarbwyllo'r Pwyllgor eu bod o ddifri ynglŷn â'u dymuniad i gael addysg Gymraeg i'w plant a'u bod yn gwybod holl oblygiadau hynny. Yn ymarferol, golygai hyn y byddai'r Cyfarwyddwr Addysg ynghyd â chadeirydd ac is-gadeirydd y Pwyllgor Addysg yn cyfweld y cyfan o'r rhieni, fesul teulu. Nid oeddynt yn fodlon i'r rhieni gael neb gyda hwy i'w cynghori neu i'w cynrychioli yn y cyfweliad. Mewn geiriau eraill, 'roedd y Pwyllgor Addysg yn sefydlu rhyw ffurf ar 'Inquisition' i berswadio'r rhieni na wyddent beth a geisient, ac y dylent ailfeddwl. Y tro cynt fe lwyddwyd i atal sefydlu ysgol Gymraeg. Disgwylid llwyddo eto.

Ond yn awr, 'roedd yr ymgyrch dros yr ysgol Gymraeg yn drefnus a phenderfynol, yn ogystal â brwdfrydig. Sicrhawyd lobi gref i fynychu'r swyddfa addysg ym Merthyr ar y noson yr oedd y swyddogion yn cyfweld y rhieni. O bobtu drws swyddfa'r Cyfarwyddwr safai Cennard Davies a minnau yn annog y rhieni wrth iddynt fynd i mewn eu bod yn cloi'r drafodaeth, ni waeth beth arall a ddywedid, gyda'r geiriau hyn:

' 'Rwyf, fel rhiant, ar ôl ystyried yr holl bwyntiau sydd wedi codi heno, yn dal yn argyhoeddedig fy mod eisiau i'm plentyn fynychu'r ysgol Gymraeg ym Merthyr, a bydd yn dechrau yno ar y diwrnod cyntaf y bydd yr ysgol ar agor.'

Chwarae teg, gydag un eithriad, fe safodd y rhieni fel un gŵr ac fe orfodwyd y Cyngor i agor ysgol Gymraeg ym Merthyr. Ond nid dyna'r cyfan o'r stori ychwaith. Ar gyfer yr ysgol Gymraeg cynigiwyd Ysgol Gellifaelog, hen adeilad mewn cyflwr difrifol, yr iard yn beryglus, a'r safle'n ddigalon. Ond fe gadwodd y rhieni at eu gair, ac fe agorwyd yr ysgol ar 12 Medi 1972. O fewn rhai blynyddoedd, 'roedd yno ormod o blant ar gyfer yr adeilad, ac yn Rhagfyr 1979 cafwyd ysgol Queens Road, adeilad llawer mwy deniadol, ar eu cyfer. Erbyn heddiw, mae ail ysgol Gymraeg yn y cwm, Ysgol Rhyd y Grug ym Mynwent y Crynwyr ger Treharris. Mae honno bellach yn rhy fach hefyd. 'Roedd yn hwb i'r galon y llynedd pan ofynnodd y rhieni i mi helpu i gael darpariaeth helaethach. Gelwais yn yr ysgol ychydig cyn etholiad 1992. 'Roedd llond iard o blant Cymraeg eu hiaith yno i'm croesawu. Rhwng y ddwy ysgol rhoddir addysg drwy gyfrwng y Gymraeg i bron 700 o blant yn y cwm heddiw.

Nid yr hyn a adroddais gynnau oedd diwedd y brwydro dros addysg Gymraeg ar y Cyngor. Cofiaf i'r Cyngor ar un achlysur ystyried ehangu darpariaeth addysg feithrin yn y fwrdeisdref. Chwarae teg iddynt, credai'r Cyngor mewn sefydlu addysg feithrin yn eang, ac 'roedd ysgol eisoes ym mhob un o'r wyth ward. Pan ddaethpwyd ag adroddiad gerbron ynglŷn â chael ysgolion meithrin ychwanegol, bachais ar y cyfle i gynnig bod y nawfed ysgol feithrin yn un Gymraeg. Ffieiddio a wnaeth y cynghorwyr Llafur ond cefais gefnogaeth y cynghorydd Llafur annibynnol, Megan Phillips, a ymunodd â Phlaid Cymru'n ddiweddarach. Nid anghofiaf byth ymateb un cynghorydd Llafur, a oedd fel rheol yn greadur gweddol ddeallus a dymunol. *'We should satisfy the needs of normal children first,'* meddai.

'Roedd hynny'n ddigon i roi'r 'myll' i mi. Am y tro cyntaf — ond nid yr olaf — fe ffraeais yn gacwn â'r mwyafrif ar y Cyngor, gan rwygo fy agenda yn ufflon a cherdded o'r siambr. Gwyddwn y byddai hynny'n ddigon i sicrhau bod y stori'n cyrraedd y papurau ac y byddai'r cyhoedd yn gweld yn union beth oedd agwedd y cynghorwyr Llafur tuag at yr iaith Gymraeg.

★ ★ ★

Yn ystod fy nghyfnod ar y Cyngor un o'r brwydrau mawr a ddaeth ar agenda gwleidyddol Cymru oedd Mesur 'Rhenti Teg' y Llywodraeth Geidwadol, sef yr

Housing Finance Act, 1972. Dyma Fesur a oedd yn sicr o godi lefel rhenti tai cyngor yn sylweddol iawn, yn unol â thraddodiad gorau'r Toriaid o ochri gyda meistri tir a landlordiaid tai. 'Roeddem, fel plaid, wedi ymgyrchu'n galed ar y pwnc yn yr is-etholiad a'r etholiadau lleol, ac 'roedd y miloedd a drigai yn yr ystadau tai cyngor yn fy ward yn disgwyl i mi wneud safiad ar y mater, wrth gwrs.

'Roedd y camau cyntaf yn ddigon hawdd i Lafur a ninnau, sef lambastio'r Llywodraeth a bygwth peidio â gweithredu'r ddeddf. Ond o dipyn i beth, daeth yn fwyfwy amlwg na allai'r Blaid Lafur stumogi'r frwydr. 'Roeddynt yn gŵn cyfarth ardderchog ond yn ddiddannedd iawn pan ddaeth yn amser brathu!

Gwyddai Llafur fodd bynnag nad oedd wiw iddynt ildio'r fantais seicolegol i Blaid Cymru, gan ymddangos eu bod yn fodlon gweithredu'r ddeddf ar ran y Llywodraeth Geidwadol. At hyn, 'roedd Cyngor arall cyfagos, Cyngor Machen, o dan arweinyddiaeth Lafur, yn taranu dros beidio â gwneud gwaith budr y Toriaid drostynt.

Felly, pan ddaeth yn amser penderfynu o ddifri o fewn y Grŵp Cynghorwyr Llafur 'roeddynt mewn lle digon anodd a dweud y lleiaf. O wrthod gweithredu'r ddeddf gwyddent y byddai pob cynghorydd a bleidleisiodd o blaid hynny yn agored i'w gosbi. Gellid ei orfodi ef a'i gyd-gynghorwyr gwrthryfelgar i dalu'r gost i'r pwrs cyhoeddus. Gan fod hyn yn golygu swm wythnosol sylweddol, sef y gwahaniaeth rhwng y rhenti ar y pryd a'r rhenti newydd uwch ar gyfer pob tŷ, gallai'r *surcharge* fod yn uchel iawn.

Pan ddaeth dydd pleidleisio ar y mater yn y siambr, 'roedd yn amlwg fod carfan sylweddol o'r cynghorwyr Llafur wedi cadw draw. Gyda 32 o gynghorwyr â'r hawl i bleidleisio, y canlyniad ar ddiwedd y ddadl oedd 11 dros wrthod gweithredu'r ddeddf (10 Llafur a minnau), 4 dros ei gweithredu (Trethdalwyr a Llafur Annibynnol), ac 17 o gynghorwyr yn ymatal rhag pleidleisio neu'n absennol. 'Roedd hon yn fuddugoliaeth foesol i'r Blaid, ac yn dangos sut y gallai plaid fechan weithredu i sbarduno cydwybod y Blaid Lafur a'i hollti!

Ar y pryd ni sylweddolwn beth a allasai ddigwydd o ganlyniad i'm pleidlais y diwrnod hwnnw. 'Roeddwn yn ymwybodol wrth gwrs y gallwn wynebu bil am filoedd o bunnoedd, er bod y Swyddfa Gymreig yn fuan iawn wedi anfon ei swyddogion ei hunan i weithredu'r ddeddf yn uniongyrchol. Gwyddwn hefyd y gallai'r safiad arwain at fy niarddel o'r Cyngor a'm gwahardd rhag bod yn gynghorydd am bum mlynedd. 'Roeddwn yn ddigon parod i dderbyn hyn er mwyn rhoddi sialens go-iawn i Lywodraeth Geidwadol Heath nad oedd ganddi unrhyw hawl i lywodraethu Cymru.

Ond nid oeddwn yn sylweddoli oblygiadau hyn yng nghyswllt gyrfa seneddol. Pe bawn wedi fy ngwahardd o fod yn gynghorydd, ymddengys y buaswn hefyd wedi fy ngwahardd rhag bod yn aelod seneddol. Fe waharddwyd nifer o gynghorwyr yn Lloegr am eu rhan hwy yn yr un ymgyrch, yn Clay Cross er enghraifft. Ymhen ychydig wythnosau ar ôl cael fy ethol yn AS Arfon yn Chwefror 1974, gallaswn yn hawdd gael fy mwrw allan o'r Senedd ar sail y safiad ym Merthyr. Dim ond penderfyniad trugarog (neu wleidyddol gall) yr Ysgrifennydd Gwladol ar y pryd, sef Peter Thomas, i fabwysiadu polisi gwahanol yng Nghymru i'r hyn a wnâi ei gyd-weinidogion yn Lloegr, a arbedodd fy ngyrfa seneddol! Pwy ddywedodd nad oedd y Swyddfa Gymreig o unrhyw werth?

★ ★ ★

Os oedd ennill sedd ar y Cyngor yn dwysáu fy ngweithgareddau gwleidyddol o wanwyn 1972 ymlaen, fe ychwanegwyd yn sylweddol atynt ym 1973 pan ddewiswyd fi yn ymgeisydd seneddol yn Arfon. Y flwyddyn honno hefyd y cafwyd yr etholiadau cyntaf i'r awdurdod lleol newydd. Byddai'r hen Gyngor Bwrdeisdref yr oeddwn yn aelod ohono ym Merthyr yn dod i ben ac yn ei le deuai Cyngor Sir newydd Morgannwg Ganol i ysgwyddo'r cyfrifoldeb am addysg, ffyrdd a'r gwasanaethau cymdeithasol. Y Cyngor Dosbarth newydd, a olygai Ferthyr ehangach, gan gynnwys Cefncoedycymer a Bedlinog, a fyddai'n gyfrifol am dai, cynllunio a hel sbwriel. Trosglwyddwyd iechyd, a oedd yn gyfrifoldeb yr hen Gyngor, i awdurdod iechyd enwebedig, a dŵr i gwango cenedlaethol.

O edrych yn ôl, y newidiadau hyn gan Lywodraeth Geidwadol oedd dechrau chwalfa llywodraeth leol. Hyd at hynny 'roedd Merthyr, i raddau helaeth, wedi trefnu ei bywyd ei hun. O dan yr hen drefn gellid dadlau bod cyfundrefn lywodraethol un blaid — Llafur — er prinned ei democratiaeth yn siambr y Cyngor, yn un agos iawn at y bobl. O hyn allan, biwrocratiaid a fyddai'n trefnu'r rhan fwyaf o'r gwasanaethau.

'Roeddwn dan bwysau i sefyll am sedd ar y cynghorau newydd, ond sylweddolais na allwn wneud cyfiawnder â'r cyfan — sef bod yn gynghorydd ar yr hen awdurdod am flwyddyn nes iddo ddod i ben ar 31 Mawrth 1974 a bod yn gynghorydd, o bosibl, ar yr awdurdod llywio newydd a olygai waith sylweddol o ffurfio patrwm newydd i lywodraeth leol. Hyn oll a theithio'n ôl a blaen i Arfon fel ymgeisydd seneddol mewn sedd enilladwy.

Cawsom gyfaddawd derbyniol. Safodd Elinor fel cynghorydd yn fy lle yn ward y Parc ar gyfer Cyngor Dosbarth Merthyr. 'Roedd chwe sedd i'r ward, a chawsom chwe ymgeisydd. Addewais innau y buaswn yn gweithredu fel cynrychiolydd a threfnydd etholiad i'r chwech, ac i Gareth Foster a safodd hefyd fel ymgeisydd sirol gan ennill sedd ar Gyngor Sir Morgannwg Ganol. Dyma'r unig droeon erioed i mi ymgymryd â gwaith cynrychiolydd, a mwynheais y profiad. Gweithiwyd yn galed, cribwyd y ward yn drwyadl ac fe saif un noson yn arbennig yn fy nghof fel y noson y llwyddasom i dorri gafael Llafur ar y ward.

'Roedd gennym yng nghangen ward y Parc ryw 70 o aelodau, gan gynnwys rhai a fu'n genedlaetholwyr cadarn dros y blynyddoedd — pobl fel Miss Ethel Williams, athrawes wedi ymddeol a roddodd arian sylweddol i gynnal yr achos, a Trevor Jenkins a fu'n gynrychiolydd i mi ym 1972. Ymhlith yr aelodau hefyd 'roedd haid o bobl ifanc, rhai yn wreiddiol o Ferthyr a rhai a ddaeth yno i fyw. Ymhlith y rhain 'roedd criw o athrawon ifanc brwd a ddaeth i weithio i Ferthyr o bob rhan o Gymru — Helen Roberts, Llanelli; Carol Ann Davies, Aberystwyth; Eldrydd Evans, Maldwyn; Ann

Jones, Pwllheli; Glenys Hanson, Abertawe; Ann Preston, 'Stiniog; Eleri John, Ynys Môn; a Dela Astbury, Saesnes o ganolbarth Lloegr a ddysgodd Gymraeg yn rhugl. 'Roedd Caerfyrddin wedi tanio'r athrawon ac is-etholiad Merthyr wedi dal dychymyg rhai o'r bobl ifanc lleol. 'Roeddynt yn fyddin barod am waith.

Ar y noson 'roedd yn glawio, digwyddiad digon cyffredin ym Merthyr! Wrth i mi yrru car gorlawn o ganfaswyr ifanc i fyny'r allt am Stad y Gurnos, gwelsom hanner dwsin o hen ddynion y Blaid Lafur yn sefyll ar gornel y stryd. 'Roeddynt yn trafod y glaw ac yn ysgwyd eu pennau. Nid oeddent am wlychu. Dychwelais adref ddwyawr yn ddiweddarach yn wlyb at fy nghroen, ond fe wyddwn ein bod, ar y noson honno, wedi 'cracio'r' ward. Gan y Blaid yr oedd yr ewyllys i ennill. Ar 10 Mai 1973 y chwe ymgeisydd buddugol oedd:

Gareth Foster (Plaid Cymru) 2,168
Elinor Wigley (Plaid Cymru) 1,949
D. V. Williams (Llafur) 1,754
Linda Haines (Plaid Cymru)............................1,653
J. L. Stanfield (Llafur) 1,630
David Williams (Plaid Cymru)..........................1,611

O drwch blewyn yn unig y collodd y ddau Bleidiwr arall, sef Terry Rees (1,599) ac Ewart Davies (1,551). Bellach 'roedd gennym ddau gynghorydd yn tŷ ni, un ar yr hen Gyngor ac un ar y Cyngor newydd. Ni lwyddwyd i ennill seddi eraill ar y Cyngor Dosbarth newydd, ond cydnabyddid Plaid Cymru ledled y cwm fel y blaid a heriai Lafur. 'Roedd Emrys Roberts a'i deulu wedi symud i Droed-y-rhiw ac erbyn 1975 'roedd yntau wedi ennill sedd. Daeth yn arweinydd ymroddgar ar Grŵp y Blaid. Erbyn 1976 (a minnau bellach wedi gadael Merthyr) 'roedd y Blaid yn ddigon cryf i ennill 21 o'r 33 sedd ar y Cyngor a disodli'r Blaid Lafur am y tro cyntaf ers dwy genhedlaeth.

Mae llawer o'r criw sy'n cynnal y Blaid ym Merthyr heddiw — pobl fel Roy Thomas, unig gynghorydd y Blaid ar Gyngor Merthyr bellach, Brian Thomas, Geoff Thomas a Marian Morris — yn bobl a ddaeth i'r frwydr yn y saithdegau. Un arall a ddaeth yn weithgar bryd hynny oedd Marc Phillips, ymgeisydd seneddol y Blaid yn Llanelli ym 1992.

Nid anghofiaf byth i ni gael galwad ffôn am bedwar o'r gloch y bore ym Mai 1976 gan Gareth Foster o Ferthyr. 'Roedd Elinor wrthi'n bwydo Hywel, yntau'n ddau fis oed, ac atebodd y ffôn yn y llofft. 'Roedd llais Gareth yn wan a thinc o anghredinedd yn ei eiriau: ' 'Rydym wedi ennill Merthyr!' Deffrôdd Elinor fi i'm hysbysu o'r newyddion syfrdanol. 'Roeddwn yn amau ei bod wedi breuddwydio'r cyfan. Bu'n rhaid i mi ffonio yn ôl i gartref Gareth Foster am bump o'r gloch y bore i sicrhau'r ffeithiau!

Canlyniad yr etholiadau ym Merthyr ym 1976 oedd fel a ganlyn:

Plaid Cymru	21
Llafur	8
Trethdalwyr	2
Llafur Annibynnol	2

Daeth Linda Haines — Linda Foster bellach ar ôl priodi Gareth — yn Faer Merthyr. Bûm yn siambr y Cyngor yn seremoni ei sefydlu ar 19 Mai 1977, ac 'roedd tipyn o lwmp yn fy ngwddf. 'Roedd Linda yn un o bobl ddi-

Gymraeg Merthyr ei hun, nid un o'r dosbarth canol Cymraeg a ymfudodd i'r dref. Hynod addas mai hi oedd Maer cyntaf y Blaid. Daeth Gareth Foster yn Faer ym 1980.

'Roedd yn eironig fy mod innau wedi ymadael i fod yn aelod seneddol yng Ngwynedd. Ond mae'n bosibl fod gan dîm y Blaid ym Merthyr lawer mwy o rym na mi i weithredu polisïau'r Blaid — o fewn meysydd cyfyng awdurdod cyngor dosbarth.

Meddyliais droeon a fu fy mlaenoriaethau yn iawn. Hyd heddiw, nid wyf yn sicr o'r ateb. Ond 'rwyf yn gwbl sicr o un peth: mae dadleuon a pholisïau'r Blaid yr un mor berthnasol ac angenrheidiol i Ferthyr (a gweddill Cymoedd y De) ag ydynt i Arfon a Gwynedd. Mae hefyd yr un mor bosibl ennill sedd seneddol yno. Yn y pen draw mae Merthyr, lawn cymaint ag Arfon, yn haeddu gwell Llywodraeth na'r hyn a ddaeth i'w rhan o Lundain. Cafodd Llafur eu cyfle ac fe wnaed cyfraniad sylweddol ganddynt yn eu dydd. Mae eu hoes ar ben bellach. Os oes dyfodol i Ferthyr ac i weddill Cymoedd y De, dibynna hynny ar gael Cymru rydd.

Creu Gwaith gyda Hoover

'Roedd ein bywyd ym Merthyr yn troi o amgylch gwleidyddiaeth, ond cawsom gyfle i gymdeithasu mewn cyfeiriadau eraill hefyd. Sefydlodd Elinor Gymdeithas Gerdd a fu'n ffyniannus am flynyddoedd wedyn. Cefais innau fy nenu i weithgareddau megis y Ford Gron, a thrwy hynny ddod i adnabod to o bobl gymharol ifanc nad oeddynt mewn unrhyw ffordd yn wleidyddol. Daeth Maes-y-Nant yn fan cyfarfod i lu o bwyllgorau a nosweithiau codi arian i hyn a'r llall.

Ym 1973 ganwyd Geraint ac felly 'roedd prysurdeb ychwanegol ar yr aelwyd. Cyfnod hapus oedd hwn cyn i ni ddeall am gyflwr y bechgyn. 'Roeddem yng nghanol pob math o weithgareddau, o drefnu dawnsfeydd ('gigs' fyddai'r term heddiw!) i gyngherddau Gŵyl Ddewi.

Ar yr un pryd 'roeddwn innau yn ysgwyddo cryn gyfrifoldeb yn y gwaith. Fy swydd oedd *'Controller'*, sef pennaeth cyllid a gweinyddiaeth y cwmni ym Merthyr. Golygai hyn gyfrifoldeb dros yr holl gyllideb, cyfundrefn gostau, cyfrifyddiaeth ariannol, cyflogau a'r adran gyfrifiaduron a systemau. 'Roedd gennyf staff o ryw 80 yn fy adran, braidd yr un ohonynt yn siarad Cymraeg, er eu bod bron i gyd yn Gymry o'r ardal. Dim ond 28 oed oeddwn yn ymgymryd â'r cyfrifoldebau hyn, yr ieuengaf (os deallais yn iawn) i fod yn un o brif reolwyr y cwmni ym Merthyr. 'Roedd y goruchwylwyr adrannol i gyd yn llawer hŷn na mi ac wedi gweithio i'r cwmni am flynyddoedd, a pheth anodd, mae'n rhaid, oedd gorfod bod yn atebol i lanc ifanc a ddaeth i mewn heb wybod dim am beiriannau golchi ac a dreuliai ran helaeth o'i amser ar bwyllgorau'r Cyngor lleol.

'Roeddwn hefyd mewn lle pur anghyfforddus, yn atebol i Brif Reolwr y ffatri, Doug Snowden, fel aelod o'r tîm rheoli ar un llaw ac ar y llaw arall yn atebol hefyd i'r Cyfarwyddwr Cyllid yn Llundain dros agweddau technegol fy ngwaith. Mae rhaniad o'r fath yn anfoddhaol ar y gorau ond yn fy achos i, o gofio'r ffrae a fu pan gefais fy mhenodi, 'roedd y sefyllfa yn eithriadol o anodd. 'Roeddwn rhwng y cŵn a'r brain o ddifri.

Disgwyliai'r pencadlys i mi weithredu fel ysbïwr, yn cadw trefn ar y sioe o safbwynt ariannol, ac yn cadw rheolaeth ar reolwr y ffatri, Doug Snowden, sef y dyn yr oeddwn yn atebol iddo! Fy ngwaith o safbwynt Llundain oedd mynnu safonau cyllidol a sicrhau bod y cyfrifon a'r adroddiadau cyllidol yn adlewyrchu'r hyn a ddigwyddai ym Merthyr, a rhoi i Lundain y wybodaeth angenrheidiol i fesur effeithiolrwydd y rheolwyr lleol.

Edrychai'r rheolwyr lleol arnaf o safbwynt gwahanol. Iddynt hwy, fy ngwaith oedd sicrhau arian digonol i'w wario, a chuddio unrhyw fân gamgymeriadau neu fethiant i gyrraedd targedau, fel na fyddent hwy, y rheolwyr, dan lach Llundain. Gallai'r ymweliadau misol â'r pwyllgor rheoli cyllid yn Llundain fod yn dipyn o straen, a thybiwn ar adegau fy mod wedi etifeddu coron ddrain.

Yr hyn a'm hachubai oedd rhyw allu i ddyfynnu digon o ffigurau ar drawiad a dod â dulliau newydd o gyflwyno gwybodaeth. Gallwn ysgrifennu sgript a wnâi i'r Cyfarwyddwr Cyllid deimlo ei fod yn beirniadu rheolwr Merthyr mewn modd adeiladol ac ar yr un pryd ysgrifennu sgript i beri bod rheolwr Merthyr yn ei amddiffyn ei hun yn ddigon credadwy. Y gamp oedd plesio'r ddau: y perygl oedd methu â phlesio'r naill na'r llall.

'Roedd yr oriau gwaith yn hir. Disgwylid i'r rheolwyr fod i mewn cyn i'r staff gyrraedd am 8.30 a dal ati gyda'r nos cyn ymgynnull tua 7 o'r gloch am ddiod ac i drafod gwaith y dydd. Diolchwn i'r drefn fy mod yn byw daith bum munud o'r ffatri. Gallwn bicio i un o bwyllgorau'r Cyngor neu adref am bryd o fwyd ac yn ôl i'r gwaith wedyn i roi'r byd yn ei le!

'Wn i ddim beth a feddyliai pobl Merthyr ohonof. Bu'n rhaid i'r cymdogion ddioddef gweld lluoedd o'r werin yn tarfu ar heddwch y gilfach, un o gorneli mwyaf deniadol y dref, lle 'roeddem yn byw. Trigolion parchus y dref, is-reolwyr Hoover, wedyn yn gorfod dygymod â llanc a dreuliai lawer o'i amser hamdden ar gorn siarad neu yn gwerthu'r *Welsh Nation* o gwmpas y tafarndai bob nos Wener. Adwaenai fformyn y gwaith fi fel 'Mr. Wigley' (tipyn o sioc ar ôl arfer cyfarch pawb wrth eu henwau bedydd ym Mars) tra oedd hogiau llawr y ffatri — etholwyr yn fy ward — yn fy nghyfarch yn syml fel 'Dafydd'. 'Roedd 'na dadau yn gorfod cnocio ar ddrws fy swyddfa i drefnu gwaith y cwmni, a'u plant yn cerdded i mewn i'm cartref, heb wahoddiad, i drefnu'r 'chwyldro'! 'Roedd arweinwyr parchus y sefydliad Llafur yn cael eu gwawdio gan 'Reolwr' (o bopeth) am fod yn rhy ufudd i ddeddfau Llywodraeth Geidwadol yn Llundain, ac i hen aelodau'r Blaid hefyd, y rhai a ymgasglai o gwmpas Harri Webb a'r criw yn y chwedegau, 'roedd rhywbeth yn od mewn cael cynghorydd a oedd fel pe bai'n rhan o sefydliad parchus Hoover ac yn fodlon cymdeithasu â phenaethiaid y cwmni yn ogystal ag aelodau o'r Blaid Lafur. Ac i benaethiaid Hoover yn Llundain wedyn? Wel, 'roedd y cyfan tu hwnt i'w dirnadaeth! Pan adawodd yr enigma i fod yn aelod seneddol, efallai mai dyna oedd yr unig ffordd gredadwy i ddod allan o'r sefyllfa gwbl anghredadwy y cefais fy hun ynddi ym Merthyr!

Wrth fod yn aelod ar y Cyngor a dal swydd allweddol gyda Hoover 'run pryd y deuthum i sylweddoli faint o rym sydd gan gwmnïau mawr i ddylanwadu ar benderfyniadau llywodraethol. Ym 1973, bu trafod cau gwaith dur Glynebwy, rhyw bymtheng milltir i'r dwyrain. 'Roedd y Swyddfa Gymreig, mae'n amlwg, yn bryderus iawn am effeithiau diweithdra yn y Cymoedd, ac felly pan gynigiodd Hoover estyn maint ein ffatri ym Merthyr, gyda chynifer â 3,500 o swyddi newydd, fe'n cofleidiwyd gan y Llywodraeth.

'Roedd y cynllun yn un uchelgeisiol, gyda golwg ar ymwthio i'r farchnad beiriannau golchi yn Ewrop. Bryd hynny, 'doedd Prydain ddim ond yn gwerthu 7% o beiriannau golchi'r Farchnad Gyffredin, a chyfraniad Hoover yn ddim ond 2%. Dyma'r cyfnod pan oedd Llywodraeth Ted Heath yn paratoi i fynd â Phrydain i mewn i'r Gymuned, ac aethom ati, ni'r rheolwyr ym Merthyr, i baratoi argymhellion i berswadio penaethiaid Hoover byd-eang, yn Ohio, UDA, y dylent fuddsoddi £15 miliwn yn y prosiect. Bûm draw yn y pencadlys yn

North Canton, Ohio ar adeg allweddol i hybu'r prosiect.

'Roedd gan Hoover ffatri arall yn Dijon, Ffrainc, ac yn ddigon naturiol gofynnwyd y cwestiwn: onid callach codi ffatri newydd yn y fan honno? Rhan o'm dyletswyddau i oedd crynhoi'r rhesymau economaidd dros leoli'r uned newydd ym Merthyr, gan gynnwys yn yr adroddiad asesiad o'r grantiau a'r atyniadau eraill a geid yng Nghymru. 'Roeddem i gyd, reolwyr Hoover Merthyr, yn unol ac yn benderfynol o sicrhau'r estyniad pwysig hwn i'r dref. Gallem ragweld y byddai'r man a gawsai'r buddsoddiad newydd yn tyfu maes o law i fod yn brif ganolfan Hoover ym Mhrydain, ac o bosibl yn Ewrop. Gwireddwyd y ddamcaniaeth hon flynyddoedd yn ddiweddarach pan gaewyd pencadlys Hoover yn Perivale, Llundain ym 1987, a symud y gwaith i Ferthyr.

'Roedd gofyn perswadio nifer o gyrff allweddol i gefnogi'r cynllun ar gyfer Merthyr. Ar wahân i benaethiaid y cwmni yn Llundain ac America, a'r undebau, 'roedd yn rhaid cael cefnogaeth y llywodraeth ganolog gyda'r grantiau mwyaf posibl; y Swyddfa Gymreig i sicrhau ffyrdd addas; y Cyngor lleol o safbwynt caniatâd cynllunio; Corfforaeth Ystadau Diwydiannol Cymru i godi'r ffatri, ac ati. Fy ngwaith i oedd cydgysylltu llawer o'r ymdrechion hyn; a dyna lle daeth fy aelodaeth ar y Cyngor yn ddefnyddiol iawn.

A thorri stori hir yn fyr, fe gafwyd y Frenhines i ymweld â Merthyr fel rhan o ddathliadau pum mlynedd ar hugain y cwmni ym Merthyr. Bu Chris Chataway AS, y Gweinidog Gwladol dros ddiwydiant, yno hefyd. Ac i gadw'r ddysgl yn wastad daeth arweinydd yr wrthblaid, Harold Wilson, yn ŵr gwadd i'r cinio dathlu. Trefnwyd i roddi 'Rhyddfraint Merthyr' i Felix Mansager, pennaeth Hoover byd-eang, ac fe roddodd yntau anrheg i'r fwrdeisdref, sef cyfraniad ariannol hael at ganolfan gweithgareddau awyr-agored Dôl-y-gaer, yn y mynyddoedd i'r gogledd o'r dref. Trwy hyn oll crewyd yr hinsawdd briodol i sicrhau na ellid gwrthod ein cais i ehangu'r cwmni ym Merthyr.

Ar ôl nifer o gyfarfodydd gyda phenaethiaid y DTI, cawsom addewid o'r grant mwyaf anhygoel y gellid ei ddychmygu — sef £11 miliwn o'r cyfanswm angenrheidiol o £15 miliwn. Daeth hyn yn rhannol drwy sôn am Dijon bob tro yr âi'r trafodaethau'n galed, ac yn rhannol oherwydd gwerth y prosiect i'r Llywodraeth fel modd i liniaru effaith cau gwaith dur Glynebwy. Os oedd y cwmni'n amheus ohonof ddwy flynedd ynghynt 'roeddwn wedi hen ennill fy mhlwy' erbyn gwireddu'r prosiect a llwyddo, rhyngom, i sicrhau'r fath grant.

Gydag un elfen yn unig yr oeddwn yn siomedig. Fel rhan o'r fargen, gellid bod wedi mynnu cael y Swyddfa Gymreig i fynd ati rhag blaen i gwblhau'r ffordd ddeuol o Gaerdydd i Ferthyr. Gwnaethom gais am hyn, a chael trafodaethau manwl gyda swyddogion y Swyddfa Gymreig. Ar y pryd, teimlwn yn sicr fy meddwl y byddai'r cynlluniau ar gyfer ffordd newydd wedi cael mwy o flaenoriaeth pe bai'r cwmni wedi mynnu hynny. Yn naturiol, 'roedd y Swyddfa Gymreig yn gyndyn o roi addewid, ac yn y diwedd teimlai'r cwmni mai rhyfygu efallai fyddai ceisio bargeinio'n rhy galed. Ond yn fy nghalon, o wybod nerth a gwerth ein prosiect, 'rwy'n argyhoeddedig y byddai'r ffordd honno wedi ei chwblhau i Bentre-bach ddeng mlynedd yn gynharach nag y daeth pe baem wedi dal ati.

Yn sgîl y prosiect, newidiodd agwedd pennaeth Hoover ym Merthyr tuag ataf. 'Roedd Doug Snowden, Llundeiniwr a ddaeth yno yn y chwedegau, wedi cychwyn yn y gwaelod ac wedi dringo i'r brig trwy'i ymdrech ei hun. Ni fu ganddo'r amser i ymddiddori rhyw lawer ym mywyd y gymuned. 'Gwaith a gorffwys bellach wedi mynd yn un' oedd patrwm ei fywyd. Ond er gwaetha'r gwahaniaeth barn rhyngom yn ystod y misoedd cyntaf, daethom i gydweithio a deall ein gilydd yn iawn fel yr âi'r amser rhagddo. Sylweddolodd, 'rwy'n credu, mai mantais i'r cwmni oedd fy mod yn byw o fewn y gymuned leol. Pan fyddai problem yn y gwaith, a'r undebau'n corddi, byddwn yn cael achlust yn fuan iawn beth oedd gwraidd yr anghydfod. 'Roedd gennyf gyfeillion yn y dref ac etholwyr yn fy ward. Daeth Doug i werthfawrogi hyn, yn ogystal â'm cysylltiad â'r Cyngor. Cyn i mi adael y cwmni, cynorthwyais i'w ddarbwyllo i ddod yn gyfarwyddwr Corfforaeth Datblygu Cymru drwy fy nghysylltiad â hen ffrind da, Meirion Lewis, a gyflawnodd waith mor glodwiw, ar adeg anodd, i greu corfforaeth nerthol i weithio dros Gymru. Pan ddaeth y WDA i fodolaeth ym 1975, penodwyd Doug Snowden yn un o'r cyfarwyddwyr a gwn mor falch ydoedd o allu cyfrannu rhywbeth i ddatblygiad economaidd Cymru. 'Roedd yntau, flynyddoedd yn ddiweddarach ar ôl iddo ymddeol o Hoover, yn ddigon caredig i ddweud wrthyf ei fod yn

amheus a fyddai hyn wedi digwydd oni bai imi ymuno
â Hoover ym 1971. Rhyfedd o fyd!

Un o'r pethau olaf a wneuthum yn Hoover cyn
etholiad 1974 oedd llunio cytundeb manylion prosiect
y ffatri newydd gyda'r Gorfforaeth Ystadau Diwydian-
nol yn Nhrefforest. Wrth i dri ohonom deithio yn y car
o Drefforest yn ôl i Ferthyr, clywsom ar newyddion
amser cinio fod Etholiad Cyffredinol o bosibl ar y
gorwel. 'Roeddwn erbyn hyn wedi fy newis yn
ymgeisydd dros y Blaid yn Arfon. Go brin y byddaf yn
Hoover i weld y prosiect yn mynd rhagddo, meddwn
wrthyf fy hun. A 'doeddwn i ddim — nac ychwaith i
brofi'r siom chwerw a ddaeth oherwydd chwyddiant
anhygoel y saithdegau. Parodd hynny i beiriannau
golchi Merthyr golli'r ras yn y farchnad Ewropeaidd.
Pan adewais Hoover, 'roedd dros 5,000 yn gweithio yn
y ffatri ym Merthyr. Pe bai'r prosiect ehangu wedi ei
wireddu, byddai nifer y gweithwyr tua 8,500. Y trasiedi
erbyn 1992 yw fod y gweithlu bellach yn llai na 2,000,
er bod y pencadlys wedi symud i Ferthyr yn unol â'r
gobeithion. Defnyddiwyd y ffatri newydd i adeiladu'r
Sinclair C5 am gyfnod. Meddyliaf ym aml am yr hyn a
allasai fod wedi datblygu yn ffatri Hoover, Merthyr pe
bai ein cynlluniau i gyd wedi cael rhwydd hynt.

Bellach, 'roedd fy llwybr wedi arwain i'r byd
gwleidyddol amser llawn. Ac wrth adael Merthyr,
'roedd gennym fel teulu rywbeth llawer pwysicach na
diwydiant a gwleidyddiaeth ar ein meddyliau, sef y
gofid am ein bechgyn. Soniaf am hynny yn y man. Ond
mae'n deg dweud i Elinor a minnau adael Merthyr gyda
chryn hiraeth. Mewn cwta dair blynedd, 'roedd y dref

hynod hon a'i phobl gynnes agos-atoch wedi mynd i'n gwaed. Heb os, ni fuasai fy nghyfraniad i wleidyddiaeth ddim hanner cymaint heb y profiad o fyw, gweithio a chynghora ym Merthyr. Mae'n ddigon posibl fod yr hen Elwyn Roberts wedi'i gweld hi, yn ôl yn y blynyddoedd pell hynny.

Alun a Geraint

Daeth y newyddion am yr anabledd a oedd i lethu ein meibion, Alun a Geraint, yn frawychus o sydyn yn gynnar ym 1974. Pryd hynny, 'roedd Alun yn ddwyflwydd a hanner oed a Geraint yn ddeunaw mis. Cartrefem ym Merthyr, ac 'roedd Elinor yn disgwyl ein trydydd plentyn. Yn awr, ddeunaw mlynedd yn ddiweddarach, prin y gallwn edrych yn ôl ar y cyfnod heb ail-fyw trawma'r dyddiau creulon hynny pan chwalwyd ein byd dros nos.

Dylem fod wedi sylweddoli'n gynt o bosibl fod datblygiad y bechgyn yn araf, oherwydd 'roedd Alun yn gyndyn iawn o ddechrau siarad, dim mwy nag ychydig eiriau, ac ni ddangosai Geraint ddim awydd i gerdded fel y gwnâi Alun yn yr un oed. Buom am rai misoedd yn anesmwytho ynghylch eu datblygiad, ond nid oedd y meddygon i'w gweld yn poeni. Yna, megis bollt o'r gofod, daeth y gwirionedd yn wybyddus i ni yn ei lawnder trist, syfrdanol.

Nid anghofiaf byth y man a'r amser pan gefais wybod fod ein byd yn deilchion. Daeth imi'r newyddion cyntaf am ansicrwydd cyflwr y bechgyn ar alwad ffôn gan Mari Davies, pennaf ffrind Elinor ym Merthyr, pan oeddwn mewn cyfarfod o Blaid Cymru yng nghanolfan Aberfan. Dyna eironi — sefyll yn y fan honno lle bu farw dros gant o blant ysgol pan glywais am ffawd ein plant ninnau.

Bûm yn Llundain ym mhencadlys Hoover y diwrnod

hwnnw, sef Chwefror 5, 1974, yn trafod ein cynlluniau i helaethu'r ffatri ym Merthyr a chreu 3,500 o swyddi newydd fel y cyfeiriais o'r blaen. Deuthum adref ar y trên, mynd oddi arni yn Aber-fan, ac i'r ganolfan, lle'r ymddangosai Max Boyce mewn noson gymdeithasol i ailfabwysiadu Emrys Roberts yn ymgeisydd seneddol dros Ferthyr. 'Roedd Etholiad Cyffredinol yn y gwynt, a'r glowyr yn herio Llywodraeth Heath.

Daeth galwad ffôn imi, a gwyddwn ar unwaith oddi wrth lais Mari fod rhywbeth mawr o'i le. 'Roedd Elinor wedi gweld meddyg plant o Gaerdydd yn gynharach yn y diwrnod, ac yntau wedi methu â chuddio'i fraw o sylweddoli nad oedd wedi darganfod gwir gyflwr y bechgyn cyn hynny. Yn ei ddychryn, torrodd y newydd i Elinor mewn ffordd drwsgwl eithriadol, a dweud y lleiaf, gan gyfeirio fod nam difrifol iawn arnynt yn ôl pob tebyg. Yn ffodus, 'roedd Mari wrth law i gysuro Elinor nes y cyrhaeddais i adref.

Nid oeddwn yn fodlon derbyn na chredu'r newydd ysgytwol hwn. Gwnaed trefniadau ar unwaith i Alun a Geraint gael profion yn Ysbyty'r Brifysgol, Caerdydd. Yn y cyfnod tra disgwyliem am y profion hyn a roddai inni brognosis llawnach o'u cyflwr, ceisiais barhau â'm gwaith yn Hoover. Wrth adael cyfarfod ym mhencadlys hen Gorfforaeth Stadau Diwydiannol Cymru yn Nhrefforest, ar amser cinio dydd Iau, 7 Chwefror, y cyfarfod hwnnw lle derbyniwyd manylion ein ffatri newydd, y clywais ar radio'r car fod Etholiad Cyffredinol wedi ei gyhoeddi.

Ond yn hytrach na throi am Arfon rhag blaen i gychwyn yr ymgyrch, 'roedd gan Elinor a minnau siwrnai arall lawer mwy tyngedfennol y diwrnod hwnnw, sef i'r ysbyty yng Nghaerdydd i gael y profion ar y bechgyn. Buont yno am dridiau, a ninnau yn teimlo baich ein gofidiau wedi'n llethu'n llwyr. Tra oeddwn yn yr ysbyty yn disgwyl canlyniadau'r profion, gofynnwyd i mi fynd i stiwdio deledu i wneud rhaglen ynglŷn â'r etholiad. Ni fu gennyf erioed lai o ddiddordeb mewn unrhyw raglen.

Dychwelais i'r ysbyty, a thoc fe gadarnhawyd ein hofnau gwaethaf. Yr oedd cyflwr genetig difrifol ar y bechgyn. Byddent yn dioddef o anallu corfforol a meddyliol ac ni fyddent yn byw i oed llawn. Agorodd gwagle du, oer i'n llyncu, fel pe baem wedi ein taflu i ddyfnderoedd rhyw bydew diwaelod o anobaith llwyr. Ni allem gredu.

Nid Elinor a minnau oedd y rhai cyntaf ac, ysywaeth nid ni fydd y rhai olaf ychwaith, i orfod derbyn newyddion ysgytwol, trist fel hyn am ragolygon plant neu anwyliaid eraill. Mae'r sefyllfa yr un mor ddwys ym mhob achlysur o'r fath a'r chwalfa yr un mor greulon i bob rhiant. 'Roedd yn ergyd ddwbwl i ni, gan fod y ddau fachgen yn yr un cyflwr. Yn ogystal â hyn, 'roedd Elinor ar ugeinfed wythnos ei beichiogrwydd, a rhoddwyd ar ddeall inni y gallai'r plentyn yn y groth hefyd fod yn dioddef o'r un cyflwr ac y byddai angen profion *amniocentesis*.

Y peth lleiaf o bwys y diwrnod du hwnnw oedd y newydd fod Etholiad Cyffredinol wedi ei alw. Buom yn trafod â'r arbenigwyr wedyn beth fyddai oblygiadau afiechyd y bechgyn arnom fel teulu, ac yn ystod un sgwrs cyfeiriais fel yr oeddwn i fod i sefyll etholiad ond fy mod yn barod i dynnu'n ôl yn y fan a'r lle. Gofynnodd y meddyg imi a oedd gennyf unrhyw siawns o ennill. Manylais beth ar ganlyniad yr etholiad blaenorol, pan ddaethai'r Blaid o fewn rhyw ddwy fil o bleidleisiau i gipio'r sedd. Oedd, yr oedd yn ddigon posibl y gallem ennill y tro hwn, meddwn.

Dywedodd y meddyg mai'r unig beth y gallem ei wneud o dan yr amgylchiadau oedd cymryd pob dydd yn ei dro; byw o ddydd i ddydd a pheidio ag edrych ymhellach na hynny. Mor aml wedyn y bu'n rhaid inni atgoffa'n hunain o'r cyngor hwn. Un dydd ar y tro. Pan glywaf Trebor Edwards yn canu'r geiriau ni allaf hyd heddiw beidio â meddwl am y cyngor allweddol hwnnw a roddwyd i ni yng Nghaerdydd ar ddiwrnod duaf ein bywyd.

'Roedd yn rhaid penderfynu beth a wnawn â'r etholiad. Ai sefyll ai peidio? 'Roedd Elinor yn cytuno imi sefyll, er na wn, o edrych yn ôl, a oedd hi, mwy na minnau, mewn cyflwr i wir ystyried. Teimlwn na allwn benderfynu ar fy liwt fy hun, a chefais air â'm cynrychiolydd etholiad, Wmffra Roberts. Esboniais yn fras beth oedd y sefyllfa a gofynnais am ei gyngor. O feddwl am y peth, 'roedd yr un mor afresymol gofyn iddo ef am arweiniad ag ydoedd i ninnau roi ystyriaeth gytbwys. Un dydd ar y tro oedd barn Wmffra hefyd. Byddai pawb yn Arfon yn torchi llewys i'n helpu dros yr etholiad, ac wedi hynny hefyd fel y byddai galw. Ond wrth gwrs, 'doedd pawb yn Arfon ddim yn gwybod am ein sefyllfa. Yn wir 'doedd neb yn Arfon heblaw Elinor a minnau ac Wmffra yn gwybod dim am ein sefyllfa.

Y gwir oedd na allasem ddweud wrth bobl ar y

dechrau. Yn un peth, 'roeddem yn awyddus i gael ail farn feddygol ar y cyflwr. Nid oedd ein teulu agosaf yn gwybod maint ein gofid am y bechgyn nac ychwaith am oblygiadau eu cyflwr. Yr unig beth y gallem ei wneud oedd awgrymu fod pryder am ddatblygiad araf y bechgyn ac y byddem yn cael profion pellach ar ôl yr etholiad.

Yn ogystal ag ystyried sut i dorri'r newydd yn y modd lleiaf creulon a lleiaf camarweiniol, 'roedd yn rhaid meddwl hefyd sut i ymdrin â'r posibilrwydd fod y plentyn a gariai Elinor yn dioddef o'r un cyflwr.

Penderfynwyd bwrw ymlaen â'r etholiad. Cafodd Elinor brofion ar y *foetus* tra oedd yn yr ysbyty ond ni fyddai'r canlyniadau ar gael tan wythnos yr etholiad. Wedyn byddai'n rhaid wynebu orau gallem pa ddyfodol bynnag a ddeuai i'n rhan. Manylaf ar hanes yr etholiad mewn pennod arall. Digon yw nodi yma imi ennill y sedd ar 28 Chwefror. Ymddangosodd ein lluniau fel teulu ar hyd a lled tudalennau'r papurau newydd drannoeth. 'Doedd neb yn gwybod y gwir am gyflwr y bechgyn bach hapus a welent gyda'u rhieni yn dathlu'r fuddugoliaeth.

Cyfnod cwbl afreal, felly, oedd chwe mis cyntaf 1974. Ar un llaw, 'roeddwn wedi cipio sedd seneddol, rhywbeth yr oeddwn wedi gweithio'n galed tuag ato, yn ymwybodol neu fel arall, ers degawd a mwy. Ar y llaw arall, prin iawn oedd y boddhad oherwydd y cymylau duon o ansicrwydd ynglŷn â dyfodol y bechgyn. Meddyliwn yn aml mai hunllef oedd y cyfan, fy mod wedi cael damwain trên ar y ffordd o Lundain ar 5 Chwefror, a bod popeth wedi hynny yn hollol afreal —

dim etholiad, dim buddugoliaeth, a dim newyddion trychinebus am Alun a Geraint. Fe ffeiriwn yn llawen realiti ennill y sedd am gael osgoi'r newyddion am y bechgyn. Do, bûm yn gweddïo llawer mai hunllef oedd y cyfan ac y cawn eto ddeffro a'r bechgyn yn holliach a minnau'n dal i weithio yn ffatri Hoover. Ond nid felly y bu.

* * *

Rhoddwyd ar ddeall i ni mai bechgyn yn unig a fyddai'n dioddef o gyflwr Alun a Geraint. Mae'n fath arbennig o fewn grŵp cyflyrau genetig a elwir yn *Mucopolysaccharide*. Mae tua 400 o achosion tebyg ledled Prydain. 30 yw'r oedran hynaf y mae unrhyw un wedi byw efo'r union gyflwr *(Sanfilippo)* a oedd ar Alun a Geraint. Bob blwyddyn ym Mhrydain genir tua deg o fabanod sy'n dioddef o'r cyflwr hwn. Gwnaed profion *amniocentesis* ar Elinor, a dywedwyd wrthym ychydig ddyddiau cyn yr etholiad, a hithau 23 wythnos yn feichiog, mai merch oedd ganddi. Cymerwyd felly y byddai'r baban yn glir rhag y nam genetig, a ganwyd Eluned ar ddiwrnod canol haf, yn eneth gwbl holliach. Ymhen cryn amser wedyn y cawsom wybod nad bechgyn yn unig a allai ddioddef o'r cyflwr ond y gallai effeithio ar ferched hefyd. Trwy lwc a rhagluniaeth, nid trwy wyddoniaeth, y ganwyd Eluned yn holliach. Ganwyd Hywel yn Mawrth 1976, yntau hefyd yn holliach.

Yn ystod y cyfnod hwn, buom yn troi pob carreg i geisio darganfod a oedd unrhyw feddyginiaeth yn rhywle yn y byd a allasai fod o gymorth i oresgyn anabledd Alun a Geraint. Cawsom gyngor gwerthfawr gan feddygon Ysbyty Plant Great Ormond Street, Llundain, a bu Dr Rosemary Stephens, arbenigwraig o dras Gymreig, yn yr ysbyty hynod hwn, yn gefn i ni ar hyd y blynyddoedd. Ganddi hi y cawsom wybod am yr ymchwil a oedd ar droed mewn gwahanol wledydd, a chael cyfle i ddeall mwy am gymhlethdodau nam genetig.

Daeth yn amlwg i ni y byddai gwyddoniaeth, ymhen amser, yn gallu gwella cyflyrau fel hyn. Daeth yr un mor amlwg na ddeuai mewn pryd i helpu Alun a Geraint. Ni fyddai unrhyw driniaeth yn fawr mwy nag arbrawf, a gallai olygu poen dirfawr iddynt, heb lawer o obaith atal y dirywiad. Bu'n rhaid derbyn eu ffawd, manteisio ar bob cyngor a chymorth a fyddai'n lleihau unrhyw ddioddef, a'u cysuro orau y gallem gan wybod nad oedd disgwyl iddynt fyw yn hwy na'u harddegau.

Bu'r profiad hwn o wybod am waith rhagorol y meddygon ac am y posibilrwydd y gellid concro nam genetig, yn y man, yn ddylanwad sylweddol arnaf. Nid anodd yw deall paham y rhoddais gymaint o bwys mewn blynyddoedd wedyn ar warchod ymchwil genetig pan geisiodd Enoch Powell ac eraill basio deddfwriaeth a fyddai wedi rhwystro gwaith o'r fath. Cyfeiriaf at hyn yn yr ail gyfrol.

Wedi'r ail etholiad yn Hydref 1974, symudasom i Lanrug, ar ôl gwerthu Maes-y-Nant ym Merthyr. 'Roedd yn dipyn o rwyg gorfod gadael ein cyfeillion lu ym Merthyr, a bu Elinor, yn arbennig, yn hiraethu am y gymdeithas glós, gynnes am flynyddoedd wedyn. Yn Llanrug daethom i sylweddoli maint yr anallu a ddeuai'n fwyfwy amlwg yng nghyflwr Alun a Geraint.

Am gyfnod mynychodd Alun ysgol feithrin y pentref, ond 'roedd yn eglur nad oedd addysg o'r fath yn ymarferol iddo. Bu'n rhaid dygymod ag anfon y ddau i ysgol arbennig — Ysgol Pendalar, Caernarfon. Bu help a chyngor Wmffra Roberts yn aruthrol werthfawr yn ystod y cyfnod hwn.

Erbyn hyn, teimlem mai'r peth doethaf fyddai ceisio bod mor agored ag y medrem ynghylch cyflwr y bechgyn. 'Roedd rhieni Elinor a'm rhieni innau, wrth gwrs, yn gwybod am eu cyflwr a'u rhagolygon a'r holl oblygiadau bellach ond 'doedd fawr neb arall yn Arfon, ar wahân i'r meddygon, yn gwybod dim. Ar ôl sgwrs ag Elinor ac Wmffra, penderfynais wneud datganiad i Bwyllgor Rhanbarth y Blaid yn Arfon, yn egluro'n union beth oedd cyflwr Alun a Geraint. Eglurais beth oedd y rhagolygon, beth oedd yr oblygiadau i ni fel teulu, ac i'r etholaeth o safbwynt cyfyngu ar fy ngwaith, ac ar unrhyw obaith i Elinor allu cyfranogi'n gyhoeddus-flaenllaw yn y byd gwleidyddol. Byddai pawb wedyn yn deall yr amgylchiadau.

Gwneuthum y datganiad nos Wener, 21 Mawrth 1975 ym Mhorthmadog; cyfarfod dwys iawn, a neb yn gwbl sicr sut i ymateb. Ond yn ddiamau, 'roedd yn well bod yn agored ynglŷn â phopeth. Dyna fyddai fy nghyngor i unrhyw deulu sy'n gorfod dygymod â nam meddwl ar eu haelwyd. Fe geisiodd llawer o gyfeillion o fewn y Blaid, a rhai cyfeillion anwleidyddol, helpu'n ymarferol i rannu'r baich, ond er cymaint ein gwerthfawrogiad o hynny, mae'n rhaid dweud na allai help o'r fath wneud fawr mwy na chyffwrdd yr wyneb.

Do, bu pawb yn yr etholaeth — heb ystyried ffiniau

plaid — yn hynod garedig a llawn cydymdeimlad. Adeg geni Hywel, er enghraifft, cofiaf amdanaf fy hun yn dychwelyd o'r ysbyty ym Mangor ac yn galw yn fy swyddfa yng Nghaernarfon ddiwedd y prynhawn. 'Roeddwn yno ar fy mhen fy hun yn hel rhyw bapurau pan ddaeth dau neu dri o fechgyn tua deg neu ddeuddeg oed i mewn. 'Roeddynt wedi clywed am eni Hywel. Edrychent yn rhyfeddol o ddwys, ac 'roedd arnynt eisiau gwybod a oedd popeth yn iawn. Teimlais fod braich cymdeithas yn ein cynnal.

Efallai y byddai'n haws deall maint y sialens trwy ddisgrifio natur anabledd y bechgyn. Bu Alun am gyfnod yn gallu cerdded — yn wir, yn ystod y cyfnod hwnnw, 'roedd yn *hyper-active* ar brydiau, ac yn mynd-mynd-mynd, heb fawr batrwm nac unrhyw synnwyr o berygl. Gallai'r mynd diderfyn barhau drwy'r nos, a rheidrwydd croes iawn i'r graen oedd troi at gyffuriau i'w dawelu. Yn ddiweddarach, pallodd ei allu i redeg, yna methai â cherdded, ac yn y diwedd ni allai sefyll. Am gyfnod hir bu mewn cadair olwyn. Ni bu Geraint erioed yn gallu rhedeg, er y byddai'n ceisio gwneud hynny, a baglu'n gyson a tharo'i ben yn y llawr neu'r mur. O ganlyniad 'roedd ganddo lwmp parhaol ar ei dalcen. Ymhen tipyn, cawsom helmed i amddiffyn ei ben wrth iddo gwympo. Yn y diwedd, cael cadair olwyn fu hanes Geraint hefyd.

Ni lwyddodd y naill na'r llall i siarad rhyw lawer. Bu gan Alun fwy o eirfa na Geraint, ac ar ei orau, gallai ynganu tua chant o eiriau efallai. 'Roedd y ddau yn deall tipyn, a gellid adrodd straeon syml iddynt a'u cael i ymateb, a hyd yn oed ailadrodd rhannau.

Ar un adeg, ceisiwyd cymorth therapydd lleferydd. Yn naturiol, Cymraeg oedd yr unig iaith a ddeallai Alun a Ger, ond er mawr syndod inni, dim ond therapyddion uniaith Saesneg a geid yng Ngwynedd pryd hynny. Nid pwynt gwleidyddol yw dweud fod y greadures a geisiodd ein helpu yn gwbl analluog i wneud hynny oherwydd ei diffyg iaith. 'Roedd ymdopi ag anabledd y bechgyn yn ddigon anodd ynddo'i hun, heb i ddiffyg crebwyll yr Awdurdod Iechyd waethygu'r sefyllfa.

Dirywiodd eu gallu i siarad yn fuan ac, yn raddol, eu gallu i ddeall hefyd. Yn y diwedd dim ond ambell waith y gellid teimlo bod unrhyw gysylltiad rhyngom, a thrwy gerddoriaeth yn bennaf y llwyddid i gyflawni hynny. Bu'r ddau yn ymateb i gerddoriaeth drwy gydol eu hoes fer. Gallai Alun fwmian 'Tôn y Botel' cyn bod yn flwydd oed a pharhaodd cerddoriaeth yn gyfrwng cyfathrebu â hwy a chael ymateb pan oedd geiriau wedi pallu. Yn sgîl y profiad daethom yn ymwybodol iawn o bwysigrwydd therapi cerdd.

Yn ychwanegol at yr anallu meddyliol a chorfforol, 'roedd y ddau am y rhan helaethaf o'u hoes yn gwbl *incontinent*. 'Roedd posibilrwydd o gael 'damwain' lle bynnag yr eid â hwy. Gallai hynny greu ambell sefyllfa a fyddai'n ddigon doniol oni bai fod yr amgylchiadau mor drist. Un tro, pan oeddynt yn eithaf bychan, a ninnau'n dal i geisio byw bywyd 'normal', arhosem mewn gwesty crand yn Ardal y Llynnoedd yng Ngogledd Lloegr. Bu 'damwain' yn yr ystafell fwyta amser brecwast. Sôn am embaras!

Dro arall, mewn gwesty yn yr Alban, cawsom brofiad gwahanol — ond nid llai trafferthus! 'Roedd y bechgyn a ninnau yn rhannu ystafell (peth holl bwysig dan yr amgylchiadau). 'Roedd ystafell 'molchi, gyda baddon, ynghlwm wrth yr ystafell wely a phan oedd Elinor a minnau yn cysgu'n drwm deffrôdd Geraint, a oedd yn un direidus ei natur pan ganiatâi natur iddo fynegi ei bersonoliaeth. Aeth at y baddon ac agor y tap dŵr i'w eithaf. Ddwyawr yn ddiweddarach, deffrôdd Elinor a minnau wrth glywed sŵn traed yn padlo drwy'r dyfroedd a orchuddiai holl lawr yr ystafell. Wrth y bwrdd brecwast, gallem glywed gwesteion eraill yn sôn am y dŵr a lifodd drwy nenfwd eu llofftydd yn ystod y nos, gan ddiferu o'r bylbiau trydan!

Yr anabledd mawr arall oedd eu hanallu i'w bwydo eu hunain am y rhan helaethaf o'u hoes. 'Roedd yn rhaid eu bwydo â llwy, fesul cegaid. Yn y diwedd, dim ond bwyd wedi'i hylifeiddio y medrent ei dreulio. 'Doedd dim syndod eu bod yn denau, denau erbyn y diwedd, ar ôl bod yn foliog o dew am flynyddoedd.

Heb unrhyw amheuaeth, dau beth yn unig a'n galluogodd i ddal ati gyda rhyw drefn ar fywyd. Trwy ryfedd wyrth, 'roedd safle i godi tŷ — y caniatâd cynllunio wedi ei sicrhau a chynlluniau manwl wedi eu paratoi yn barod — y drws nesaf i gartref fy rhieni yn y Bontnewydd. Fy rhieni oedd berchen y safle a'u bwriad oedd codi tŷ yno iddynt eu hunain. 'Roedd fy nhad wedi ymddeol ym 1974 o'i swydd yn Drysorydd Sirol gyda hen Gyngor Sir Gaernarfon. Daeth ei dymor i ben ddiwedd Mawrth, 1974, fis ar ôl i mi ennill y sedd. 'Roedd fy rhieni wedi edrych ymlaen at godi'r tŷ newydd, sef 'Hen Efail', a 'Nhad yn gweld y buasai ganddo ddigon o amser bellach i oruchwylio'r gwaith.

Pan ddaethant i ddeall arwyddocâd cyflwr Alun a Geraint yn llawn, cawsom gynnig y safle ganddynt, ac addasu cynlluniau'r tŷ newydd ar gyfer ein hanghenion arbennig ni. Golygai'r weithred hynod garedig hon y byddent yn colli'r cyfle i godi cartref newydd iddynt eu hunain, ac at hynny yn rhannu problem anabledd difrifol y bechgyn o ddydd i ddydd. Heb os, 'roedd symud yn ôl i'r Bontnewydd yn golygu ein bod yn gallu dygymod â'r amgylchiadau yn llawer gwell. Heb hynny, mae'n amheus a allwn fod wedi parhau yn aelod seneddol.

Yr oedd help y 'teulu estynedig' yn allweddol bwysig. Yr ail ffactor oedd cynhaliaeth y wladwriaeth les. 'Roedd cyflwr Alun a Geraint yn ddigon drwg i gyfiawnhau derbyn lwfans symudedd a lwfans gweini. Y taliadau wythnosol hyn a'n cynorthwyodd i allu cyflogi merch ifanc i fyw gyda ni ac i helpu gyda'r bechgyn. Buom yn hynod ffodus. Yn ogystal â Gwawr a Gillian a fu gyda ni am gyfnod byr, bu Susan, Iona a Delyth fel aur. Daeth Iona yn rhan o'r teulu — 'fel chwaer fawr i mi' yn ôl Eluned, a bu gyda ni nes iddi briodi. Yna daeth Delyth acw dros y cyfnod anodd, olaf a bu'n gefn ym mhob ystyr yn adeg marw Alun a nes bu farw Geraint. Priododd hithau wedyn. Hwy yn eu tro, dros gyfnod o ddeng mlynedd, a roddodd yr help ymarferol i Elinor i'w galluogi i roi'r amser a'r sylw angenrheidiol i'r ddau fach arall hefyd, yn ogystal â cheisio dilyn ei gyrfa fel telynores, er gwaethaf popeth. Heb ei cherddoriaeth mae'n amheus a fuasai Elinor wedi medru dal y straen. Mae'n wyrth ei bod wedi gallu gwneud hynny prun bynnag, a magu Eluned a Hywel, heb sôn am ddygymod ag aelod seneddol yn ŵr.

I rai nad ydynt wedi gorfod ymdopi ag anabledd difrifol, mae'n anodd iddynt amgyffred y pwysau ariannol ychwanegol a rydd hyn ar deulu. I ryw raddau fe'i cydnabyddir mewn adroddiadau swyddogol diweddar ond ni threiddiodd y neges eto i ymwybyddiaeth y cyhoedd a dod yn sail i bolisi cyhoeddus.

Ceir taliadau megis 'lwfans symudedd' i rai sy'n methu â cherdded; 'lwfans gweini' i rai sydd angen goruchwyliaeth barhaol, a cheir bellach 'lwfans gofal analluedd' i rai sy'n rhoi'r gorau i'w swydd er mwyn gofalu am berson gwael neu anabl. Mae'r taliadau hyn yn golygu'r gwahaniaeth rhwng methu a medru ymdopi ag anabledd. Ni ellir gorbwysleisio pwysigrwydd y wladwriaeth les yn hyn o beth. Mae'r sawl sy'n mynnu nad arian yw popeth ac yn dadlau y gellid cwtogi ar fudd-daliadau o'r fath, yn siarad yn ynfyd.

Wrth reswm, nid yw arian yn bopeth. Ond ceisied y sawl sy'n pregethu hyn ofalu am berson anabl, ddydd a nos, heb allu mynd allan i weithio i ennill incwm, a heb arian wrth gefn. Clywir cymaint o bobl yn brolio rhinweddau'r sector gwirfoddol fel modd o gynorthwyo; ond nid yw llawer ohonynt hwy erioed wedi gwirfoddoli i gymryd cyfrifoldeb llawn dros berson sy'n glaf yn hir, yn orweiddiog neu'n fethedig. Wrth gwrs mae lle pwysig i'r sector gwirfoddol, ond tybiaf yn aml mai esgus yw cymell pobl i droi i'r cyfeiriad yma am gymorth, er mwyn osgoi wynebu'r gost lawn o ddygymod ag anabledd. Mae hyn yn bryder arbennig wrth i ni wynebu'r polisi 'gofal yn y Gymuned' a ddaw i lawn rym ym 1993.

Amcangyfrifwyd yn ddiweddar fod 'gofalwyr' anffurfiol, sy'n ceisio ymgeleddu pobl hen neu fethedig ar eu haelwyd, yn arbed costau o dros £24,000 miliwn y flwyddyn i'r wladwriaeth ym Mhrydain heddiw, neu 10c yn y £ ar dreth incwm. Gwn o'n profiad ni fel teulu mor bwysig yw cynnal y 'gofalwyr' hyn. Bu'r profiad hwn yn elfen a ddylanwadodd yn fawr arnaf i geisio gwneud yr hyn a allwn yn Nhŷ'r Cyffredin i hyrwyddo gwell polisi cyhoeddus ar gyfer pobl anabl.

Un cyfraniad pwysig a wneir gan y sector gwirfoddol yw trefnu grwpiau rhieni. Caiff rhieni plant anabl gysur a chymorth o gydgyfarfod â rhieni eraill sydd yn wynebu, neu wedi wynebu, yr un argyfwng. Bu'r grŵp rhieni yn ardal Caernarfon yn help mawr i Elinor, a gobeithiaf ein bod ninnau hefyd wedi helpu eraill drwy'r un ddolen gyswllt.

I unrhyw deulu sy'n gofalu am rywun gydag anabledd difrifol, ystyriaeth bwysig yw'r modd y gellir cael 'egwyl' o'r gofal diderfyn a osodir gan amlaf ar ysgwyddau'r fam neu'r ferch. Yn ein hachos ni, 'roedd angen hamdden ar Elinor a chyfle iddi hi a minnau neilltuo amser i'n merch Eluned a'n mab Hywel, ond 'roedd gan y sawl a'n cynorthwyai hefyd hawl i'w hamser hamdden ei hun yn ogystal. Golygai hyn fod yn rhaid gwneud rhyw drefniant i ofalu am Alun a Geraint am noson neu ddwy bob wythnos neu bob pythefnos. Daeth yr ateb pan sefydlwyd cartref i bobl a phlant anabl yng Nghaernarfon ar yr union adeg yr oeddem ni angen yr help.

Agorwyd Cartref Frondeg ym 1975, ac am gyfnod bu Alun a Geraint yn mynd yno'n achlysurol. Nid oedd hyn heb ei broblemau ychwaith oherwydd, yn aml iawn, bydd rhieni plant anabl yn teimlo'n euog. Felly y teimlem ni o ddefnyddio Frondeg. Ond 'roedd gwasanaeth o'r fath yn werthfawr iawn, hyd yn oed os oedd yr egwyddor o gymysgu oedolion a phlant yn perthyn i ddyddiau a fu. Heb garedigrwydd staff Frondeg, byddai ein sefyllfa wedi bod bron yn amhosibl ar adegau.

Ambell dro byddai'n rhaid manteisio ar Ysbyty Brynyneuadd, Llanfairfechan i gael ysbaid dros gyfnod gwyliau. Bu hynny'n agoriad llygaid i ni, o weld y gwaith y gofynnid i staff fechan ei gyflawni wrth ofalu am nifer o blant anabl. Ni waeth pa mor ymroddedig y staff, daethom i sylweddoli nad sefydliad mawr fel hyn oedd y lle i blant anabl am unrhyw gyfnod. Nid cleifion mohonynt ac nid triniaeth a gofal salwch mo'u hanghenion. Yn hytrach, 'roedd arnynt angen gofal a chyfrwng i fyw'n hapus ac i fyw bywyd llawn o fewn eu gallu. Nid dyna briod waith ysbyty. Da yw gweld bod polisi cyhoeddus bellach yn derbyn hynny, ac nad yw ysbytai mwyach yn cael eu hystyried yn ateb boddhaol i anghenion plant anabl.

Llawer mwy addas oedd y ddarpariaeth a wnaed i Alun a Geraint fynd i aros am gyfnodau byr gyda Iona a'i gŵr Robert, ar ôl iddynt briodi; trefnwyd hyn o dan y cynllun 'Ewythr a Modryb' a ddarparai ofal cyfnod byr ar aelwyd.

Buom hefyd yn ffodus iawn fod ysgol gystal â Phendalar ar gael yng Nghaernarfon. Er bod polisi heddiw yn rhoi pwys ar integreiddio plant anabl i gyfundrefn addysg gyffredin y wlad, mae'n anodd gweld sut y gellir gwneud heb ddarpariaeth 'arbennig', megis Ysgol Pendalar, ar gyfer plant sy'n wirioneddol fethedig. Yn ddelfrydol, dylent fod yn rhannu campws ag ysgolion eraill er mwyn addysgu plant 'abl' am anghenion a bywyd eu brodyr a'u chwiorydd 'anabl' gan hyrwyddo addysg y plentyn methedig yr un pryd. Fel y gŵyr pobl ledled Cymru, mae athrawon ymroddedig Ysgol Pendalar yn llwyddo'n anhygoel yn eu gwaith gwerthfawr ac felly hefyd cynifer o ysgolion arbennig eraill, fel Hafon Lon yn y Ffôr ger Pwllheli. Mae ein dyled ni i Mrs Cath Jones, prifathrawes Pendalar, ac i'w chyd-athrawon, yn aruthrol. Bu Alun a Geraint yn ddisgyblion yno o ganol y saithdegau hyd at ychydig fisoedd cyn eu marw.

Cyfeiriais at 'integreiddio' uchod, ond gwell gair, yw 'normaleiddio' (er gwaethaf merwino'r glust). Rhan yn unig o'r hyn sydd ei angen i wella byd pobl anabl, eu teuluoedd a'u gofalwyr, yw integreiddio. Mae'n rhaid galluogi pobl anabl i fyw bywyd llawn o fewn eu cymdeithas; sicrhau y gall pobl mewn cadeiriau olwyn fynychu siopau, ac y gall pobl â nam meddwl fyw mewn tai fel pawb arall, nid mewn ysbytai sefydliadol. Dyna yw ystyr integreiddio.

Ond mae angen mwy. Mae gofyn gweddnewid byd sy'n ei ystyried ei hun yn 'normal' i dderbyn bod pobl anabl yr un mor 'normal' ac nad oes lle i dermau megis 'ab-normal' neu 'is-normal'. Dylai byw ac ymwneud â phobl sydd ag anabledd arnynt fod yn rhan naturiol o fywyd bob dydd pob un ohonom. Byd 'ab-normal' yw byd sy'n ofni oblygiadau anabledd, ac yn ceisio ei guddio o'r golwg mewn corneli. Gwelwyd erchylltra hyn mewn gwledydd fel Rwmania.

Ceisiodd Elinor a minnau fyw bywyd mor 'normal' ag oedd bosibl o dan yr amgylchiadau. Yn wir, gellid dadlau bod rhywbeth llai 'normal' mewn bywyd aelod seneddol a thelynores nag sydd mewn bywyd person anabl! Heb ddilyn y 'sgwarnog arbennig yna, teg yw dweud nad oedd patrwm bywyd yr un ohonom yn ddelfrydol o safbwynt cyplysu gwaith gofalu am blant anabl a chyflawni dyletswyddau galwedigaethol.

Ond os rhwystrodd gofalon cartref ni rhag gwneud popeth a ddymunem i hyrwyddo gyrfa a chyflawni dyletswyddau, rhaid cydnabod hefyd fod anabledd y bechgyn wedi agor ein meddyliau, wedi dysgu llawer i ni am fywyd, ac wedi'n harwain i wneud yr hyn a allem dros bobl anabl. Cymerodd Elinor ddiddordeb mawr mewn cerddoriaeth fel therapi ar gyfer anabledd. Daeth yn aelod o Bwyllgor Attenborough ar 'Celfyddydau a Phobl Anabl'. Bu hefyd yn aelod o weithgor Cymru i ddatblygu strategaeth flaengar y Swyddfa Gymreig ar gyfer pobl ag anfantais meddwl. Gwneuthum innau yr hyn a allwn yn Nhŷ'r Cyffredin a thrwy fudiadau megis Mencap a Chymdeithas y Spastics, gan gyfrannu o'm profiad. Heb ddylanwad Alun a Geraint ar ein bywydau ni fuasai hyn wedi bod yn bosibl.

Yn y cyfnod hwnnw, yn niwedd y saithdegau a dechrau'r wythdegau, bu datblygiadau pwysig yng Nghymru, ac yng Ngwynedd yn arbennig, o safbywnt pobl â nam meddwl. Yr un a fu'n bennaf gyfrifol am y datblygiadau hyn yw Gwynn Davies o'r Waunfawr. Fel rhiant i fab anabl, cred yn angerddol yn hawliau pobl anabl i fyw yn y gymdeithas, mor annibynnol ar eu rhieni ag sy'n bosibl. Cyfrannodd Gwynn Davies yn sylweddol at ddatblygiad 'Strategaeth Cymru Gyfan ar gyfer Pobl o dan Anfantais Meddwl'. Y fenter a saif yn deyrnged i'w waith aruthrol yw 'Antur Waunfawr' mewn pentref cyfagos i ni. Ymddiriedolaeth bentref yw hon i hyrwyddo cyflogi pobl â nam meddwl ar waith cynnal a chadw gerddi, cynhyrchu offer garddio, tyfu bwyd ar lain o dir yn y pentref, a'i werthu ynghyd â'u cynnyrch arall drwy eu siop eu hunain. Mae tua 200 o drigolion y Waunfawr yn berchen ar un siâr yr un yn y fenter. Dyma, felly, ymdrech ymarferol ar sail gymunedol i gefnogi pobl anabl.

★ ★ ★

Yn y diwedd un, 'roedd cyflwr Alun a Geraint wedi dirywio cymaint nes ei bod bron yn amhosibl i ni fedru gofalu amdanynt gartref. 'Roeddynt yn wael eu hiechyd, yn ogystal â bod yn eithriadol ddifrifol o anabl erbyn hynny. 'Roedd pob gallu i siarad wedi hen ddiflannu, y gallu i gerdded hefyd wedi mynd, anadlu'n boen, a chyffuriau'n gorfod ymladd brwydr ddiderfyn â'r afiechydon cyson a ddeuai i'w rhan. Erbyn haf 1984 gwelwyd yn eglur na allai'r ysgol ymdopi â hwy, er cymaint parodrwydd y staff i geisio'u gorau glas.

Nid oedd Cartref Frondeg ychwaith yn gallu addo'r gofal angenrheidiol i roddi seibiant i Elinor, a Delyth. 'Roedd Ysbyty Gwynedd yn addas o safbwynt eu salwch, ond nid o safbwynt eu hanabledd na'u hangen am ofal parhaol, na thros dro ychwaith. 'Doedd Ysbyty

Brynyneuadd wedyn ddim yn addas ar gyfer eu salwch, ac felly, yr haf hwnnw, bu'n rhaid i ni chwilio am ofal *hospice*. Ysywaeth, 'doedd yr un ar gael yng Nghymru.

I gyfeiriad Helen House yn Rhydychen, canolfan ar gyfer plant gyda salwch terfynol, y troesom. Cawsom garedigrwydd eithriadol yno gan y Fam Frances a'i staff. Bu Alun a Geraint yno am bythefnos yn ystod gwyliau haf 1984, er mwyn i ni gael seibiant, ac i Eluned a Hywel gael gwyliau gyda ni. Bu'n rhaid i ni droi yno eto yn yr hydref fwy nag unwaith. Ond 'roedd y siwrnai o Gaernarfon i Rydychen yn faith. Ni allai'r gwasanaeth ambiwlans ein helpu bob tro, ac fe ddreifiais innau'r ddau gan milltir gydag Alun neu Geraint mewn gwely yng nghefn yr *estate car*.

'Roedd yn amlwg erbyn hyn na allwn barhau i wneud fy ngwaith fel Llywydd y Blaid. 'Roedd rhai aelodau wedi dechrau chwyrnu nad oeddwn yn rhoddi digon o amser i ymgyrchu dros y glowyr ac Arthur Scargill. Daethai'n amser imi ddewis blaenoriaethau. Gwyddwn fod rhaid rhoi'r gorau i'r llywyddiaeth, er mwyn fy nheulu ac er lles y Blaid. Methais â chyflawni fy nyletswydd olaf fel Llywydd, sef araith Cynhadledd Llanbedr 1984, oherwydd i mi gael fy ngalw o'r Gynhadledd ar y dydd Gwener. 'Roedd Geraint yn ddifrifol wael yn Ysbyty Gwynedd. Gwyliais Phil Williams, yr is-lywydd ar y pryd, yn annerch yn fy lle, ar y teledu wrth ochr gwely Geraint.

Ddau fis yn ddiweddarach, ar nos Nadolig 1984, trawyd Alun wedyn yn ddifrifol wael. 'Roedd wedi bod yn Ysbyty'r Bwth, Caernarfon ers peth amser, ond disgwyliem y byddai'n ddigon da i ddod adref, am ryw hyd o leiaf, ar ddydd Nadolig. Nid felly y bu. 'Roedd yn rhy wael i ddod allan o'r ysbyty, ac ar y noson honno gwaethygodd yn arw. Bu Elinor a minnau wrth ei wely bron yn ddi-baid am y tridiau nesaf. Yno yr oeddem pan fu farw am chwech o'r gloch y bore ar Ragfyr 29.

Bu Geraint fyw am dri mis arall. Byddai gartref am gyfnodau, pan oedd ei iechyd yn caniatáu, ac yn Ysbyty Gwynedd neu Ysbyty'r Bwth fel arall. Yno, yn Ysbyty'r Bwth, yn yr un ystafell ag y bu farw ei frawd, y bu farw yntau ar 18 Mawrth, 1985. 'Roedd Elinor a minnau yno gyda Geraint hefyd hyd y diwedd un. Yn y ddwy brofedigaeth, cawsom gynhaliaeth anhygoel gan staff Ysbyty'r Bwth, a hynny efallai sy'n esbonio fy nheimladau innau flynyddoedd yn ddiweddarach pan hwyliodd Awdurdod Iechyd Gwynedd i gau'r ysbyty. Cawsom nerth a chefnogaeth hefyd gan y diweddar Barch. Erfyl Blainey, y gweinidog a'n priododd, ac a oedd erbyn hynny mewn gofalaeth yng Nghaernarfon. A chawsom garedigrwydd llu o gyfeillion. Heb y rhain oll, byddai wedi bod yn anodd iawn. Daethai pennod i ben, a dim ond atgofion mwyach am y bechgyn a gyfrannodd gymaint inni ac a fu'n rhan annatod a chanolog o'n bywydau.

Dylanwadau

Mae llawer wedi dylanwadu ar yr hanes a amlinellais yn y gyfrol hon. Dylanwad cartref a rhieni i ddechrau, nid fel elfen wleidyddol uniongyrchol, ond o ran gwerthoedd. Mae'n debyg fod y *Manchester Guardian*, papur dyddiol yr aelwyd, yn arwydd o hyn. Bu'r gwaith gwirfoddol a gyflawnai fy mam, yn arbennig gyda'r NSPCC, yn rhan o'r cefndir. Bu fy nhad yntau yn helpu llu o bobl yn ddistaw bach, yn enwedig gweddwon mewn oed, gyda'u problemau pensiwn neu faterion ariannol. 'Roedd fy rhieni hefyd wedi gwneud penderfyniad bwriadol i ddod yn ôl i Gymru i fyw a gweithio. Mae'n rhaid fod hyn oll wedi dylanwadu arnaf. Yn ddiweddarach daeth Elinor â'r gwerthoedd a etifeddodd hithau yn ei magwraeth yn Llanuwchllyn i'r aelwyd. Bu fy nhad-yng-nghyfraith yn ddylanwad gwleidyddol pendant iawn arnaf pan oeddwn yn dechrau bwrw prentisiaeth wleidyddol o ddifri, rhyw chwarter canrif yn ôl.

Mae cymdeithas yn bwysig wrth ffurfio cymeriad, ac fe dreiddiodd dylanwad y gymdeithas yng Nghaernarfon y pumdegau a'r chwedegau cynnar i'r gwead yn ddiau.

Cyfeiriais yn gynharach at fy addysg. Ni allaf honni bod unrhyw unigolyn o'r cyfnod hwnnw wedi dylanwadu rhyw lawer arnaf, ac eithrio prifathro Ysgol Rydal, y diweddar Donald Hughes. Ond eto, fel y soniais o'r blaen, 'does wybod na fu dylanwad yr ysgol ei hun yn gwbl groes i'r disgwyl a bod byw ymhlith dau gant a hanner o Saeson dosbarth canol wedi peri imi dyfu'n dipyn mwy o Gymro na phe bawn yn ysgol *'County'* Caernarfon ar y pryd! Mae'n ddifyr sylwi cynifer o bobl a gafodd addysg debyg i mi sydd wedi troi'n genedlaetholwyr Cymreig.

O ran y Brifysgol, gallaf ddatgan yn sicr ddigon y bu dylanwad cyd-fyfyrwyr yn llawer mwy na dylanwad athrawon. Mae hyn, efallai, yn adlewyrchu'r math o addysg a geir yn y prifysgolion bricsen goch Seisnig; prifysgolion sy'n rhan o beiriant hyfforddi yn hytrach na chanolfannau dysg. Maent wedi eu saernïo mwyach at anghenion busnes a diwydiant yn hytrach nag i helpu pobl i feddwl drostynt eu hunain.

Pan oeddwn ar fy mlwyddyn gyntaf yn y Brifysgol digwyddodd rhywbeth a ddylanwadodd ar lu o bobl ifanc yng Nghymru. Un noson tua Gŵyl Ddewi 1962 digwyddais droi nobyn y radio yn fy ystafell yn y neuadd breswyl. 'Roedd rhaglen Gymraeg wedi dechrau. Siaradai rhywun â llais main, anarferol. Gwrandewais yn astud, ac o frawddeg i frawddeg tyfodd gafael y siaradwr arnaf fel mai prin y gallwn symud.

'Roedd yma ddadansoddiad o sefyllfa'r iaith Gymraeg mewn cyswllt gwleidyddol digyfaddawd na chlywais ei debyg erioed o'r blaen. Ar ddiwedd y rhaglen deallais mai teitl y ddarlith oedd 'Tynged yr Iaith' ac mai'r darlithydd oedd Saunders Lewis. O gofio ei eiriau miniog, trawiadol, hawdd yw derbyn gosodiad Williams Parry mai dyma'r 'dysgedicaf yn ein mysg'. Euthum ati i ddarllen ei waith, a dod i edmygu fwyfwy y cawr bychan hwn a welai Gymru mewn cyd-destun

Ewropeaidd nad oedd fawr neb yn ei werthfawrogi bryd hynny.

Heb os, fe esgorodd ei ddarlith radio ar gyfnod newydd o gyffro yng Nghymru, gan gynnwys sefydlu Cymdeithas yr Iaith Gymraeg, y cam hanfodol a alluogodd ymgyrchu uniongyrchol dros yr iaith, ac ar yr un pryd, galluogi'r Blaid i ganolbwyntio ar ddulliau gwleidyddol. O'r ddarlith ysbrydoledig hon y deilliodd hyder a nerth cenedlaetholdeb Cymreig ein cyfnod ni.

Flynyddoedd yn ddiweddarach, cefais y fraint o'i gyfarfod, er na allwn, mwy na'r rhan fwyaf o'm cenhedlaeth, ddweud fy mod wedi cael cyfle i'w adnabod. Dyma sylfaenydd y Blaid, athrylith a bontiai'r canrifoedd o'r oesoedd canol i'r ganrif nesaf, arwr a gynigiodd y cyfan trwy aberth cyfrifol Penyberth. Gellid honni ei fod uwchlaw cyfraith gwlad trwy fod ar lefel cydwybod foesol; uwchlaw gwleidyddiaeth, gan nad oedd yn chwennych grym, ond yn hytrach yn ceisio deffro cenedl. Efallai ei fod hefyd uwchlaw ei gyd-wladwyr oherwydd nad oedd unrhyw beth cyffredin ynglŷn ag ef.

Pan oeddwn yn teimlo fwyaf unig o fewn y Blaid, sef yn ystod cyfnod y refferendwm ar ymuno â'r Gymuned Ewropeaidd, euthum i'w weld yn ei gartref ym Mhenarth. Gwyddwn, wrth gwrs, am bwysigrwydd Ewrop yn ei olwg ac 'roeddwn innau'n argyhoeddedig mai o fewn cyd-destun Ewropeaidd y gallai Cymru ddarganfod lle addas i gyfrannu'n waraidd a pherthnasol i'r byd. Cefais groeso tywysogaidd, ac yntau yn fy holi, yn craffu ar yr atebion ac yn diolch yn wresog imi am alw heibio.

Ar ôl i mi ennill y Llywyddiaeth ym 1981, trefnais i alw heibio i'w gartref ym Mhenarth eto. Y tro hwn mentrais fod yn hy a mynd â photel o win yn fy llaw. Daeth Dafydd Williams, Ysgrifennydd y Blaid, gyda mi. Cawsom groeso brwd, er bod SL i'w weld wedi torri erbyn hynny. Teimlwn ei fod yn gwerthfawrogi ein bod ni, y genhedlaeth newydd yn y Blaid, yn uniaethu'n hunain ag ef wrth fynd i edrych amdano. Ond 'roedd yn gymaint o syndod ag ydoedd o anrhydedd trist i mi pan gefais wybod ei fod wedi fy newis yn un o'r rhai i gludo'r arch yn ei angladd ym 1985.

Er nad oeddwn yn agos ato, o ran cenhedlaeth nac o ran adnabyddiaeth bersonol, 'roedd Saunders Lewis yn un o'r bobl a fu 'gyda mi' drwy gydol brwydrau'r ddau ddegawd a aeth heibio. Cyn y byddaf wedi rhoi *Hansard* yn y to, mawr obeithiaf y gallaf eto gyflawni rhyw ran yn natblygiad cenedlaetholdeb Cymru o fewn ein cyfandir, ein cyd-gartref Ewropeaidd, chwedl Gorbachev, ac y bydd hynny'n gyfraniad bach i dalu'n ôl i Saunders y ddyled aruthrol sydd arnom iddo fel cenedl.

'Oherwydd bod ei gariad at ei wlad.
Yn fwy nag at ei safle a'i lesâd!'

* * *

Wrth gyfeirio at Saunders Lewis, mae'n anodd peidio â chyfeirio hefyd at ei gyd-weithredwyr ym Mhenyberth gynt, DJ a Valentine. I unrhyw un a fynychai Gynhadledd y Blaid a'r gweithgareddau cenedlaethol yn y chwedegau, 'roedd DJ yn wyneb cyfarwydd. Mae'r straeon amdano'n rhes, yn enwedig gan ymgyrchwyr Cymdeithas yr Iaith o'r cyfnod hwnnw.

174

Bu'n hynod o ffyddlon i'r Blaid. Ac ym 1966, pan wynebwyd ail etholiad o fewn cyfnod o 17 mis, DJ a ddaeth i'r adwy, i sicrhau digon o arian i ymladd. Fel y crybwyllais o'r blaen, gwerthodd yr *Hen Dŷ Fferm* a chyflwyno'r arian i'r Blaid. Oni bai am hynny ni allasai'r Blaid fod wedi ymladd yr etholiad ar faes eang, nac ymladd mor effeithiol yn etholaeth Caerfyrddin. Y weithred hon a roes i'r Blaid yr hyder digonol i ennill y sedd. Credaf hefyd fod yr ysbrydoliaeth a gafodd aelodau cyffredin y Blaid drwy ei haelioni yn help allweddol i gadw'r mudiad ynghyd ar yr awr dywyllaf cyn toriad gwawr.

Ychydig o gysylltiad uniongyrchol a gefais â DJ, gwaetha'r modd. Ond cofiaf yn arbennig am un tro pan oeddwn mewn Cynhadledd yn Aberystwyth tua diwedd y chwedegau. Fel mae'n digwydd, rhyw 'chwech ar hugain oed' oeddwn ar y pryd, ac er fy mod yn eithaf gweithgar gyda'r Grŵp Ymchwil, gwyddwn nad dyna fyddai maes diddordeb DJ ac ni ddisgwyliwn iddo wybod am fy modolaeth. Digwyddais ei gyfarfod ar y grisiau. Fe'm cyfarchodd ac ysgwyd fy llaw, a dweud: 'Diolch am eich holl waith dros yr achos!' 'Roedd yn anodd credu ei fod ef, a wnaeth gymaint dros y Blaid am ddegawdau, yn diolch i mi, un oedd prin wedi dechrau. Ond dyna ran o fawredd DJ. Mae cân Dafydd Iwan iddo — 'Y wên na phyla amser . . .' — yn un o'm hoff gerddi ac yn taro'r tant yn berffaith. Pan enillodd Cynog sedd Ceredigion a Gogledd Penfro a dod yn aelod seneddol Plaid Cymru dros Abergwaun ni allwn lai na meddwl bod DJ yno yn rhywle gydag andros o wên ar ei wyneb.

Y Parchedig Lewis Valentine oedd ymgeisydd cyntaf y Blaid yn etholaeth Arfon; yr ymgeisydd cyntaf, yn wir, mewn unrhyw etholaeth. Cafodd 609 o bleidleisiau, a chyfarfûm â dwsinau o bobl yn yr etholaeth a honnai eu bod yn 'un o'r chwe chant'. Mae'n ddigon posib' fod rhai'n dweud y gwir! Ond mae'r ffaith fod cynifer yn ymffrostio yn y cysylltiad yn ddrych o'r cof gwerin a dyfodd o gwmpas yr etholiad hwnnw.

Mae straeon di-ri' am etholiadau Valentine. Llu o droeon trwstan am gar neu feic modur yn torri i lawr ac yn arbennig am y ffordd y byddai Valentine yn delio â'r gwrthwynebwyr. 'Roedd yn gymaint o arwr i'r genhedlaeth honno nes peri imi deimlo cyfrifoldeb i gynnal y fflam a daniodd ym mynwes cynifer o'm cydaelodau yn Arfon.

Cefais sgwrs hir ag ef yn y cartref ym Mae Colwyn lle trigai yn ei ddyddiau olaf. Euthum i'w weld ddydd Mercher Eisteddfod y Rhyl, ac ofnwn y byddai'n rhy wantan i siarad llawer. Dim ffiars! Rhoddodd y gyfrol swmpus, bum can tudalen a ddarllenai o'r neilltu a dechreuodd fy holi am hwn a'r llall ac arall a sut 'roedd y Blaid yn gwneud. Holai'n arbennig am ymgyrch Ieuan Wyn Jones yn Ynys Môn, gan ei fod wedi helpu llawer ar Ieuan pan oedd yn ymgeisydd yn Ninbych ac wedyn am sedd Gogledd Cymru yn Ewrop ym 1979. Ac wrth gwrs, 'roedd y ddau yn Fedyddwyr!

Er ei fod yn gorfforol lesg 'roedd Valentine gyda ni yn yr ysbryd. Gallwn ddychmygu'n hawdd yr angerdd a'r brwdfrydedd a dasgai ac a belydrai ohono yn ôl yn nyddiau ei ieuenctid ym 1929. Mae gennyf innau, a

Nain Batterbee, Pwllheli, 1917.

Taid Pwllheli, W. J. Batterbee, adeg y Rhyfel Byd Cyntaf.

Mam (Myfanwy Batterbee).

Nain Machynllech, Margaret Ann Wigley, a'm tad, tua 1913.

Dad, Elfyn Edward Wigley.

Minnau — yn ifanc iawn!

Yn ysgol Bontnewydd, tua naw oed.

Ceisiodd fy nhad wneud pysgotwr ohonof — yn ofer!

Fy Hen Daid, Capten Humphreys, Pwllheli, yn farfog yn y canol.

Yr hen deulu yn America. Yn eistedd ar y chwith, y Seneddwr Richard Wigley, a adawodd Lanbryn-mair ym 1857; ar y dde, ei wraig a'r plant — llwyth o Wigleyaid Minnesota.

Gyda'r teulu o America o flaen hen dŷ fferm Hirnant, Llanbryn-mair, lle ganwyd fy nhad. Ar y chwith mae'r cyn-Seneddwr Richard Wigley.

Ar lethrau Tryfan, tua 1960.

Cogio gweithio yn Ysgol Rydal, tua 1959.

Gyda fy rhieni, tua 1962.

Tîm pêl-droed Cymdeithas Gymreig Prifysgol Manceinion, 1963.

Helpu allan yn y gôl, ar ôl anafiad.

Yn Eisteddfod Canmlwyddiant y Wladfa, Trelew, 1965. Gwelir John Roberts, cyn-drefnydd yr Eisteddfod Genedlaethol, a Robin Gwyndaf hefyd yn y llun.

Elinor a'r delyn

Gyda Nain Pwllheli ar ddydd ein priodas ym 1967. 'Roedd yn 90 pryd hynny, a bu fyw tan 1977 gan gyrraedd ei chant oed.

Is-etholiad Caerffili, 1968. Dr Phil Williams yw'r pumed o'r dde.

Hysbyseb yn ein gardd ym Merthyr adeg etholiadau lleol 1973. Elinor oedd y 'Wigley'. Enillodd y Blaid bedair sedd ar y Cyngor.

Gyda Chris Chataway, AS, y Gweinidog dros Ddiwydiant, yn ffatri Hoover, Merthyr, 1973. Mae Doug Snowden, pennaeth Hoover ym Merthyr, ar y chwith.

Ymgyrch Meirion, etholiad 1970. Yn y llun hefyd mae Buddug Llwyd Davies, trefnydd yr etholaeth, a Llew Huxley, cadeirydd y pwyllgor rhanbarth.

Cloi'r ymgyrch ym Meirion, a'r Cynghorydd H. R. Jones, Dolgellau, trysorydd y rhanbarth, yn cyflwyno rhodd i gofio'r etholiad.

Gydag Alun a Geraint ym Maes-y-Nant, Merthyr, 1973.

Wmffra Roberts, Cymro a Chenedlaetholwr (1933-1976).

Cyhoeddi'r canlyniad yn Arfon, 28 Chwefror 1974. Yn y llun hefyd, o'r chwith i'r dde: y Cyng. Alwyn Hughes Jones (Swyddog Canlyniadau), Elinor, Mrs Marian Roberts, Goronwy Roberts (Llafur), Mrs Garel-Jones, Tristan Garel-Jones (Ceidwadwr), Gerald David (Rhyddfrydwr).

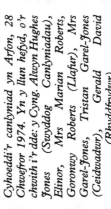

'Diolch yn fawr, Dafydd.'

Cefnogwyr yn dathlu'r fuddugoliaeth.

Beth nesaf? Cyfarfod yn Nolgellau ddydd Sul, 3 Mawrth 1974 wedi buddugoliaeth y Blaid ym Meirion ac Arfon.
O'r chwith: Dafydd Williams, Dafydd Elis Thomas, Dr Phil Williams, minnau a Gwynfor Evans.

Pedair cenhedlaeth. Nain, ychydig cyn ei phen-blwydd yn gant oed ym 1977, gydag Eluned a Hywel, Elinor, Mam a Dad.

Elinor a'i chwaer Menna a'u rhieni, Hannah ac Emrys Bennett Owen.

Gyda Iona, Hen Efail tua 1981.

Gyda Delyth, a Nain a Taid Dolgellau, Hen Efail tua 1984.

Dathlu pen-blwydd y Blaid yn 50 oed ym 1975. George Thomson, AS (SNP), Gwynfor a minnau.

Gyda'r hoelion wyth yn Rali Plaid Cymru, Pwllheli 1986. O'r chwith i'r dde: Elwyn Roberts, Wynne Samuel, Gwynfor, Dafydd Elis Thomas, O. M. Roberts, Ieuan Wyn Jones, Hywel Teifi Edwards.

Helpu Dad! Geraint a Hywel adeg etholiad 1979.

Dathlu buddugoliaeth Gwynfor gyda'r Bedwaredd Sianel, Pentrefelin, Medi 1980. O'r chwith: Elinor, Phyllis Elis, Gwyn Jones, Gwynfor.

Trafod cynlluniau Canolfan Hamdden Caernarfon gyda'r pwyllgor ymgyrchu.

Mwynhau'r pwll nofio newydd ar ddiwrnod agor y Ganolfan.

Y teulu ym 1992. (Llun: Arwyn Roberts)

etifeddais achos mawr ac eneidiau mawr yn Arfon, lawer o le i ddiolch iddo.

★ ★ ★

Bûm yn hynod ffodus yn fy nhîm o ymgyrchwyr yn Arfon. Mae llawer ohonynt bellach wedi mynd: Talfryn Jones, Pen-y-groes; Jim Parry, Caernarfon; Jac Williams, Cricieth; W. A. Jones, Llanrug, Priscie Roberts, Deiniolen a John Elis (Perisfab) o Nantperis, pobl fel y Parch. Herbert Thomas a adawodd bron y cyfan o'i eiddo i'r Blaid yng Ngwynedd. Dyna rai — hoelion wyth yr achos. Mae eraill o'r un anian wrthi o hyd — fel Phyllis Ellis, Ysgrifennydd Rhanbarth Arfon ers chwarter canrif ac sy'n dal ati, ynghyd â chriw o'm cyfoedion, rhy luosog i'w henwi, a argyhoeddwyd fel minnau mai trwy ymreolaeth yn unig y deuai chwarae teg i Arfon, Gwynedd a Chymru.

Dylanwadwyd yn arbennig arnaf gan bob cynrychiolydd a fu gennyf mewn etholiadau — Elfed Roberts ym Meirion ac wedyn Wmffra Roberts, Maldwyn Lewis a Gareth Williams yn Arfon. Dyma'r cyfeillion a rydd wybod i mi beth yw'r teimlad a'r adwaith yn yr etholaeth, a rydd air bach distaw yn fy nghlust i'm cywiro a'm cynghori fel bo'r angen, a'm rhoi ar ben y ffordd yn gyffredinol. Bu Wmffra, fel Robyn Lewis a'r diweddar R. E. Jones, yn braenaru'r tir yn etholaeth Arfon ac mae arnaf ddyled fawr iddynt. Ac i Dafydd Orwig a ddangosodd yn anad neb i mi werth gwaith trwyadl a dyfalbarhad.

Yr un modd ag y dylanwadodd y cynrychiolwyr o fewn fy etholaeth, bu swyddogion y Blaid yn fy nghynghori yn fy ngwaith ar lefel genedlaethol. Soniais eisoes am y diddordeb anghyffredin a gymerai Elwyn Roberts yn fy ngyrfa. Heb amheuaeth, bu'n ddylanwad sylweddol iawn arnaf. Bu Dafydd Williams yn Swyddfa'r Blaid yng Nghaerdydd hefyd yn gyfrwng pwysig i'm cadw'n glòs at y mudiad.

Mae'n debyg fod y rhan fwyaf o'r bobl hyn wedi helpu i ffurfio fy ngwleidyddiaeth. Y ddolen gyswllt trwy'r cwbl yw teyrngarwch, nid i mi'n bersonol, er imi brofi cyfeillgarwch rhyfeddol, nac i'r Blaid fel y cyfryw, oherwydd bu adegau pan oedd antics y Blaid bron â gyrru dyn yn wallgo, ond yn hytrach teyrngarwch i Gymru, a thrwy hynny, teyrngarwch i bawb a phopeth a oedd yn helpu achos Cymru. Pe buasem wedi gweld mwy o'r cariad hwn a llai o'r cecru dros y ddau ddegawd diwethaf, byddai gwell siâp ar y Blaid a Chymru heddiw. Diolch i'r drefn fod y rhod wedi troi yn y nawdegau, a phethau ar i fyny eilwaith.

* * *

'Rwyf eisoes wedi crybwyll enw'r Athro Phil Williams yng nghyswllt sefydlu'r Grŵp Ymchwil. Heb ronyn o amheuaeth, Phil yw'r person â'r meddwl disgleiriaf y cefais y fraint o'i adnabod. Mae ei allu gwyddonol cystal â'i feddwl gwleidyddol treiddgar, a da o beth fod Prifysgol Cymru wedi canfod Cadair bersonol iddo. Ar lefel ryngwladol, mae eisoes yn cadeirio rhai o brif bwyllgorau gwyddonol Ewrop. Fel pob dyn galluog, mae Phil yn wrandawr da, ac mae'n fodlon derbyn y gall fod gan bobl eraill rywbeth o werth i'w gynnig mewn trafodaeth. Pobl dwp wedi'r cyfan sy'n gwybod popeth. Er disgleiried ei feddwl dadansoddiadol, a chywirdeb ei ddamcaniaethu dros dri degawd, nid wyf yn siŵr sut aelod seneddol a fyddai Phil pe bai wedi ennill is-etholiad Caerffili ym 1968. Heb os, byddai wedi rhagori ar y sawl a etholwyd ond amheuaf a fyddai wedi mwynhau'r gwaith. Nid ar yr ochr drefniadol a gweinyddol y bu ei gyfraniad mawr, ond o du syniadaeth a gweledigaeth. Efallai y daw'r cyfle iddo eto ennill sedd mewn Senedd a fyddai'n llawer nes at ei galon: Senedd Ewrop neu Senedd Cymru.

O fewn y Blaid bu llawer seren ddisglair na chafodd gyfle i ddatblygu a chyfranogi yng ngwleidyddiaeth eu gwlad, oherwydd arafwch y Blaid i dorri tir newydd. Mae'n warth nad yw rhywun fel Emrys Roberts, gyda chymaint o frwdfrydedd ac egni, erioed wedi ei ethol i Senedd Llundain, heb sôn am Senedd yng Nghymru. Cefais gydweithio'n agos ag Emrys pan oeddwn yn gynghorydd ym Merthyr ac yntau'n ymgeisydd seneddol. Yn ddiweddarach daeth yn rym ar Gyngor Merthyr, yn brif ladmerydd grŵp y Blaid a fu'n llywodraethu yno o 1976 hyd 1979. Sut y llwyddodd Emrys i gadw popeth i fynd gyda thîm lled ddibrofiad o'i gwmpas, 'wn i ddim. Mae'n rhaid ei fod wedi rhoi oriau maith a chaled i'r gwaith, ac mae'n rhaid gofyn hefyd a gafodd cyfraniad o'r fath sylw haeddiannol gan y Blaid a'r mudiad cenedlaethol. Tua 1973, cydweith-iais ag Emrys ar foderneiddio polisi diwydiannol Plaid Cymru, i droi'r hen egwyddor gydweithredol yn berthnasol i fyd diwydiant rhyngwladol yr oes. 'Roedd gwaith hynod y diweddar Dr D. J. Davies yn y pedwardegau a'r pumdegau cynnar yn gefndir i hyn, ond 'roedd angen ei ddiweddaru. Gwaetha'r modd, ni chafodd ein hargymhellion eu datblygu. Credaf fod hyn yn adlewyrchiad o'r modd y mae'r Blaid wedi methu droeon â throi breuddwyd yn rhaglen fanwl, ymarferol a gweithredol. Gallasai Emrys Roberts fod wedi bod yn brif arweinydd mewn unrhyw faes a ddewisai pe bai wedi canolbwyntio ar y maes hwnnw ac anwybyddu galwad wleidyddol ei wlad. Gellid dweud yr un peth am y diweddar Elwyn Roberts hefyd. A ydym yn gwerthfawrogi o ddifri aberth pobl fel hyn? Dyma ddau a gafodd ddylanwad mawr arnaf fi.

Bu dylanwadau eraill, rhai'n gyffredinol a rhai o fewn y Blaid. Yn fy nyddiau cynnar yn Arfon cofiaf am bobl fel y Parchedig John Price Wyn, y Parchedig J. P. Davies a Dr Miles, Waunfawr, pobl o sylwedd a roddodd seiliau cadarn i'r Blaid yn y rhanbarth. 'Rwy'n ddyledus iddynt hwythau. Bu cenedlaetholwyr eraill yn gweithio trwy amrywiol ddulliau dros achos Cymru, fel O. M. Roberts, Gwynn Davies (Waunfawr), Ioan Bowen Rees, Dewi Watcyn Powell, a'r annwyl ddiweddar Athro Bedwyr Lewis Jones — pobl y byddwn bob amser yn gwrando arnynt. O safbwynt Ewrop, 'does dim amheuaeth na fu adnabod Aneurin Rees Hughes a Hywel Ceri Jones, a chael treulio amser gyda hwy ym Mrwsel a'u clywed yn esbonio sut y gwelent Ewrop yn datblygu, yn ddylanwad sylweddol a gryfhaodd fy nghred angerddol ynglŷn â phwysigrwydd y deimensiwn Ewropeaidd.

A phwy o fewn y mudiad cenedlaethol yn y Gymru gyfoes na chafodd ei brocio a'i symbylu gan archgennad y neges genedlaethol ar donfedd y mae'r werin yn ei deall, sef yr unigryw Dafydd Iwan? Yn uniongyrchol neu yn anuniongyrchol, credaf iddo ef ddylanwadu ar fwy o bobl yn y Gymru sydd ohoni nag unrhyw un o'i genhedlaeth.

Dylanwadwyd arnaf hefyd gan rai a'm hysgogodd i fentro i lwyfan, fel y diweddar I. B. Griffith; a mentro o flaen camera teledu, fel Gwyn Erfyl. Wedi imi ddychwelyd i Arfon, manteisiais lawer ar gyngor ac arweiniad doeth Alwyn Roberts, Bangor. Bu ef a'i wraig, Mair, yn gefn mawr i Elinor a minnau. Ac wrth gwrs fe ddylanwadwyd arnaf gan fy nghyd-aelodau seneddol. Byddai'n anodd iawn imi gydweithio â Dafydd Elis am ddeunaw mlynedd heb iddo gael rhyw effaith arnaf! Felly hefyd gydag Ieuan, fel aelod seneddol a chyn hynny. Ac 'rwyf yn awr yn mwynhau cwmni ein dau aelod newydd — Cynog Dafis ac Elfyn Llwyd. Ond mae un y bu ei ddylanwad yn fwy, yn llawer mwy, na phawb arall gyda'i gilydd bron. Gwynfor yw hwnnw.

★　★　★

I'm cenhedlaeth i yng Nghymru, mae Gwynfor Evans wedi dylanwadu mwy ar ein gwleidyddiaeth na neb arall o bell, bell ffordd. Mae'n anodd dychmygu beth fyddai cyflwr Cymru heddiw oni bai am ei arweiniad doeth a chadarn am hanner canrif a mwy. Heb ei ddylanwad ef mae'n amheus a fyddai Cymru wedi goroesi fel uned genedlaethol a'r iaith Gymraeg a hanes Cymru yn golygu'r hyn a wnânt heddiw. Rhoddodd Gwynfor — ac mae'n dal i roddi — fwy nag arweiniad; rhoddodd ysbrydoliaeth i genedlaethau o'i gyd-wladwyr.

Y tro cyntaf i mi fy uniaethu fy hun ag ef oedd yn

Etholiad Cyffredinol 1959. Safai dros y Blaid ym Meirionnydd, yng nghysgod bygythiad Lerpwl i foddi Tryweryn, a minnau, fel llu o bobl ifanc, yn ddigon naïf i gredu y câi fuddugoliaeth ysgubol. Fel y soniais o'r blaen, 'roeddem yn ddigalon ofnadwy pan fethodd. Clywais Gwynfor yn siarad am y tro cyntaf ychydig fisoedd yn ddiweddarach pan ymwelodd â Bae Colwyn i annerch.

Yng nghwrs y blynyddoedd, fe'i clywais yn annerch ddwsinau o weithiau, ac er bod rhannau o'i neges bellach yn bur gyfarwydd, yn enwedig y rhannau'n ymwneud â hanes Cymru, bydd ganddo rywbeth bob tro sy'n cyffwrdd â'r galon, neu, fel y dywedodd rhyw gyfaill, 'yn anfon bybls i fyny dy gefn!' Ni adawai neb Gynhadledd Flynyddol y Blaid ar ôl clywed Gwynfor yn siarad ar y prynhawn Sadwrn heb deimlo bod rhywfaint o'r dur yn ei enaid wedi llifo i ninnau hefyd a'n hailysbrydoli i fynd rhagom i weithio'n galetach dros achos Cymru.

Ond ni chredaf mai ar lwyfan y rhoddodd Gwynfor ei gyfraniad mwyaf i'r Blaid ac i Gymru. Yn hytrach, tyfai'r ysbrydoliaeth o wybod am ei deyrngarwch diamwys, diwyro i'r Blaid, i'r mudiad cenedlaethol ac i Gymru. 'Roedd hefyd yn deyrngar i eraill yr oedd eu calon yn y lle iawn, hyd yn oed os nad oedd yn llwyr gytuno â hwy bob amser. Ni chlywais mohono erioed yn beirniadu Cymdeithas yr Iaith, er bod adegau pan anghytunai â'u tacteg. Bu'n gwbl deyrngar i Meinir a Ffred Ffransis, hyd yn oed pan aent dros y tresi. 'Roedd y gwreiddiau'n gwbl ddi-sigl a'r welediaeth yn eglur a digyfnewid. Tra bûm yn aelod seneddol gydag ef yn

Llundain, sylwais y byddai'n ysgrifennu dwsinau o lythyrau bob wythnos, yn ei law ei hun; llythyrau'n annog Pleidwyr i ymdrechu mwy, yn llongyfarch, yn diolch i'r swyddog mwyaf distadl neu'r ymgeisydd mwyaf anobeithiol; diolch am yr ymdrech dros Gymru. 'Roedd y weledigaeth yn llawer ehangach na ffiniau plaid. Cysylltai â chyfeillion ym myd addysg, crefydd, llywodraeth leol, neu ble bynnag yr oeddynt, i brocio, awgrymu, symbylu, diolch. Fe'i cyffelybwn i arweinydd cerddorfa genedlaethol yn troi at wahanol offerynnau yn ôl tempo'r cyfnod neu'r amgylchiadau. Ac os oedd Gwynfor yn gofyn, pwy fedrai wrthod?

Os oedd bai ynddo, ei barodrwydd i feddwl y gorau o bawb oedd hwnnw. Droeon fe'i clywais yn datgan, gyda'i sicrwydd arferol, fod hwn-a-hwn yn gefnogol iawn i'r achos, yn fodlon ein helpu'n helaeth, a minnau'n amau hynny mewn rhai achosion, ac yn gwybod i sicrwydd mewn ambell achos arall, nad oedd hynny'n wir, nac yn ddim mwy na gwên deg neu fethu â gwrthod Gwynfor yn ei wyneb. Eto, heb y ffydd yma yn ei gyd-Gymry, sut y gallai fod wedi dal ati cyhyd?

Cafodd ei siomi droeon lawer ond rywsut neu'i gilydd gallai bob amser sugno nerth ac argyhoeddiad o ryw ddyfnder nes gallu gwenu, codi ysgwydd, osgoi chwerwi, a dal i gredu. Y siom fwyaf un fu methiant yr ymgyrch dros Gynulliad i Gymru ym 1979. 'Roedd Gwynfor wedi rhoi ei holl egni, ei bopeth i'r frwydr, a phe bai'r Cynulliad wedi ei wireddu, hyd yn oed heb rym digonol, byddai hynny wedi coroni ei yrfa. Byddai wedi ymgeisio am sedd yno, yng Nghaerdydd, gan gefnu ar y San Steffan a ddirmygai â chas perffaith.

Pan gyfarfûm â Gwynfor yn Nolgellau ar y Sul drannoeth y canlyniad siomedig yng Nghaerfyrddin, disgwyliwn ei weld yn benisel a blinedig. Dim o'r fath beth! 'Roedd yn ei elfen, yn dweud bod y canlyniad y gorau posibl. Ceisiais innau ei berswadio i fynd i gyfraith, gan y byddai wedi ei ethol oni bai am y 'camgymeriad' gan ryw swyddog bwth etholiad. Byddai llys etholiad yn sicr o ddyfarnu'r sedd iddo.

'Na,' meddai. 'Mae'n llawer gwell derbyn y canlyniad. Bydd etholiad arall cyn diwedd y flwyddyn, ac fe gawn ni'r sedd bryd hynny, gyda mwyafrif teilwng!' Dyna i chi aeddfedrwydd, profiad ac amynedd — y cyfuniad hwnnw sydd mor nodweddiadol ohono.

'Roedd agwedd aelodau seneddol o bleidiau eraill tuag at Gwynfor yn gymhleth. Cofiaf gael paned o goffi gyda Leo Absé yr wythnos ar ôl etholiad 1979, ac yntau ar un wedd wedi bod yn elyn pennaf i Gwynfor a phopeth a gynrychiolai, ac yn archwrthwynebydd y Cynulliad Cymreig. 'Dyna ddiwedd cyfnod,' meddai. 'Heb bobl fel Gwynfor, ni fydd y Senedd yr un lle.' 'Rwyf yn sicr fod Absé yn dweud hyn yn gwbl ddiffuant gyda pharch ac elfen o dristwch fod Gwynfor wedi colli.

Clywais ganmol Gwynfor droeon gan aelodau a oedd yn y Tŷ yr un pryd ag ef ym 1966-70. Bu'n gyfnod o wynebu llid a mileindra aelodau Llafur ar ei ben ei hun heb neb ond Winnie Ewing yn gymar gwleidyddol iddo yn y siambr. At ei gilydd, aelodau Llafur oedd fwyaf beirniadol a gelyniaethus tuag ato. Efallai y gwelent lwyddiant y Blaid yng Nghymru yn fygythiad i'w grym hwy yn Llundain.

Yn sicr, 'doedd gan amryw ohonynt ddim syniad sut i drin Gwynfor. 'Roedd ef ar lefel wleidyddol uwch, mwy delfrydol, ynglŷn â materion fel diarfogi niwcliar. 'Roedd ei argyhoeddiad yn llawer dyfnach nag argyhoeddiad honedig rhai sosialwyr, fel y gwelwyd erbyn diwedd yr wythdegau pan gefnodd Llafur ar CND. Fe wyddai aelodau Llafur, yn eu calonnau, fod grym argyhoeddiad Gwynfor ar ddiarfogi, democrat-iaeth ddiwydiannol, cydweithrediad cymdeithasol a chytgord rhyngwladol yn rhywbeth na allent gystadlu ag o. Gwynfor oedd eu cydwybod ac achosai hynny deimlad anghyfforddus iawn iddynt.

Gwahanol iawn oedd agwedd y Torïaid tuag ato. Deallent hwy 'iaith' Gwynfor. 'Roedd llawer ohonynt yn arddel yr un 'gwladgarwch' tuag at Loegr ag a arddelai ef tuag at Gymru. Er na allent fyth gytuno ag ef ar lefel wleidyddol, 'roeddynt yn frid o Geidwadwyr (sydd bellach yn prysur ddiflannu) a barchai argyhoeddiad o'r fath, gyda gwreiddiau Cristnogol, gwerthoedd teuluol a phwyslais ar hanes y genedl.

Ni fydd yn bosibl mesur cyfraniad Gwynfor i Gymru am flynyddoedd eto, oherwydd ein bod yn parhau i ymlwybro ar faes a greodd ef ac yn dal i weithio i wireddu agenda a osododd ef ar ein cyfer. Os cafodd Gwynfor siom aruthrol gyda methiant Datganoli ym 1979, cafodd hefyd fuddugoliaeth ysgubol gyda'i safiad dros y sianel deledu Gymraeg.

Fe gofir fel yr oedd y Torïaid, cyn Etholiad Cyffredinol 1979, wedi addo sefydlu gwasanaeth teledu Cymraeg ar y Bedwaredd Sianel pe baent yn ennill yr etholiad. Cyn hynny, wrth gwrs, ychydig iawn o deledu yn y Gymraeg a geid, a'r ychydig oriau hynny wedi eu rhannu rhwng BBC Cymru a HTV Cymru, fformiwla a fethodd â darparu chwarter digon o Gymraeg i'r rhai a ddymunai wasanaeth yn eu hiaith eu hunain, ond gormod serch hynny i lawer o wylwyr di-Gymraeg o'r Cymoedd a Chaerdydd a wyliai raglenni o Fryste i osgoi'r Gymraeg.

O fewn chwe wythnos ar ôl ennill yr etholiad, aeth yr Ysgrifennydd Cartref, William Whitelaw, i Gaergrawnt i annerch. Datgelodd fwriad y Llywodraeth i fradychu eu haddewid i Gymru ynglŷn â'r sianel.

Penderfynodd Gwynfor y daethai'r amser i wneud safiad, ei safiad olaf efallai. Oherwydd chwalfa 1979 gwelai fod yn rhaid ymladd neu byddai'r Torïaid, a Llundain yn gyffredinol, yn sathru Cymru ar bob achlysur. Ac yn sicr, 'roedd cael gwasanaeth teledu Cymraeg yn fater o bwys iddo ef ac i Gymru.

Cefais innau wybod am ei fwriad i weithredu mewn modd annisgwyl, sy'n dweud dipyn am natur Gwynfor. 'Roedd wedi bod yn ŵr gwadd yng nghinio blynyddol Plaid Cymru yn Arfon, yng ngwesty'r Victoria, Llanberis, nos Wener, 29 Chwefror 1980. Teithiai'r ddau ohonom yn ôl o Lanberis yn fy nghar i ac wrth agosáu at fy nghartref digwyddais gyfeirio at ryw gynllun a oedd gennyf ar y gweill ar gyfer y flwyddyn ddilynol. Ac meddai Gwynfor mewn llais tawel, hollol ddiemosiwn: 'Ie, da iawn. Ond fydda'i ddim gyda chwi pryd hynny!'

Dychrynais, oherwydd y gwyddwn nad oedd wedi bod yn rhy dda ei iechyd a'i fod wedi dioddef poenau dirdynnol yn ei goesau yn ystod ymgyrch 1979. Credai rhai bryd hynny ei fod wedi cael strôc. 'Roeddem wedi cyrraedd Hen Efail bellach, ac yno yn y car y bu am gryn amser yn amlinellu ei fwriad i ymprydio dros y sianel. Bwriadai ddechrau y mis Medi hwnnw. Dywedodd nad oedd unrhyw bosibilrwydd i'r Llywodraeth ildio, na allai unrhyw Lywodraeth ildio i flacmel o'r fath, ond ei fod ef yn benderfynol o barhau'r brotest hyd yr eithaf — hyd yr eithaf, olaf un.

Ni wyddwn beth i'w ddweud. A ddylwn ddadlau na allai gymryd cyfrifoldeb o'r fath ar ei ysgwyddau ei hun, ei fod eisoes wedi cyfrannu hen ddigon i'r frwydr, y gallai wneud mwy yn fyw nag yn farw, ac y gallai protest o'r fath arwain at gyflafan a thywallt gwaed? Ni chefais gyfle i ddadlau. 'Roedd Gwynfor wedi penderfynu, ac 'roedd am weithredu. Siarsiodd fi i gadw'r gyfrinach. Mae'r gweddill bellach yn rhan o'n hanes ac mae'r sianel yn rhan gyfoethog, allweddol o'n bywyd. Pan agorwyd stiwdio newydd Cwmni Barcud yng Nghaernarfon ym 1990 'roedd yn addas iawn mai Gwynfor a gafodd y fraint o'i hagor yn swyddogol.

Mae'n debyg mai un o gyfraniadau mwyaf Gwynfor fu gwarchod unoliaeth y Blaid drwy gyfnodau anodd iawn. Mae'n draddodiad anffodus yng Nghymru ein bod yn mynnu ymrannu a ffraeo. Ganrifoedd yn ôl, ysgrifennodd Gerallt Gymro eiriau sy'n llifo'n well yn Saesneg er mai yn Lladin, mae'n debyg, yr ysgrifennwyd hwy: *'If the Welsh were inseperable they would be insuperable.'* Hanes cynifer o fudiadau cenedlaethol yn y gwledydd Celtaidd — Iwerddon, Yr Alban, Llydaw — fu ffraeo ymysg ei gilydd, ymrannu ac ymrwygo. Llwyddodd Gwynfor i gadw'r Blaid gyda'i gilydd.

Mae'n debyg mai oddeutu 1965 y daethpwyd agosaf at rwygo'r Blaid, pan fu cryn feirniadu o du'r *New Nation Group* — o dde-ddwyrain Cymru'n bennaf — a deimlai nad oedd digon o ddemocratiaeth o fewn y Blaid. Nid oedd yn ymddwyn fel plaid wleidyddol, meddid, ac 'roedd wedi ei seilio'n ormodol ar werthoedd 'cefn gwlad'. Mae'n bosibl fod elfen o wirionedd yn eu beirniadaeth. Ciliodd y gwrthryfela'n sydyn ar ôl buddugoliaeth Gwynfor ym 1966.

Y cyfraniad mawr arall fu ei ymlyniad at ddulliau cyfansoddiadol i ennill hunanlywodraeth. Mae ei heddychiaeth yr un mor bwysig iddo â'i genedlaetholdeb — efallai'n bwysicach, neu o leiaf, yn fwy sylfaenol. Bu cyfnodau o feirniadu ar hyn hefyd, yn enwedig adeg Tryweryn, pan deimlai rhai cenedlaetholwyr digon diffuant fod yn rhaid 'gweithredu'n uniongyrchol' yn erbyn dinas Lerpwl. Mae'n hawdd deall y fath deimlad ym merw'r ymosodiad sinicaidd a gwrth-ddemocrataidd ar dir Cymru gan gorfforaeth dinas Seisnig, gyda chefnogaeth Senedd Seisnig, ond beth bynnag yw'r dadleuon ynglŷn â dulliau 'uniongyrchol', credaf yn ddiamheuol nad dyna briod waith plaid wleidyddol. Credaf fod Gwynfor yn iawn, o safbwynt gwerthoedd ac egwyddorion, ac o safbwynt cwbl ymarferol, nad trwy ddulliau trais y byddai Cymru'n ennill ymreolaeth. Os oedd chwyldro i fod, buasai wedi digwydd yn ystod cyni a chaledi'r tridegau. Nid felly y bu. Nid oedd, ac nid yw Cymru'n wlad chwyldroadol. Wfftied a wfftio, nid yw hynny'n mynd i newid natur ein cenedl. Adfer hunanhyder y genedl oedd y sialens gyntaf wedi Tryweryn, a gwelai Gwynfor hynny'n ddigon clir. Nid cyd-ddigwyddiad yw mai yng Nghaerfyrddin ym 1966 yr enillwyd y sedd seneddol gyntaf, y sir gyda'r lefel diweithdra isaf yng Nghymru ar y pryd. O lwyddiant y daw hyder ac 'roedd Gwynfor yn deall hynny'n iawn. Dyna efallai paham y tueddai i organmol pob hanner-llwyddiant a ddeuai i'r Blaid, yn ogystal â chwilio am lwyddiant wrth ailddehongli, onid ailysgrifennu ein hanes!

Rhyfeddaf at y modd y daeth Gwynfor y fath ysgol-haig ym maes hanes gan gynhyrchu cymaint o waith ysgrifenedig, gan gynnwys *Aros Mae*. Ni ellir bid siŵr ysgrifennu hanes Cymru yr ugeinfed ganrif heb i'w ddylanwad ef ei hun ddisgleirio yn y canol. Os bydd Cymru fyw, i Gwynfor yn anad neb arall a anwyd yn y ganrif hon y bydd y diolch. Dylanwad uniongyrchol Gwynfor, yn fwy na neb, a ddaeth â'm cenhedlaeth i i rengoedd Plaid Cymru ac i achos ymreolaeth ein gwlad.

★　★　★

O ran etholaeth Arfon, yr un a ddylanwadodd fwyaf arnaf oedd y diweddar Humphrey Roberts. Dros gyfnod cymharol fyr — o 1964 hyd ei farwolaeth gynamserol ym 1976 — bu 'Wmffra', fel y'i gelwid gan bawb, yn gyfaill, yn symbylydd ac yn ymgynghorydd. Os oedd Gwynfor yn ymgorffori cenedlaetholdeb Cymreig ar raddfa genedlaethol, Wmffra oedd yr ymgnawdoliad ohono yn Arfon. Ef yn anad neb a wnaeth etholaeth Arfon o fewn cyrraedd y Blaid, ac ef, fel fy nghynrychiolydd etholiad, fu'n bennaf gyfrifol am imi gael fy newis yn ymgeisydd a'm hethol hefyd pan ddaeth yr etholiad yn Chwefror 1974.

Mab i chwarelwr o Dal-y-sarn oedd Wmffra. Aeth i weithio gyda'r rheilffordd yng Nghaernarfon ar ôl gadael y fyddin. Daeth yn rheolwr yr orsaf reilffordd ym Mhen-y-groes ac yn ddiweddarach agorodd swyddfa Asiant Teithio yng Nghaernarfon, a chafodd ei ethol hefyd yn gadeirydd siambr fasnach y dref. Er bod ei lwyddiant masnachol yn drawiadol iawn, fel moddion o ennill ei damaid yr ystyriai ei waith. Ei fyd oedd gwleidyddiaeth.

Fe'i cofiaf gyntaf yn glerc yn swyddfa docynnau stesion Caernarfon. Mynnai fy mod yn gofyn am docyn i Fae Colwyn, nid *Colwyn Bay*. Er na sylweddolwn hynny ar y pryd, ef hefyd oedd yr un a ysgrifennai lythyrau bachog yn dadlau achos Cymru i'r *Daily Post*. Etholwyd ef yn gynghorydd dosbarth dros ward Rhyd-ddu ar hen Gyngor Gwyrfai. Yr oedd ei gyfaill annwyl, y diweddar Talfryn Jones eisoes yn gynghorydd dros Ben-y-groes, lle trigai Wmffra, ei wraig Ann, a'i blant, Marian, Dylan ac Iwan.

Fel gwleidydd lleol effeithiol, ymarferol y deuthum i'w adnabod yn ystod Etholiad Cyffredinol 1964. Ef oedd trysorydd y rhanbarth, ac i bob pwrpas ef oedd arweinydd yr ymgyrch i geisio ethol R. E. Jones i'r Senedd, er mai Eric Jones y llyfrwerthwr oedd y cynrychiolydd swyddogol. Gydag Wmffra fe deithiais yn helaeth o amgylch yr etholaeth a sylwi ei fod yn adnabod rhywun ym mhob pentref.

Carai Wmffra dir Cymru lawn cymaint â'i phobl. Un noson yn ystod etholiad 1964 cofiaf amdanom yn teithio'n ôl o Lanbedrog yn oriau mân y bore. Aethom yno i ddarlledu propaganda etholiad ar 'Y Ceiliog', sef radio anghyfreithlon y Blaid, o nenfwd cartref Penri Jones. 'Roedd yn noson loergan braf ac wrth fynd dros ryw fryncyn stopiodd Wmffra'r car ar ganol y lôn, diffodd yr injan ac agor y ffenestr.

'Gwranda ar yr hyfrydwch yna,' meddai, wrth syllu draw at fynyddoedd Eryri yng ngolau'r lleuad. 'Dyna be' 'dan ni'n ymladd drosto . . .'

Yna, wedi ennyd o dawelwch, gofynnodd: 'Wyt ti'n credu y daw hi . . . y daw dydd y caiff yr hen wlad 'ma ei rhyddid?'

'Doedd o ddim yn disgwyl i mi ateb; fe'i hatebodd ei hun. 'Daw, mi ddaw hi, os gwnawn ni sefyll . . .'

Taniodd yr injan, ac i ffwrdd â ni am adref.

'Roedd gwleidyddiaeth Wmffra yn gwbl syml. 'Doedd dim gobaith cael trefn ar ein gwlad tra bod pobl drws nesaf yn ein llywodraethu. 'Roedd gan bob Cymro a Chymraes hawl i siarad a defnyddio'r Gymraeg pryd bynnag y mynnent. 'Doedd dim diben pregethu damcaniaethau dwfn. Pwysicach o lawer oedd trafod y prif broblemau a boenai'r werin bobl — gwaith, tai, iechyd a chyfiawnder. Dyna fo Wmffra. Fe gorddai am un anghyfiawnder yn arbennig. 'Roedd ei dad, fel cynifer o chwarelwyr Dyffryn Nantlle, wedi dioddef yn enbyd o effaith *pneumoconiosis*. Pwysodd arnaf mai un o flaenoriaethau fy ngwaith dros Arfon fyddai cael cyfiawnder i'r dynion hyn — dynion yr oedd y Blaid Lafur, sef y blaid y gweithiodd cynifer ohonynt drosti, wedi eu hanghofio. Un noson, yn Nhŷ'r Cyffredin, ar ôl i mi ennill y sedd, cafodd Wmffra ddadl ('roedd wrth ei fodd yn dadlau) gyda Willie Ross, Ysgrifennydd Gwladol yr Alban ar y pryd. Dechreuodd hwnnw sôn am gyfiawnder cymdeithasol ac ati, a gwelaf Wmffra y munud yma yn lledu'i ysgwyddau, yn ei godi ei hun i'w lawn daldra ac yn procio bys ym mol Mr Ross.

'Now then, Willie,' meddai. 'You tell me this . . .' — cyn bwrw iddi i edliw methiant Llafur i roi cynllun iawndal llwch i'r chwarelwyr. Teimlai'n angerddol na chafodd gweithwyr cyffredin bro ei febyd chwarae teg gan y naill Lywodraeth na'r llall yn Llundain, ac mai ymreolaeth oedd yr ateb i anghenion ein gwlad.

Dysgais lawer am genedlaetholdeb gwâr a gwladgarwch naturiol gan Wmffra, ac am broblemau'r etholaeth, ac am rinweddau — a gwendidau — aelodau'r Blaid. 'Roedd yn fodlon gwneud unrhyw beth dros yr achos ac ymgymryd ag unrhyw swydd onid oedd rhywun arall ar gael i'w llenwi. Hynny, yn hytrach nag unrhyw uchelgais gwleidyddol neu hunan bwysigrwydd, a barodd iddo lenwi'r bwlch fel ymgeisydd seneddol dros Arfon pan alwyd Etholiad Cyffredinol 1966 ar fyr rybudd. Hynny hefyd a'i harweiniodd i lenwi sedd Rhyd-ddu ar Gyngor Gwyrfai; 'roedd angen rhywun i wneud y gwaith.

Llafuriodd yn ddi-baid dros yr achos, ac ef yn anad neb a'm perswadiodd i sefyll yn Arfon ym 1974. Bu'n ceisio fy mherswadio i sefyll yn Arfon byth er Etholiad 1964 ac mae lle i gredu mai ef a ofynnodd i Gwynfor geisio fy narbwyllo i sefyll etholiad 1966. 'Roedd hi'n anodd gwrthod dim i Gwynfor fel y dywedais ond gwyddwn nad oeddwn wedi bwrw fy mhrentisiaeth bryd hynny, a chredaf hyd heddiw imi wneud y peth cywir.

Yn Etholiad Cyffredinol 1970, safodd Robyn Lewis dros y Blaid yn Arfon, a dod o fewn trwch blewyn i ennill. Wmffra oedd ei gynrychiolydd yntau. Er iddynt wneud cystal, 'roedd peth amheuaeth a fyddai Robyn Lewis yn dymuno sefyll eilwaith ymhen pedair neu bum mlynedd, a theimlai Wmffra y dylid sicrhau ymgeisydd iau a fyddai'n fodlon sefyll ddwywaith neu dair, pe bai angen, i gael y maen i'r wal.

Unwaith yr oedd wedi fy machu, ni laesodd ddwylo o gwbl. Ar ôl derbyn yr her o fod yn gynrychiolydd a minnau wedi gosod rhes o amodau, aeth ati ar dân i'w cyflawni. 'Roedd angen creu sylfaen ym myd llywodraeth leol, meddwn. Bwriodd Wmffra ati i ennill etholiad cofiadwy yn Nyffryn Nantlle ar gyfer Cyngor Sir Gwynedd gan drechu un o hoelion wyth y Blaid Lafur, cyn-gynghorydd sirol amlwg iawn ar hen Gyngor Sir Gaernarfon. Wele'r canlyniad:

Humphrey Roberts (Plaid Cymru) 1134
Alwyn Morris (Llafur) 1052

'Roedd ei fuddugoliaeth, ynghyd â llwyddiant Maldwyn Lewis ym Mhorthmadog, Gwyn Oliver Jones yn Neiniolen a Dafydd Orwig ym Methesda yn hwb mawr i'r achos, ac yn sylfaen dda ar gyfer ymgyrch seneddol yn Arfon.

Fe wnaeth Wmffra ei farc ar Wynedd yn un o gyfarfodydd cyntaf yr Awdurdod newydd. Prin fod araith mor fer wedi cael effaith mor bellgyrhaeddol erioed. Y pwnc dan sylw oedd polisi iaith y Cyngor Sir newydd. Cytunai pawb y dylid darparu cyfieithu ar y pryd ar gyfer cyfarfodydd llawn yr Awdurdod, ond awgrymai rhai nad oedd hynny'n angenrheidiol ar gyfer pwyllgorau a gweithgorau, gan feddwl, mae'n debyg, y byddai'r cynghorwyr yn fodlon troi i'r Saesneg pe bai raid. Safodd Wmffra ar ei draed gan ddweud yn syml:

'Hoffwn i chwi wybod, Mr Cadeirydd, y bydda' i'n siarad Cymraeg, a Chymraeg yn unig, ar bob achlysur, gan gynnwys pob pwyllgor ac is-bwyllgor.'

Ac eisteddodd i lawr. Pasiwyd yn y fan a'r lle y byddai darpariaeth gyfieithu ym mhob pwyllgor!

Fel cynrychiolydd, aeth ati i drefnu popeth angenrheidiol ar gyfer ymgyrch etholiad: ailsefydlu canghennau, trefnu cyfarfodydd i mi, gan lenwi pob eiliad o'm hamser pan ddeuwn i fyny o Ferthyr i Arfon ar nos Wener. Gorffen, gan amlaf, ar ei aelwyd yn Eryri Wen, Pen-y-groes, a'i wraig Ann yn coginio sosej, wy a tsips i ni am hanner nos. Wmffra a ddaeth o hyd i swyddfa i ni ym Mhenllyn, Caernarfon. Fe'i hagorwyd gan Gwynfor Evans yn Ionawr 1974, ychydig wythnosau cyn i ni ennill y sedd. Fe roddodd Wmffra ei bopeth, a mwy, i'r ymgyrch.

Yn y cyfnod anodd, anodd hwnnw, ar ôl galw Etholiad Cyffredinol 1974, pan oeddem newydd glywed am ragolygon ein meibion Alun a Geraint, bu'n rhaid i mi droi at Wmffra am arweiniad, fel y soniais o'r blaen. 'Mi wnawn ni bopeth i helpu; mi gawn ni boeni sut i gynnal aelod seneddol ar ôl ennill y sedd.'

Felly y bu. Nid arbedodd ddim arno'i hun yn ystod yr ymgyrch. Galwai heibio ben bore i drafod rhaglen y dydd, treulio oriau lawer gyda mi (er bod ganddo ei fusnes ei hun i'w redeg) ac yna troi i mewn eto, beth olaf y nos, rhag ofn bod unrhyw broblem wedi codi yn y cyfarfodydd gyda'r hwyr. Soniaf yn y bennod nesaf am natur yr ymgyrch a'r cyfrif, ond mae un digwyddiad y dylwn sôn amdano yma.

'Roeddem ar y llwyfan yn y cyfrif, a'r pentyrrau pleidleisiau bellach yn dangos yn glir ein bod wedi ennill. Cydiodd Wmffra yn fy mraich yn ddistaw bach a'm harwain i gefn y llwyfan. 'Roedd dagrau'n cronni yn ei lygaid wrth iddo gydio yn fy llaw a'i gwasgu. Ac meddai mewn goslef isel:

'Mae 'ngwaith i wedi ei wneud rŵan: ga'i farw'n hapus.'

Daeth ias oer drosof am eiliad, oherwydd rai misoedd yn gynharach 'roeddwn wedi breuddwydio fy mod yn annerch ar lan y bedd yn angladd Wmffra. Daeth y freuddwyd yn ôl imi y munud hwnnw, ond bwriais y syniad o'r neilltu a dweud wrtho am beidio â chellwair oherwydd bod gennym andros o waith o'n blaenau, a bod arnaf ei angen yn fyw.

Yn ystod y misoedd nesaf, ar ôl yr etholiad, bu'n gefn mawr i Elinor a minnau. Pan symudasom i'n cartref newydd yn Llanrug, trefnodd Wmffra fod criw o gyfeillion yn dod yno i'n helpu i baentio a phapuro'r tŷ. Ef fyddai'n fy nghyfarfod ar stesion Bangor, neu fe alwai heibio i'r tŷ ar ôl i mi ddreifio o Lundain. 'Roedd yno bob amser, fel y graig: yno i adrodd beth oedd yn poeni'r etholaeth, i gynnig gair o gyngor, neu efallai air o rybudd am y peth yma a'r peth arall.

Ym Mron Wenda, Llanrug y dywedais wrtho am gyflwr difrifol y bechgyn, a'm bwriad i sôn yn llawn ac yn agored am hynny wrth Bwyllgor Rhanbarth nesaf y Blaid. Wmffra fu'n holi pa help y gellid ei gael iddynt yn ysgol arbennig Pendalar yng Nghaernarfon. 'Roedd yno yn yr ysbyty ym Mangor pan anwyd Eluned ym Mehefin 1974, a bu'n gefn i Elinor mewn cyfnod hynod o anodd pan oeddwn i oddi cartref hanner yr wythnos a hithau'n pryderu am y bechgyn, yn ogystal â magu baban, ac yn byw mewn cartref newydd, heb fod yn adnabod fawr neb yn y pentref. Byddai Wmffra'n galw heibio yn unswydd, dim ond rhag ofn bod angen help. 'Roedd ef a'r bechgyn ar ryw donfedd arbennig, gytûn. Wrth ymadael byddai bob amser yn troi atynt, codi ei fawd, a dweud 'Hwyl!' Er nad oedd ganddynt fawr ddim lleferydd 'roeddent wedi dysgu codi bawd ac ateb 'Hwyl, Wmffra!' Fisoedd wedi marw Wmffra, 'doedd dim ond eisiau i mi godi fy mawd a byddai Alun, yn arbennig, yn ymateb â gwên ar ei wyneb, a dweud yn ddigymell, 'Hwyl, Wmffra!'

Wmffra hefyd, wrth gwrs, oedd y cynrychiolydd ar gyfer yr ail etholiad ym mis Hydref 1974. 'Roedd eto yr un mor drylwyr. Ef a drefnodd y trip mawr i Lundain i ddathlu bod Gwynfor wedi ailymuno â ni yr Hydref hwnnw. Ymorolodd hefyd am ychydig ddyddiau o wyliau i Elinor a minnau ac Alun a Geraint a threfnu bod ei ferch Marian yno gyda ni i roi help i ofalu am y bechgyn. Ac un peth arall yn fuan ar ôl fy ethol i'r Senedd: trefnu i mi gyfarfod â Gwenda Williams — 'Hen hogan iawn o Dal-y-sarn 'cw, mi wnaiff jyst y job i ti fel ysgrifenyddes.' Ac 'roedd yn llygad ei le.

Ond 'roedd yr holl draul wedi dechrau dweud ar iechyd Wmffra. Aeth pethau'n ddrwg gartref, heb fai yn y byd ar Ann a'r plant. 'Roedd y straen ar nerfau Wmffra yn dechrau dweud ar ei gorff. Ym Mai 1975 cynhaliwyd cyfarfod mawr ym Mhorthmadog, pan wahoddwyd Margaret Bain, un o aelodau seneddol yr SNP yno i annerch. Daethom at ein gilydd yng nghartref Maldwyn Lewis yn Nhremadog. 'Roedd yn amlwg fod rhywbeth yn bod ar Wmffra — ei lygaid yn ddi-fflach, a'r sbardun ar goll. Ond 'roedd yno serch hynny, oherwydd y teimlai gyfrifoldeb personol, mae'n rhaid, i sicrhau llwyddiant y noson.

Pan gefais alwad ffôn yn Llundain, ganol yr wythnos ddilynol, yn dweud bod Wmffra wedi cael trawiad ar ei galon, fe'm lloriwyd yn llwyr. Un rhan o'r dychryn oedd cofio'r freuddwyd ym Merthyr; rhan arall oedd deall bod Wmffra, yn ôl pob tebyg, wedi dioddef y trawiad cyntaf ar y dydd Gwener cynt, ac wedi dal ati heb ildio nes oedd cyfarfod mawr Porthmadog drosodd, a chyfarfod arall wedyn drannoeth.

Bu fyw am rai misoedd ar ôl hyn, ond dyn gwael ydoedd, ac un gwael hefyd am ufuddhau i orchmynion meddygol. Yr wythnos y bu farw, yn Ionawr 1976, 'roedd wedi mynnu mynd i gyfarfod o Gwmni Lein Bach Llyn Llanberis, cwmni y bu ganddo ef a W. A. Jones, Llanrug, ran flaenllaw yn ei sefydlu. Erbyn hyn 'roedd yn byw yn Nhŷ'r Ysgol, Nantperis, ac 'roedd wedi trefnu i ddod acw i'r Hen Efail ar y Sadwrn i weld gêm rygbi rhwng Lloegr a Chymru ar y teledu. Ond nid oedd yn teimlo cystal; 'roedd straen yr wythnos wedi dweud arno, ac ni allodd ddod. Aeth Elinor a minnau i'w weld ar y Sul. 'Roedd yn wan a blinedig ond mynnai serch hynny drafod manylion is-etholiad yn Nyffryn Nantlle, ac 'roedd bron â thorri ei fol eisiau mynd draw i ganfasio.

Hebryngodd ni at y llidiart wrth inni ymadael.

'Cymer ofal, a slofa i lawr,' meddwn wrtho. 'Un da i siarad!' meddai yntau. Bu farw drannoeth, 22 Ionawr, 1976 yn 42 mlwydd oed. Gan gymaint fy ngalar gwn imi siarad yn aneffeithiol iawn yn ei angladd yng Nghapel Nantperis y Sadwrn dilynol, a'r lle dan ei sang. Llosgwyd ei gorff a gwasgarwyd ei lwch yng Nghloddfa Glai, Tal-y-sarn, yn ei hoff Ddyffryn Nantlle. Yn ei lythyr olaf at ei gyfaill Maldwyn Lewis, gan ragweld ei farw, ysgrifennodd am ei angladd ei hun:

'Os bydd yn bosibl defnyddio'r achlysur i sbarduno'r achos, gwnewch ar bob cyfri. Mae'r achos yn bwysicach na'r un ohonom.'

Ar wal ein swyddfa yng Nghaernarfon y saif ei garreg goffa, llechen las ac arni'r geiriau: 'Wmffra Roberts, 1933-1976: Cymro a Chenedlaetholwr.'

Yn ei angladd, dywedais:

'Gallaf ddatgan yn gwbl onest mai oherwydd Wmffra yr wyf heddiw'n cynrychioli Arfon yn y Senedd. Mae pedwar rheswm dros hyn. Ef a baratôdd y tir; ef a'm perswadiodd i sefyll; ef a drefnodd yr ymgyrch lwyddiannus honno ym 1974, ac Wmffra a'm cynhaliodd ar ôl dod yn aelod seneddol, yn arbennig yn y cyfnodau mwyaf anodd a wynebasom fel teulu.'

Ni raid dweud maint y golled — i'w deulu, i'w ardal, i'r Blaid ac i Elinor a minnau. Am flynyddoedd wedyn, pan âi pethau o chwith yn y swyddfa neu'r etholaeth, neu'r Blaid, byddai rhywun yn siŵr o ddweud: 'Pe bai Wmffra'n fyw . . .' Ni allwn byth wybod maint y cyfraniad a gollwyd yn ei farw cynnar, annhymig.

Bu diwrnod coffa i Wmffra ym 1977. Ar yr achlysur cafwyd cyfarfod ffurfiol yn y prynhawn, 'Awr Cofio

Wmffra' yng Nghlwb Tan-y-bont, Caernarfon (Clwb y
bu'n bennaf gyfrifol am ei sefydlu), a bwffe gan Gangen
Caernarfon yn yr hwyrnos. Cyfansoddwyd nifer o
benillion i'w gofáu, gan gynnwys rhai cofiadwy gan
Meirion Hughes a Twm Bethel. Ond yr englynion sy'n
aros fwyaf yn y cof yw:

Gwyliodd, a'i drem yn gwaelu, — a gwyliodd
   A'i galon yn gwaedu,
  Nes iddo weld drwy'r nos ddu
  Gip ar wawr fawr yfory.

Gerallt Lloyd Owen

Wmffra, a oes amgyffred — ei ofal
   A'i lafur diarbed?
  Ffyddiog rawd, diddiffodd gred;
  Daliwn i gyfri'n dyled.

Dafydd Iwan

Un o arwyr Eryri — a'i herwau
   A garodd o ddifri,
  Er yr archoll o'i golli,
  Deil yn her i'n cenedl ni.

Dosbarth Cynghanedd Clwb Tan-y-bont

* * *

Do, bu dylanwadau lleoedd, profiadau, amgylchiadau a
theimladau yn drwm arnaf; dylanwadau o'n hanes fel
cenedl, ac o'n llenyddiaeth; dylanwad mewn gwaith ac
mewn cymdeithas, mewn hamdden ac mewn hiraeth.
Pwy allai fyw yn Eryri heb ddylanwad 'y môr a'r
mynydd maith', a phwy na all ymglywed â geiriau ein

beirdd a'n llenorion? Pwy allai fyw ym Merthyr heb sylweddoli'r anghyfiawnder cymdeithasol a ddioddefodd cenedlaethau o'n cyd-wladwyr? Pwy allai ymweld â'r Cymry alltud ym Mhatagonia, Pennsylvania, Perth, Paris, Penbedw, heb ystyried beth sy'n ein cadw yn un teulu? Pa Gymro neu Gymraes nas cyffyrddwyd gan wefr ein cantorion neu neges Pantyfedwen neu Finlandia? Pwy a fynychodd Eisteddfod, Parc yr Arfau, neu Lan-llyn heb ychwanegu at eu hymwybyddiaeth genedlaethol? Pwy fu byw trwy gyfnod Tryweryn ac Aber-fan heb deimlo dicter? Pwy gollodd anwyliaid heb brofi'r hiraeth?

Daeth hyn oll ynghyd i ffurfio gwerthoedd a chynnal y fflam. Hyn oll, a llawer mwy.

Ennill Sedd Arfon, 1974

Fel y soniais eisoes, cefais fy newis i ymladd sedd Arfon dros y Blaid pan oeddwn yn byw ym Merthyr. Bu cryn ddiddordeb cyhoeddus yn y dewis oherwydd fy mod wedi datgan ychydig fisoedd ynghynt nad oeddwn am barhau yn ymgeisydd ym Meirion. Dau o'm rhesymau oedd pellter Meirion o Ferthyr a'm bod bellach yn gynghorydd ar Gyngor Merthyr. Rhoddwyd gwers ddaearyddiaeth i mi ar un rhaglen deledu Gymraeg trwy awgrymu na wyddwn fod Arfon ymhellach o Ferthyr!

'Roedd cefndir fy ymddiswyddiad o Feirion yn fwy astrus. Un o'r ffactorau oedd cynlluniau cwmni RTZ i gloddio am gopr yn ardal Hermon. Fe'm cefais fy hun mewn sefyllfa anodd. 'Roeddwn wedi seilio'r ymgyrch etholiad ym 1970 ar bwysigrwydd cael gwaith i'r ardal. At hyn 'roedd fy nhad-yng-nghyfraith yn gweithredu fel asiant tir a thai yn Nolgellau ac yn gweithio ar faterion yn ymwneud ag RTZ.

Bu Dafydd Elis Thomas a minnau mewn cyfarfod cyhoeddus yn Hermon tua 1972, ac 'roedd yn gwbl amlwg na allai ymgeisydd y Blaid ymladd ar lwyfan cefnogol i RTZ. 'Roedd yr un mor amlwg na allwn innau ymladd yn ddigyfaddawd yn erbyn y datblygiad. Cawsai Dafydd Elis ymgyrch effeithiol iawn yng Nghonwy ym 1970, ei wraig Elen yn hanu o Ddol- gellau, a'r ddau ar fin symud yno i fyw. O dan yr amgylchiadau, trefn hollol synhwyrol fyddai iddo ef sefyll ym Meirion. Ar y pryd, 'roeddwn i yn lled obeithio cael cyfle i sefyll yn un o'r Cymoedd. Os nad ym Merthyr, yn Aberdâr efallai neu Bontypridd neu'r Rhondda. Hen ddyletswydd digon cas oedd cyflwyno fy ymddiswyddiad i Bwyllgor Rhanbarth Meirion o gofio'r gefnogaeth frwd a gefais yno ym 1970, a phobl fel Elfed Roberts, Buddug Llwyd Davies, Llew Huxley a John Rogers, fel y cyfeiriais yn barod, wedi dod yn ffrindiau personol clós. Wrth ymddiswyddo, pwysais yn drwm arnynt i ystyried gwahodd Dafydd Elis i sefyll yn fy lle.

Rhagwelwn a disgwyliwn y byddai Robyn Lewis yn sefyll eto yn Arfon, gan iddo ddod mor agos ym 1970. Y canlyniad bryd hynny oedd:

Goronwy Roberts (Llafur)	......	13,627
Robyn Lewis (Plaid Cymru)	......	11,331
Kathleen Smith (Tori)	......	6,812
J.A. Williams (Rhyddfrydwr)	......	2,195
Mwyafrif Llafur	......	2,296

Dyna pryd y cefais wybod gan Wmffra Roberts fod amheuaeth a ddymunai Robyn sefyll wedyn. Bu pwyso arnaf gan amryw. Gwyddwn fod awgrym wedi ei wneud mewn pwyllgor yn Arfon mor bell yn ôl â Mehefin 1965 y dylid fy ystyried fel ymgeisydd yno. Felly nid rhyw symudiad newydd sydyn oedd y gwahoddiad. Ar ôl dwys drafod ag Elinor a'm rhieni, cytunais i gynnig am yr enwebiad. Bu saith enw o dan sylw ond deallaf mai dau oedd ar y rhestr fer derfynol: W. R. P. George a minnau. Mynegwyd amheuaeth yn y cyfarfod dewis tybed a oedd fy Nghymraeg yn ddigon da. 'Doeddwn i ddim yn llenor fel W. R. P. George bid siŵr, ond fe'm dewiswyd yn ddarpar ymgeisydd ar 7 Hydref 1972.

Wrth benderfynu sefyll, 'roeddwn yn ymwybodol fod

natur y sedd yn wahanol i Feirion. Yn un peth, 'roeddwn gartref yn Arfon, wedi gweithio yno yn Etholiad Cyffredinol 1964, wedi fy magu yno, fy nhad yn dal i weithio fel Trysorydd Sir Gaernarfon, a'm mam yn dod o Bwllheli. 'Roedd yno hefyd draddodiad gwleidyddol hir gan y Blaid er 1929 pan gafodd y Parch. Lewis Valentine y 609 hynny o bleidleisiau. Dyma lle safodd rhai o gewri'r achos, fel yr Athro J. E. Daniel ym 1931 a 1935; Ambrose Bebb ym 1945; yr annwyl J. E. Jones ym 1950; R. E. Jones ym 1955 a 1964; Dafydd Orwig, a osododd sylfaen gadarn ym 1959, ac Wmffra Roberts ar adeg hynod anodd ym 1966. 'Roeddwn felly yn etifeddu'r ymgeisyddiaeth nid yn unig ar ôl Robyn Lewis ond ar ôl yr hoelion wyth hyn oll.

'Roeddwn yn argyhoeddedig ei bod yn sedd y gellid ei chipio. Er bod Gwynfor wedi colli Caerfyrddin ym 1970, a'r Blaid felly heb gynrychiolaeth seneddol rhwng 1970 a 1974, daliodd yr ysbryd yn galonogol. Bu is-etholiad Merthyr yn fodd i gadw'r faner i gyhwfan, a chafodd y Blaid lwyddiant yn yr etholiadau dosbarth a sirol a gynhaliwyd ym 1973 ar gyfer y cynghorau newydd a ddeuai i rym ym 1974. Soniais o'r blaen am rai llwyddiannau ysgubol a fu yn Arfon. Argoelai pethau'n dda ar gyfer yr Etholiad Cyffredinol. 'Roedd llwyddiant Margo MacDonald yn ennill is-etholiad Govan, Glasgow ym 1973 hefyd yn cadw gobeithion yn fyw.

Cyhoeddwyd Adroddiad Kilbrandon ar Ddatganoli yn Hydref, 1973, gan grybwyll seneddau etholedig i Gymru a'r Alban. Felly, trwy eironi mawr, bu'r Comisiwn a grewyd i gladdu ymreolaeth i Gymru a'r

Alban yn niwedd y chwedegau yn gyfrwng i osod y ddadl am ddyfodol Cymru yn ôl ar yr agenda gwleidyddol. Byddai ennill Arfon, fe gredem, yn hanfodol i gadw'r pwysau ar Lundain i weithredu argymhellion Kilbrandon.

Yn y cyfnod hwnnw, deuai nifer o ffactorau economaidd, diwylliannol a chymdeithasol at ei gilydd i greu cyfle gwleidyddol inni yng Ngwynedd, ac yn Arfon yn arbennig. Yn ystod y chwedegau, gwelwyd dirywiad mawr yn y chwareli. Crebachodd y diwydiant a fu'n cyflogi cynifer ag 20,000 yng Ngwynedd cyn y Rhyfel Byd cyntaf i ychydig gannoedd o swyddi. Y chwareli a roddodd fod i'r Blaid Lafur yng Ngwynedd; a'r blaid honno yn ei hanterth ym 1966 a ddaliai bob un o'r pedair sedd yn y sir: Cledwyn Hughes (Môn), Goronwy Roberts (Arfon), Ednyfed Hudson Davies (Conwy) a Wil Edwards (Meirion). Pan ddaeth y chwareli i ben, tanseiliwyd y Blaid Lafur. Bellach, 'roedd fel trên heb injan, yn dal i redeg ond yn graddol golli cyflymdra.

Gyda chwalfa'r chwareli, daeth tair ffactor wleidyddol i'r amlwg. 'Roeddynt yn cydredeg â'r ffactorau a ddylanwadodd arnaf i ymuno â'r Blaid rai blynyddoedd yn gynharach, fel y soniais o'r blaen. Yn gyntaf, diweithdra. Nid oedd dim i gymryd lle'r diwydiant llechi. Er bod gwaith adeiladu atomfeydd Trawsfynydd a'r Wylfa, a chynlluniau trydan-dŵr Tanygrisiau a Dinorwig yn cuddio'r broblem, briwsion dros dro oeddynt. Methodd y Torïaid a Llafur â chreu strategaeth cyflogaeth newydd ar gyfer y sir. Cynyddodd diweithdra Gwynedd o 2.7% ym 1965 i 6.8% erbyn 1975. Yn sgîl diweithdra daeth diboblogi wrth i'r ieuenctid ymfudo i chwilio am waith. Golygai hyn golli hufen ein pobl ifanc, gan adael eu rhieni'n heneiddio a'r gymdeithas o'u hamgylch yn dadfeilio. Ac wrth i lefelau incwm ostwng o'u cymharu â'r canolfannau poblog yn Lloegr, wele'r gwenoliaid yn chwilio am dai haf rhad. 'Roedd diweithdra, diboblogi a'r angen am gynllunio economaidd yn taro tant arbennig yn Arfon yn nechrau'r saithdegau.

Ac 'roedd y cof am Dryweryn yn aros. Gadawsai'r profiad chwerw hwnnw graith ar is-ymwybod cenhedlaeth gyfan o'm cyfoedion. Sylweddolent mor ddiymadferth oedd Cymru heb Senedd. 'Doedd dim angen pregethu i'w troi'n genedlaetholwyr.

Gyda hyn o gefndir, bu ymateb parod i ymgyrchoedd Cymdeithas yr Iaith yng Ngwynedd yn y chwedegau, wrth i'r chwalfa economaidd fygwth cadarnleoedd yr iaith Gymraeg. A bu'r sefydliad mor wirion — fe'i dywedaf eto — ag ymateb drwy fwrw ymlaen â syrcas yr arwisgo. Daeth Dafydd Iwan yn eilun dros nos i do o bobl ifanc. Diffiniodd J. R. Jones genedligrwydd yn nhermau cydymdreiddiad tir, pobl ac iaith. Yng Ngwynedd ar ddechrau'r saithdegau, 'roedd bygythiad i'r tri hyn, a dyna gefndir etholiad Arfon, 1974.

'Roedd trefn dda hefyd ar y Blaid yn Arfon ar ddechrau'r saithdegau. Ymhlith swyddogion y Pwyllgor Rhanbarth 'roedd Geraint Jones, Porthmadog — ac yna Robyn Lewis — yn gadeirydd, Phyllis Ellis yn ysgrifennydd ymroddgar; y Cyng. Talfryn Jones yn drysorydd ac Wmffra Roberts wrth gwrs yn bugeilio pawb! 'Roedd sylwedd i'r pwyllgor. Cymerai ei waith o ddifri, ac 'roedd gan y Blaid bryd hynny dros 2,000 o aelodau yn yr etholaeth a thua dau ddwsin o ganghennau. Etifeddais beirianwaith, ac ni fu'n rhaid i mi boeni erioed am yr ochr honno i'r gwaith. Parchwn y drefn — a gadael iddynt! Ar ôl fy ethol yn aelod seneddol rhoddais flaenoriaeth dros bopeth i gyfarfodydd misol y pwyllgor rhanbarth. Credwn, a daliaf i gredu, mai i'r pwyllgor hwn yr wyf yn bennaf atebol rhwng etholiadau. Ar hyd y blynyddoedd ceisiais beidio â cholli'r cyfarfodydd hyn os oedd modd yn y byd. Hyd heddiw, 'does dim, yn lleol nac yn genedlaethol, sy'n ennill blaenoriaeth arnynt yn fy nyddiadur.

Ar ôl cael fy mabwysiadu yn ymgeisydd mewn cyfarfod yn Ysgol Maesincla, Caernarfon ar Sadwrn, 3 Mawrth 1973, euthum ati'n syth i weithio. Prif waith y penwythnos ar ôl cyrraedd o Ferthyr fyddai canfasio o ddrws i ddrws. Cyhoeddwyd taflen gyflwyno syml ac effeithiol. Byddwn innau'n cael cyfarfod cangen neu ranbarth ar y nos Wener a churo drysau ar y Sadwrn. Credaf i mi gyfarfod dros 3,000 o etholwyr ar riniog eu drysau cyn cyhoeddi etholiad. Yna mynychwn noson lawen neu ryw achlysur cymdeithasol cyffelyb ar y nos Sadwrn. Unwaith, aeth criw ohonom i gopa'r Wyddfa dros nos. Os deuai angen, cynhelid pwyllgor gydag Wmffra a swyddogion eraill o'r rhanbarth ar fore Sul. O ystyried bod gennyf deulu ifanc, fy mod yn gynghorydd ym Merthyr, fy mod yn is-gadeirydd cenedlaethol y Blaid ac yn dal swydd bur gyfrifol yn Hoover — y cwbl ar unwaith — bu'n flwyddyn eithaf prysur!

Mynnais ddilyn yr un drefn ag a fu gennyf ym

Meirion ym 1970, sef cael pwyllgor ymgyrch bychan, ar wahân i'r pwyllgor rhanbarth. 'Roedd prif swyddogion y rhanbarth arno wrth gwrs, ond cyfetholid hefyd bobl ifanc galluog a brwdfrydig i gymryd cyfrifoldeb personol am wahanol agweddau o'r ymgyrchu — yn weithredol ac yn ddaearyddol — o dan oruchwyliaeth Wmffra, a elwid y 'Generâl'.

Pan ddaeth yr etholiad, 'roedd yn dda ein bod wedi paratoi, oherwydd yr amgylchiadau teuluol a ddisgrifiais yn gynharach. 'Roedd yn ganol mis Chwefror, yn oer ac yn wlyb, a'r Prif Weinidog, Edward Heath, wedi rhoi'r rhybudd byrraf posibl er mwyn ceisio trechu'r glowyr. Galwyd yr etholiad ar 7 Chwefror, a'r dydd pleidleisio oedd Iau, 28 Chwefror: cwta dair wythnos.

Aeth y tîm ati heb wastraffu dim amser. Nid oedd amser i drefnu cyfarfod agor ymgyrch ond trwy lwc 'roedd y Rali dros Senedd i Gymru eisoes wedi ei threfnu at gyfer Sadwrn, 9 Chwefror ym Mangor. O'r Llun dilynol tan y noson cyn y pleidleisio, cynhaliwyd 39 o gyfarfodydd, yn y trefi a'r pentrefi, weithiau bedwar ohonynt mewn noson. Bu tîm bychan o siaradwyr yn fy nghynorthwyo, gan gynnwys Robyn Lewis, Maldwyn Lewis, Alwyn Roberts a Meirion Lloyd Davies. Dechreuwn yn y cyfarfod cyntaf am 6.30 a thraddodi'r un 'bregeth' bedair gwaith yn ystod y noson, gan geisio cadw at yr amser penodedig, neu byddai'r cyfarfod olaf yn draed moch. Oherwydd bod si ar led y gallai'r sedd newid dwylo, daeth cynulliadau da i'r cyfarfodydd pentrefol hyn, er gwaetha'r tywydd. Amcangyfrifais ar y pryd fod cynifer â 4,000 wedi dod i wrando; rhyw 20 dyweder yn y cyfarfodydd lleiaf a chynifer â 400 yn y mwyaf. 'Roedd i rai cyfarfodydd awyrgylch cynhyrfus, rhyw drydan yn y gwynt. Cofiaf yn arbennig am gyfarfodydd rhyfeddol yn Nefyn a Llanberis, ac wedyn cyfarfodydd y noson olaf, o Bwllheli ymlaen drwy Borthmadog a Phen-y-groes. 'Roedd pob un o'r rhain yn orlawn, a chefnogwyr o'r cyfarfodydd cynnar yn heidio i'w ceir i'm dilyn nes cyrraedd y cyfarfod olaf un yng Nghaernarfon. Erbyn diwedd yr ymgyrch 'roedd fy llais wedi hen ddiflannu a minnau wedi diffygio'n llwyr.

Dim ond un bregeth a feddwn. Erbyn y diwedd gallwn ei hailadrodd air am air. Gallai nifer o'r cefnogwyr wneud hynny hefyd ar ôl ei chlywed hyd at syrffed! Wrth annerch, sylweddolwn mai hwn oedd yr unig gyfle a gawn, yn ôl pob tebyg, i argyhoeddi pob unigolyn a ymdrafferthodd i godi allan. Mewn araith o chwarter awr, a phum munud o ateb cwestiynau, creu digon o argraff i'm cario i'r lan ar ddydd y pleidleisio oedd y gamp. Ni lwyddais erioed, na chynt nac wedyn, i'm 'seicio' fy hun i'r fath raddau. 'Roeddwn i yno dros Gwynfor, dros Saunders, dros Valentine, dros DJ, dros bob cenedlaetholwr a wnaeth rywbeth erioed i hyrwyddo achos Cymru. 'Roeddwn yno dros y can-noedd o bobl ifanc, fy nghyfoedion, a oedd yn gorfod gadael Arfon a Chymru i chwilio am waith. 'Roeddwn yno hefyd dros ein bechgyn ni, Alun a Geraint, a wynebai'r fath ansicrwydd. Credwn y byddai ennill yr etholiad hwn o bwys iddynt hwy hefyd. 'Roedd yn rhaid cyrraedd meddyliau a chalonnau'r gynulleidfa a chyfleu iddynt, mewn ychydig frawddegau, yr angerdd a'm gyrrai innau ymlaen, a'm bod o ddifri, o ddifri calon. Nid mater o ddysgu pregeth ac edrych ar ryw bwynt yng nghefn y neuadd, rhyw droedfedd uwchben y gynulleidfa mo hyn. 'Roedd yn rhaid edrych i fyw llygad pob un enaid, a'i argyhoeddi.

Polisi cwbl fwriadol oedd peidio ag ymosod ar Goronwy Roberts. Yn hytrach, fe'i canmolwn — dyn galluog a gweithgar. Ac eto, 'roeddem yn wynebu problemau di-ri': diweithdra, diboblogi, diffyg tai, rheilffyrdd yn cau. Pe bai'r aelod seneddol a wasanaethai'r etholaeth ers 28 mlynedd wedi bod yn analluog ac yn ddiog, byddai'r ateb yn hawdd: cael AS Llafur arall. Ond gan ei fod yn ŵr digon ymroddgar, nid newid y dyn oedd eisiau, ond newid y gyfundrefn yn gyfan gwbl. Pwysleisiais fod yn y Llywodraeth Lafur o 1966 i 1970 res o Gymry mewn swyddi uchel. Eto methodd y drefn â gwasanaethu Cymru. Er bod Cymro da fel Cledwyn Hughes yn Ysgrifennydd Gwladol ni chafwyd ateb i'n problemau. Ni chafwyd cynllun economaidd, na'r tai, na'r ffyrdd angenrheidiol. Y drefn oedd ar fai. Ac os oedd Cymry da o fewn y Blaid Lafur yn gweld hynny, ni allent wneud dim ynglŷn â'r peth. Ni chafwyd ganddynt Senedd etholedig. Ni chawsem un byth heb ddangos ein bod yn anfodlon â'r gyfundrefn. A'r unig ffordd o wneud hynny oedd ethol AS Plaid Cymru.

Nid wyf yn honni mai dyma'r neges wleidyddol fwyaf soffistigedig a glywyd erioed, ac yn sicr ddigon, nid myfi oedd yr areithiwr gorau a fu ar lwyfannau'r Blaid yn Arfon. Ond rywsut, rywfodd, 'roedd y neges yn cyrraedd adref. 'Roedd hi'n gyson â phrofiad y gynulleidfa, 'roedd yn crynhoi ac yn ymgorffori llawer o'u teimladau. Ac i lawer o'r hen bleidleiswyr Llafur, 'roedd ymosod ar y Llywodraeth Geidwadol, heb daflu baw at Goronwy Roberts, yn dderbyniol iawn. Wel, 'doedd dim diben dweud wrthynt: 'Rydych chi wedi bod yn ffyliaid yn pleidleisio i'r aelod seneddol gwirion yma.' Byddai hynny'n sarhad arnynt hwy, heb sôn am sarhau'r gŵr a gawsai ei ethol wyth gwaith i'r Senedd dros Arfon. Ond yn bennaf, byddai'n ffôl oherwydd na fyddai'n wir. Nid yw celwydd gwleidyddol yn ennill dim i neb. Pan ŵyr pawb mai celwydd ydyw, y mae'n safbwynt gwirion bost, yn wleidyddiaeth wael — ac yn anfoesol.

Cafwyd ymgyrch liwgar er gwaetha'r tywydd. Daeth y sticeri ceir melyn *dayglow* yn symbol o'r llanw newydd oedd yn cyniwair drwy'r etholaeth. Clywid y ceir â'r sticeri melyn yn canu cyrn ar ei gilydd ac yn fflachio'u goleuadau wrth fynd heibio. 'Roedd hynny'n creu hwyl. 'Roedd gennym hefyd grysau-T, capiau cardfwrdd, bathodynnau metel, caneuon a *jingles* ond, yn bwysicach na dim, heidiau o ganfaswyr selog na faliai ddim am wynt na glaw wrth gerdded o dŷ i dŷ. Gwelodd rhai tai ganfaswyr bedair gwaith, a'r trigolion druan yn gorfod dioddef meinwynt a oerai'r tŷ bob tro yr agorent y drws! Ond gyda phob ymweliad, cynyddai nifer y posteri yn y ffenestri. Hyd yn oed yn rhai o'r stadau cyngor a fu gynt yn gadarnleoedd i'r Blaid Lafur, 'roeddem yn ennill rhyfel y posteri erbyn diwedd yr ymgyrch.

Cyhoeddwyd papur newydd gennym o'r enw 'Herald Ni' — mewn gwrthgyferbyniad wrth gwrs i bapurau'r Herald yng Nghaernarfon, y grŵp papurau lleol dan olygyddiaeth y Tori rhonc, John Eilian. Ar ddydd Sadwrn ola'r ymgyrch, trefnwyd bwsiau i gario fflyd o weithwyr i rannu'r papur ym mhob tref a phentref yn yr etholaeth. Dosbarthwyd 20,000 o gopïau mewn diwrnod.

'Roedd canfasio yn Arfon yn haws nag ydoedd ym Meirion ym 1970, am ddau reswm. Yn bennaf, 'roeddwn yn fy milltir sgwâr, yn adnabod y bobl a'r ardal. Yn aml iawn, wrth ganfasio, canfyddwn fy mod yn adnabod yr etholwyr rywsut neu'i gilydd — wedi chwarae pêl-droed yn yr un tîm efallai, neu fy nhad wedi bod yn pysgota â hwy, neu fy mam yn eu hadnabod drwy'r WI. Yr ail reswm oedd y sylw a gefais ar y cyfryngau yn ystod y pum mlynedd blaenorol, fel ymgeisydd y Blaid, fel awdur cynllun economaidd, ac yn fwy na dim oherwydd i mi gael cyfle i ymddangos ar raglenni teledu a siarad ar y radio ar faterion economaidd a diwydiannol. Rhwng popeth, 'doedd dim cymaint o angen i mi fy nghyflwyno fy hun, ac o ganlyniad 'roeddwn innau yn fwy hyderus.

Rhoddwyd sylw mawr i'r etholaeth gan y cyfryngau yn ystod yr etholiad. Cyhoeddai papurau megis y *Guardian* a'r *Financial Times* erthyglau ar y rhagolygon yn Arfon. 'Roedd hyn hefyd yn help i argyhoeddi etholwyr fod rhywbeth mawr ar ddigwydd.

Ni roddwn ormod o sylw i'r ymgeiswyr eraill, am resymau tactegol. Paham y dylwn roi unrhyw sylw iddynt? Newydd gael ei ddewis ar ddechrau'r etholiad yr oedd y Rhyddfrydwr druan, heb fawr o syniad ganddo am yr etholaeth. Dyn diarth oedd y Tori hefyd, er bod yr enw — Tristan Garel-Jones — bellach yn lled gyfarwydd fel AS Watford a Gweinidog yn y Llywodraeth Geidwadol. Ar y pryd, 'roedd yn gwbl ddieithr yn Arfon ond mynnai gael sylw drwy ymosod ar Gymdeithas yr Iaith ar ei gorn siarad. Gyrrai o amgylch y Maes yng Nghaernarfon, gan led-awgrymu mai'r Blaid oedd yn gyfrifol am ba fisdimanars bynnag a nodweddai ymgyrch y Gymdeithas ar y pryd. Cafodd Wmffra lond bol ar hyn, ac yn hwyr un noson, wrth i Garel-Jones gerdded i lawr llwybr tywyll tuag at ei gar, daeth braich allan o dan ei drwyn. Cafodd rybudd. Pe clywid ef yn ceisio pardduo'r Blaid unwaith eto byddai'n cael y ffasiwn brofiad fel na ellid disgwyl ei weld mewn unrhyw etholiad arall byth wedyn! Gwellhaodd ei ymddygiad yn arw! Fisoedd yn ddiweddarach, cefais lythyr gan Tristan Garel-Jones ac fe ddaeth i'm gweld yn Nhŷ'r Cyffredin. Holodd sut oedd fy nghynrychiolydd, ysgydwodd ei ben yn arw, ac meddai, a'i lais yn llawn dirmyg: *'Terrible man; terrible man!'* 'Roedd Wmffra wrth ei fodd pan soniais wrtho am ei epitaff!

Wmffra wrth gwrs a ofalai am bopeth. Gallai fod yr un mor llawdrwm ar aelodau o'r Blaid, oni thynnent eu pwysau, ag ar ei elynion. Cadwai lygad craff ar bopeth a ddywedid yn enw'r Blaid ar y cyrn siarad, a hyd yn oed gan gadeiryddion wrth fy nghyflwyno mewn cyfarfodydd cyhoeddus. Ganddo ef 'roedd y gair olaf ar gynnwys ein llenyddiaeth. O gofio hyn, efallai na ddylai'r aelodau fod wedi rhyfeddu pan fethwyd â chanfod un copi o faniffesto etholiad canolog y Blaid yn yr un o'n swyddfeydd etholiad. Cawsai Wmffra un olwg arnynt a chloi'r cyfan a ddaeth o Gaerdydd mewn cwpwrdd yn ei gartref! 'Doedd dim yn mynd i amharu ar ei batrwm ef o sicrhau buddugoliaeth! Gwerthwyd y copïau o'r maniffesto ar y diwedd i gofio am yr etholiad.

Ymdrechodd y Blaid Lafur eu gorau glas oherwydd y gwyddent fod eu sedd mewn perygl. Dirprwywyd Hubert Morgan i ddod i'r etholaeth yn drefnydd; gŵr profiadol iawn o safbwynt etholiadau ond heb fod yn fanwl gyfarwydd â'r sefyllfa yn Arfon. Trefnwyd ralïau mawr ganddynt a chael rhai o aelodau enwocaf eu plaid i annerch. Cludwyd cannoedd o wrandawyr mewn fflyd o fwsiau. Y gwahaniaeth rhwng eu lluoedd hwy a'n cynulliadau ni oedd hyn: 'roeddynt hwy'n dibynnu ar bresenoldeb y selogion i guro dwylo, a ninnau, ar wahân i'r noson ddiwethaf honno cyn y diwrnod mawr, yn manteisio ar gannoedd lawer o bleidleiswyr a ddeuai i wrando ac ystyried cyn penderfynu sut i fwrw eu pleidlais.

Bûm o amgylch y ffatrïoedd, y cartrefi henoed, y marchnadoedd. Ymwelais â phob stad cyngor yn yr etholaeth oherwydd gwyddwn fod yn rhaid ennill y rheini os oeddwn am ddisodli Llafur. Ac fe wyddwn yn bur dda, o'm profiad ym Merthyr, pa fath o bynciau a boenai'r werin yn eu bywyd beunyddiol. Cefais help a chefnogaeth cannoedd lawer o bobl yn yr ymgyrch. Ar ddydd y pleidleisio, amcangyfrifwn fod tua 700 ohonynt wrthi, yn y gorsafoedd, yn marcio cofrestri ac yn cario pleidleiswyr. Dau o'r rhai mwyaf selog a chefnogol oedd Robyn a Gwenan Lewis, chwarae teg iddynt, a threuliodd Elinor gryn amser gyda Gwenan yn canfasio ac ati hefyd. Wrth i Elinor a minnau weithio ar wahân fel hyn ar adegau, 'roedd modd i ni gyrraedd cymaint â hynny'n fwy o bobl.

Ar ddydd yr etholiad, ceisiais fynd o amgylch pob un o'r 90 gorsaf bleidleisio yn yr etholaeth. Methais o drwch blewyn â chyrraedd y cwbl, a gwn bellach fod yn rhaid cychwyn am saith y bore'n brydlon a gweithio tan ddeg y nos i fedru cau pen y mwdwl. Ceisiais wneud hyn ym mhob etholiad wedyn. Mae'n gyfle i ddiolch i'r swyddogion etholiad sy'n treulio diwrnod hir yn y gorsafoedd, diolch i'n cefnogwyr hefyd a sicrhau nad oes unrhyw fwth heb drefniadau addas!

Cofiaf fynd i mewn i un orsaf a wasanaethai bob-logaeth denau iawn — cant ar y mwyaf. 'Doedd dim golwg o neb yn marcio'r gofrestr ar ein rhan, a hithau'n tynnu at derfyn dydd, yr amser pwysicaf, i hela'r etholwyr coll a'u perswadio i droi allan. 'Roedd fy anniddigrwydd yn amlwg i'r swyddog etholiad wrth i mi sgwrsio ag ef. 'Peidiwch â phoeni,' meddai. 'Mae dros 80% wedi pleidleisio'n barod — tri chwarter ohonyn nhw i chi! Dim ond rhai'r pleidiau eraill sydd ar ôl!' Wn i ddim a oedd yn cellwair ai peidio, ond 'roedd mwy nag awgrym o graffter cefn gwlad yn ei eiriau.

★ ★ ★

Erbyn y cyfrif yn Ysgol Maesincla, Caernarfon, 'roeddem i gyd yn flinedig iawn. 'Roedd Elinor yn sâl gan ludded, ac euthum i lawr i'r cyfrif o'i blaen, gan ei gadael yng nghartref fy rhieni.

Wrth iddynt agor y blychau, a minnau'n ceisio cyfrif pa sawl papur allan o bob ugain a ddeuai i'm pentwr i, cefais yr argraff fy mod wedi colli. 'Roedd angen cyfartaledd o naw allan o bob ugain i fod yn hyderus, a minnau'n cyfrif dim ond rhyw saith bob tro. Daeth Goronwy Roberts i mewn yn edrych yn flinedig iawn ac yn eithaf gwelw. Ysgydwais law ag ef a dweud, 'Dwi'n credu eich bod chi'n dal mewn gwaith!' Trodd ataf ar unwaith. 'Tybed?' meddai. 'Roedd yn amlwg na ddisgwyliai ennill ac 'roedd fy ngeiriau wedi codi ei galon.

Ond proffwydo'n rhy gynnar a wneuthum. Y blychau cyntaf i gyrraedd oedd rhai tref Caernarfon. Yno 'roedd ambell ward lle 'roedd Llafur yn fy nhrechu, ac ambell ward hefyd lle 'roedd y Torïaid yn cael cyfran lawer mwy nag a ddisgwyliwn. Pan ddaeth y blychau o gefn gwlad ac o bentrefi'r chwareli newidiodd y patrwm. Yr ardal a'm cefnogodd gryfaf oedd ardal Nefyn. Yno, fe ymddengys, cefais bron 80% o'r bleidlais, digon i wneud iawn am y pocedi llai cefnogol. Drwyddi draw, 'roedd y patrwm yn llawer mwy gwastad na'r hyn a brofais ym Meirion ym 1970. Ar ddiwedd y cyfrif 'roedd fy mhleidlais yn sefyll ar 40.5%.

Ond 'roedd hynny'n llawer hwyrach ar y noson. Ar ôl i mi amcangyfrif a meddwl nad oeddwn wedi gwneud yn ddigon da i ennill, a thra oedd seibiant yn y cyfrif, euthum am dro i'r ystafell deledu yn yr ysgol i weld sut 'roedd y patrwm yn argoeli dros Brydain. 'Roedd yr ystafell o dan ei sang, gyda chefnogwyr Llafur mewn hwyliau mawr wrth weld gogwydd tuag atynt, a'r tebygolrwydd y byddai Heath yn colli'r etholiad. Wrth wylio'r *swingometer* ar y sgrîn a mwynhau'r ras glós, glós oedd ohoni, ehedodd yr amser. Wrth i mi godi i adael yr ystafell a dychwelyd i'r cyfrif brysiodd fy nhad ataf mewn cynnwrf mawr, mwy o frwdfrydedd nag a welswn ganddo erioed ynghylch unrhyw ddigwyddiad gwleidyddol. Beth felly a'i cynhyrfai? 'Mae Dafydd Êl wedi ennill!' meddai. 'Roedd y si wedi cyrraedd y neuadd ar radio'r heddlu, os cofiaf yn iawn, ymhell cyn cyhoeddi'r canlyniad swyddogol yn Nolgellau. Rhuthrais innau i'r neuadd fawr, lle 'roedd ein cyfrif ni yn prysur gyflymu. Heb aros wrth yr un bwrdd, rhedais i'r llwyfan at Wmffra a safai yno'n pendroni uwchben y pentyrrau pleidleisiau. 'Hei,' gwaeddais wrth roi pwniad i'w ysgwydd, 'Mae Dafydd Êl wedi ennill!' Trodd ataf yn hamddenol. 'Rwyt tithau hefyd!' meddai.

Cymerodd gryn awr arall i gwblhau'r cyfrif. Wrth inni ddisgwyl, cynyddodd sŵn canu'r dorf enfawr y tu allan i'r ysgol. Trwy ambell ffenestr, ceisiais roddi arwydd o'r 'bawd i fyny' i galonogi'r cefnogwyr. Cefais glywed yn ddiweddarach fy mod yn edrych mor debyg i ddrychiolaeth pan ymddangoswn yn y ffenestr nes pylu gobeithion fy nghefnogwyr!

Yn y diwedd, cawsom y canlyniad. Cyhoeddwyd ef yn y neuadd i ddechrau ac yna aed allan i'w gyhoeddi i'r dorf o fil neu fwy ac i'r camerâu teledu a oedd yn disgwyl i ledaenu'r canlyniad i'r byd. O'm gweld yn cerdded allan yn sgîl y swyddog canlyniadau, y diweddar Alwyn Hughes-Jones, ac o flaen yr ymgeiswyr eraill, aeth y dorf yn wenfflam. Cymerodd gryn amser iddynt dawelu ac i'r swyddog canlyniadau gael cyfle i gyhoeddi'r ffigurau:

Gerald Hill David (Rhyddfrydwr).................... 2,506
William Armand Tristan Garel-Jones (Tori) 5,803
Goronwy Owen Roberts (Llafur).....................12,375
Dafydd Wigley (Plaid Cymru)........................14,103
Mwyafrif Plaid Cymru 1,728

Bu'n rhaid i'r dorf ddisgwyl tan yr enw olaf cyn gwybod yn union beth oedd y canlyniad. Fe gadwodd y swyddog canlyniadau bawb ar flaenau eu traed drwy gyhoeddi'r enw olaf, 'Dafydd Wigley — Plaid Cymru — Dafydd Wigley, *Welsh Nationalist Party*' — ac yna'r ffigwr buddugol. 'Roedd y fonllef i'w chlywed filltir i ffwrdd!

Wedyn 'roedd yn rhaid gwneud yr areithiau diolch arferol, a chwarae teg iddo, 'roedd Goronwy Roberts yn foneddigaidd a chwrtais ar achlysur anodd iawn yn ei hanes. Wrth iddo annerch y dorf, a hwythau heb fod yn rhy garedig wrtho oherwydd eu llawenydd ym muddugoliaeth hir-ddisgwyliedig y 'Blaid Fach', meddyliais am eiriau I. D. Hooson:

'Angerdd pob flam a thân pob nwyd,
A dry'n ei dro yn lludw llwyd.'

Meddyliais, ar ennyd y fuddugoliaeth, tybed a fyddwn innau rywdro yn gorfod wynebu'r un profiad â'r hyn a ddaeth i Goronwy Roberts y noson honno.

Ond prin oedd yr amser i bensynnu. 'Roedd y dorf yn disgwyl amdanaf, a chyn gynted ag yr oedd y rhan ffurfiol drosodd, dyma Elinor, Wmffra a minnau i'w canol. 'Roedd yr ysgwyd llaw, y cofleidio a'r cusanu yn ddiderfyn. Wrth i un o'n ffyddloniaid, y Cynghorydd (bryd hynny) John Miserotti, fy ngwasgu mewn *bearhug* Eidalaidd tybiais na fedrwn ddianc yn fyw! Aed ymlaen wedyn i'r *Goat* yn Llanwnda, lle 'roedd Ann Griffith wedi aros ar agor tan yr oriau mân ac wedi darparu gwledd i ddathlu.

Cyn cyrraedd ein gwelyau, bu digwyddiad hanesyddol arall. 'Roedd Dafydd Elis Thomas wedi

gyrru o Ddolgellau i wneud rhaglen BBC ganol nos o
Fangor. Galwodd heibio i dŷ fy rhieni ar y ffordd yn ôl,
ac yno, tua phump o'r gloch y bore, y cawsom y cyfarfod
cyntaf o'r Blaid Seneddol! A phwy oedd yn gyrru car
aelod newydd Meirion meddech chi? Bachgen ifanc nad
oeddwn erioed wedi ei gyfarfod. Ei enw oedd Ieuan
Wyn Jones!

Prif sgwrs y dathlu, ar wahân i lwyddiant y Blaid yn
Arfon a Meirion a buddugoliaethau'r SNP yn yr Alban
oedd yr ansicrwydd ynglŷn â chanlyniad Gwynfor yng
Nghaerfyrddin. Clywsom si ar y nos Iau fod yno ail
gyfrif ar gais y Blaid. Awgrymai hyn fod Gwynfor
ychydig ar ôl Gwynoro Jones, ond yn bur glós. Pan
glywsom fod trydydd cyfrif, ac wedyn fod y cyfrif wedi
ei ohirio tan drannoeth, fe wyddem fod y canlyniad yn
agos iawn. Yn y diwedd, cytunwyd ar ôl cyfri'r
pleidleisiau sawl gwaith, a chyhoeddwyd mai Gwynoro
fyddai'r buddugwr, gyda mwyafrif o dair pleidlais.
Clywsom wedyn fod dros 50 papur balot wedi eu
diystyru oherwydd diffyg 'marc swyddogol', a'r
mwyafrif sylweddol o'r rhain yn bleidleisiau i Gwynfor.
Felly, er ein buddugoliaethau, 'roedd rhyw flas cymysg
ar ein dathliadau a phawb yn teimlo i'r byw dros
Gwynfor.

Drannoeth yr etholiad, sef Dydd Gŵyl Ddewi,
euthum eilwaith o amgylch yr etholaeth i ddiolch i'r
pleidleiswyr drwy'r corn siarad a pharhaodd yr orchwyl
hon drwy'r dydd Sadwrn hefyd. Brysiai pobl o'u tai i
longyfarch. 'Roedd yr etholaeth mewn ysbryd rhagorol.
Diolchwn innau o waelod calon ac yn gwbl ddiffuant
wrth gwrs ond gwyddwn nad oedd wiw i neb ohonom

laesu dwylo. Gallai Etholiad Cyffredinol arall ddilyn o fewn rhai misoedd oherwydd mai Senedd grog a gafwyd. Yn hon byddai'r Blaid a'r SNP o bosibl yn dal rhan o'r fantol rhwng Llafur a'r Torïaid. Ar y dydd Gwener 'roedd y ffôn yn chwilboeth; nid yn unig â negesau llongyfarch dirifedi ond gohebwyr hefyd ledled Prydain! 'Roedd y Wasg ar binnau eisiau gwybod mwy amdanom, er mwyn ceisio dyfalu sut y byddem yn bwrw ein pleidleisiau. Tra oedd yn weddol amlwg y byddem ni'n dau yn debygol o ochri gyda Llafur, 'doedd pethau ddim mor eglur yn achos yr SNP. Cariodd y *Sunday Times* erthygl fawr y Sul hwnnw yn dangos ein lluniau ni i gyd ac yn dweud mai yn ein dwylo ni yr oedd dyfodol Llywodraeth Prydain! Prin y gallai unrhyw un fod wedi dychmygu cychwyn ar yrfa seneddol o dan y fath amgylchiadau.

Bu dathlu am oriau, yn wir am ddyddiau, gan Bleidwyr Arfon. Cynhaliwyd y dathliad swyddogol yn Llanberis ar y nos Sadwrn wedi'r etholiad. Nid oeddem wedi trefnu unrhyw ddathliad cyn gwybod y canlyniad debyg iawn, rhag temtio ffawd. Ond trwy lwc, 'roedd gan Gangen Llanberis drefniadau ers misoedd i gynnal Cinio Gŵyl Ddewi mewn gwesty yn Llanberis ar y nos Sadwrn honno. Gan mai lle i ryw gant yn unig oedd yno, sef aelodau'r gangen a chynrychiolaeth o'r Pwyllgor Rhanbarth, bu raid trefnu dathliad llai ffurfiol mewn gwestyau eraill cyfagos, ac Elinor a minnau'n mynd o'r naill i'r llall.

Cafwyd noson gofiadwy gyda chyfeillion cangen Llanberis. Un ohonynt oedd y diweddar John Elis, Nantperis, neu 'Perisfab' fel yr adwaenid ef gan bawb.

Crybwyllais ei enw o'r blaen pan restrais rai o hoelion wyth y Blaid yn Arfon. Gŵr arbennig iawn oedd Perisfab. Cyn-chwarelwr, tad dau o genedlaetholwyr pybyr fy nghenhedlaeth innau, Geraint ac Alwyn Elis, ac un o'r rhai a fu'n ymlafnio dros yr achos yn yr etholiad cyntaf ym 1929. 'Roedd Perisfab wedi hel arian i ymladd etholiad Valentine drwy werthu fflagiau bychain o'r Ddraig Goch a phin drwyddynt i'w glynu ar gotiau. Ar ddiwedd yr etholiad hwnnw, 'roedd ganddo tua chant dros ben, ac addunedodd y byddai'n eu cadw'n ddiogel i'w rhannu pan fyddai'r Blaid yn ennill y sedd. Bu'r fflagiau bach mewn drôr yn ei gartref am 45 o flynyddoedd ond cawsant weld golau dydd ar y Sadwrn, 2 Mawrth 1974. Gosododd Perisfab un gyferbyn â phob sedd yn y cinio dathlu. Mae'n siŵr fod llawer un arall, fel minnau, yn cadw'r fflag fach honno yr un mor ddiogel eto i gofio etholiad 1974.

Cynhaliwyd rali ffurfiol i ddathlu'r fuddugoliaeth yn Neuadd y Dref, Pwllheli. Daeth cannoedd yno ar brynhawn Sadwrn i nodi'r llwyddiant yn y dref lle sefydlwyd y Blaid ym 1925 a'r dref lle gwelwyd cyffro'r Ysgol Fomio. Darllenwyd negesau cyfarch gan Saunders Lewis a Lewis Valentine, yn ogystal â Gwynfor Evans.

Yn y cyfarfod hwnnw ym Mhwllheli cefais gyfle i ddiolch i Saunders, Valentine, DJ a Gwynfor ac i bawb a fu'n ymlafnio drwy ddrycinoedd y dyddiau du am osod y sylfeini a'n galluogodd ninnau i ennill ym 1974. Yn ddeg ar hugain oed cychwynnais ar gyfnod newydd o'm bywyd.

Cyrraedd San Steffan

Gweddnewidiwyd fy mywyd yn llwyr yn sgîl y fuddugol-iaeth ar 28 Chwefror, a bywyd y teulu hefyd. Ond cymerodd ychydig ddyddiau cyn i mi sylweddoli maint y newid. 'Roeddwn yn dal yn ansicr ai breuddwydio a wnawn ai peidio oherwydd yr ysgytwad aruthrol a gawsom gyda'r dadansoddiad o gyflwr y bechgyn. 'Roedd popeth arall, ar un ystyr, yn gwbl ddibwys.

I ychwanegu at ein gofid fel teulu dechreuodd rhyw granc ffonio cartref fy rhieni yn y Bontnewydd, lle'r arhosem dros dro, gan fygwth fy lladd. Aeth hyn ymlaen am ddyddiau, nes bod y teulu'n petruso cyn ateb y ffôn rhag ofn cael llond ceg arall gan rywun a gollasai ei ben yn lân am fod Llafur wedi colli sedd Arfon. Gan nad oedd gennym unrhyw syniad pwy oedd wrthi, cyngor yr heddlu oedd i ni gymryd y bygythion o ddifri. Felly, pan yrrwn y car i lawr i Ferthyr er mwyn tacluso fy nesg yn ffatri Hoover cyn troi am San Steffan, 'roedd gofyn imi roi amserlen fanwl o'm holl symudiadau i'r heddlu yng Nghaernarfon ac wedyn ym Merthyr, fel eu bod yn medru cadw llygad arnaf. Bu ceir yr heddlu yn parcio dros nos tu allan i'n cartref, a char yr heddlu yn fy nisgwyl drachefn ar Fannau Brycheiniog i'm gweld yn mynd heibio. Ni ddaeth dim niwed o'r bygythion hyn, trwy drugaredd, ond buont yn ychwanegiad anghynnes iawn ar ben popeth arall mewn cyfnod tu hwnt o anodd.

Bellach, 'roedd San Steffan o'm blaen. Nid oeddwn, tan hynny, wedi llawn sylweddoli mor ddryslyd a di-drefn yw dulliau'r Senedd o weithredu. Tybiwn ar ôl ennill y sedd y cawn ryw rybudd neu wŷs i fod yn bresennol yn y Senedd ar amser penodedig. Ni ddaeth dim bw na be. Erbyn deall, yr arferiad yw i'r pleidiau ofalu am ddweud wrth eu haelodau newydd, ond oherwydd nad oedd gan Blaid Cymru blaid seneddol, 'roeddwn yn troedio mewn gwagle!

Ar ôl rhai dyddiau penderfynais holi Cledwyn Hughes i weld beth oedd y drefn. Awgrymodd nad oedd angen i mi ddod yno tan y Llun canlynol i 'gymryd y llw'. Felly bu ac ar ddydd Llun, 11 Mawrth 1974 cyrhaeddais *Parliament Square* a cherdded i fyny at y giât. 'Roedd yno ddau blismon mawr yn sefyll o bobtu'r giât a dyma finnau'n dechrau chwilio trwy fy mhocedi am ryw ddarn o dystiolaeth i ddangos pwy oeddwn, a'm bod wedi fy ethol i'r adeilad! Cyn i mi ddod o hyd i unrhyw bapur, dyma'r plismon agosaf yn fy nghyfarch: *'Good morning, Mr Wigley.'* 'Roedd wedi dysgu enwau ac adnabod wynebau'r aelodau seneddol newydd yn ystod yr wythnos ar ôl yr etholiad. Ychwanegodd: *'Your colleague, Mr Thomas, arrived earlier this morning.'* Dyna pryd y sylweddolais gyntaf yn gwbl glir fod fy myd wedi newid yn sgîl cael fy ethol yn AS. Nid oedd fawr o obaith mwyach — yn Arfon na hyd yn oed yng nghyffiniau Tŷ'r Cyffredin — y medrwn grwydro o gwmpas yn anhysbys.

Felly, am y tro cyntaf erioed daeth plaid seneddol Plaid Cymru i fodolaeth. Mae'n rhaid cael o leiaf ddau aelod seneddol i gael eich cydnabod yn blaid seneddol, a phan oedd Gwynfor Evans yn aelod, o 1966 i 1970, 'roedd yno ar ei ben ei hun wrth gwrs.

Daeth criw o Arfon ac o Feirion i'n hebrwng i'r Senedd, ond 'doedd y dyrfa ddim byd tebyg i'r hyn ydoedd ar achlysur hebrwng Gwynfor yno ym 1966. Ond 'roedd Wmffra Roberts yn benderfynol ein bod yn cael diwrnod i'w gofio ac mae lluniau o'r cyfnod yn tystio i hyn.

Gwyddwn am rai o broblemau Palas Westminster er y chwedegau. Cofiais, er enghraifft, am y drafferth a gafodd Gwynfor i gael gafael ar ddesg. Rhoddwyd iddo gwpwrdd nid annhebyg i locer cadw dillad chwaraeon mewn ysgol. Am fisoedd, bu'n rhaid iddo gadw ei bapurau mewn lle felly a chwilio am sedd wag yn y llyfrgell i ysgrifennu llythyrau. Os oedd y llyfrgell yn llawn, ysgrifennai ar ei lin ar sêt mewn coridor cyhoeddus. Dyna natur y Senedd yn y chwedegau — cyntefig, hen-ffasiwn a chwbl aneffeithiol.

Mae'n werth nodi nad yw pethau wedi newid rhyw lawer yn y nawdegau. Cafodd Elfyn Llwyd brofiad cyffelyb ar ôl ennill ei sedd yn Ebrill, 1992. Am y tri mis cyntaf bu yntau'n ymlafnio heb swyddfa, heb ddesg a heb estyniad ffôn iddo'i hun. Bu'n rhaid i ni wneud niwsans ohonom ein hunain a rhwystro Mesurau Preifat rhag mynd drwy'r Tŷ cyn i'r awdurdodau wneud dim ynghylch y sefyllfa.

Gwyddwn, trwy brofiad Gwynfor, ei bod yn gwbl hanfodol i Dafydd a minnau gael ystafell a desgiau, ac 'roeddem yn barod i chwarae'r diawl nes cael cyfleusterau lled-foddhaol. Cawsai sefydliad gwein-yddol y Senedd gryn ysgytwad ar ôl etholiad 1974 gan fod saith cenedlaetholwr o'r Alban wedi eu hethol hefyd, a Dick Taverne ac Eddie Milne wedi ennill seddau fel aelodau annibynnol, heb sôn am amrywiol bleidiau Gogledd Iwerddon. Nid oedd gan awdurdodau'r Tŷ unrhyw ddewis ond ceisio trefnu rhyw gymaint o le ar ein cyfer.

Canfûm fod ystafell fechan wedi ei neilltuo i ni, rhywle yn nenfwd prif adeilad Tŷ'r Cyffredin; ystafell a fu tan hynny yn rhan o fflat personol Clerc y Tŷ. O weld ei maint, rhyw ddeuddeg troedfedd wrth chwech, buaswn yn taeru mai hon oedd *boxroom* y fflat. I hon, fe ddisgwylid inni wasgu tair desg, un bob un i ni ac un arall ar gyfer ysgrifenyddes os byddem yn ddigon ffodus i fedru cyflogi un.

Rhywsut neu'i gilydd, clywsom fod Margaret Clark, sef ysgrifenyddes ran amser y rebel o gyn-aelod Llafur, Dick Taverne, yn awyddus i gael rhagor o waith. Bu'n fendith fawr i ni, am rai wythnosau, ei chael i deipio inni yn ogystal â'n rhoddi ar ben ffordd ynghylch llawer o ryfeddodau'r Tŷ.

★ ★ ★

Cymerwyd y llw gan Dafydd Elis Thomas a minnau brynhawn Llun, 11 Mawrth. Cawsom Feibl Cymraeg a chael darllen y llw yn ein hiaith. 'Roedd hyn yn rhywbeth y bu Gwynfor Evans yn brwydro amdano ym 1966, ond fe'i gwrthodwyd gan y Llefarydd ar y pryd, y Llefarydd King, er mai Cymry Cymraeg eu hiaith o Gwm Rhymni oedd ei daid a'i nain.

Er bod ei dad yntau yn Gymro Cymraeg, gwrthododd y Llefarydd, Selwyn Lloyd, ein cais i gymryd y llw yn uniaith Gymraeg. Dywedodd y cawsem ei gymryd yn Gymraeg cyn belled â'n bod yn ei gymryd yn Saesneg hefyd. Gofynasom ninnau wedyn am yr hawl i'w gymryd yn Gymraeg yn gyntaf, a chytunodd, er bod ei gymhellion, yn ôl ei fywgraffiad sy'n sôn am y digwyddiad, yn ddigon amheus:

'I thought that the two members concerned were slightly disappointed that I had deprived them of the chance of a public protest on behalf of the Welsh Language.[1]

Felly, yn ein cysylltiad cyntaf un ag awdurdod y Tŷ, cawsom weld sut y mae'r sefydliad Seisnig yn gweithio. Gwrthsefyll unrhyw newid, ac yna, os oes rhaid — a dim ond os oes rhaid — ildio cyn lleied byth ag sy'n bosibl, ond gofalu osgoi, er hynny, nad ymddengys fod neb yn cael cam.

Gan fod Dafydd Elis wedi ei ethol yn aelod seneddol ryw awr o'm blaen i, ef a gafodd y fraint, ar ôl peth tynnu coes, o gymryd y llw gyntaf. Ar y pryd ni sylweddolwn y byddai unrhyw arwyddocâd i hyn. Flynyddoedd yn ddiweddarach y cefais wybod. Pe bai'r ddau ohonom yn parhau'n aelodau am flynyddoedd lawer, a phe bai angen penderfynu pa un ohonom a ddeuai'n 'dad y Tŷ', fy nghyd-aelod o Feirion a gawsai'r fraint — nid oherwydd i'w ganlyniad etholiad ddod allan gyntaf, ond oherwydd iddo gymryd y llw ryw hanner munud o'm blaen! Ond gan fod y ddau ohonom, ar y pryd, yn gwbl argyhoeddedig na fyddem yn aros yn San Steffan am fwy na rhyw bum mlynedd cyn symud i Senedd Gymreig, prin y byddai'r arwyddocâd seneddol hwn yn bwysig yn ein golwg! A gobeithiaf eto gael symud o San Steffan i Gaerdydd cyn y cyfyd y cwestiwn o fod yn dad, neu'n daid, i'r Tŷ. Canfu Dafydd Elis ffordd arall o osgoi'r broblem!

Yn ôl ym Mawrth 1974 'roedd ystyriaethau o'r fath yn bell iawn o'r meddwl. Yn wir, 'roeddem yn debycach i blant y Tŷ. *'You two boys . . .'* Felly y cyferchid ni gan amlaf. Wedi'r cyfan, dim ond saith ar hugain oed oedd Dafydd Elis — yr un oed â'i ragflaenydd enwog, T. E. Ellis, pan enillodd y sedd ym 1886, a'r un oed hefyd â Lloyd George pan enillodd yntau Arfon ym 1890. Deg ar hugain oeddwn innau, sef yr union oedran a ystyriwn, flynyddoedd ynghynt, yn addas i fod yn AS!

Llawer mwy blaenllaw yn ein meddyliau bryd hynny oedd yr anniddigrwydd ynghylch cymryd llw o deyrngarwch i Frenhines y Deyrnas Gyfunol, a ninnau'n danbaid dros ryddhau Cymru o grafangau Llundain. Ta waeth, 'doedd dim i'w wneud ond llyncu poer a sibrwd y geiriau, er na wyddai neb o'r gwrandawyr a oedd y fersiwn Gymraeg a lefarwyd gennym mor deyrngarol â'r fersiwn Saesneg swyddogol!

Bu Cledwyn Hughes yn gymwynasgar iawn yn egluro inni ryfeddodau'r Tŷ. Ac ar fore'r ail ddiwrnod cawsom ein tywys o amgylch yr adeilad gan Emlyn Hooson, AS Rhyddfrydol Maldwyn. Bu yntau'n garedig iawn yn rhoddi dwyawr o'i amser i'n harwain ar hyd cyfran o'r 20 milltir o goridorau a 1,200 o ystafelloedd sydd ym Mhalas Westminster. Sylweddolai mae'n debyg, mor anodd yw hi i aelod newydd, yn enwedig os nad oes ganddo beirianwaith plaid eisoes yn y Tŷ na Chwip i ddweud wrtho yn union beth ydi beth, ble i fynd a beth i'w wneud. Ar ddiwedd y wibdaith honno 'roeddem mewn pendro llwyr ac yn cymysgu'n lân rhwng y *Vote Office*, swyddfa'r *Serjeant* a'r enwog *Smoke Room* lle byddai Roy Jenkins yn y gadair freichiau ledr agosaf i'r ffenest yn cadw seiat ar ôl cinio nos, a'i ddisgyblion, megis Gwynoro Jones, Caerfyrddin, wrth ei draed yn gwrando'n awchus ar bob gair a ddeuai o enau'r proffwyd ac yn brefu 'amen' fel rhes o flaenoriaid.

Am wythnos, buom fel defaid colledig yn crwydro'r adeilad, gan geisio cofio ymhle y dywedodd Emlyn neu Cledwyn yr oedd hyn a'r llall i'w ganfod. Un bore, uwch paned o goffi, cytunodd y ddau ohonom nad oedd ein hymddygiad yn cydweddu â delwedd cenedlaetholwyr chwyldroadol! Paham y dylem guro drysau ac oedi'n betrus cyn camu i bob ystafell? A dyma benderfynu y byddem yn cerdded i mewn i unrhyw ystafell yn y Palas fel pe bai'r lle yn eiddo i ni. Os cegai rhywun, byddem yn ateb yn ôl yn llawn hyder ac yn datgan bod ein cyndeidiau yn arfer saethu hwyaid â bwa saeth ar lannau Tafwys pan oedd cyndeidiau'r Saeson yn byw mewn ogofâu yr ochr arall i Fôr y Gogledd. Nid oeddem yn mynd i ymddiheuro i'r un copa walltog yn y lle, oni bai ein bod yn peri rhyw dramgwydd difrifol.

O'r bore hwnnw ymlaen bu gennym ddigon o hunan-hyder ac ni chawsom unrhyw drafferth i ddod o hyd i'n ffordd o gwmpas coridorau'r adeilad. Rhyw fis yn ddiweddarach, cawsom gadarnhad fod eraill wedi sylwi ar ein hunanhyder, peth annisgwyl i ddau dibrofiad o'r mynyddoedd! Cawsom un enghraifft o hyn pan aeth Dafydd a minnau i gyfarfod Edward Short, Arweinydd y Tŷ, i bwyso am gyflymu rhaglen y Llywodraeth i ddod â Datganoli i Gymru. Rhywbryd yn ystod y sgwrs, wrth inni bwyso am ryw newid neu'i gilydd a oedd yn amlwg yn gwbl groes i arferiad y Tŷ, dywedodd un ohonom fod yn rhaid i Short sylweddoli mai 'bechgyn newydd' oeddem ni a bod arferion y lle braidd yn ddieithr inni. Chwarddodd Arweinydd y Tŷ yn uchel, gan siglo'n ôl yn ei gadair fel rhyw brifathro a dybiai fod rhywun yn tynnu ei goes. *'You two,'* meddai, *'have taken to this place like ducks to water!'* Cof cenhedlig efallai!

Mewn llawer ffordd mae Tŷ'r Cyffredin yn debyg iawn i ysgol. 'Roeddem ninnau fel plant newydd yn y dosbarth cyntaf. Profiad rhyfedd oedd troi ymhlith enwogion y deyrnas a'u cyfarch wrth eu henwau cyntaf.

Daeth Harold Wilson yn Brif Weinidog am y trydydd tro. James Callaghan oedd ei Weinidog Tramor, Roy Jenkins oedd y Gweinidog Cartref, a Dennis Healey yn Ganghellor y Trysorlys. Achoswyd cryn fraw ym myd diwydiant gyda phenodiad Michael Foot yn Ysgrifennydd Cyflogaeth a Tony Benn yn Ysgrifennydd Diwydiant, ac Eric Heffer yn ddirprwy iddo. 'Roedd cysgod y Chwith yn peri dychryn i'r sefydliad Seisnig.

Ar wahân i Callaghan, Foot a Jenkins, 'roedd nifer sylweddol o aelodau dros etholaethau Cymreig, neu o dras Gymreig, o fewn y Llywodraeth. 'Roedd Merlyn Rees yn Ysgrifennydd Gogledd Iwerddon, daeth John Morris yn Ysgrifennydd Cymru, a'r Arglwydd Elwyn-Jones yn Arglwydd Ganghellor. 'Roedd Alan Williams (Abertawe), Brynmor John (Pontypridd), Ted Rowlands (Merthyr), a Barry Jones (Dwyrain Fflint) i gyd yn Weinidogion. Dyrchafwyd cyn-aelod seneddol Arfon, Goronwy Roberts, i Dŷ'r Arglwyddi a daeth yn Ddirprwy Weinidog Tramor. Ond cafodd Cledwyn Hughes ei siomi a'i adael allan o'r Llywodraeth, er syndod i ni a llawer o rai eraill yng Nghymru.

Jeremy Thorpe oedd arweinydd lliwgar y Rhyddfrydwyr, yn y cyfnod cyn i'w anawsterau personol darfu ar ei yrfa. Ymhlith arweinwyr y Torïaid 'roedd Ted Heath, Reginald Maudling a Syr Alec Douglas Home. Tad y Tŷ oedd George Strauss, aelod seneddol a gymerodd ei sedd am y tro cyntaf ym 1929. Oeddem yn wir, 'roeddem yn ddisgyblion newydd ac ifanc iawn!

Un cysur oedd i'r SNP ennill saith sedd yn yr Etholiad. Cadwodd Donald Stewart ei sedd a daeth chwe aelod newydd yn gwmni iddo, gan gynnwys Winnifred Ewing a enillodd sedd am yr eildro — Moray a Nairn y tro hwn. 'Roedd wedi colli sedd Hamilton ym 1970. Etholwyd fy hen gyfaill Gordon Wilson hefyd yn aelod dros Dundee. Felly 'roedd gennym gyfeillion yno ymhlith y cannoedd o wynebau sefydliadol.

Yn fuan iawn 'roeddem yn cymdeithasu â rhai o 'enwau mawr' gwleidyddiaeth Cymru, pobl yr oeddem wedi arfer eu pardduo oddi ar lwyfannau, heb freuddwydio y byddem yn rhannu bwrdd â hwy am baned o goffi. Cofiaf yn dda fynd i'r 'Bwrdd Cymreig' yn ystafell de Tŷ'r Cyffredin am y tro cyntaf. 'Roedd Emlyn Hooson wedi dangos i ni ymhle 'roedd y gornel Gymreig, ym mhen pellaf yr ystafell hir o dan lun Lloyd George. Yno, yn y boreau, byddai'r aelodau seneddol Cymreig yn hel at ei gilydd, ac ambell Arglwydd a fu rywdro yn aelod seneddol ac a hiraethai am sgwrs a sgandal â'i gyfeillion yn Nhŷ'r Cyffredin. Fe ddigwydd eto y dyddiau hyn!

Yn naturiol, gan mai aelodau Llafur oedd y rhan fwyaf o aelodau Cymru, y nhw, yn amlach na pheidio, a fyddai'n cynnal seiat o amgylch y Bwrdd Cymreig. Ar wahân i Raymond Gower, ni ddeuai'r un Tori yn agos i'r Bwrdd. At ei gilydd, Donald Andersons, Donald Colemans a Leo Abses y byd San Steffanaidd a fyddai'n ymgynnull yno gan amlaf.

Y bore cyntaf i Dafydd Elis a minnau alw heibio i'r Bwrdd, gyda'n paneidiau o goffi yn ein dwylo, edrychodd Alec Jones yn syn arnom — 'roedd ganddo ffordd arbennig o edrych yn syn — a datgan mewn llais uchel: *'What are you two doing here then?'*

'Well, since it's the Welsh table, we thought we'd join you,' meddai Dafydd Elis.

'Oh really,' atebodd Alec. *'Gwynfor always used to sit over there . . .'* gan bwyntio at fwrdd ar ochr bellaf yr ystafell.

Yr eiliad hwnnw sylweddolais mor anodd ac mor unig fu bywyd Gwynfor Evans yn y chwedegau. 'Doedd dim cyfeillgarwch o du'r rhan fwyaf o aelodau Llafur Cymru. 'Roedd S. O. Davies yn eithriad anrhydeddus a phrin ond y pryd hwnnw 'roedd mwy o gydymdeimlad â Gwynfor gan aelodau Llafur o Loegr ac ambell Gymro alltud fel Emrys Hughes, AS Llafur yn yr Alban.

Sut bynnag, rhoesom ar ddeall i'r cyfryw aelodau ein bod am eistedd yn eu plith ac aeth y sgwrs yn ei blaen heb i neb gymryd fawr sylw ohonom. Bore drannoeth aethom yno'r eildro am baned a dyna lle 'roedd Alec Jones eto i'n croesawu: *'Still here, then?'* Erbyn y trydydd bore, ni chymerodd neb unrhyw sylw ein bod yn eu plith, ac o hynny allan, drwy sgwrsio dros baned wrth y Bwrdd Cymreig, dysgais lawer iawn am fy nghyd-aelodau o Gymru. A phan ddaeth Gwynfor yn ôl i'r Senedd ar ôl etholiad Hydref 1974 daeth yntau hefyd yn rhan o gymdeithas y Bwrdd hwnnw.

Trist braidd yw nodi bod ymlyniad aelodau Llafur i'r traddodiad yma o gydgyfarfod fel Cymry yn Nhŷ'r Cyffredin wedi erydu'n sylweddol yn ystod y blynyddoedd diwethaf. 'Roedd yr hen frodyr o Gymoedd y De, waeth pa mor brin oedd eu gweledigaeth genedlaethol Gymreig, yn cadw cwmni â'i gilydd. Ymhlith selogion y Bwrdd byddai Jim Callaghan, hyd yn oed ambell dro pan oedd yn Brif Weinidog, a bu Michael Foot ymhlith y selocaf.

Ysywaeth, mae'n well gan amryw o'r aelodau Llafur newydd a ddaeth i'r Senedd yn yr wythdegau a'r nawdegau gadw cwmni i'r aelodau Llafur Seisnig sy'n rhannu'r un safbwyntiau neu'r un diddordebau arbennig â hwy yn hytrach na chymdeithasu â'u cyd-Gymry. Mae hyn yn wir am aelodau sy'n ddigon twym-galon ar faterion Cymreig, ac ni allaf lai na theimlo nad yw rywsut yn ddrych o'r dirywiad yn yr ymwybyddiaeth Gymreig a'r modd y mae'r Blaid Lafur yng Nghymru wedi colli ei hunaniaeth. Bellach mae'r Llafurwyr Cymreig wedi integreiddio'n llwyr â'u cymrodyr Seisnig. Felly hefyd ddeimensiwn Cymru o fewn eu blaenoriaethau gwleidyddol.

Ond yn ôl i Fawrth 1974 am funud. Un bore digwyddodd Dafydd a minnau gyrraedd y Bwrdd Cymreig pan oedd Dirprwy Lefarydd newydd Tŷ'r Cyffredin wrthi'n cynnal ei lys o amgylch y Bwrdd. Fel cyn-Ysgrifennydd Cymru, a cholofnydd asidaidd yn y *Daily Post*, 'roedd George Thomas yn *bête noire* cenedlaetholwyr Cymru. Ar y pryd, prin fod ein teimlad ni tuag ato ef ddim cleniach na'i agwedd frwmstanaidd yntau tuag atom ninnau. A dyma ni, ein dau, wyneb yn wyneb ag ef am y tro cyntaf fel aelodau seneddol.

Gan ei fod ef, fel Dirprwy Lefarydd, yn ŵr o ddylanwad mawr yn y siambr ac yn gallu penderfynu pa bryd, os o gwbl, y gelwid arnom i siarad, tybiais y dylwn ddechrau trwy geisio rhywfaint o gymod. Llongyferchais ef ar ei benodiad yn Ddirprwy Lefarydd. Gwenodd yntau gan wyro'n ôl a byseddu llabedau ei siaced yn ffug-bwysig. Edrychodd dros ei hanner sbectol, a'n syfrdanu â'r geiriau:

'*You know, nothing has given me greater pleasure than seeing you two boys enter the chamber . . .*'

Ni allem gredu ein clustiau a thybiem fod y chwyldro go iawn ar fin digwydd! Ond nid oedd George wedi gorffen, a chan eistedd ymlaen yn sydyn ac edrych i fyw ein llygaid, cwblhaodd ei frawddeg:

'*. . . and having to bow to me!!*'

Cafodd Dafydd Elis Thomas gyfle i dalu'r pwyth o fewn yr wythnos. Ar 20 Mawrth, wrth gymryd rhan yn y ddadl ar Ddatganoli, cafodd ei alw i siarad gan y Dirprwy Lefarydd ei hun, sef George Thomas. Agorodd Dafydd ei araith drwy ei longyfarch ar ei ddyrchafiad, ac ychwanegu:

'*May I, without in any sense seeking to impugn the impartiality of the Chair, hope that you will pay as much attention to my party in this Chamber as you have always done in Wales!*'[2]

Ar hyn, protestiodd y Dirprwy Lefarydd ei fod bob amser yn niwtral!

Ar y pryd, Cymro oedd y Llefarydd hefyd, sef Selwyn Lloyd, a'i deulu'n hanu o ochrau Corris. Buan iawn y bu'n rhaid i ni geisio dal ei lygad ef, neu ei ddirprwy, oherwydd 'doedd dim amser i'w golli cyn torri'r ias a rhoi fy araith forwynol. Fel rheol, rhoddir cyngor digon call i aelodau ifanc, newydd: aros am rai wythnosau i gael ymdeimlo ag awyrgylch y Tŷ cyn agor ceg. Ond ym Mawrth 1974 byddai cydymffurfio â hynny yn amhosibl i ni. 'Roedd hi'n Senedd grog, a Llafur heb fwyafrif digonol i lywodraethu. 'Roedd yn amlwg i bawb na fyddai'r Senedd yn parhau am fwy nag ychydig fisoedd, a'r hunllef i ni oedd y gallem wynebu ail etholiad heb fod wedi llwyddo i agor ein ceg yn y Senedd!

Felly, 'doedd dim amser i'w wastraffu. Ac ar 18 Mawrth, 1974 mewn dadl ar agweddau economaidd o araith y Frenhines, anerchais Dŷ'r Cyffredin am y tro cyntaf. 'Roeddwn eisoes wedi sylwi bod llawer aelod yn annerch y Tŷ â sgript, ac oherwydd ofn gwirioneddol y byddai fy nerfau yn fy llorio a'm gadael yn fud, fe benderfynais innau ddefnyddio papur. Gan amlaf, mae'n gas gennyf orfod siarad o sgript ac mae darllen araith yn groes i reolau'r Tŷ p'run bynnag. Ond o dan yr amgylchiadau, ymddangosai'n beth call i'w wneud. At hynny, gydag etholiad arall ar y gorwel, 'roeddwn eisiau ailargraffu'r araith i'w defnyddio yn yr etholaeth, a thybiwn y byddai'n darllen yn well ac y llwyddwn i gynnwys mwy o bwyntiau mewn araith o ddeng munud pe bawn wedi saernïo'r cyfan ymlaen llaw.

Ni wnaeth hynny ddim oll i dawelu'r nerfau. Pan godais ar fy nhraed am 7.30 y noson honno, 'roedd fy nwylo'n crynu cymaint nes fy mod yn cael trafferth i ddarllen y sgript! Ta waeth, cefais wrandawiad cwrtais, er fy mod yn torri un o arferion y Tŷ, sef y dylai araith gyntaf fod yn *'non-controversial'*. Disgrifiwn y sefyllfa economaidd enbyd a oedd yn rhan o'n profiad yng Nghymru dros y blynyddoedd. Ac meddwn:

'Our condition today is a result of a systematic failure, and it is the system of Government which must be changed if a solution is to be forthcoming . . .

'In Wales, out of economic, social and cultural crisis has grown a new political expression, cutting across old party loyalties. There is in Wales a new young generation which will not stand idly by, spectators at their own funeral. They have the ability, the dedication and the capacity for hard work by which our problems can be overcome. They also have a sense of purpose, something which seems to have disappeared in the post imperial twilight of this obsolete British state.

'If successive Governments in London cannot solve our problems we should do the job ourselves. All we ask is a system of government which will allow us to concentrate our energies to this end. It is in the interest of England, as well as Wales, that this be done. I appeal that within this Parliament, we see established and functioning in Cardiff and Edinburgh, a system of government which can respond to the needs of Wales and Scotland.'

O edrych yn ôl dros gyfnod o ddeunaw mlynedd fel aelod seneddol, mae'r geiriau a lefarais y pryd hwnnw yr un mor wir heddiw, ac mae'r angen yn y nawdegau yn fwyfwy amlwg. Da fyddai gallu datgan gyda'r un hyder y disgwyliwn weld o fewn cyfnod un Senedd sefydlu ein Senedd ein hunain yng Nghaerdydd a Chaeredin. Bu trai a llanw ers y dyddiau cynnar hynny ym 1974, ond erys un ffactor allweddol bwysig, heddiw fel yr adeg honno, sef gobaith pobl ifanc Cymru, y gobaith hwnnw a arweiniodd at ethol Gwynfor Evans ym 1966 a'r tri ohonom ym 1974. Fe welir eto, yn y nawdegau, yr un ysbryd ymhlith to o bobl ifanc yng Nghymru. Yr ysbryd hwnnw yw'r ffactor allweddol wrth lunio dyfodol i'n gwlad.

1. *'Mr Speaker, Sir'*; Selwyn Lloyd, 1976; tud 152.
2. Gweler *Hansard*, 20 Mawrth 1974, colofn 1115.

Tŷ Heb Drefn

I'r sawl a ddaw i Dŷ'r Cyffredin ar ôl bod yn gweithio mewn byd 'normal', mae'r newid yn drawiadol. Nid yn unig y mae yno ddiffyg cyfleusterau hanfodol, megis desgiau a swyddfeydd, ond mae holl batrwm bywyd y lle yn sylfaenol anhrefnus. Pan gefais fy ethol ym 1974, 'roedd yr amgylchiadau'n waeth nag ydynt heddiw. 'Roeddwn wedi arfer â byd diwydiant lle bu gennyf adran bersonol o 80 o staff. 'Roedd y newid byd yn syfrdanol. 'Roedd holl ddulliau gwaith y Senedd yn gwbl groes i'r graen. Os oedd cyfarchiad yr heddwas hwnnw wrth i mi gyrraedd y Senedd yn arwydd fy mod ar drothwy bywyd newydd, buan iawn y daeth rhagor o arwyddion. Wel ystyriwch — dim ystafell iawn i weithio ynddi, neb i ateb y ffôn a chymryd negeseuau, a gorfod ciwio am hydoedd i ddefnyddio peiriant llun-gopïo.

Tybir weithiau fod gan aelodau seneddol ddwsinau o staff yn gweithio iddynt, a bod peirianwaith effeithiol i'w helpu. Bu aelodau o'r cyhoedd yn gofyn imi, 'A fedrwch chi gael un o'ch staff i ddelio â hyn?' a rhoddi imi broblem eithaf astrus i ddelio â hi. Pa staff? Clywais fwy nag unwaith, wrth ddod oddi ar y trên yn Euston, gyd-deithwyr yn dweud wrthyf, 'Mae'n debyg fod gennych chi gar a gyrrwr yn disgwyl amdanoch yn y stesion!' Pa gar? 'Does dim rhyfedd mai colli'r cerbyd swyddogol, yn anad dim, yw'r golled fwyaf a deimla cyn-Weinidogion y Goron pan gollant eu swydd!

Mor bell oddi wrth y gwir yw'r camdybiaethau hyn!

Eu tarddiad, mae'n debyg, yw'r sylw a roddir ar deledu a ffilm i'r adnoddau sydd gan seneddwyr yr Unol Daleithiau. Mae'r gyfundrefn yno yn wahanol i un Llundain. Yn Washington cynorthwyir y seneddwr gan staff o deipyddion, clercod ac ysgrifenyddesau, swyddogion i ddelio â'r wasg ynghyd â dau ddwsin, efallai, o ymchwilwyr. Bydd ganddo, gan amlaf, swyddfa grand yn Washington, gyda rhesi o ddesgiau, yn ogystal â swyddfa sylweddol yn ei dalaith. Bydd ganddo hefyd gyllideb flynyddol o tua hanner miliwn o ddoleri, ac weithiau lawer mwy.

Yn Llundain, ym 1974, cyfanswm yr arian a roddid i aelodau seneddol ar gyfer holl gostau rhedeg swyddfa, gan gynnwys cyflogi staff, oedd y swm anhygoel o £1,000 y flwyddyn. 'Roedd hwn yn cynnwys £300 y disgwylid ei neilltuo ar gyfer cyflogi help ymchwil! Ni ellid rhedeg unrhyw fath o swyddfa broffesiynol amser llawn i wasanaethu'r cyhoedd ar lwfans o'r fath, ac mae'n deyrnged i Blaid Cymru iddi gyfrannu mor sylweddol, yn ganolog ac yn etholaethol, i'n galluogi i gyflogi'r staff angenrheidiol i wneud y gwaith.

O'r dechrau ym 1974, teimlwn ei bod yn ddyletswydd arnaf i sefydlu swyddfa yng Nghaernarfon a fyddai ar agor i'r cyhoedd drwy gydol yr wythnos, a chael staff gyflogedig amser llawn yn gweithio yno, heb orfod dibynnu ar wirfoddolwyr. Yn ddelfrydol, golygai hyn gael ysgrifenyddes amser llawn ynghyd â pherson rhan amser i glercio, ac os yn bosibl, cael trefnydd neu gynrychiolydd amser llawn i ofalu am fy ngwaith gwleidyddol yn yr etholaeth ac i fod yn ddolen gyswllt â'r cyhoedd pan fyddwn yn Llundain.

Byddai hyn yn ychwanegol at ein staff yn Nhŷ'r Cyffredin. Yno 'roedd galw am o leiaf un ysgrifenyddes i weithio i'r ddau AS ar y cyd, a swyddog ymchwil i gynorthwyo'r blaid seneddol. Ond nid oedd lwfans pitw'r Senedd yn ddigon i dalu costau un ysgrifenyddes yn Llundain, heb sôn am ymchwilydd hefyd. Bu'n rhaid i'r Blaid yn Arfon wynebu costau sylweddol o ddarparu adeilad yn swyddfa i mi, talu cyflog ysgrifenyddes yno, ac i rywun helpu i ffeilio yn rhan amser. At hyn, rhaid oedd ceisio cyflogi trefnydd i hyrwyddo gwaith gwleidyddol er mwyn ceisio gwarchod y sedd. Gallem fod yn wynebu ail etholiad o fewn wythnosau, ac ar ôl cilagor y drws seneddol i'r Blaid, 'roeddem yn benderfynol o beidio â cholli'r sedd, fel a ddigwyddodd yng Nghaerfyrddin ym 1970.

Golygai hyn faich ariannol mawr i'r Blaid. Bu'n rhaid i Bwyllgor Rhanbarth Arfon ddarganfod swm o ryw £10,000 y flwyddyn i gynnal ein gwaith, swm a fyddai'n nes at £40,000 yn arian y nawdegau. Ym Meirion hefyd fe wynebwyd costau cyffelyb. Golygai, mewn gwirionedd, gymhorthdal uniongyrchol gan y Blaid i gynnal gwaith y Senedd ac i roddi gwasanaeth effeithiol i'r cyhoedd.

Trwy lwc, 'roedd y Blaid newydd agor swyddfa yng nghanol tref Caernarfon. Talwyd am yr adeilad gan roddion a benthyciadau di-log ein cefnogwyr. Daeth ar gael ar yr union amser priodol, ar gyfer ymgyrch etholiad Chwefror 1974 i ddechrau, ac yna yn swyddfa etholaeth i mi. 'Rwyf yn dal i fod yno, dros ddeunaw mlynedd yn ddiweddarach.

Bûm yn ffodus iawn gyda'r staff a fu'n gweithio yno.

Ar y cychwyn 'roedd gennyf gawr yn gefn i mi yn mhersonoliaeth Wmffra Roberts. Er mai gweithiwr gwirfoddol, di-dâl ydoedd, 'roedd yn byw a bod yn Swyddfa'r Blaid. Bu Eleri Higgins (Carrog bellach) yn drefnydd cyflogedig i'r etholaeth a phenodwyd Gwenda Williams, yr 'hen hogan iawn o Dal-y-sarn 'cw,' chwedl Wmffra, yn ysgrifenyddes, ar ôl y cyfweliad rhyfeddaf hwnnw yng Nghaffi Lyons, yn y Strand, pan ddaeth i lawr ar y trên i Lundain i ddathlu ennill y seddau!

Bu Gwenda gyda ni yn swyddfa Caernarfon am naw mlynedd, nes i enedigaeth ei merch, Alaw, ei galw at ddyletswyddau pwysicach. Dychwelodd i weithio'n rhan amser gyda ni ym 1990. Dilynwyd hi gan Menna Jones ac yna Delyth Lloyd, y tair fel ei gilydd yn rhedeg y swyddfa fel peiriannau di-stop. Cawsant gymorth Sara Morgan, Siw Roberts, Madge Williams, Nerys Williams a Nesta Roberts, ac yn ddiweddarach Helen Bebb, i symud mynyddoedd o waith. Bu Elfed Gruffydd yn drefnydd rhan amser ac Eurig Wyn (a ddaeth wedi hynny yn Gynghorydd Sir) ac Aled Griffith yn drefnyddion amser llawn. Ymgymerir â'r cyfrifoldebau hyn heddiw gan y diarhebol Elfed Roberts, sy'n rhannu ei amser rhwng Arfon a Meirion. Bu'r cyfeillion hyn oll yn rhan amhrisiadwy o dîm bychan a gyflawnai waith mawr. Ni fu yr un aelod seneddol erioed mor ffodus o'i staff ag y bûm i.

Yn y Senedd hefyd buom yn ffodus iawn gyda'n penodiadau. Ar y dechrau bu'n rhaid inni fodloni ar help dros dro oherwydd yr amheuaeth am ba hyd y parhâi'r Senedd cyn cael ail etholiad. A pheth arall — a fyddai'r ddau ohonom yno ar ôl yr etholiad hwnnw?

Dibynnwyd gan hynny ar help *ad hoc* hanner amser Margaret Clark ac wedyn Menai Jones, Cymraes o Seland Newydd a ddaethai i Lundain i chwilio am waith cyn mynd i'w hyfforddi'n athrawes. Prin y gallem frolio bod gennym 'beirianwaith seneddol' yn ystod Senedd fer 1974.

Bu'n rhaid disgwyl tan ar ôl etholiad Hydref 1974 cyn mentro penodi ysgrifenyddes amser llawn yn y Senedd. Llanwyd y swydd gan Heulwen Huws o Bwllheli, a fu'n help aruthrol dros gyfnod hanesyddol Llywodraeth Lafur 1974-79. Wedi hynny bu'n gweithio gyda'r Comisiwn Ewropeaidd ym Mrwsel a bu'n ddolen gyswllt werthfawr iawn i ni yno.

Am y degawd 79-89, Meinir Huws o Ddolgellau fu'r ysgrifenyddes yn Llundain, yn gweithio fel angor i'r blaid seneddol. Bu'n rhannu ei hamser rhwng dau aelod seneddol o 1979 hyd 1987, a llwyddo rywsut ar ôl dyfodiad trydydd aelod, Ieuan Wyn Jones ym 1987, i gynnal yr un lefel o wasanaeth i'r blaid seneddol lawn. Dychwelodd Meinir i Gymru i weithio gyda Chyngor Sir Gwynedd yn Ionawr 1990. Cymerwyd ei lle gan Catrin Hughes o Ddyffryn Clwyd; penodiad a barodd i sawl un sylwi bod y cyfenw Huws mor werthfawr â'r enw Dafydd o fewn y blaid seneddol! Bu Catrin, cyn iddi hithau ddychwelyd i Gymru, gyda ni am ddwy flynedd, a bellach mae Gaynor Jones yn gorfod ymdopi â phlaid sydd â phedwar AS.

Bu cannoedd lawer o Gymry — yn unigolion, teuluoedd, tripiau plant ysgol ac ymwelwyr tramor — a ddaeth i'n gweld yn y Senedd dros y blynyddoedd, yn ddyledus i'n staff seneddol am drefnu'r ymweliadau tra oeddynt hefyd yn llywio symudiadau dau, tri a bellach pedwar AS. Nid y gwaith hawddaf a dweud y lleiaf! Ni sylweddolir yn aml yr oriau maith a weithiant — hyd at ddeuddeg awr y dydd weithiau. Mae aberth ein staff ysgrifenyddol ac ymchwil yn haeddu medal.

Do, buom yn ffodus gyda'n staff ymchwil hefyd. O 1975 tan 1979 Robert Griffith oedd ein swyddog ymchwil. Gweithiai ar ein rhan o swyddfa Caerdydd. Ef, yn ddiweddarach a ysgrifennodd y gyfrol sylweddol ar fywyd S. O. Davies. Yna cawsom help cofiadwy Aled Eurig, cyn iddo fynd yn ymchwilydd gyda HTV. Bellach mae'n Bennaeth Newyddion a Materion Cyfoes BBC Cymru. O 1986 tan 1989 bu Karl Davies gyda ni, a bu'n allweddol ei gyfraniad yn y cyfnod a ragflaenai etholiad 1987 ac wedyn etholiad Senedd Ewrop 1989. Bu Karl hefyd yn gyfrifol am lunio'r Drafft Fesur Iaith a gyflwynais i'r Senedd ym 1986, mesur gwell o lawer nag eiddo'r Llywodraeth. Y diweddaraf i ymuno â ni fel swyddog ymchwil yw Alun Thomas ac mae yntau'n parhau yn yr un traddodiad effeithiol, trylwyr a dibynadwy. Y mae enw da ein staff yn cael ei gydnabod yn y Tŷ ymhell tu hwnt i ffiniau'r Blaid.

Erbyn hyn, fe wyddom beth sy'n angenrheidiol o ran tîm o weithwyr yn y Senedd ac yn ein hetholaethau. Mae gan y pedwar ohonom batrwm cyffelyb. Yn y Senedd, maint ein *Secretariat* yw dau! Mae Gaynor Jones ac Alun Thomas yn gorfod gwneud y cyfan i'r pedwar ohonom. Yn ein hetholaethau, mae gennym swyddfeydd etholaeth amser llawn, gydag ysgrifenyddes a chynorthwy-ydd ym mhob un. Mae'r swyddfeydd hyn bellach wedi ennill eu plwyf yn ein hetholaethau a rhoddant y math o wasanaeth y mae gan y cyhoedd hawl i'w ddisgwyl.

Hyd yn ddiweddar ni fu gan y rhan fwyaf o aelodau seneddol gyfundrefn gyffelyb. Amser a ddengys a fydd yr adnoddau ychwanegol a neilltuwyd iddynt ar ôl etholiad 1992 yn newid y sefyllfa. Bu rhai heb swyddfa etholaeth o gwbl, gan gadw eu staff yn Llundain, a neb yn gyflogedig yn yr etholaeth. Ymdrecha amryw byd ohonynt i ymdopi heb gymorth swyddog ymchwil. Mae llawer heb offer swyddfa priodol. Ni allwn lai na gwenu pan adroddodd pwyllgor seneddol yn ddiweddar y dylai fod gan aelod seneddol swyddfa gyda pheiriant llungopïo, cyfrifiadur a chysylltiad ffacs. Bu'r cyfleusterau hyn oll gennym ni ers rhai blynyddoedd, ac ni allaf ddychmygu sut y gall AS roi gwasanaeth effeithiol i'w etholwyr heb hanfodion o'r fath.

Nid oes esgus heddiw i unrhyw aelod seneddol fod heb staff ddigonol ac offer modern ar gyfer y gwaith. Efallai ei bod hi'n haws deall hyn ym 1974 oherwydd diffyg arian. Ond ar y pryd 'roedd y diffyg proffesiynoldeb yn Nhŷ'r Cyffredin yn anhygoel.

Digon pitw oedd y cyflog hefyd. Ym Mawrth 1974 cawn £4,500 y flwyddyn — llai o sbel na'm cyflog blaenorol ym myd diwydiant. Bu'n gryn dolc imi'n ariannol pan roddais y gorau i'm swydd yn Hoover a dod yn aelod seneddol Arfon. Gan leied yr adnoddau a roddid inni i wneud y gwaith, nid yw'n syndod fod llawer iawn o aelodau seneddol y cyfnod hwnnw yn gweithio hefyd y tu allan i'r Senedd. I gyflawni ei waith yn deg 'roedd yn rhaid i aelod seneddol un ai gyfrannu rhai miloedd o bunnau o'i boced ei hun neu ddibynnu ar garedigion.

Gweithio o'r tu allan oedd yr hen batrwm. Mae'n werth nodi bod aelodau seneddol yn yr Oesoedd Canol yn cael tâl. Ym 1322 gosodwyd graddfa o bedwar swllt y dydd ar gyfer marchogion a dau swllt y dydd i'r gweddill. Bu tâl o'r fath mewn bod tan 1678. Wedi hynny, hyd at 1911, nid oedd cyflog o gwbl i aelod seneddol, ac mae'r anawsterau ariannol a wynebai bobl fel Lloyd George pan etholwyd ef ym 1890 dros fwrdeisdrefi Arfon yn hysbys i bawb. Y pryd hwnnw, 'roedd disgwyl i AS wneud gwaith arall. Yr unig rai a allai fod yn aelodau amser llawn oedd y cyfoethogion neu'r rhai a noddid gan fusnes, undeb neu fudiad. Mae'n addas iawn mai Lloyd George, pan oedd yn Ganghellor y Trysorlys, a helpodd i sefydlu'r egwyddor o dalu i aelodau seneddol. Y swm pryd hynny oedd £400 y flwyddyn, er mwyn galluogi pobl heb gyfoeth nac incwm annibynnol i gael eu hethol i'r Senedd.

Er bod y sefyllfa'n ddigon gwarthus ym 1974, 'roedd wedi gwella'n sylweddol o gymharu â'r hyn ydoedd i Gwynfor Evans yn y chwedegau. Gwaeth fyth oedd yr hyn a wynebai fy rhagflaenydd, Goronwy Roberts, yn ystod ei flynyddoedd cynnar fel AS Arfon ar ôl yr ail Ryfel Byd.

Yn ôl ym 1946, dim ond £1,000 y flwyddyn oedd cyflog aelod seneddol; nid oedd lwfans ysgrifenyddol ar gael, na help tuag at gostau aros yn Llundain. 'Roedd yn rhaid iddo dalu costau postio at ei etholwyr a chostau ffôn allan o'i gyflog. Dibynnai amryw ar garedigrwydd ambell olygydd papur newydd a fyddai'n talu'n hael am golofn o'r Senedd, ac yn helpu'r aelod i gael dau ben llinyn ynghyd. Nid oedd unrhyw gynllun pensiwn ychwaith i aelodau seneddol cyn 1965.

Clywir rhai aelodau o hyd yn ceisio ennill poblogrwydd rhwydd (yn eu tyb hwy) drwy wrthwynebu talu cyflog teilwng a darparu cyfundrefn effeithiol ar gyfer swyddfeydd a staff. Nid wyf erioed wedi medru deall y meddylfryd hwn, mwy nag y medr unrhyw un arall a gymer wleidyddiaeth o ddifri. Trwy beidio â rhoi i aelodau seneddol, o bob plaid, yr adnoddau angenrheidiol i wneud eu gwaith nid oes ond un canlyniad anorfod sef mai dim ond Torïaid cyfoethog fydd yn gallu fforddio i wneud y gwaith yn iawn, a phawb arall yn pydru arni fel rhyw aelodau eilradd.

Bu cryn welliant ar yr agweddau hyn o waith y Senedd dros y blynyddoedd diwethaf, ond mae eto le i rai newidiadau. Er enghraifft, credaf y dylai pob aelod seneddol gael adnoddau i gyflogi ysgrifenyddes amser llawn a chynorthwy-ydd clercio yn ei etholaeth, ac ysgrifenyddes yn Nhŷ'r Cyffredin. Dylai hefyd gael un ymchwilydd yn gweithio'n arbennig iddo ef ei hun. I osgoi'r perygl y byddai aelodau yn defnyddio'r arian i dalu eu gwragedd a'u plant am waith dychmygol, dylai pob gweithiwr gael ei dalu'n uniongyrchol gan y Senedd. Fe geisiwyd sefydlu cyfundrefn o'r fath rai blynyddoedd yn ôl, ond ni bu'n gwbl effeithiol.

Newid arall yr hoffwn ei weld yw cael 'Swyddfa Aelod Seneddol' barhaol ym mhob etholaeth. Gallai'r swyddfa fod o fewn Neuadd y Dref neu'n rhan o swyddfa'r Cyngor Dosbarth. Ni fyddai'n swyddfa 'wleidyddol' fel y cyfryw, mwy nag yw 'Siambr y Maer'. Byddai'r ymgeisydd buddugol mewn Etholiad Cyffredinol yn dilyn ei ragflaenydd i'r swyddfa. Byddai'r holl bapurau seneddol, copïau o ddeddfau, *Hansards*, ac ati yno'n barod, ac fe drosglwyddid y rhan fwyaf o ffeiliau'r achosion y bu'r cyn-aelod yn delio â hwy i'r aelod newydd. Anaml y digwydd hynny ar hyn o bryd. Os yw'r sedd yn newid plaid, yr arferiad yw i'r cyn-aelod ddinistrio ei ffeiliau. Meddyliwch am y strach y gallasai hynny ei olygu i etholwr.

Cyflwynais argymhellion am newidiadau o'r fath i bwyllgor arbennig rai blynyddoedd yn ôl ond ni welwyd yn dda i'w derbyn. O ganlyniad, parheir gyda'r drefn *ad hoc* bresennol, sy'n ddrych o'r meddylfryd mai gwaith amatur rhan amser, nid gwaith proffesiynol, yw gwasanaethu etholaeth.

Pe bai modd sicrhau gwelliannau fel hyn yn y gyfundrefn, i gynorthwyo aelodau seneddol i weithio'n fwy effeithiol, dylid wedyn ddeddfu fod yr AS yn **gorfod** rhoi ei holl amser i'r swydd. Y mae hyd heddiw ddwsinau o aelodau sy'n treulio oriau maith mewn gwaith cyflogedig arall ochr yn ochr â bod yn aelodau seneddol.

Gwelir bargyfreithwyr er enghraifft yn cyrraedd Tŷ'r Cyffredin ddiwedd y prynhawn ar ôl diwrnod o waith yn y Llys. Tua chanol dydd, yn fynych, daw rhyw gar crand gyda *chauffeur* i ddanfon aelod cefnog a dreuliodd y bore yn gwneud pres mewn rhan arall o'r ddinas. Y rhain yw'r aelodau sy'n gyndyn iawn o fynd ar bwyllgorau seneddol — pwyllgorau sy'n cyfarfod yn y bore gan amlaf — ac o ganlyniad, gosodir mwy o faich ar ysgwyddau'r aelodau amser llawn.

Ceisia rhai amddiffyn yr arferiad hwn o wneud gwaith arall trwy honni y dônt i wybod yn well am broblemau o'r tu allan i'r Senedd. Mae'r profiad, meddent, yn eu galluogi i wneud gwell cyfraniad fel aelodau seneddol. Wel, am esgus! Yn fy mhrofiad i, yn ystod y tymor, mae'r gwaith seneddol ac etholaethol, rhyngddynt, yn llyncu rhyw 65 i 70 awr yr wythnos. Pe bawn i ffwrdd bob bore yn ennill pres yn rhywle arall buaswn yn siŵr o esgeuluso rhyw ran o'm dyletswyddau. Os dymuna'r bobl hyn wybod mwy am broblemau bywyd y tu allan i'r Senedd gallant dreulio eu hamser yn cyfarfod y di-waith, pobl fethedig, neu'r pensiynwyr a dysgu am eu hanghenion hwy.

Yn fy marn i, dylid gosod rheol, fod pob AS o fewn cyfnod rhesymol ar ôl ei ethol — o fewn tri mis dyweder — yn gorfod rhoi'r gorau i **bob swydd** gyflogedig arall. Mae rheolau o'r fath yn bod eisoes i gyfyngu ar aelodau o'r Llywodraeth rhag derbyn swyddi cyflogedig, a digon teg fyddai sefydlu yr un rheolau ar gyfer pob aelod.

Credaf mai'r prif reswm pam y mae Llywodraethau Llafur a Thori, fel ei gilydd, yn ymwrthod â hyn yw'r ofn y byddai llawer mwy o aelodau'r meinciau cefn yn bresennol yn y Senedd ac felly yn debycach o gadw llygad barcud ar y Llywodraeth. O ganlyniad, byddai bywyd yn anos i'r rhai mewn grym. Mae'n gyfleus i bob Llywodraeth gael Senedd aneffeithiol a di-drefn.

O sicrhau yr un newid yma, yn fwy na dim arall, tybiaf y gellid symud tuag at gael oriau gwaith callach. Byddai'r holl aelodau'n rhydd i weithio o ben bore yn y Senedd, ac ni fyddai angen yr oriau hwyrion afresymol a geir ar hyn o bryd. Byddai hefyd yn arwain at gael swyddfeydd priodol ar gyfer pob aelod, yn y Tŷ ac yn yr etholaeth, a darpariaeth ddigonol ar gyfer gweinyddu ac ymchwil.

★ ★ ★

Mae'n werth nodi, wrth fynd heibio, beth oedd cefndir gyrfaoedd yr aelodau seneddol ym 1974. O'r 635 aelod (erbyn heddiw mae'n 651), ceid y dosbarthiad canlynol:

Bargyfreithwyr a chyfreithwyr	115
Cyfarwyddwyr cwmnïau	87
Athrawon a darlithwyr	78
Gohebwyr y wasg	56
'Pobl busnes'	53
Ffermwyr a thirfeddianwyr	33
Cyfrifwyr a brocwyr	32
Swyddogion undeb	23

O blith y 158 amrywiol arall dim ond 47 oedd o gefndir gweithio'n gyflogedig fel staff gweinyddol neu weithredol, neu fel rheolwyr, a dim ond cyfran o'r rhain oedd o fyd diwydiant. 'Doedd dim ond 13 o weithwyr llaw, a dim ond 10 o feddygon. Mae'r ffigurau hyn yn adrodd cyfrolau. Pan ychwanegir bod cynifer â 58 o'r aelodau seneddol wedi mynychu Eton, a dim ond 23 o'r 635 yn ferched, a dim un — dyn na merch — yn groenddu, 'roedd y darlun a gefais ym 1974 yn un go od.

Nodwedd arall ynglŷn â'r rhai a etholwyd ym 1974 yw eu hoedran. Dim ond 12 o'r 635 oedd o dan 31 oed (gan gynnwys y ddau ohonom ni o Blaid Cymru) tra bod 83 dros 60 oed, a hynny ar ddechrau Senedd! Mwy annisgwyl, efallai, yw bod cynifer â 446 allan o'r 635 wedi cael addysg brifysgol, 238 ohonynt yn Rhydychen neu Gaergrawnt.

Efallai mai'r patrwm yma o Senedd ganol-oed neu hŷn (mae Tŷ'r Arglwyddi'n waeth byth), Senedd ddosbarth canol ac i bob pwrpas Senedd wrywaidd, sydd wedi esgor ar ddarlun yn fy meddwl sy'n gyffelyb i 'saith oes dyn' Shakespeare. Hawdd y gellir dychmygu 'saith oes' y seneddwr Seisnig traddodiadol. Ar ôl mynychu'r *Prep School*, â Johnny bach ymlaen i'w Ysgol Fonedd, ac yna i'r *Guards*; oddi yno i Oxbridge a throi wedyn i'r gyfraith yn Grays Inn. Ar ôl gyrfa yn y fan honno, fe'i hetholir i Dŷ'r Cyffredin, a phan ddaw'n amser clwydo caiff orffwys ei ben yn Nhŷ'r Arglwyddi! Dyna fel y gwelais i bethau ym 1974. Yr elfen amlycaf ym mhob un o'r saith cyfnod, yw bod pob un ohonynt yn gwbl neilltuedig, heb fawr ddim o'r byd mawr drwg oddi allan yn tarfu ar y llonyddwch. Tŷ Anghyffredin ydyw mewn gwirionedd, gyda muriau confensiwn a chonglfeini traddodiad yn cadw'r aelodau rhag gweld realiti bywyd y bobl a lywodraethir ganddynt.

Mae pethau yn gwella'n raddol ond bydd angen daeargryn i weddnewid trefn y canrifoedd. Mae'r holl le yn reddfol geidwadol ac yn gwbl elyniaethus i unrhyw arlliw o newid.

Ymhlith y myrdd newidiadau eraill sydd eu hangen yn y Senedd mae eisiau creu cyfundrefn gyfathrebu fodern ar gyfer yr aelodau a'r staff sy'n gweithio yno. Mae'r drefn bresennol yn dal i ddibynnu ar ddynion mewn lifrai du traddodiadol yn cerdded o gwmpas gan gario tomen o negeseuon yn eu dwylo. O ganlyniad, mae'n cymryd oesoedd i unrhyw neges gyrraedd yr aelod os yw'n digwydd bod mewn rhyw bwyllgor neu'n cyfarfod ymwelwyr.

Cofiaf achlysur pan ddaeth un o uchel swyddogion llywodraeth leol yng Nghymru ar wib i'r Senedd i'm gweld ynglŷn â mater pwysig a oedd newydd godi mewn cynhadledd yn Llundain. Daeth i'r cyntedd canol a llenwi'r 'ffurflen werdd' angenrheidiol i gael gweld AS. Rhoddwyd y ffurflen i un o'r negesyddion, a chychwynnodd hwnnw wedyn ar ei grwydr ar hyd milltiroedd o goridorau a dwsinau o ystafelloedd, gan obeithio y byddai'n taro arnaf. Ymhen dwyawr y cefais y neges, a phan ruthrais i'r cyntedd canol dyna lle'r oedd un o brif ddynion llywodraeth leol Cymru yn disgwyl yn amyneddgar amdanaf, ond yn wfftio at y system gyfathrebu seneddol wrth gwrs. Pe bai'n ddrwgdybus gallai feddwl fy mod wedi ei gadw i ddisgwyl yn fwriadol neu'n ceisio ei osgoi. Erbyn meddwl, efallai mai dyna paham y mae system felly'n parhau!

★ ★ ★

Enghraifft arall o'r diffyg trefn sy'n nodweddu Tŷ'r Cyffredin yw'r modd y gweinyddir 'Mesurau Deng Munud'. Dyma un ffordd i aelod seneddol gyflwyno Mesur seneddol. Mae'n cael deng munud yn y prynhawn i annerch y Tŷ, gan esbonio paham y dylid pasio Mesur o'r fath. Mae gan wrthwynebydd yr hawl i siarad am ddeng munud yn erbyn y Mesur. Os oes gwrthwynebiad, cymerir pleidlais. Dyma'r modd y cyflwynais i Fesur Iaith i'r Tŷ ym 1986, ac y cyflwynodd Elfyn Llwyd Fesur i newid y gyfundrefn trethi dŵr yng Ngorffennaf 1992.

Ond i gael yr hawl i gyflwyno Mesur Deng Munud i'r Tŷ ar ddiwrnod penodol ymhen tair wythnos, mae'n rhaid bod yn gyntaf yn y ciw am ddeg o'r gloch y bore, yn swyddfa clerc y Mesurau Cyhoeddus, i roddi'r cais i mewn. Nid yw'r swyddfa'n agor tan ddeg o'r gloch. Yn wir, 'does fawr ddim yn y Senedd yn agor cyn hynny, ac mae'n amhosibl cael paned o goffi hyd yn oed ben bore. Sut bynnag, os yw'r aelod am fod ar flaen y ciw am ddeg y bore, mae'n rhaid cyrraedd yno gryn dipyn ynghynt, gan obeithio na fydd neb arall yno o'i flaen. Felly pa bryd y dylid dechrau ciwio? 'Rwyf fi wedi codi am bump o'r gloch y bore, er mwyn bod yno'n ddigon buan i fod ar flaen y ciw, a chanfod, wrth gyrraedd yn gysglyd am hanner awr wedi pump, fod rhyw aelod arall wedi cael y blaen arnaf.

Ambell noson wrth fynd adref, byddaf yn sylwi ar ryw aelod mwy brwd na'i gilydd yn dechrau campio am un ar ddeg y nos er mwyn bod ar flaen y ciw drannoeth. Ond 'rwyf hefyd wedi taro heibio i'r swyddfa am bum munud i ddeg y bore, gweld neb yn y ciw, a llwyddo i gyflwyno Mesur Deng Munud heb fawr o drafferth. Os dyma'r ffordd fwyaf effeithiol o rannu'r amser i gyflwyno Mesurau, mae rhywbeth difrifol o'i le ar ein cyfundrefn.

* * *

Yn fuan wedi fy ethol ym 1974, cofiaf ryfeddu hefyd at y dull hen-ffasiwn o bleidleisio yn y Tŷ. Nid codi dwylo a wnawn, fel mewn cyngor, na llenwi papur pleidleisio, fel mewn cynhadledd, ac yn sicr, nid trwy bwyso botwm fel y gweir mewn cynifer o seneddau modern. O na, ein dull ni ym 1974 a heddiw hefyd ac a fydd ymhen canrif arall mae'n debyg yw codi o'n seddau (os ydym yn y Tŷ yn gwrando ar y ddadl), cerdded allan o'r siambr i un o ddau gyntedd — y naill yn gyntedd 'Ie' a'r llall yn gyntedd 'Na'. Yn y cynteddau hyn, byddwn yn cymryd ein tro, fesul un, i gerdded heibio i ddesg fechan lle mae clerc yn nodi ein henw. Byddwn wedyn yn bowio gerbron y ddau aelod seneddol sy'n cyfri'r bleidlais, cyn dychwelyd i'n seddau.

Gall y bleidlais gymryd rhyw 17 munud i'w chwblhau. Rhaid cadw'r drysau ar agor am wyth munud er mwyn i'r aelodau hynny sy'n gwledda hanner milltir i ffwrdd yn *Greens* neu *L'Amigo*, neu'n gorffwys wrth eu teledu yn eu fflat ym Pimlico, ruthro i gerbyd a gyrru'n wyllt i'r Tŷ i gofnodi eu pleidlais. 'Does neb yn malio nad ydynt wedi gwrando ar y ddadl, na hyd yn oed yn gwybod beth yw'r pwnc dan sylw. Mae'r Chwipiaid bob amser wrth law i ddweud wrth aelodau'r pleidiau mawr sut y dylent bleidleisio! Weithiau, os oes sawl pleidlais i'w bwrw, gellir treulio awr neu fwy yn cerdded rownd gan fwrw pleidlais unwaith ym mhob cylchdro!

Dyma'r 'drefn' a'm synnodd ar y noson arbennig honno ym 1974. 'Roeddwn yn cerdded allan o'r siambr wrth ochr hen aelod o Dori, pan ddywedais wrtho: *'Goodness, isn't this way of voting old-fashioned! Surely we could have by now a press-button system to speed things up.'*

Trodd ataf yn araf, gan edrych arnaf fel pe bawn wedi bradychu'r ymerodraeth, ac yn ddirmygus sarhaus, atebodd:

'My boy, when you have been here as long as I have, you'll begin to see the merits of our ways!'

Mae lle i amau bod yr hen greadur yn iawn! Hawdd

iawn dychmygu rhywun yn cael ei gyflyru gan le fel y Senedd, ei hanes, ei thraddodiad a'i hawyrgylch.

Agwedd arall ar y pleidleisio yw'r arferiad o 'bario'. Dyma'r drefn pan mae aelodau o ddwy ochr y bleidlais yn dod i gytundeb os ydynt yn methu â bod yn bresennol — wedi gorfod mynychu cyfarfod yn yr etholaeth efallai — fel nad yw'r un o'r ddau'n cofrestru pleidlais. Bûm i'n pario er 1983 â John Major, is-weinidog di-nod pryd hynny! Bu Dafydd Elis Thomas yn pario â Peter Walker, a Margaret Ewing, arweinydd yr SNP, yn pario â Kenneth Baker.

Wrth i'r drefn ei 'haddasu' ei hun fel hyn, mae perygl i bob un ohonom golli rhyw gymaint o'r awydd i newid pethau. Oherwydd fy nheimladau ynglŷn â threfniadaeth y Senedd, cymerais arnaf fy hun ym 1983 i sefydlu Grŵp holl-bleidiol yn Nhŷ'r Cyffredin i weithio dros ddiwygio'r lle. Fe drefnais gyfarfod, yn fuan ar ôl yr Etholiad Cyffredinol, a galw ynghyd aelodau go radical o blith yr hen wynebau, a phob un o'r aelodau newydd a etholwyd y flwyddyn honno. Mae dicter ac anfodlonrwydd ynglŷn â'r drefn yn taro pob aelod newydd i ryw raddau a theimlwn y llwyddwn i'w cael at ei gilydd tra parhâi hynny yn ddigon ffres yn eu cof.

Rhoesom enw uchelgeisiol ar y grŵp sef *The All-Party House of Commons Reform Group*. Fe'm hetholwyd i yn gadeirydd, Bill Benyon (Tori) yn is-gadeirydd ac Austin Mitchell (Llafur) yn ysgrifennydd. Gwnaethom waith eithaf da, gan gyflwyno tystiolaeth dros ddiwygio'r Tŷ i wahanol bwyllgorau, a threfnu'r holeb fwyaf trwyadl a wnaed erioed i gael barn aelodau seneddol ar y modd yr oedd y Tŷ'n cael ei redeg. Un o'r newidiadau a ddeilliodd yn rhannol o'n gwaith ni oedd dod â'r teledu i'r siambr fel arbrawf. Yr oedd yn arbrawf poblogaidd iawn, ac erbyn hyn mae'r teledu yno yn barhaol.

Pan sefydlwyd y Grŵp, cofiaf feddwl mor od, ar un ystyr, oedd fy mod i, sydd â'm bryd ar gael Cymru o grafangau'r lle, yn gweithio dros ei throi'n Senedd fwy effeithiol! Ofnwn y byddwn yn gadael y Senedd gan gael fy nghofio yn y lle gyda'r geiriau:

'He entered a revolutionary, and departed a mere reformer!'

Ond mae ofn gwaeth na hynny, sef ofn i'r broses a ddarluniodd yr hen Dori ddigwydd, a bod y chwant am ddiwygio yn pylu gyda threigl y blynyddoedd. Meddyliais o ddifri am y perygl hwn wrth ymddeol o gadair y Grŵp ar ôl etholiad 1987.

Daliaf i ryfeddu, fel ag y gwneuthum ym 1974, fod Senedd Llundain mor felltigedig o anhrefnus ac aneffeithiol. Mewn cyd-destun Prydeinig, mae'n hen, hen bryd ailwampio'r lle. Ond i ni ym Mhlaid Cymru rhaid sicrhau pan gawn ein Senedd ein hunain yng Nghaerdydd na fydd yn dilyn patrwm anhygoel San Steffan. Rhaid inni fodelu Senedd Cymru ar brofiad gwledydd bychain modern eraill, gwledydd y gallai Llundain ddysgu llawer oddi wrthynt.

A gawn ni bleser eich cwmni?

Cafodd Dafydd Elis Thomas a minnau ein hethol i sefyllfa gwbl anghyffredin yn yr etholiad cyntaf hwnnw yn Chwefror 1974. 'Roedd y canlyniad wedi rhoddi mwy o seddau i Lafur na'r Torïaid — o drwch blewyn. Y canlyniad oedd:

Llafur	301
Ceidwadwyr	297
Rhyddfrydwyr	14
SNP	7
Plaid Cymru	2
Annibynnol	2
Gogledd Iwerddon	12

Golygai hyn nad oedd gan Lafur fwyafrif yn y Tŷ. Am rai dyddiau daliodd Ted Heath, y cyn-Brif Weinidog Torïaidd, heb ymddiswyddo. Ceisiodd ffurfio clymblaid o Lywodraeth gyda'r Rhyddfrydwyr, o dan arweinyddiaeth Jeremy Thorpe. Gwrthododd y Rhyddfrydwyr y cynnig ar 4 Mawrth, gan wneud cynnig arall, sef gwasanaethu fel rhan o 'lywodraeth genedlaethol' *(government of national unity)*. Ond 'doedd hyn ddim yn dderbyniol gan y Torïaid. Nid oedd fawr o obaith iddynt ffurfio clymblaid ag unoliaethwyr Gogledd Iwerddon ychwaith, oherwydd yr anawsterau yn sgîl cynhadledd Sunningdale. Felly, ymddiswyddodd Heath. Daeth Harold Wilson yn Brif Weinidog am y trydydd tro ar 4 Mawrth, 1974.

O gofio profiad 1964-66, pan geisiodd Lafur lywodraethu gyda dim ond tair sedd o fwyafrif, 'roedd yn gwbl amlwg i Harold Wilson, mae'n siŵr, na allai barhau am fwy nag ychydig fisoedd mewn sefyllfa fel hyn. Y cyfan y gallai ei wneud oedd ceisio cadw'r ddysgl yn wastad, creu argraff mor ffafriol ag oedd bosibl gyda'r etholwyr, ac yna wynebu ail etholiad yn ddiweddarach yn y flwyddyn. Rhan o'r strategaeth hon oedd cadw'r cenedlaetholwyr yn hapus!

Felly, yn Araith y Frenhines, a draddodwyd ar 12 Mawrth 1974, dywedwyd:

'My Ministers will initiate discussions in Scotland and Wales on the Report of the Royal Commission on the Constitution, and will bring forward proposals for consideration.'

At Adroddiad Kilbrandon a gyhoeddwyd ar 31 Hydref 1973, ryw dri mis cyn galw'r etholiad, y cyfeirid. Sefydlwyd Comisiwn Kilbrandon (Comisiwn Crowther yn wreiddiol) ym 1968 yn sgîl buddugoliaethau Gwynfor Evans (1966) a Winnifred Ewing (1967) i ystyried dyfodol llywodraeth 'cenhedloedd a rhanbarthau Prydain'. 'Roeddwn i'n un o dîm y Blaid, gyda Gwynfor Evans, Phil Williams, Dewi Watcyn Powell a Chris Rees, a gyflwynodd dystiolaeth i'r Comisiwn mewn eisteddiad cyhoeddus yn Neuadd y Ddinas, Caerdydd ar 16 Medi, 1969. 'Roedd yr Adroddiad wedi argymell sefydlu Senedd ddeddfwriaethol i'r Alban ac i Gymru, er bod adroddiadau lleiafrifol wedi argymell llai.

Heb os, 'roedd yr Adroddiad — gan Gomisiwn a sefydlodd Harold Wilson gyda'r prif fwriad o gladdu Datganoli unwaith ac am byth — wedi ailosod yr Alban a Chymru yn blwmp ac yn blaen ar flaen yr agenda gwleidyddol. Eironi mawr oedd fod Harold Wilson yn gorfod wynebu hyn eilwaith wrth ddychwelyd yn Brif Weinidog. Ac 'roedd presenoldeb saith o genedlaethol-wyr o'r Alban a dau o Gymru yn Nhŷ'r Cyffredin ar adeg pan nad oedd gan Lafur fwyafrif dros bawb, yn sicr ddigon o'u hatgoffa na allent ddianc rhag wynebu'r cwestiwn.

Yn wir, rhoddodd Harold Wilson gryn sylw i'r mater yn ei araith ar 12 Mawrth, wrth agor y ddadl ar Araith y Frenhines. Tynnodd sylw at y ffaith ei fod eisoes wedi penodi arbenigwr i'w gynghori ar ddatganoli i'r Alban a Chymru, sef Norman Crowther Hunt, a wnaed yn Arglwydd yn fuan wedyn.

Mewn ateb i ymyrraeth gan Mrs Winnifred Ewing, (SNP), a heriai fwriadau Llafur, dywedodd y Prif Weinidog, ynglŷn â'i fwriadau i symud ymlaen gyda'r argymhellion ar gyfer Cymru a'r Alban:

'Of course we shall publish a White Paper and a Bill.'

Wrth gloi'r un ddadl ar 18 Mawrth, ychwanegodd Edward Short, Arweinydd y Tŷ:

'I want to turn to the equally important matter of devolutions of power from this House in the wholly acceptable directions of Wales and Scotland . . . One of the troubles in the last Parliament was a growing sense that Parliament was out of touch with the people . . . I believe that almost everybody has felt this sense of alienation, but it has undoubtedly been felt most strongly in Scotland and Wales, with their long traditions of nationhood . . . We are well aware of the urgency felt by right hon. and hon members from Wales and Scotland.'

Os gwelwyd erioed dystiolaeth fod y Llywodraeth

Lafur yn llawn sylweddoli mor ganolog a fyddai Datganoli i'w cyfnod fel Llywodraeth, ac mor allweddol a fyddai'r cenedlaetholwyr yn y Senedd, hon ydoedd. O edrych yn ôl, mae'n ymddangos yn glir fod rhywbeth nid annhebyg i banig wedi taro'r Llywodraeth Lafur wrth geisio datrys sut i ymdopi â phresenoldeb cenedlaetholwyr mewn Senedd grog. Ar y pryd, nid oeddwn yn llawn sylweddoli mor unigryw ac allweddol oedd ein sefyllfa, a bod y sylw a roddid i anghenion Cymru a'r Alban yn ganlyniad naturiol i faint pleidlais Plaid Cymru ac, yn arbennig felly, pleidlais yr SNP.

Gobeithiai Llafur y byddai ail etholiad yn rhoddi iddynt fwyafrif sylweddol dros bawb, fel ym 1966. Buasent wedyn yn cael anghofio'r flaenoriaeth honedig i faterion datganoli. Eironi pellach, fel y gwelir yn ddiweddarach, yw mai crafu a wnaeth Llafur i gael mwyafrif dros bawb yn yr ail etholiad yn Hydref 1974 hefyd ac felly bu'n rhaid iddynt barhau'r gêm o 'gadw'r cenedlaetholwyr yn hapus' hyd at ddiwedd eu teyrnasiad ym 1979.

Trwy gydol y cyfnod hwn 'roedd ein hagwedd a'n pleidlais yn allweddol i'r Llywodraeth, ac wrth iddynt ystyried a allent lywio rhyw Fesur neu'i gilydd drwy'r Tŷ, 'roedd ymholi cyson ynglŷn â'n hagwedd. Y sawl a gafodd y gwaith o gydgysylltu â'r cenedlaetholwyr oedd dirprwy brif Chwip y Blaid Lafur, Walter Harrison, AS. Fel yr esboniodd Dafydd Elis unwaith, 'roeddem yn dechrau cynefino â derbyn galwadau ffôn ar fore Sul yn holi am ein hiechyd ac a fyddai'r Llywodraeth yn cael y pleser o'n cwmni yn ystod yr wythnos ddilynol!

Tybiem ninnau mai dyma oedd agwedd arferol

Chwipiaid y Llywodraeth tuag at y pleidiau bychain. Dim ond ar ôl buddugoliaeth y Torïaid ym 1979, gyda mwyafrif cyfforddus dros bawb, y daethom i sylweddoli mor anarferol oedd ein sefyllfa o 1974 hyd 1979, ac na allem ddisgwyl fawr ddim sylw na chydymdeimlad pan nad oeddem yn dal y fantol mewn Senedd grog.

* * *

Am sawl rheswm, 'roedd y cyfnod hwnnw'n un gwleidyddol ddifyr, a ninnau ynghanol pethau. O 12 Mawrth 1974, pan gymerais fy sedd, hyd at 31 Gorffennaf, pan aeth y Senedd ar wyliau haf, bu'r ddau ohonom yn ceisio troi pob carreg, yn y Senedd ac yn ein hetholaethau, er mwyn perswadio'r etholwyr ein bod yn haeddu cael ein hailethol pan ddeuai'r etholiad nesaf.

Mae gan y Prif Weinidog hawl i alw Etholiad Cyffredinol pan fynn o fewn pum mlynedd i'r etholiad blaenorol. Rhydd hyn rym aruthrol yn ei ddwylo oherwydd y gall ddewis amser sydd yn fanteisiol i'w blaid — fel y gwnaed yn effeithiol iawn gan Margaret Thatcher yn yr wythdegau, a John Major wedyn ym 1992. 'Roedd Harold Wilson yn hen ben ac nid oedd am golli cyfle i sicrhau ailethol Llywodraeth Lafur yn Hydref 1974, gyda mwyafrif dros bawb os oedd modd.

Yn ystod y pum mis cwta cyn i'r Senedd gau ddiwedd Gorffennaf cefais gyfle i siarad mewn chwe dadl ar lawr y Tŷ — deirgwaith yn ystod fy neg diwrnod cyntaf fel aelod. Yn dilyn fy araith gyntaf un ar 18 Mawrth, cefais siarad yn y ddadl ar Ddatganoli ddeuddydd yn ddiweddarach. Yna, drannoeth, 21 Mawrth, cynhaliwyd y ddadl flynyddol ar faterion Cymreig a chefais fy ngalw i annerch y Tŷ am y trydydd tro o fewn pedwar diwrnod. Dywedwyd wrthyf fod annerch y Tŷ dair gwaith o fewn y deg diwrnod cyntaf yn record, ond ni chefais gyfle i brofi a yw hyn yn wir.

Teg yw nodi, fodd bynnag, fod hanner dwsin o areithiau mewn pum mis yn lefel uchel o areithio ar lawr y Tŷ. Dywedwyd wrthym rywdro gan Lefarydd y Tŷ — y Llefarydd Wetherill os cofiaf yn iawn — mai rhyw chwe gwaith mewn blwyddyn gyfan y dylai aelod ddisgwyl cael ei alw i annerch y Tŷ ac mai unwaith y flwyddyn y gall ddisgwyl cael ei alw i roddi cwestiwn llafar i'r Prif Weinidog ar lawr y Tŷ. Os yw'r ffigurau hyn yn gywir, ac mae'n debyg eu bod yn go agos i'w lle, rhaid cyfaddef nad oes gennym le i gwyno ynglŷn â'r cyfle a gawn i fynegi safbwynt. Peth gwahanol iawn wrth reswm yw'r ystyriaeth a yw Cymru'n cael sylw digonol o fewn y Senedd. 'Roedd hyn yn rhan ganolog o'n dadl ym 1974, ac erbyn heddiw 'rwyf yn fwy argyhoeddedig nag erioed na chaiff ein gwlad ddim byd tebyg i'r sylw a haedda yno.

Mae'n werth ychwanegu y dengys astudiaeth o anerchiadau aelodau seneddol yn ystod y flwyddyn seneddol 1971-72 fod aelodau Cymru wedi annerch mewn dadleuon sylweddol ar lawr y Tŷ bump o weithiau, ar gyfartaledd, yn ystod y flwyddyn. O gofio bod llefarwyr megis Michael Foot wedi siarad ryw ugain gwaith, mae'n amlwg fod tua dwsin o aelodau heb siarad mwy na thair gwaith mewn blwyddyn.

Nid yw nifer yr areithiau o angenrheidrwydd yn adlewyrchu gweithgarwch aelod, ac mae rhai aelodau, megis Chwipiaid, yn peidio â siarad oherwydd mai dyna'r traddodiad. Ond wedi ystyried hyn oll, gallem fod yn lled fodlon ar y llwyddiant a gawsom i gael ein pig i mewn yn nhrafodaethau ein Senedd gyntaf ym 1974.

'Roedd yn wyrth o beth, o gofio sylwadau'r Llefarydd a ddyfynnais gynnau, fy mod wedi llwyddo i roi cwestiwn i'r Prif Weinidog, Harold Wilson, ar y dydd Mawrth cyntaf yr oedd yn ateb cwestiynau, sef 19 Mawrth, 1974. Gofynnais iddo gadarnhau bod Ysgrifennydd Cymru (John Morris) yn ymwybodol o'i gyfrifoldebau am ddatganoli i Gymru. Cefais ateb digon sych, sef fod Mr Morris wedi ei eni yn ymwybodol o'i gyfrifoldebau! Efallai fy mod yn haeddu peltan am feiddio awgrymu'n wahanol ac am fod mor hy mor fuan yn fy ngyrfa seneddol. Ni chefais gyfle i ofyn cwestiwn arall i'r Prif Weinidog am gryn amser.

Ond os oedd cyfyngu ar gwestiynau llafar, 'doedd dim pen draw ar nifer y cwestiynau ysgrifenedig. 'Roedd Gwynfor Evans rhwng 1966 a 1970 wedi dangos sut y gellid defnyddio'r hawl yma er lles Cymru. Gofynnodd gannoedd o gwestiynau, a rhan o'm prentisiaeth i oedd paratoi cwestiynau ar ei gyfer yn ystod y cyfnod hwnnw.

Cyhoeddwyd tair cyfrol o'r cwestiynau a ofynnodd Gwynfor mewn pedair blynedd, o dan yr enw pryfoclyd *Black Paper on Wales*. Dangosai'r atebion a gyhoeddwyd yn y cyfrolau hyn yn berffaith glir beth oedd agwedd y Llywodraeth tuag at Gymru, ac mor annioddefol oedd yr amgylchiadau i'n gwlad.[1]

Mae un hanesyn bach o'r cyfnod hwnnw yn werth i'w ailadrodd yma. Yr adeg honno, 'roedd Enoch Powell yn aelod Ceidwadol dros Wolverhampton. 'Roedd yn ieithydd galluog, yn siarad sawl iaith, ac yn eu plith, y

Gymraeg. Pan welodd Gwynfor yn cario copi o'r *Black Paper*, meddai Powell ar amrantiad: 'Llyfr Du Caerfyrddin, aie?'

Nid oes unrhyw reol ynghylch lle mae aelodau yn eistedd yn siambr Tŷ'r Cyffredin. Nid oes unrhyw drefn o seddau cadw. Os bydd angen, mae'n rhaid brwydro am le i eistedd bob dydd, er bod pob plaid wedi sefydlu'r arferiad o eistedd mewn man arbennig. Dros y deunaw mlynedd y buom yn y Tŷ, bu'n arferiad gennym ni eistedd ar y drydedd fainc yn ôl, ochr isaf y siambr, yn y rhes tu cefn i'r Rhyddfrydwyr ac o flaen yr Unoliaethwyr Gwyddelig. Byddwn yn rhannu'r fainc gyda'n cyd-genedlaetholwyr sef yr SNP o'r Alban a'r SDLP o Ogledd Iwerddon.

Am gyfnod o dair blynedd ar ddeg, bûm yn eistedd yn union o flaen Powell pan ddaeth yn ôl i'r Senedd fel Unoliaethwr ar ôl etholiad Hydref 1974. Cefais y cyfle i glywed ei sylwadau swyddogol ac answyddogol ar lu o faterion. Pe bawn wedi cofnodi *asides* ffraeth a brathog Enoch Powell, a Dennis Skinner sy'n eistedd o'n blaen, byddai'n ddeunydd cyfrol liwgar a difyr! 'Roedd Powell yn un o'r meddyliau praffaf yn y Senedd. Gallai annerch y Tŷ gydag araith sylweddol a manwl, yn dilyn ymresymiad clós, heb yr un nodyn yn ei law. Yn anffodus, er bod ei ymresymiad yn wych fel rheol, weithiau tueddai i osod ei ddadl ar sail sigledig, ac adeiladu cestyll tywod, fel petai.

Trueni fod ei allu wedi ei wastraffu i raddau helaeth oherwydd iddo fethu â dygymod â'r newid yn Lloegr yn sgîl dyfodiad cymdeithas aml-liw ac aml-ddiwylliant. Dihangfa oedd ei benderfyniad i sefyll yng Ngogledd

Iwerddon, rhyw esgus iddo ailfynychu'r Tŷ a oedd mor agos at ei galon. Ond nid oedd ei bresenoldeb yn Ulster yn gwneud pethau'n haws i aelodau'r UUUC. Teimlent yn aml eu bod dan gysgod Powell, ac nad oedd yntau'n llawn ddeall natur problemau'r chwe sir.

Bûm mewn un ddadl arbennig o boeth ag Enoch Powell, sef ym 1985 pan geisiodd gyflwyno Mesur a fyddai'n atal meddygon rhag ymchwilio i ddulliau o oresgyn nam genetig. 'Roedd hi'n frwydr anodd a chaled i mi, ond teimlwn fod Powell yn gallu parchu rhywun a ddadleuai yn ei erbyn gyda'r un argyhoeddiad ag a feddai yntau, serch bod ei safbwynt yn gwbl wahanol. Mewn llawer ffordd, 'roedd yn perthyn i'r 'hen ysgol' o aelodau seneddol, sydd yn prysur brinhau ar feinciau'r Senedd.

Nid Powell oedd yr unig aelod seneddol o'r tu allan i Gymru a oedd yn deall Cymraeg yn y Senedd ym 1974. Ar wahân i Gymry Cymraeg gyda seddau yn Lloegr, megis Gwilym Roberts (Llafur, Cannock), Dan Jones (Llafur, Burnley) a Peter Thomas (Tori, Hendon), 'roedd nifer o rai eraill wedi ymdrechu i ddysgu'r Gymraeg. Dyna Enoch Powell ei hun yn eistedd yn union y tu cefn i ni, ac o'n blaenau, ar fainc y Rhyddfrydwyr, eisteddai Alan Beith, (Rhyddfrydwr, Berwick). Nid oeddem wedi sylweddoli bod yno un arall a eisteddai gan amlaf ar yr un fainc â ni. Cawsom agoriad llygad — a mwy!

Un diwrnod, 'roedd y wraig arbennig hon, Tori a gynrychiolai sedd yng Ngogledd Lloegr, wrthi'n traethu mewn llais treiddgar uchel, llais sy'n gyfarwydd iawn i aelodau'r Tŷ. Trodd Dafydd Elis ataf a dywedodd, braidd yn rhy uchel, rywbeth i'r perwyl hwn:

'Am be' ddiawl mae'r hen het yma'n paldaruo rŵan?'

Oedodd hithau am eiliad ar ganol brawddeg, gan droi atom ac edrych yn ffyrnig ar y ddau ohonom. Ymddengys ei bod, chwarae teg iddi, wedi dysgu Cymraeg pan oedd yn byw yng Nghlwyd cyn dod yn aelod seneddol. Bu'r profiad yn wers i ni. Buom yn llawer mwy gofalus byth wedyn i beidio â chymryd yn ganiataol mai ni oedd yr unig rai a fedrai'r Gymraeg ar y fainc — a defnyddio ieithwedd mwy seneddol-weddus hefyd!

★   ★   ★

Aethom ati, yn unol ag esiampl Gwynfor, i ddodwy dwsinau ar ddwsinau o gwestiynau seneddol. Yn y cyfnod o 12 Mawrth hyd 31 Gorffennaf, llwyddais i ofyn 151 o gwestiynau ysgrifenedig ac 20 cwestiwn llafar. Gwnaeth Dafydd Elis Thomas yn well, gyda 173 o gwestiynau ysgrifenedig a 16 o gwestiynau llafar yn yr un cyfnod. Ond nid y ni a ddaliai'r record yn ystod y Senedd fer honno ychwaith. 'Roedd ambell aelod, megis Michael Latham, wedi gofyn dros 200 o gwestiynau. Y mae'n ddirgelwch i mi pam aflwydd yr oedd Tori, gyda mwyafrif o dros 12,000 yn etholiad Chwefror 1974, yn dewis gosod cymaint o gwestiynau. Gobeithiai gael swydd pe bai'r Toriaid yn ennill yr ail etholiad efallai. Yn ein hachos ni, 'roeddem yn ymladd am ein heinioes wleidyddol.

'Roedd y Senedd fer yn straen ym mhob ffordd. Bu'n rhaid i ni ystyried yn ofalus sut i bleidleisio bob tro, oherwydd bod pob pleidlais unigol yn gallu gwneud gwahaniaeth. Golygai hyn fod yn rhaid i ni aros yn Llundain droeon ar nos Iau i bleidleisio tua deg o'r gloch y nos. 'Roedd yn amser hynod o anghyfleus, gan fod y trên olaf rhesymol — yr *Irish Mail* — yn gadael Euston am ddeg o'r gloch y nos hefyd. Ar yr un pryd 'roedd yn hanfodol ein bod yn creu peirianwaith effeithiol yn yr etholaeth i ddangos i'r cyhoedd sut fath o wasanaeth y gallem ei roi iddynt. Felly byddai'n ofynnol i ni ddal trên tua chwarter i hanner nos gan gyrraedd Bangor am hanner awr wedi pedwar y bore. Byddwn wedyn yn cynnal cymhorthfa neu gyfarfod yn yr etholaeth am naw o'r gloch fore drannoeth. Diolch i'r drefn mai am bum mis yn unig y parhaodd y Senedd honno!

Bu Wmffra Roberts yn gweithio bron yn amser llawn imi yn yr etholaeth trwy gydol haf 1974 ac am gyfnod bûm yn dibynnu ar help *ad hoc*. Yna daeth Gwenda Williams i'r swyddfa a dechreuwyd cael patrwm sefydlog ar bethau, patrwm y bûm yn ei ddilyn am flynyddoedd wedyn. Byddwn yn trin pob problem ar bapur, fel y byddai gennyf gofnod o bopeth mewn ffeil. Sefydlais batrwm o gymhorthfeydd a gosodais drefn o neilltuo amser penodol i bawb a ddôi i'm gweld mewn cymhorthfa, yn hytrach na chynnal cymhorthfa agored a fyddai'n anghyfleus i'r etholwyr ac yn anhrefnus i mi. Dysgais sut i groesawu a holi etholwr, nodi ei broblemau yn drylwyr, a ffarwelio â fo neu hi yn gwrtais — i gyd o fewn deng munud. Ar adegau byddwn yn gadael y swyddfa ar ôl pedair awr o gymhorthfa â'm pen yn hollti.

Trwy gydol cyfnod y Senedd fer, 'roedd ein dodrefn

yn dal yn ein cartref ym Merthyr, a minnau'n aros gyda fy rhieni pan fyddwn yng Nghaernarfon. Daeth fy nghyfnod ffurfiol gyda Hoover i ben ar 31 Mai 1974 — er iddynt awgrymu (ym Merthyr o leiaf — 'wn i ddim beth oedd agwedd y swyddfa yn Llundain) y cawn ddychwelyd yno pe bawn yn colli'r etholiad yn yr Hydref. Ganwyd Eluned ar 21 Mehefin 1974 ynghanol yr holl ansicrwydd. Teithiem yn ôl ac ymlaen hefyd i Great Ormond Street ynglŷn â rhagolygon Alun a Geraint. Cawsom dŷ yn Llanrug, ond o ddiffyg amser nid oeddem wedi symud iddo'n iawn cyn gorfod wynebu ail etholiad. Cyhoeddodd Harold Wilson y byddai'r etholiad ar 10 Hydref 1974. Felly dyma ailgychwyn ymgyrchu, os ailgychwyn hefyd. Mewn gwirionedd, 'doeddem ni ddim wedi peidio ag ymgyrchu o gwbl er 28 Chwefror pan enillais y sedd.

'Roedd yr etholiad yn Hydref 1974 yn wahanol iawn i'r etholiad y mis Chwefror blaenorol. Y gwahaniaeth mawr, wrth gwrs, oedd fy mod yn amddiffyn y sedd. Golygai hyn, yn ein tyb ni, ddechrau ymgyrch ar drywydd mwy addas i'r amgylchiadau. Yn hytrach nag ymosod, 'roedd yn rhaid inni greu delwedd wahanol, i ryw raddau, gan mai'r pleidiau eraill a fyddai'n ymosod arnom ni. Penderfynodd y Pwyllgor Ymgyrch y dylai natur yr ymgyrch fod yn dawelach, gyda llai o *jingles*, llai o stŵr, ond mwy o bwyslais ar y ddelwedd 'gyfrifol'. O edrych yn ôl, 'roedd hyn yn gamgymeriad sylfaenol.

'Roedd y criwiau o weithwyr ifanc a oedd gan y Blaid wedi ennill y sedd yn Chwefror trwy argyhoeddiad, brwdfrydedd a miri afieithus a ysgubai bopeth o'i flaen. O newid natur yr ymgyrch aeth popeth yn fflat. 'Roedd yr hwyl a'r sbri ar goll. A'r ymgyrch yn bythefnos oed bu'n rhaid ailystyried ein strategaeth, bachu pob corn siarad a oedd yn gweithio, boddi'r etholaeth gyda'r gân a ddaeth bron yn anthem i mi: 'Wigley, Wigley' ar dôn 'Milgi, Milgi'.

'Roedd gennyf, wrth gwrs, wrthwynebydd newydd ar ran y Blaid Lafur — un gwahanol iawn i Goronwy Roberts. Darlithydd yng ngholeg y Brifysgol ym Mangor oedd Emlyn Sherrington. 'Roedd genhedlaeth yn iau na'i ragflaenydd, ac yn ddigon parod i daro mor galed ac mor bersonol ag oedd raid, yn ei dyb ef, i ennill y sedd. Yn naturiol, 'roedd y Blaid Lafur yn benderfynol o adennill y sedd a fu yn eu meddiant am dros wyth mlynedd ar hugain.

Daeth y Torïaid ag ymgeisydd newydd gerbron hefyd. Bellach 'roedd Tristan Garel-Jones wedi ei ddewis yn ymgeisydd yn Watford, gan ddilyn patrwm traddodiadol y Torïaid o ymladd sedd yng Nghymru i fagu profiad ac yna diflannu i Loegr i gael sedd enilladwy! Y tro hwn, ymgeisydd y Torïaid oedd Robert Harvey, bachgen 21 mlwydd oed, di-Gymraeg a chwbl anhysbys i'r etholaeth. Cafodd y Rhyddfrydwyr ymgeisydd newydd hefyd, sef Dewi Williams, ymgeisydd ifanc dymunol iawn, Cymro Cymraeg o Glwyd. Ond 'roedd ei dasg ef bron yr un mor anodd â'i ragflaenydd.

Un cysur, o gymharu ag etholiad mis Chwefror, oedd y tywydd. Gan amlaf mae mis Medi yn fis hynod o braf yn Arfon. Mabwysiadwyd patrwm cyffelyb o gyfarfodydd — rhyw 40 ohonynt yn y trefi a'r pentrefi. Gwnaed ymdrech arbennig gan y Blaid Lafur trwy ddod â'u hoelion wyth i argyhoeddi'r etholwyr. Cynhaliwyd cyfarfod enfawr ym Mhwllheli, gyda Michael Foot a Tom Ellis yn annerch.

Canolbwyntiodd Plaid Cymru ar yr hyn yr oeddwn wedi ceisio'i gyflawni mewn cwta chwe mis yn y Senedd. Awgrymwyd y dylai'r etholwyr gofio na chawsom fawr o gyfle mewn chwe mis i ddangos yr hyn a allem ei wneud. 'Roeddem wedi cael dechreuad da ond yn awr 'roedd angen cyfnod hwy i ni gael cyfle i brofi ein hunain.

Unwaith eto canfasiwyd bron bob tŷ, rhai ohonynt dair neu bedair o weithiau. Yn ddigon naturiol, rhoddwyd cryn sylw i'r etholaeth gan y wasg. Peth newydd sbon oedd gweld aelodau seneddol Plaid Cymru, a etholwyd mewn un Etholiad Cyffredinol, yn gorfod amddiffyn eu seddau mewn ail etholiad, a hynny mor fuan. 'Roedd hyn hefyd o ddiddordeb Prydeinig. A fyddai'r llanw a barodd ethol saith aelod seneddol SNP yn yr Alban yn Chwefror, yn awr yn cyrraedd Cymru? At hyn, 'roedd cwestiynau cyffredinol ynghylch ein sefyllfa ni mewn Senedd grog. A fyddem yn cefnogi Llafur ynteu'r Torïaid (dyn a'n helpo) ac a oedd gan Ted Heath unrhyw obaith o adfeddiannu rhif 10 Downing Street.

Oherwydd y gallai'r Rhyddfrydwyr hefyd, fel ninnau, fod yn dal y fantol yn Nhŷ'r Cyffredin, rhoddid sylw arbennig iddynt hwythau. 'Roedd Jeremy Thorpe eisoes wedi dangos y gallent fod mewn sefyllfa i gynnal neu ddymchwel Llywodraeth ac fe adlewyrchwyd y sylw a gawsant yn eu canlyniad yn Arfon.

Mae'n deg dweud nad wyf yn cofio fawr ddim am

etholiad Hydref 1974. 'Roeddwn wedi hen flino ar ôl y chwe mis mwyaf hegar a chynhyrfus a gefais yn fy mywyd. Yr unig beth a gofiaf am y cyfrif yw fod y bws a gludai'r blychau pleidleisio o Ben Llŷn wedi cael ei ddal yn ôl gan ddamwain ger pentref Pontllyfni. Golygai hynny fod oedi am ryw awr a hanner cyn cwblhau'r cyfrif. Mewn adroddiad ar y teledu y noson honno cyfeiriodd un gohebydd at 'newyddion drwg o Arfon', a dehonglwyd hyn gan lawer o Bleidwyr fel arwydd fy mod wedi colli'r sedd! Wrth gwrs, ni fyddai unrhyw ohebydd proffesiynol ar y cyfryngau yn dangos tuedd wleidyddol o'r fath, ond dyna'r argraff a grëwyd, a bu cryn sôn am hynny. Pan ddaeth y canlyniad, yn oriau mân y bore, dyma'r ffigurau:

Dafydd Wigley (Plaid Cymru) 14,625 (42.6%)
Emlyn Sherrington (Llafur) 11,730 (34.1%)
Robert Harvey (Tori)........................ 4,325 (12.6%)
Dewi Williams (Rhyddfrydwr)............ 3,690 (10.7%)
Mwyafrif Plaid Cymru 2,894

Cadwodd Dafydd Elis Thomas ei sedd hefyd, gyda mwyafrif cynyddol. Y ffigurau oedd:

Dafydd Elis Thomas (Plaid Cymru) 9,543 (42.5%)
Wil Edwards (Llafur) 6,951 (30.9%)
Oliver Jones (Rhyddfrydwr) 3,454 (15.4%)
Roy Owen (Tori)................................2,509 (11.2%)
Mwyafrif Plaid Cymru 2,592

Ond newyddion pwysicaf y noson i bob Pleidiwr ledled Cymru oedd y newyddion o Gaerfyrddin. Y tro hwn 'roedd Gwynfor wedi llwyddo i adennill mewn modd cwbl ddigamsyniol. 'Roedd yn amlwg fod llaweroedd o deuluoedd wedi penderfynu mai y nhw a fyddai'r teulu bach a wnâi'r gwahaniaeth. Y ffigurau oedd:

Gwynfor Evans (Plaid Cymru) 23,325 (45.1%)
Gwynoro Jones (Llafur) 19,685 (38.1%)
David Owen Jones (Rhyddfrydwr)...... 5,393 (10.4%)
Robert Hayward (Tori)...................... 2,962 (5.7%)
Brisbane Jones (Prydeiniwr) 342 (0.7%)
Mwyafrif Plaid Cymru 3,640

Felly 'roedd gennym dri aelod seneddol am y tro cyntaf erioed, gyda Gwynfor yn ôl yn y Senedd i'n harwain. Er nad oedd y canlyniadau yr un mor galonogol mewn ambell etholaeth, lledaenodd ton o hapusrwydd ledled Cymru fod Gwynfor yn ôl yn y Senedd. Gwnâi hynny iawn am y siom o golli tir mewn ambell sedd. 'Roedd cyfanswm pleidlais Plaid Cymru wedi gostwng o 171,364 i 166,321, sef 10.8%, yn wahanol i'r patrwm yn yr Alban lle 'roedd y bleidlais i'r SNP wedi cynyddu'n drawiadol. Aeth eu canran o'r bleidlais boblogaidd i fyny o 21.9% i 30.4%, lefel aruthrol o uchel a oedd yn fygythiad diamwys i ddyfodol cyfansoddiadol y Deyrnas Gyfunol. Cynyddodd nifer aelodau seneddol yr SNP o 7 i 11 a chawsant eu bedyddio'n fuan fel *The Scotland First XI*. Aethom yn ôl i Dŷ'r Cyffredin, felly, gyda 14 o genedlaetholwyr o'r Alban a Chymru — y nifer mwyaf erioed.

'Roedd oblygiadau diddorol i hyn hefyd, gan fod canlyniad yr etholiad dros Brydain unwaith eto yn glôs tu hwnt. Nifer y seddau a enillwyd gan bob plaid oedd:

    Llafur...319
    Ceidwadwyr.................................276
    Rhyddfrydwyr 13
    SNP 11
    Plaid Cymru 3
    Gogledd Iwerddon........................ 12
    Llefarydd 1
                                                 635

Felly 'doedd dim amheuaeth nad Llafur a fyddai yn ceisio ffurfio Llywodraeth. 'Roedd ganddynt ddigon o fwyafrif ar y dechrau a medrent ddal ati am ryw hyd cyn belled ag y byddai pob un o'u haelodau yn eu cefnogi ac na fyddent yn colli unrhyw sedd mewn is-etholiad. 'Roedd yn amlwg serch hynny y caent anhawster i barhau am bum mlynedd heb droi at ryw garfan neu'i gilydd i'w cynnal yn y Senedd. Simsan iawn oedd mwyafrif o dair sedd i gynnal Llywodraeth drwy gydol Senedd gyflawn o bum mlynedd. Ystyrir fod angen mwyafrif o ddeg sedd, o leiaf, ar y cychwyn. Yn ôl pob argoel, byddem ni'r cenedlaetholwyr, neu'r Rhyddfrydwyr, neu aelodau Gogledd Iwerddon yn dal y fantol unwaith eto cyn diwedd y Senedd, a'n rhagolygon yn addawol ar gyfer gwasgu'r Llywodraeth i wireddu eu haddewid i greu Cynulliad Etholedig i Gymru ac i'r Alban ac i bwyso am bwerau digonol iddynt. Ar yr un pryd 'roedd carfan o fewn y Blaid Lafur a oedd yn gwrthwynebu Datganoli, ac 'roedd y Blaid Geidwadol yn gwbl elyniaethus. Golygai hyn y byddai'r Senedd newydd, o reidrwydd, yn gosod cwestiwn Datganoli yn uchel ar yr agenda.

Daeth trên arbennig â Dafydd Elis a minnau i lawr o Wynedd, ac un arall yn dwyn Gwynfor o Gaerfyrddin. Cafwyd cefnogaeth sylweddol iawn wrth i ni ailgymryd ein seddau a bu cyfarfod cofiadwy mewn neuadd gyfagos i ddathlu ein buddugoliaethau. 'Roeddem yn argyhoeddedig y byddai'r Senedd newydd yn cyflwyno deddfwriaeth i sefydlu Senedd neu Gynulliad Etholedig i'r Alban ac i Gymru ac edrychem ymlaen yn hyderus at Senedd a fyddai'n gweddnewid ein rhagolygon fel cenedl.

Bywyd aelod seneddol

O bob swydd yn y deyrnas, yr isaf yng ngolwg llawer o'r cyhoedd yw swydd aelod seneddol. 'Wn i ddim a yw hyn yn wir ym mhob gwlad, ond synhwyraf, o siarad â chyfeillion tramor, fod yr un siniciaeth yn gyffredin drwy'r byd. Tybir bod aelodau seneddol yn mwynhau bywyd hawdd, yn siarad digon ond yn gwneud dim, ac nad ydynt byth braidd yn ymddangos yn eu hetholaethau ac eithrio adeg etholiad. Maent yn y swydd er mwyn pluo'u nyth eu hunain; nid ydynt i'w trystio ar unrhyw gyfri; maent yn torri eu gair heb rithyn o gydwybod; yn wir, dyma rai o wehilion cymdeithas! Ymgorfforir y ddelwedd yn yr aelod dychmygol 'Alan Bastard' — os dychmygol hefyd!

Mae'n debyg fod pob un o'r gwendidau hyn i'w cael ymhlith y 651 aelod seneddol yn San Steffan. Efallai fod ambell aderyn brith yn ymgorffori'r cyfan! Byddai'n od iawn pe na bai Senedd etholedig yn adlewyrchu rhinweddau a gwendidau'r gymdeithas a gynrychiolir ynddi. Pe baech yn casglu 651 o bobl oddi ar y stryd mae'n siŵr y caech yr un croesdoriad o ran nodweddion personol. Yng ngeiriau Dylan Thomas: *'We are not wholely bad — or good — who live our lives under Milk Wood!'*

Ond, clywaf leisiau yn edliw: 'Nid pobl gyffredin ddylech chwi fod. 'Rydym yn chwilio am rywbeth gwell, gwahanol yn ein cynrychiolwyr.'

Efallai mai dyma sail anfodlonrwydd y cyhoedd

gyda'r rhai sy'n eu cynrychioli, a mwy felly gyda'r rhai sy'n eu llywodraethu. Disgwylir i aelodau seneddol fod yn wahanol, disgwylir iddynt fedru gwneud gwyrthiau. Os nad yw'r gwyrthiau'n dod, mae bai arnynt. Os mai llywodraeth hollalluog yw dymuniad y werin, peidied â disgwyl i ddemocratiaeth gyflawni hynny! I weithredu'n hollalluog, rhaid canoli'r holl rym i ddwylo llywodraeth. Gallai hynny greu problemau llawer gwaeth nag aneffeithiolrwydd. Mae'n rhaid gwylio rhag i lywodraeth, o ba liw bynnag y bo, geisio beunydd fwy o rym mewn ymateb i ddisgwyliadau'r cyhoedd. Gwelwyd symudiad yn y cyfeiriad hwn dros y chwarter canrif diwethaf, ac mae polisïau'r Llywodraeth bresennol ar gyfer dyfodol llywodraeth leol yn prysuro'r newid. Mae'n duedd beryglus a all lithro i gyfeiriad unbennaeth. Mae'n berygl ar lefel Ewropeaidd yn ogystal ag ar lefel genedlaethol. Ac eto rhaid i lywodraeth feddu ar rym digonol i ddelio â'r problemau na ellir eu datrys gan neb arall. Dyma'r sialens i ddemocratiaeth gyfoes: sut i wasgaru grym fel nad oes unrhyw un awdurdod neu unrhyw haen o lywodraeth yn dod yn rhy bwerus.

Yn sicr ddigon, ceir amrywiaeth eang o rinweddau a gwendidau ymhlith aelodau seneddol. Yn eu plith ceir y galluog a'r twp, y gweithgar a'r diog, y doeth a'r annoeth, y geirwir a'r rhai sy'n 'gynnil â'r gwir'. Un peth sy'n gyffredin i'r cyfan: cawsant eu hethol gan etholwyr a feddai'r hawl i bleidleisio i rywun arall. 'Rwyf yn barod iawn i gydnabod gwendidau di-ri' ein cyfundrefn etholiadol. Treuliaf ran helaeth o'm hamser a'm hegni i ymgyrchu i'w newid. Ond ni ddylid dibrisio'r hawl sylfaenol hwn. Os ydych yn anfodlon ar eich aelod seneddol — allan â fo. Os ydych yn anfodlon ar y gyfundrefn — ewch ati i'w newid. Haws dweud na gwneud, mi wn, ond haws byth yw cwyno a gwneud dim.

Sylfaenir fy nghredo gwleidyddol ar yr angen i newid ein trefn seneddol, er mwyn creu democratiaeth Gymreig nad yw'n bod heddiw. Ond o safbwynt Prydeinig y mae diffygion aruthrol yn y gyfundrefn, a phe bai rhaid i mi nodi'r diffyg mwyaf sylfaenol, cyfeiriwn at fethiant y drefn i greu Senedd sy'n adlewyrchu gwerthoedd a dyheadau'r bobl.

Soniais yn gynharach am gefndir cymdeithasol ac addysgol yr aelod traddodiadol yn y Tŷ ym 1974. Yn Etholiad Cyffredinol 1992, dim ond 60 merch a etholwyd allan o 651 aelod, a dim ond 5 aelod croenddu sydd yn y Tŷ heddiw.

Gwelir anghyfartaledd y drefn gliriaf fodd bynnag yn y modd y mae'n methu ag ethol Senedd sy'n adlewyrchu barn wleidyddol y bobl — rhywbeth a ddylai fod yn eithaf pwysig! Ni wna'r sustem bresennol hynny. Dim ond 33% o'r rhestr etholwyr, ledled Prydain, a bleidleisiodd dros y Toriaid ym 1979, ond eto fe gafodd Mrs Thatcher fwyafrif sylweddol yn y Senedd. Sylwer ar ganlyniad Etholiad Cyffredinol 1983 yn Lloegr:

	Nifer y Pleidleisiau (miliwn)	Canran y Pleidleisiau	Nifer y Seddau
Toriaid	11.7	46.0%	362
Llafur	6.8	26.9%	148
Rhyddfrydwyr/SDP.................	6.7	26.4%	13

'Doedd pleidlais Llafur ddim ond trwch blewyn ar y blaen i'r Rhyddfrydwyr/SDP yn Lloegr ond cawsant dros ddengwaith mwy o seddau. Nid dadl dros achos y Rhyddfrydwyr yw hon, er bod ganddynt ddigon o le i gwyno, ond dadl dros ddemocratiaeth, oherwydd methiant y drefn Brydeinig i ethol Senedd sy'n cynrychioli'r bobl. Mae'n ddadl ysgubol dros bleidlais gyfrannol *(PR)*. Ni all y Senedd fod yn gredadwy, na gwneud ei gwaith yn iawn heb y newid sylfaenol hwn.

★ ★ ★

Beth yw priod waith aelod seneddol yn yr oes sydd ohoni? Mae'n wahanol i'r hyn ydoedd genhedlaeth yn ôl. Bryd hynny, anfonid yr aelod i'r Senedd yn Llundain, ac ar achlysuron arbennig yn unig y byddai'n dychwelyd i'w etholaeth. Clywais sôn gan gyfeillion o Ynys Môn sut y byddai byddigions yr Ynys yn troi allan i groesawu Ledi Megan pan ddeuai'n ôl dros Bont Menai. Yr adeg honno deddfu oedd prif ddyletswydd yr aelod, gyda chyfrifoldeb i gadw llygad ar ymddygiad y Llywodraeth, yn enwedig o safbwynt faint o drethi a godent.

Ers y rhyfel, newidiodd disgwyliadau'r cyhoedd. Bellach mae aelod yn gyfuniad o weithiwr cymdeithasol ac ombwdsmon lleol, gan ddelio â rhai o'r problemau yr arferai'r gweinidog eu trafod gynt pan fyddai pobl yn mynychu'r capeli. Disgwylir i'r aelod fyw yn ei etholaeth a dychwelyd yno o'r Senedd ar ddiwedd pob wythnos. Ac iawn hynny. Mae'n llawer rhwyddach wrth gwrs i aelod fyw yn Llundain a chael gweld ei deulu bob dydd. Mae rhai aelodau Cymreig yn dal i wneud hynny. Mae eu prif, neu efallai eu hunig gartref yn Llundain.

Deuant yn achlysurol i'w hetholaethau, weithiau'n wythnosol, weithiau'n anamlach.

Clywid hanesyn poblogaidd ymhlith sibrydwyr y Senedd ychydig flynyddoedd yn ôl am un aelod o'r De a fyddai'n dychwelyd i'w etholaeth unwaith y mis. Mynychai bwyllgor rheoli ei blaid ar nos Wener, aros dros nos i gynnal cymhorthfa fisol fore trannoeth ac ar ôl gêm rygbi yn y prynhawn, byddai yn ei heglu hi'n ôl i Lundain ar y trên gyda'r nos, gydag ochenaid o ryddhad am allu dianc 'yn ôl i wareiddiad'. Wrth gwrs, 'roedd yn cael ei ailethol yn gyson ym mhob etholiad, a hynny gyda mwyafrif o filoedd lawer.

'Wn i ddim pa bleser a gaiff unrhyw aelod a ddengys agwedd mor ddilornus at ei etholwyr. Gwn o brofiad na theimlaf yn gyfforddus os byddaf wedi treulio'r penwythnos i ffwrdd o'r etholaeth. Mae fel pe bai bwlch anweledig yn dechrau agor rhyngof fi a'r etholwyr. Hyd yn oed os na chynhaliais gymhorthfa yn ystod y penwythnos, na mynychu'r un cyfarfod, teimlaf fy mod ar yr un donfedd â'r etholwyr wrth fod yn y filltir sgwâr. Efallai mai sentiment yw hyn. Efallai fy mod wedi fy nghyflyru fy hun, ond dyna sut y gwelaf bethau!

Bellach, mae pobl yn disgwyl i'r aelod fod ar gael fel y bo'r galw. Un tro, ganol yr wythnos a minnau yn y Senedd, daeth rhywun gyda phroblem go ddyrys i'r swyddfa yng Nghaernarfon a gofyn amdanaf.

'Mae'n ddrwg gen i, ond dydi o ddim yma,' atebodd fy ysgrifenyddes.

'Ble mae o, 'ta?' gofynnodd yr etholwr, yn benderfynol o'm gweld heb oedi.

'Mae o yn Llundain yn y Senedd,' meddai hithau.

'Be ddiawl mae o'n neud yn fanno?' ffrwydrodd yntau. 'Fan hyn ydan ni isio fo!'

Dyna'r disgwyliad cyffredin, er nad yw pawb yn ei fynegi mewn modd mor huawdl! Mae'n adlewyrchu'n glir y newid a fu yng ngwaith aelod seneddol. Bellach, daw pob math o gwynion i'w gymhorthfa — llawer ohonynt yn gwbl amherthnasol i'w ddyletswyddau ef. Mae cyfran ohonynt yn broblemau llywodraeth leol, a phe bai pob cynghorydd yn cynnal cymhorthfa reolaidd yn ei ward, byddai baich aelod seneddol yn llawer ysgafnach. Gwelaf y gwahaniaeth yn syth pan fo cynghorydd yn cynnal ei gymhorthfa ei hun.

Ychydig ar ôl cael fy ethol i'r Senedd ym 1974, penderfynais mai'r unig ffordd gall o ymdrin â'r sefyllfa oedd cyfeirio'r etholwyr at eu cynghorydd lleol priodol. Paratoais restr yn cynnwys enw a chyfeiriad pob cynghorydd ward, a dyblygu tomen ohonynt i'w dosbarthu yn ôl y galw. O fewn dim amser, cefais fy stopio ar y Maes yng Nghaernarfon gan wraig un o'r cynghorwyr. Gofynnodd beth aflwydd oedd ar fy mhen i yn anfon yr holl bobl i'w thŷ! Dysgais trwy brofiad chwerw nad oes ond un ffordd o ymdrin â phroblemau lleol, sef mynd i'r afael â hwy fy hunan gyda swyddogion y Cyngor, a throi at y cynghorwyr pan fo raid. Dylid cofio bod gan gynghorwyr hefyd faich go drwm a bod yr amser a dreuliant ar y Cyngor yn ychwanegol at waith naw-tan-bump bob dydd. Dyma ystyriaeth bwysig os ydym am newid i gyfundrefn o gynghorau holl-bwrpas.

Yng nghwrs y blynyddoedd, problemau lleol fu'n poeni fwyaf ar fy etholwyr. Yn y saithdegau, tai oedd y brif gŵyn; erbyn diwedd y degawd, cynyddodd problemau diweithdra, ac fel yr oedd diffyg gwaith yn brathu, daeth cwynion ynghylch nawdd cymdeithasol i'r brig. Erbyn heddiw, tai sydd unwaith eto'n hawlio sylw — eu pris, eu rhenti, grantiau gwella ac yn fwy na dim, cael lle i fyw. Er mai problemau cynghorau lleol yw'r rhain, yn bennaf, byddai'n anghyfrifol ar ran unrhyw aelod seneddol i'w diystyru. Wedi'r cyfan, achosir llawer o anawsterau'r cynghorau gan bolisi llywodraeth ganol. Enghraifft arbennig yw'r polisi o werthu tai cyngor heb gynyddu'r stoc tai sydd ar gael i'w rhentu.

Daw tua 50 o lythyrau'r dydd i'm swyddfeydd yng Nghaernarfon a Llundain, ac i'm cartref. Mae llawer o'r ohebiaeth o natur gyffredinol, yn gylchlythyrau neu'n geisiadau gan grwpiau sy'n hyrwyddo rhyw achos, ac yn lobïo. A chaf atebion i ymholiadau wrth gwrs ymhlith y pentwr llythyrau. Ond daw hefyd bob dydd ddwsin neu fwy o broblemau newydd, pethau bach a mawr, sy'n poeni etholwyr unigol. Diddorol yw sylwi fel y cynydda nifer y llythyrau os wyf wedi cael cyhoeddusrwydd o unrhyw fath. Ymddengys bod sylw yn y wasg a'r cyfryngau yn atgoffa pobl o'm bodolaeth ac yn eu hannog i anfon ataf!

Ceisiaf ddarllen pob un o'r llythyrau, a llunio atebion fy hunan, yn hytrach na'u gadael i'm hysgrifenyddes ddelio â hwy. Gwnaf hyn oherwydd ei bod yn bwysig cadw bys ar byls yr etholwyr, heb sôn am fedru ymateb pan gaf fy holi am y broblem ar y stryd. Serch hynny rhaid imi gyfaddef fy mod wedi gorfod blyffio sawl tro ar y stryd yng Nghaernarfon. Byddai angen cyfrifiadur rhwng fy nwy glust i gofio manylion pob achos!

Er bod llawer o broblemau yn ymddangos yn ddibwys, cofiaf gyngor Phil Williams un tro gan ddyfynnu geiriau ei frawd, sy'n feddyg teulu ac yn gwrando cwynion pobl glaf: 'Efallai mod *i'n* credu nad oes ganddyn nhw broblem o unrhyw bwys, ond os ydyn *nhw'n* credu bod ganddyn nhw broblem, ac wedi dod ataf, fy nyletswydd i yw ceisio'u helpu.' Dyna ganllaw ardderchog i unrhyw aelod seneddol newydd sy'n cychwyn ar y gwaith.

Os oes un rheswm mwy na'i gilydd am yr enw drwg a gafodd aelodau seneddol, peidio ag ateb llythyrau yw hwnnw. Yn yr oes o'r blaen, pan nad oedd unrhyw help ariannol i'w gael tuag at gostau ysgrifenyddol a'r post, gellid maddau i ryw raddau, ond hyd yn oed yr adeg honno 'roedd rhai aelodau cydwybodol yn llwyddo i ateb y llythyrau yn eu llawysgrifen eu hunain a chrafu cost y stamp o'u hadnoddau prin.

'Does dim esgus yn y byd dros beidio ag ateb heddiw. Ac eto, mae rhai aelodau'n methu, neu'n gadael y gwaith yn llwyr i'r ysgrifenyddes druan. Ni ddarllenant y llythyr a dderbyniwyd na'r ateb a anfonwyd. Nid sôn yr wyf am ambell lythyr sy'n mynd ar gyfeiliorn — mae pob un ohonom yn gorfod wynebu hynny rywdro neu'i gilydd — ond am agwedd ddi-hid tuag at ohebiaeth, a hynny heb affliw o gydwybod.

'Roedd sôn yn y saithdegau am un aelod seneddol (nid o Gymru) a afaelodd mewn pentwr enfawr o lythyrau wedi eu clymu yn ei gilydd fel pêl rygbi a'u taflu i ganol Afon Tafwys — heb eu hagor. *'If they're important,'* meddai, *'they will write again!'* Nid yw'n syndod fod gan y cyhoedd gyn lleied o feddwl o'u haelodau seneddol! Ond efallai fod democratiaeth yn y diwedd yn talu'r pwyth. Colli ei sedd wnaeth yr aelod hwnnw yn yr etholiad dilynol!

Cyflwynir problemau'r etholwyr imi mewn sawl modd. Ar wahân i'r rhai a ddaw drwy'r post, mae llawer yn dod i'm gweld mewn cymhorthfa. Gyda llaw, mae'r gair Cymraeg 'cymhorthfa' yn llawer gwell na'r fersiynau Saesneg *'Surgery'* neu *'Advice Centre'*. Yn wir, cefais fy ngheryddu unwaith gan feddyg wedi ymddeol ac a ddaeth i fyw i'r etholaeth am ddefnyddio'r gair *surgery*, oherwydd nad oeddwn yn feddyg ac nad oedd gennyf hawl i agor cyrff pobl! Y mae *Advice Centre* wedyn yn awgrymu rhyw bwysigrwydd diymadferth a diffyg gweithredu.

Mewn blwyddyn cynhaliaf tua chant o gymhorthfeydd. Y patrwm sylfaenol yw rhai wythnosol, bron, yng Nghaernarfon, tref fwyaf fy etholaeth. Unwaith y mis cynhaliaf un ym Mhwllheli a Phorthmadog. Ar egwyl seneddol y Nadolig a'r Pasg ceisiaf ymweld â chanolfannau fel Nefyn, Cricieth, Llanberis a Phen-y-groes, ac yn ystod egwyl hir yr haf byddaf yn ymweld â rhyw ddeugain o'r pentrefi llai. Ar adegau, bu gennyf 'swyddfa deithiol' i'r mân bentrefi ond 'roedd i hyn fwy o werth symbolaidd nag o werth ymarferol, a dweud y gwir.

Mae'n bwysig ceisio ymweld â phob pentref yn weddol gyson. 'Does dim byd gwaeth ar adeg etholiad na chael eich cornelu gan etholwr: 'Pam nad ydan ni wedi'ch gweld chi ers y lecsiwn dwetha?' O weithio system cymhorthfeydd pentrefol eithaf manwl, gall aelod ateb yn gwbl gadarn iddo fod yno. Yn wir, gall roddi'r dyddiadau pe bai raid! Yn bwysicach, o fod yn ymweld â'r pentrefi'n bur gyson a chael sgwrs fer yma ac acw, gall yr aelod gadw llygad ar wahanol ddatblygiadau o fewn ei diriogaeth.

Amrywia'r nifer a ddaw i'r gymhorthfa. Yn y mân bentrefi, gwelir rhyw hanner dwsin, neu efallai neb o gwbl. O leiaf, cafodd pawb gyfle. Yng Nghaernarfon daw ugain neu ddau ddwsin o unigolion, a llond trol o wahanol broblemau i'w canlyn. Mae pob ymweliad yn golygu y byddaf yn ysgrifennu o leiaf ddau lythyr, efallai dri neu bedwar. Bydd angen pedair awr o waith i glirio'r ohebiaeth sy'n deillio o gymhorthfa felly.

Ar-ddweud fy llythyrau ar dâp a wnaf, a'm hysgrifenyddes yn eu clywdeipio yn swyddfa Caernarfon. Mae'r siwrnai yn y trên o Fangor i Lundain yn hynod werthfawr i'r diben hwn, yn enwedig ar ôl cymhorthfa. Caf bedair awr o amser i draethu ar y trên, gan bostio un neu ddau o dapiau yn ôl i Gaernarfon o orsaf Crewe ac o Euston. Ar siwrnai dda, gallaf lenwi tri thâp, digon i gadw'r swyddfa'n brysur am ddau ddiwrnod. Dyna paham yr wyf yn greadur mor anghymdeithasol ar y trên. Mae pedair awr bob ffordd, sef wyth awr yr wythnos, heb ffôn yn canu na neb yn aflonyddu, yn amser gwerthfawr iawn. Mae'n ddigon i ddorri asgwrn cefn llythyrau'r wythnos. Yn wir, ambell flwyddyn, yn ystod yr haf, bûm gymaint ar ei hôl hi gyda fy ngohebiaeth, nes gorfod crafu am ryw gyfarfod yn Llundain er mwyn cael esgus i fynd ar y trên yno ac yn ôl! Bu'r cwtogi ar y gwasanaeth trenau rhwng Bangor a Llundain yn ergyd drom i mi. Mae bron yn amhosibl gweithio ar y trenau bach *diesel* sydd bellach yn rhedeg rhwng Bangor a Crewe.

Weithiau, ar ôl gwrando ar yr hyn sy'n poeni etholwr, byddaf yn gorfod dweud yn blwmp ac yn blaen na allaf ei helpu. Os oes modd yn y byd imi ei gynorthwyo fe wnaf hynny, ond 'does dim diben camarwain etholwr pan nad oes gennyf unrhyw ateb i'w broblem. Enillir mwy o barch wrth fod yn onest yn hytrach nag arwain etholwyr i gredu mewn gwyrthiau ac wedyn eu siomi. Dyna ffordd arall o greu siniciaeth gwleidyddol.

Caiff pawb a ddaw ataf mewn cymhorthfa lythyr wedyn yn amlinellu'r hyn a geisiaf ei wneud i'w helpu, neu'n cadarnhau nad wyf yn gallu mynd â'r mater ymhellach. Pan gaf ateb i'm hymholiadau, bydd yr etholwyr yn cael copi mor fuan ag sy'n bosibl.

Problemau cyfreithiol yw'r rhai anoddaf. Dysgais bellach mai dim ond un ffordd sydd o'u trin, sef egluro i'r etholwr, os yw'r broblem yn un gyfreithiol bur, mai llawer gwell fyddai gweld twrnai oherwydd nad wyf i yn broffesiynol gymwys i drafod y broblem, ac mai peryglus fyddai i mi roddi cyngor cyfreithiol. Cydymdeimlaf â'r aelodau seneddol hynny sy'n gyfreithwyr, fel Ieuan Wyn Jones ac Elfyn Llwyd. Ni allant hwy ymateb fel hyn!

Math arall o broblem sy'n gas gennyf yw ffrae rhwng cymdogion. Disgwylir i mi gefnogi'r naill ochr neu'r llall mewn ffrae am leoliad rhyw wal, neu ryw derfyn cae, neu rediad cywir rhyw lwybr. Nid ystyrir fy mod yn aelod seneddol i'r cymydog arall hefyd. Bu troeon pan ddaeth y naill ochr a'r llall i'm gweld a gofyn am help i ddatrys rhyw ffrae bersonol. Sefyllfa amhosibl! Ni allaf ond cynghori pawb ynglŷn â'u hawliau, gan obeithio y llwyddant i oresgyn y broblem eu hunain. Ofnaf ddarllen yn y wasg ryw ddydd fod un ochr yn brolio fy mod wedi ei helpu i orchfygu'r ochr arall. Dyn a'm gwaredo!

* * *

Gan fod 84% o'm hetholwyr yn Gymry Cymraeg yn ôl y cyfrifiad diwethaf, yn Gymraeg yn naturiol y trafodaf bethau gydag wyth o bob deg a ddaw i'm swyddfa. Mae dau o bob tri o'r llythyrau a dderbyniaf yn yr etholaeth hefyd yn Gymraeg. Os trafodaf broblem drwy'r Gymraeg ysgrifennaf yn Gymraeg at ba bynnag adran gyhoeddus yng Nghymru sy'n berthnasol, a disgwyliaf atebion ganddynt hwy yn yr un iaith. Amcangyfrifaf fy mod wedi anfon dros 60,000 o lythyrau Cymraeg yn ystod y deunaw mlynedd diwethaf — rhywbeth sydd yn ymylu ar ennill lle yn y *Guinness Book of Records*!

Caf lythyrau Saesneg gan rai o'm hetholwyr. Gall rhai ohonynt siarad a darllen Cymraeg, ond yn gyndyn o'i hysgrifennu. Cofiaf dderbyn un llythyr gan etholwr o ardal Pwllheli yn diolch i mi am ddatrys problem ar ei ran a dywedodd mai hwn oedd y llythyr cyntaf iddo'i ysgrifennu yn Gymraeg mewn hanner canrif. Bu'r ffaith mai drwy'r Gymraeg y llwyddwyd i ddatrys ei broblem yn ysgogiad iddo ddefnyddio'r Gymraeg. Mae llwyddiant a hyder, yn ogystal â statws, yn bwysig wrth i ni geisio cael pobl Cymru i ailafael yn eu hetifeddiaeth genedlaethol.

O bryd i'w gilydd clywir aelodau seneddol yn cwyno na chânt lonydd gartref; 'rhywun byth a beunydd yn ffonio neu'n galw yn y tŷ'. Dyma'r rheswm a roddir gan rai dros beidio â byw yn yr etholaeth. O'm profiad i, 'does fawr o sail i gwynion o'r fath. Os yw'r cyhoedd yn gwybod beth yw'r drefn briodol ar gyfer cysylltu â'r aelod, fe barchant hynny. Yn Arfon, fe ŵyr yr etholwyr fod gennym swyddfa ar agor yn ystod yr oriau gwaith arferol, a gwyddant mai dyna'r lle a'r amser i gysylltu â mi. Er bod fy enw yn y llyfr ffôn, gyda rhifau'r swyddfa, yr estyniad seneddol, a'm rhif preifat ar gael yn amlwg i bawb, mae 95% o'r galwadau ffôn yn dod i'r swyddfa yn hytrach nag aflonyddu arnom ar ein haelwyd. Os methodd aelod seneddol â darparu swyddfa barhaol yn ei etholaeth — ac mae llawer yn ddiffygiol yn hyn o beth — ni all feio neb ond ef ei hun pan fo etholwyr yn ei boeni yn ei gartref.

Weithiau mae'n rhaid cysylltu ar oriau anarferol. Cofiaf gael galwad ffôn ar ddydd Nadolig unwaith gan wraig a gawsai ei cham-drin yn arw gan ei gŵr. 'Roedd angen help arni, a hynny ar frys. Os oedd temtasiwn i mi deimlo'n flin ynghylch yr alwad, rhaid oedd cofio bod ei phroblem hi yn anhraethol waeth.

Pan grwydraf i rannau eraill o Brydain, byddaf yn aml yn edrych a yw'r aelodau seneddol lleol yn y llyfr ffôn. Fe synnech gynifer sy'n *ex-directory*, neu'n cuddio'u henwau mewn rhyw ffordd rhag iddynt gael eu hadnabod. Mae'n syndod faint o 'bileri democratiaeth' sy'n ymddwyn felly. Dyma gyfraniad arall at enw drwg aelodau seneddol.

Dolennau cyswllt pwysig yn yr etholaeth yw'r cynghorau cymuned. Er mor bitw yw eu hawdurdod, hwy sydd agosaf at y cyhoedd. Ceir 28 cyngor cymuned yn fy etholaeth a cheisiaf bob dwy neu dair blynedd ymweld â phob un ohonynt. Dysgais gyda'r blynyddoedd fod y cyfarfodydd hyn yn hynod werthfawr. Trwyddynt, caf gysylltiad uniongyrchol ag arweinwyr barn ym mhob milltir sgwâr o'r etholaeth. Bydd y cyngor fel arfer yn neilltuo rhyw awr o'u cyfarfod misol i drafod y materion sy'n poeni'r ardal. Cyfeirir yn fynych at lu o broblemau, ymhell tu hwnt i gyfrifoldeb y cyngor cymuned. Ond o wrando'n astud gallaf deimlo pyls yr ardal, a phrin y darfu imi erioed adael un o'r cyfarfodydd hyn heb ddysgu rhywbeth.

O'r etholaeth ei hun y daw 90% o'r problemau y disgwylir i mi eu datrys, ac mae'n bosibl delio â rhan helaeth ohonynt heb orfod troi at Lundain a'r llywodraeth ganolog. Bu'r help a'r cydweithrediad a gefais gan gynghorau lleol — Cyngor Bwrdeisdref Arfon, Cyngor Dosbarth Dwyfor a Chyngor Sir Gwynedd — yn amhrisiadwy. Ceisiaf gadw mewn cysylltiad â phenaethiaid adrannau'r cynghorau, a thrwy hynny ddatrys cynifer ag sy'n bosibl o'r problemau ar raddfa leol. Felly y dylai fod. Y tristwch yw fod llywodraeth leol yn graddol gael ei sbaddu, a'r awdurdod i ddatrys problemau'n cael ei ganoli.

Nid yw'r awdurdodau lleol yn fy etholaeth o dan reolaeth unrhyw blaid arbennig, a chydweithia'r cynghorwyr, i raddau helaeth, ar draws ffiniau plaid. Ar bynciau cenedlaethol ac ieithyddol, mae'r rhan fwyaf o'r cynghorwyr, boed annibynnol, Llafur, Rhyddfrydol neu Blaid Cymru, yn gefnogol i fuddiannau cenedlaethol Cymreig. Ceir ambell eithriad croch ac amlwg o fewn rhengoedd Llafur, ond yn gyffredinol rhannwyd yr hen radicaliaeth rhwng y tair plaid, ac ar adegau pwysig fe welir aduniad diddorol. (Prin fod un Tori ar y cynghorau hyn — nid yn swyddogol o leiaf!) Ar faterion economaidd a chymdeithasol, ac yn arbennig addysg a helpu'r gwan a'r methedig, 'does fawr ddim yn gwahanu'r cynghorwyr.

Credaf yn gryf serch hynny y dylai cynghorwyr ddangos eu lliw gwleidyddol wrth sefyll etholiad. Mae'n anodd credu nad oes argyhoeddiad gwleidyddol gan bobl sy'n gweithio mor flaenllaw ym mywyd eu bro. Mae'n llawer mwy onest cydnabod eich lliw gwleidyddol yn agored. Yn wir, mae'r nesaf peth i ffârs pan welir rhai hoelion wyth lleol o blaid wleidyddol arbennig yn eu galw'u hunain yn 'annibynnol' ac yn ymaelodi mewn grŵp o'r un enw. Rhyw lobscows gwleidyddol anhygoel yw'r grŵp fel rheol.

Awn cyn belled â dweud y dylai fod yn orfodol ar bawb sy'n sefyll unrhyw etholiad, i gyngor neu i Senedd, ddatgan daliadau gwleidyddol a chrefyddol ar y papur enwebu, yn ogystal â nodi unrhyw gysylltiad â chorff neu fudiad, boed gwmni, undeb neu'r seiri rhyddion, unrhyw gysylltiad a allai ddylanwadu ar eu hagwedd wrth ymdopi â'u cyfrifoldebau.

Mae Cyngor Dwyfor yn arddel polisi sy'n cydnabod y Gymraeg yn unig yn iaith swyddogol, er bod yn rhaid defnyddio'r Saesneg o bryd i'w gilydd. Polisi dwyieithog sydd gan Gyngor Arfon a Chyngor Gwynedd, ac mae rhan helaeth o'r trafodaethau mewn cyngor llawn a phwyllgor yn Gymraeg. Maent yn llawer Cymreiciach na'r hen gynghorau cyn 1974. Darperir gwasanaeth cyfieithu ar gyfer y lleiafrif di-Gymraeg. Da fyddai pe bai cynghorau eraill drwy Gymru benbaladr yn dangos yr un parch at y Gymraeg — ac at leiafrifoedd! 'Does dim ond gobeithio y bydd y cynghorau aml-bwrpas newydd yn dilyn polisi ieithyddol goleuedig, ac y bydd Deddf Iaith ddigonol i ofalu am hyn.

Gofynnir i mi ddelio'n aml â chyrff enwebedig — y cwangos bondigrybwyll — sy'n gyfrifol am rannau pwysig o'n bywyd yng Nghymru, ac eto heb fod yn uniongyrchol atebol i na chyngor na Senedd. Ymhlith y rhain ceir yr awdurdodau iechyd, Awdurdod Datblygu Cymru, y Bwrdd Croeso, y Cyngor Chwaraeon, Cyngor y Celfyddydau ac ati. Tan yn ddiweddar, 'roeddynt hefyd yn cynnwys y Bwrdd Dŵr, Telecom Prydeinig, Nwy Cymru a'r byrddau trydan. Pan wyneba'r etholwyr broblem gyda chyrff o'r fath — methu â chael ambiwlans neu gwyno am y bil dŵr — mae'n anodd iddynt wybod ble i droi, ac felly dônt at eu haelod seneddol.

Amlygodd y brwydrau a gefais gyda'r Bwrdd Dŵr a'r Awdurdod Iechyd broblem atebolrwydd y cyrff hyn sydd heb strwythur i'w goruchwylio na disgyblaeth cystadleuaeth y farchnad i'w cadw ar flaenau eu traed. 'Roedd preifateiddio'n amherthnasol i'r anawsterau hyn. Ni wellhaodd yr atebolrwydd o'u preifateiddio. Os rhywbeth mae'n waeth. Ni chrewyd gwir gystadleuaeth a fyddai'n ymateb i alwadau'r farchnad, a chwalwyd y ddelfryd o roddi gwasanaeth ar allor y duw mawr Elw. Ni ddechreuodd Prydain ar y gwaith o ddatrys y broblem hon, a theimlaf mai haws fyddai ymdrin â hi ar raddfa genedlaethol Gymreig, trwy bwyllgorau o'n Senedd ein hunain, nag ar raddfa Brydeinig. Methodd Llafur hefyd â dod â syniadau credadwy gerbron, ac ofnaf na chawn welliant hyd yn oed os ceir newid Llywodraeth. A gallai hynny gymryd blynyddoedd.

* * *

Fe welir bod yn rhaid i aelod seneddol rannu ei amser yn ofalus rhwng galwadau ei etholwyr a bod yn Llundain yn y Senedd. Mae'r Senedd ar agor ryw 36 wythnos o'r flwyddyn, gydag egwyl rhy fer dros y Nadolig a'r Pasg, a llawer rhy hir yn ystod yr haf.

Datblygais batrwm o deithio i Lundain ar ddydd Llun a dychwelyd ar nos Iau. Weithiau mae'n rhaid aros tan ddydd Gwener os oes busnes pwysig yn y Senedd ond hoffaf gael dydd Gwener yn fy swyddfa yng Nghaernarfon os oes modd. Heb hynny, prin y caiff y staff yno gyfle i'm gweld. Ar ddydd Sadwrn, yn aml iawn, y mae rhyw ddigwyddiadau yn yr etholaeth y mae'n ddyletswydd arnaf eu mynychu, neu mewn rhannau eraill o Gymru. Cadwaf ddydd Sul yn glir. Mae'n ddiwrnod i'r teulu a diolch amdano. Ar wahân i hynny, digon prin yw'r amser y gwelent fi. Nid yw'n syndod fod priodasau cynifer o aelodau seneddol yn chwalu. Erbyn hyn, gydag Eluned i ffwrdd ar waith gwirfoddol ym Mecsico wrth ddisgwyl mynd i'r Brifysgol, Hywel yng Ngholeg yr Iwerydd, ac Elinor yn ailgydio yn ei gwaith cerddorol proffesiynol, mae'r patrwm yn dechrau newid eto.

Oherwydd natur y gwaith, mae'n ofynnol cadw dau gartref, sef yn fy achos i, ein cartref teuluol yn yr etholaeth a fflat yn Llundain. Busnes digon drud yw hyn er ein bod yn cael cyfraniad da gan y Senedd. Mae llawer aelod seneddol wedi mynd i drafferthion ariannol oherwydd hyn.

Soniais eisoes am oriau hurt Tŷ'r Cyffredin. Pan fyddaf yn Llundain ceisiaf gyrraedd fy swyddfa tua 9.30 y bore. Fel arfer mae'n 10.30 y nos cyn i mi gyrraedd yn ôl i'm fflat. Mae patrwm pob dydd yn wahanol, ond fel rheol, byddaf yn ymdrin â'm gohebiaeth yn ystod y bore, yn bwrw llygad sydyn dros y papurau, ac yn ffonio swyddfa Caernarfon rhag ofn bod problemau wedi codi yn yr etholaeth. Bydd pwyllgorau ffurfiol y Tŷ yn cyfarfod yn y boreau, ac am rannau o'r flwyddyn treuliaf bob bore Mawrth, Mercher a Iau yn pwyllgora rhwng 10.30 y bore ac 1.00 y pnawn.

Yn aml iawn, treuliaf amser cinio yn cyfarfod â phobl yr wyf eisiau sgwrs â hwy, pobl o fyd diwydiant neu anabledd, gohebwyr y wasg, swyddogion llywodraeth leol o Gymru sy'n digwydd bod yn Llundain, ac ati. Un fantais o fod yn aelod seneddol yw gallu gwahodd pobl am ginio i'r Tŷ. Mae'r rhan fwyaf yn derbyn, ac mae'n rhoddi cyfle i 'blygu clust'.

Yn y prynhawn, cyferfydd y Senedd am 2.30. Os oes modd yn y byd, fe fynychaf y siambr ar gyfer cwestiynau llafar ac unrhyw ddatganiad a wneir wedyn. Gellir dysgu llawer iawn mewn byr amser, a chael cyfle hefyd i godi materion sy'n poeni etholwyr.

Bydd prif ddadl y dydd yn rhedeg o tua 4.30pm tan 10.00pm. Ni fyddaf yn eistedd trwy'r cyfan; byddai hynny'n ddigon â drysu sant, ond ceisiaf wrando ar yr areithiau agoriadol a'r rhai clo pan drafodir materion o bwys. Weithiau bydd angen cymryd rhan mewn dadl, er nad yw hyn yn ddigwyddiad dyddiol fel yr esboniais eisoes. Byddwn yn ffodus o gael ein galw i siarad mewn dadl ryw ddwywaith y mis. Wel, mae yno 651 o aelodau, pawb eisiau cyfle i draethu, a'r amser yn gyfyngedig. 'Does ryfedd mai prin yw'r amser ar gyfer Cymru.

Rhwng 4.00pm a 7.00pm bydd grwpiau anffurfiol yn cyfarfod, gyda siaradwyr gwadd. Dyma gyfle ardderchog arall i ddysgu am bynciau llosg y dydd. Fel rheol, rhwng 7.00pm ac 8.00pm rhuthraf yn wyllt i ddal y post olaf, gyda thapiau a phapurau i'w postio'n ôl i swyddfa Caernarfon. Bydd angen y rhain drannoeth, ac mae'n greisus os collaf y post! Bwyta, darllen papurau, awr yn y llyfrgell, sbel yn y siambr, neu sgwrs â chyd-aelodau; pleidlais am 10.00pm, ac yna yn ôl i'r fflat. Digon i'r diwrnod . . .

Gwelir bod yr oriau gwaith yn sylweddol. Credaf fod gwyliau yn bwysig, a cheisiaf sicrhau wythnos glir rhwng y Nadolig a'r flwyddyn newydd, a phythefnos yn yr haf i ffwrdd gyda'r teulu. Mae bron yn amhosibl cael gwyliau haf heb fynd i ffwrdd o'r etholaeth, oherwydd peth anodd iawn yw troi cefn ar broblemau sydd yn codi o'ch amgylch.

Ond os yw'r oriau'n faith, mae'r gwaith yn amrywiol. 'Does dim dau ddiwrnod yr un fath â'i gilydd, ac mae problemau newydd, mawr a mân, yn cronni ar ddim. Disgwylir i ni fod â gwybodaeth barod am gant a mil o bynciau, yn amrywio o reolau nawdd cymdeithasol i gyfundrefn grantiau amaethyddol y Farchnad Gyffredin; o fanylion deddfau cwmnïau hyd at drefnu pasport i deulu o Affrica. Disgwylir i ni fod yn gyfarwydd â system adolygu cyfnodau troseddwyr mewn carchar a'r modd y trefnir cyllid y gyfundrefn addysg. Y perygl mawr yw'r hen un clasurol o feddu llai a llai o wybodaeth am fwy a mwy o bynciau, hyd nes cyrraedd yr eithafbwynt o wybod dim am bopeth!

Y gamp yw peidio â cheisio cadw'r holl fanylion yn eich pen, ond yn hytrach sicrhau system swyddfa sy'n cadw'r wybodaeth o fewn cyrraedd. Y peth pwysicaf oll yw gwybod at bwy i droi os byddwch mewn cyfyng gyngor. Pan etholwyd fi gyntaf 'doedd mo'r fath beth â chyfrifiadur personol gan aelodau seneddol. Gyda dyfodiad y rheini newidiwyd patrwm gwaith llawer aelod.

O safbwynt casglu gwybodaeth gellir cael help yn llyfrgell y Tŷ. Darperir yno wasanaeth ymchwil, ac mae mintai fawr o staff ymchwil sy'n arbenigo mewn gwahanol feysydd o bolisi cyhoeddus. Manteisiaf yn aml iawn arnynt i gael *brief* ar ryw bwnc arbennig a gyfyd mewn dadl, neu am nodiadau cefndirol os wyf yn siarad mewn cyfarfod neu gynhadledd ar fater cymhleth neu anghyfarwydd. Mae'r gwasanaeth hwn yn hynod werthfawr ac wedi fy achub droeon o bydew anwybodaeth!

Fel rheol, cynghorir aelodau newydd i arbenigo mewn un maes a chreu enw iddynt eu hunain yn y maes neilltuol hwnnw. Ond nid yw'r cyngor lawn mor addas i aelodau'r pleidiau lleiaf. Yn achos Plaid Cymru, er enghraifft, mae'n rhaid i'r pedwar ohonom fod yn rhyw fath o lefarwyr ar bob un o'r 22 portffolio cyhoeddus! Golyga hyn ein bod yn llefarwyr ar bump neu chwe phwnc yr un. Mae'n amhosibl arbenigo mewn cynifer o feysydd ar yr un pryd, wrth gwrs, ond mae'n llawer gwell arnom heddiw gyda phedwar aelod nag ydoedd ar y dechrau pan geisiai Dafydd Elis a minnau ymdopi â'r cyfan rhyngom. Bellach, mae cael arbenigaeth Cynog Dafis ar faterion yr amgylchedd yn cryfhau'r tîm yn sylweddol iawn.

Un dull gwerthfawr o ddatblygu arbenigaeth mewn pwnc yw gweithio drwy grwpiau seneddol holl-bleidiol. Grwpiau anffurfiol yw'r rhain, yn cyfarfod efallai bob yn ail wythnos am awr y tro ac yn delio â meysydd megis Anabledd, Diwydiant, Henoed, Ynni, Plant, ac ati. 'Roedd 110 o'r grwpiau hyn ar y cyfri diwethaf, ac at y rhain rhaid ychwanegu 108 o grwpiau sy'n ymwneud â gwledydd tramor. Tybiaf weithiau nad yw rhai o'r grwpiau hyn fawr mwy nag esgus i drefnu 'ymweliad swyddogol' â gwledydd eraill — ffordd braf iawn o dreulio wythnos neu bythefnos! Gall *fact-finding mission'* fod yn esgus dros bob math o galifantio!

Bûm i'n aelod cyson o'r *All Party Disablement Group*, ac 'rwyf bellach yn is-gadeirydd y Grŵp. Bûm hefyd, ar wahanol adegau, yn cyfrannu at waith yr *All Party Social Service Panel*, yr *House of Commons Reform Group*; a'r *All Party Tourism Group*, oherwydd pwysigrwydd y diwydiant hwnnw i'm hetholaeth. Bûm hefyd yn drysorydd y *British Yugoslav Parliamentary Group*, oherwydd fy niddordeb yn y wlad honno. Teimlais i'r byw y chwalfa a'i trawodd yn ddiweddar. 'Roeddem wedi'n rhybuddio gan gyfeillion yn Belgrâd flynyddoedd yn ôl fod Slobodan Milosovic yn ddyn peryglus dros ben. Gwireddwyd y rhybudd mewn modd erchyll. Yn ddiweddar, yn sgîl diflaniad Iwgoslafia fel gwlad, bûm yn cynorthwyo i greu Grŵp i gysylltu â Slofenia, un o'r gwladwriaethau mwy gwaraidd, fe dybiaf, a gwlad annibynnol bellach, er ei bod yn llai na Chymru o ran poblogaeth.

Patrwm gwaith y grwpiau yw gwahodd arbenigwyr mewn gwahanol agweddau o'r pwnc i siarad am ryw hanner awr, ac wedyn bydd aelodau seneddol — ac weithiau aelodau o Dŷ'r Arglwyddi — yn trafod a chroesholi. Pan fydd galw, gall y grwpiau hyn drefnu dirprwyaeth at Weinidog y Goron i drafod rhyw fater sy'n eu poeni, ac fe roddir sylw arbennig gan Weinidogion i geisiadau a ddaw o'r cyfeiriad hwn, oherwydd fe wyddant nad safbwynt pleidiol-wleidyddol a glywir, ond cais o sylwedd gan bobl o wahanol bleidiau sy'n arbenigo mewn pwnc neilltuol.

★ ★ ★

Ceir pwyllgorau ffurfiol yn y Tŷ, ac mae dau fath cyffredinol o'r rhain. Pwyllgorau sefydlog yw'r rhai sy'n ymdrin â deddfwriaeth. Ar ôl derbyn unrhyw Fesur mewn egwyddor gan y Tŷ, trwy ddadl a phleidlais ar ail ddarlleniad, â ymlaen i'r *Committee Stage*. Dyma pryd y caiff y Mesur ei drafod yn fanwl, fesul gair ac fesul llinell, mewn pwyllgor bychan o ryw ddau neu dri dwsin o aelodau seneddol. Mae modd dysgu llawer mwy am bwnc mewn pwyllgor o'r fath nag o wrando ar gant o areithiau ar lawr y Tŷ.

Dewisir aelodau'r pwyllgorau gan 'Bwyllgor Dewis', a disgwylir i aelodaeth pob pwyllgor adlewyrchu patrwm gwleidyddol y Tŷ. Felly, yn ystod y blynyddoedd diwethaf, bu gan y Toriaid fwyafrif ar bob pwyllgor. Mae hyn yn hynod annheg gyda Mesurau sy'n ymwneud â'r Alban yn unig, dyweder, lle nad oes gan y Torïaid fwyafrif o aelodau seneddol. Ond hwy sy'n llywodraethu ac nid oes wahaniaeth rhwng yr Alban, Cymru, Efrog neu Gaint wrth ffurfio pwyllgorau. Yn y mân bwyllgorau, caiff y pleidiau bach un sedd — a byddwn ni, yr SNP, y Rhyddfrydwyr ac amryw bleidiau Gogledd Iwerddon yn gorfod cytuno neu ffraeo amdani. Mewn pwyllgor mwy sylweddol, yn ymwneud â Mesur swmpus, megis y Mesur Addysg, gellir disgwyl cael dwy neu dair o seddau ar gyfer y pleidiau llai, ac wedyn gan amlaf gellir dod i gytundeb lled hapus.

Gwaith digon anodd a thrwm yw gwaith ar bwyllgor sy'n ymdrin â Mesur sylweddol. Bydd yn eistedd fore a phrynhawn bob dydd Mawrth a dydd Iau, a'r sesiwn brynhawn yn parhau o 4.00pm hyd 7.00pm, ac weithiau'n ailymgynnull am 9.00pm ac yn parhau tan hanner nos, neu'n hwyrach. Gall pwyllgor o'r fath fod wrthi am ddau neu dri mis, ac yn ystod y cyfnod hwn, amherir ar batrwm gwaith arferol yr aelodau. Cânt eu boddi gan waith papur oddi wrth fudiadau ac unigolion sy'n ymddiddori yn y Mesur. Yn ddiweddar, bu cynnydd mawr yn nifer y grwpiau lobïo proffesiynol, ac maent yn eu helfen adeg y *Committee Stage*, yn llunio nodiadau ar wahanol agweddau o'r Mesur, yn cynnig gwelliannau, ac yn ysbeilio amser pawb! Gwnânt hyn, mae'n debyg, i gyfiawnhau'r ffioedd bras y disgwylir i'w cwsmeriaid dalu am eu gwasanaeth.

Eisteddais ar nifer helaeth o bwyllgorau yng nghwrs y blynyddoedd. Y rhai sy'n aros yn y cof yw'r rhai mwyaf diflas! A'r gwaethaf, heb os, oedd y pwyllgor yn ymwneud â Mesur Treth y Pen. Gwrthododd y Llywodraeth dderbyn unrhyw fath o welliant i'w Mesur

— adlewyrchiad teg o'r agwedd sarhaus a gysylltir â Nicholas Ridley, y Gweinidog a fu'n gyfrifol am y Mesur anffodus hwnnw. Buom yn eistedd am wythnosau yn malu awyr ac yn cyflawni dim. Ychwanegwyd at y rhwystredigaeth gan fethiant y Blaid Lafur i gyflwyno unrhyw argymhellion i gymryd lle treth y pen. Dyma'r Senedd ar ei gwaethaf, y Llywodraeth gyda mwyafrif dros bawb, yn hidio dim am unrhyw feirniadaeth, na hyd yn oed sylwadau adeiladol, gan eraill. Oherwydd eu mwyafrif, gallent wthio'r cyfan drwy'r pwyllgorau yn ddidrugaredd. Llawn haeddent yr helynt a gawsant gyda Threth y Pen am eu haerllugrwydd.

Saif ambell bwyllgor yn y cof am resymau hapusach. Enghraifft o hynny oedd Mesur Nawdd Cymdeithasol, 1986. 'Roeddwn ar y pryd wedi ymgyrchu'n hir, a hyd hynny'n aflwyddiannus, i geisio perswadio'r Llywodraeth fod cyfundrefn budd-dâl diweithdra yn annheg iawn â gweithwyr tymhorol. Am hanner canrif, ni thelid 'pres dôl' i weithwyr mewn gwaith tymhorol os buont yn gweithio'n dymhorol am fwy na thair blynedd. Golygai hyn na allai llawer o weithwyr y diwydiant twristiaeth yng Nghymru gael budd-dâl diweithdra yn ystod y gaeaf. 'Roedd hynny'n arbennig o annheg mewn ardal fel Dwyfor, lle gall diweithdra godi i 25% yn ystod y gaeaf, a dim gobaith i weithwyr tymhorol gael gwaith arall. 'Roedd hon yn broblem hefyd mewn ardaloedd fel Cernyw a Norfolk, ac i bysgotwyr a rhai gweithwyr amaethyddol. Effeithiai'r rheol yn arbennig o galed ar ferched priod, oherwydd os oedd eu gwŷr yn gweithio, ni allent hawlio budd-dâl atodol ychwaith.

'Roeddwn wedi codi'r mater droeon yn y Senedd, ond gwelais gyfle i wneud hynny eto yn y Mesur Nawdd Cymdeithasol, a chyflwynais gymal newydd i'r Mesur ar fore Iau, 1 Mai 1986 — dyddiad addas iawn i drafod hawliau gweithwyr! Er na ddisgwyliwn well canlyniad nag a gawsom yn y gorffennol, pan ddaeth y Gweinidog yn yr Adran Nawdd Cymdeithasol i ateb, 'roedd yn amlwg, er mawr syndod, ei fod yn barod i wrando. Meddai:

'I have great sympathy for the intention and feelings which lie behind the new clause, which has received a broad welcome from all hon. Members who have spoken, and I acknowledge the tenacity with which the hon. Member for Caernarfon and others have pursued the matter for a considerable time.'

Y Gweinidog oedd John Major, cyn iddo esgyn i swyddi uchel o fewn ei Lywodraeth. 'Does dim curo ar ddyfalbarhau, ac felly fe ddaliais ati. Ar ôl peth dadlau, cefais o'r diwedd ymateb call ganddo:

'In the light of what has been said, I am prepared to ask the Social Security Advisory Committee . . . to examine the seasonal worker regulations and to report on how it believes they are working. That is intended to be a helpful response, but I advise the hon. Gentleman that I did not have it in mind this morning. However, in view of the comments made in the debate, it is probably the most appropriate offer that I can make to the Committee.'[1]

Hynny fu, ac fe roddais dystiolaeth i'r Pwyllgor a ymchwiliai i'r mater. Gwrandawodd y Llywodraeth ar yr hyn a ddywedwyd ac ymhen amser diddymwyd y rheol 'gweithwyr tymhorol'.

★　★　★

Enghraifft arall o lwyddiant mewn Pwyllgor oedd yr hyn a ddigwyddodd yn ystod trafodaeth ar y Mesur Cyllid ym 1977. 'Roedd hyn ynghanol cyfnod y chwyddiant gwaethaf ers blynyddoedd, gyda'r cyfradd yn 26% yn ystod y flwyddyn flaenorol. O ganlyniad, 'roedd cyflogau'n gorfod codi gyda phrisiau, ac felly cawsai llawer o'r gweithwyr a oedd ar gyflog isel eu dal yn rhwyd y dreth incwm, gan wynebu treth o 35% ar enillion dros y trothwy.

Teimlai llawer ohonom fod hyn yn annheg, ac yn cosbi'r rhai tlotaf yn y gymdeithas oherwydd methiant y Llywodraeth i reoli chwyddiant. Credem y dylai'r trothwy ar gyfer talu treth incwm godi gyda chwyddiant, rhywbeth nad oedd y Llywodraeth yn cynnig ei wneud. Gosodais welliant yn y Pwyllgor i glymu'r trothwy wrth y mynegai prisiau. Fe osodwyd gwelliant cyffelyb gan ddau aelod Llafur, Jeff Rooker ac Audrey Wise. Pan ddaeth y bleidlais yn y Pwyllgor ar 14 Mehefin 1977, llwyddasom i drechu'r Llywodraeth. 'Roedd fy llun ar brif stori'r *Daily Post* drannoeth:

'*Chancellor Denis Healey's budget plans lay in tatters last night after an amazing series of defeats . . . Two Labour rebels and Plaid Cymru's Caernarfon MP Dafydd Wigley joined forces with the Tories in Committee to raise tax allowances — and defeat the Government four times.*'

Daeth y gwelliant hwn, sef cysylltu'r trothwy treth incwm â graddfa chwyddiant, i gael ei adnabod fel y '*Rooker-Wise Amendment*'. Ar y pryd 'roeddwn braidd yn siomedig nad fel y '*Rooker-Wigley-Wise Amendment*' y gelwid ef, ond go brin y gallai aelod seneddol newydd ac ifanc, o blaid fechan, ddisgwyl cael ei anfarwoli yn y fath fodd. Bu'n ddeddf gwlad am flynyddoedd wedyn ac mae'r egwyddor yn parhau hyd heddiw. Mae'n ddarpariaeth a ystyrir yn sylfaenol o safbwynt gwarchod y tlawd rhag effaith gwaethaf chwyddiant. Dyna enghraifft o welliant mewn pwyllgor yn cael effaith pellgyrhaeddol iawn.

★ ★ ★

Pwyllgor arall a saif yn y cof yw'r un yn ymwneud â Mesur preifateiddio Telecom Prydeinig, ac yn arbennig yr eisteddiad a gychwynnodd am 10.30 fore Mawrth, 8 Chwefror 1983. 'Roeddwn yn gwrthwynebu'r Mesur yn ffyrnig, ac 'roedd gennyf nifer o welliannau i'w trafod y bore hwnnw er mwyn ceisio amddiffyn defnyddwyr teleffon mewn ardaloedd gwledig rhag gorfod talu'n hallt am wasanaeth y Telecom preifat.

Dechreuodd y sesiwn yn ddigon anffodus oherwydd i mi gael ffrae gyda'r Cadeirydd (nid peth anarferol!) ynglŷn â threfn y pwyllgor. Asgwrn y gynnen oedd y modd y cyhoeddodd y Llywodraeth adroddiad ychydig oriau'n gynharach *(Littlejohn Report)* a oedd yn uniongyrchol berthnasol i'r gwelliannau a safai yn fy enw i ar gyfer eu trafod yn y Pwyllgor y bore hwnnw. Nid oeddwn wedi cael cyfle i astudio cynnwys yr Adroddiad. Teimlwn y gallai'r Gweinidog, Kenneth Baker, ein malu mewn dadl gan ei fod ef yn gyfarwydd â'r Adroddiad, a ninnau ddim.

Ceisiodd Stan Orme, arweinydd y Blaid Lafur ar y Pwyllgor, a minnau gael gohiriad er mwyn i ni gael astudio'r Adroddiad yn drwyadl. Trechwyd ni trwy bleidlais. 'Roedd Kenneth Baker eisiau manteisio ar ei gyfle a chynnal y ddadl ar adeg pan oedd y wybodaeth allweddol ganddo ef, a ninnau'n ymbalfalu yn y niwl.

Cefais ar ddeall gan un aelod o'r Pwyllgor, John Golding, a gynrychiolai undeb gweithwyr Telecom, ei fod ef wedi cael golwg ymlaen llaw ar yr Adroddiad, ac y byddai ef mewn cryfach sefyllfa na neb arall i siarad. Cytunais ar unwaith, ac ar yr esgus o fynnu gweld y Llefarydd ynglŷn â'r ffrae yn y Pwyllgor, gadewais yr ystafell am ychydig funudau. Cynigiodd Golding symud y gwelliant yn fy absenoldeb. Gan fod y gadair a'r Llywodraeth yn teimlo'n anghyfforddus ynglŷn â'r digwyddiadau, caniatawyd iddo wneud hynny, er nad oedd ei enw ar y cynnig. Ni wyddai'r cyfeillion beth oedd o'u blaenau!

Cafodd y Llywodraeth wers a hanner! Dychwelais i'r Pwyllgor o fewn munudau i helpu John Golding orau y gallwn. 'Roeddem am sicrhau na fuasai'r Llywodraeth yn anghofio yrhawg y triciau budr y ceisient eu chwarae â ni. Dechreuodd Golding siarad am 11.40 y bore. Siaradodd tan 1.00 o'r gloch; aeth ymlaen y prynhawn hwnnw o 4.30 tan y toriad cinio am 7.30; ail-ddechreuodd wedi cinio am 9.30 y nos gan barhau gyda'r un araith tan 5.20 fore trannoeth.

Bu John Golding wrthi'n siarad am tua 11 awr o amser pwyllgor! Dyna'r *filibuster* hwyaf erioed yn hanes pwyllgorau'r Tŷ! Ni allai'r Cadeirydd ei rwystro, oherwydd bod rheol na ellid 'cynnig cau' ar gynigydd unrhyw welliant. Dyna paham y cynllwynais iddo ef gynnig y gwelliant ar fy rhan. Oherwydd mai yn fy enw i yr oedd y gwelliant, teimlwn ddyletswydd i eistedd yno a gwrando arno trwy gydol yr amser! Yn wir, ceisiais ei helpu trwy ymyrryd, er mwyn iddo gael ei wynt ato, hel

298

meddyliau pellach a chael diod dros ei lwnc. Tri dwsin o weithiau yr ymyrrais i! Nid oes gennyf unrhyw amheuaeth na ddysgodd y Llywodraeth — a'r gadair — ryw wers ynglŷn â sut i drin aelodau'r gwrthfeinciau y noson honno!

Yn sgîl hyn, newidiwyd y rheol ac erbyn hyn mae'n bosibl cau ceg cynigydd gwelliant sydd yn traethu'n afresymol o hir mewn pwyllgor. Credaf fod yr araith hon, ynghyd â thriciau cyffelyb, wedi colli cymaint o amser i'r Llywodraeth nes iddynt fethu â chael y Mesur i'r Llyfr Statud cyn etholiad Mehefin 1983. Bu'n rhaid iddynt ddychwelyd gyda Mesur newydd, ar ôl yr etholiad. Pe bai Llafur wedi ennill yr etholiad, mae'n bosibl mai'r gwelliant hwn a fyddai wedi llwyddo i gadw Telecom yn y sector cyhoeddus. Pe bai hynny wedi digwydd, ysgwn i beth a fyddai hanes Keith Best . . .?

★ ★ ★

Fe welir bod gwaith etholaeth a phynciau cyffredinol yn llyncu cyfran helaeth o amser aelod seneddol Plaid Cymru. Nid yw'n wahanol i'r gwaith y disgwylir i aelodau seneddol unrhyw blaid ei wneud, ond ei bod yn ofynnol i aelodau seneddol Plaid Cymru weithio gymaint â hynny'n galetach oherwydd bod rhaid iddynt hwy ennill a chadw sedd ar sail eu hymdrechion, tra bo aelodau seneddol y pleidiau mawr yn medru dibynnu ar bleidlais dorfol wedi ei diogelu gan y cyfryngau.

Ychydig o amser sydd i'w gael i drafod Mesurau penodol Gymreig yn Nhŷ'r Cyffredin. Gellir cyfrif ar fysedd dwy law faint o Fesurau Cymreig a ddaeth i'r Llyfr Statud dros y deunaw mlynedd diwethaf, o 1974 i 1992. Gellir enwi Mesur Awdurdod Datblygu Cymru, Mesur Bwrdd Datblygu Cymru Wledig, Mesur Datganoli, Mesur Twnnel Conwy, Mesur Bae Caerdydd a Mesur Marchnata Tramor Bwrdd Croeso Cymru: llond dwrn yn unig. Yn yr un cyfnod daeth cynifer â 1,135 o Fesurau Seneddol Cyhoeddus i'r Llyfr Statud.

Wrth gwrs gellir codi agweddau Cymreig yn welliannau i Fesurau cyffredinol. Fe wnaed hyn yn llwyddiannus iawn gan Dafydd Elis Thomas ar y Mesurau Addysg a Darlledu. Ceisiais innau wneud hynny hefyd gyda'r Deddfau Cwmnïau a Mesurau Diwydiant, ac yn arbennig gyda'r Mesurau Dŵr.

Gallwn hefyd gyflwyno Mesurau Preifat o dan y 'Rheol Deng Munud' ond heb fawr obaith o gael amser i'w trafod ar gyfer ail ddarlleniad. Daw cyfle, ac amser trafod, os byddwn yn ddigon ffodus i fod ymysg yr ugain enw a ddaw o'r het o blith 500 o ymgeiswyr ar gyfer balot Mesurau Preifat blynyddol. Unwaith yn unig y bûm yn ffodus, a bu Ieuan Wyn Jones yntau yn ffodus unwaith. Ac os ydym yn llwyddo i gael Mesur o'r fath drwy Dŷ'r Cyffredin, rhaid hefyd ei gyflwyno ac ennill cefnogaeth yn Nhŷ'r Arglwyddi. Dyna un rheswm paham y buom yn y gorffennol yn tueddu i gyflwyno Mesurau Anabledd. Y mae mawr angen eu cyflwyno, wrth reswm, a chyda Mesurau o'r fath, fe wyddom y ceir aelodau ar groesfeinciau Tŷ'r Arglwyddi i'w hyrwyddo. Dyna hefyd paham y buom yn ystyried cael rhywun a fyddai'n cyflwyno dadleuon a Mesurau Plaid Cymru yn siambr Tŷ'r Arglwyddi. Byddai hyn yn rhwyddhau'r ffordd i ni gyflwyno Mesurau penodol Gymreig, gyda rhywun i'w hamddiffyn yn y siambr uwch. Bellach mae Dafydd Elis Thomas yno, a geill yntau hefyd gynnig Mesurau o'r siambr uwch yn ogystal â helpu'n Mesurau ni ymlaen i'r Llyfr Statud.

★　★　★

Mae'n amheus gennyf a ydyw Cymru, a all Cymru, gael sylw digonol i'w phroblemau gan 38 aelod seneddol yn Llundain, wedi eu boddi ynghanol 651 o aelodau seneddol eraill sydd wedi eu clymu gan ofynion pleidiau Prydeinig. Cyfundrefn Brydeinig ydyw, wedi ei llunio i ateb gofynion Prydeinig. Os yw anghenion Cymru'n wahanol, mae'r gyfundrefn yn methu ag ymdopi. Mae hefyd yn methu â'i haddasu ei hun i flaenoriaethau cymdeihasol pobl Cymru. Fe welwyd hyn yn eglur mewn llu o ymgyrchoedd — ymgyrchoedd Datganoli, y Sianel Deledu, Llwch y Chwarelwyr, Anabledd, Dŵr, Mesur Iaith, Tai a Gwaith — ymgyrchoedd y caf gyfeirio atynt yn fanwl yn yr ail gyfrol.

Cadarnhaodd fy mlynyddoedd cyntaf yn y Senedd bob pryder a feddwn ynglŷn â diffygion San Steffan. 'Roeddwn — ac 'rwyf — yn fwy argyhoeddedig nag erioed na chawn gyfundrefn lywodraeth foddhaol i Gymru nes y cawn ein Senedd ein hunain ar dir Cymru, yn atebol i drigolion ein gwlad.

1. *Hansard* Pwyllgor; 1 Mai 1986, Col 1929

Cymru ac Ewrop

Un o ddadleuon mawr y saithdegau, fel yn y nawdegau, oedd perthynas Prydain ac Ewrop. Yn ystod Senedd 1970-74, cyn i mi gael fy ethol, 'roedd Ted Heath a'i Lywodraeth Geidwadol wedi mynd â Phrydain i mewn i'r Farchnad Gyffredin, ond 'roedd y pleidiau gwleidyddol i gyd y pryd hwnnw, fel heddiw i raddau, wedi eu hollti ar y mater.

'Roedd Llafur wedi hollti cymaint onid mwy na'r Torïaid. Ar y naill law 'roedd y garfan *Social Democrat* o fewn Llafur — pobl fel Roy Jenkins — yn frwd iawn dros Ewrop. 'Roedd yr Adain Chwith — pobl fel Peter Shore a Tony Benn — yn ffyrnig yn erbyn. Felly 'roedd gan Harold Wilson broblem pan ffurfiai Lywodraeth ym 1974. A oedd Prydain i aros yn y Gymuned ai peidio?

I osgoi wynebu'r broblem, ateb Wilson oedd cynnal refferendwm a chael ei wahanol garfanau i beidio â ffraeo ymhlith ei gilydd nac ymrannu tan gyfnod ymgyrchu'r refferendwm ym 1975.

Os oedd cwestiwn Ewrop yn broblem i'r Llywodraeth, 'roedd yn broblem i Blaid Cymru hefyd, a cheid gwahaniaeth barn o fewn ein plaid seneddol. 'Roedd fy agwedd i tuag at Ewrop yn dra gwahanol i agwedd fy nghyd-aelodau seneddol, ac yn wir, yn wahanol i'r rhan fwyaf o aelodau'r Blaid bryd hynny. Credwn yn gryf yn y syniad Ewropeaidd. Ceisiaf egluro'r cefndir a'r modd y datblygodd syniadau'r Blaid am y Gymuned Ewropeaidd, o'r saithdegau hyd heddiw.

I rai, efallai y bydd hyn yn swnio'n anghyson, ond bu'r deimensiwn Ewropeaidd yn rhan annatod o'm cenedlaetholdeb byth ers i mi ddechrau coleddu syniadau gwleidyddol. I ryw raddau, 'roedd hyn oherwydd dylanwad sylweddol un llyfr a ddarllenais ym 1959, a minnau'n un ar bymtheg oed. Y llyfr hwnnw oedd *The Breakdown of Nations* gan yr Athro Leopold Kohr, Awstriad a oedd ar y pryd yn Athro Economeg ym Mhrifysgol Puerto Rico. Tan hynny, ni fu ganddo fawr ddim cysylltiad â Chymru. Daeth i sylweddoli mor debyg oedd ei syniadau ef a rhai Plaid Cymru wedi i Gwynfor Evans ysgrifennu ato ar ôl darllen adolygiad digon ffiaidd ar y llyfr yn yr *Observer*. Dyfynnodd yr adolygydd baragraff byr a brofai i Gwynfor, yn ei eiriau ef, fod Leopold Kohr 'yn siarad ein hiaith ni'. Anfonodd Gwynfor gopi o *'Welsh Nationalist Aims'* ato.

Bu'r cysylltiad yn un clós wedyn, gyda'r Athro Kohr yn dod yn gyfaill i'r Blaid. Am flwyddyn bu ar staff Coleg Abertawe, ac ar ôl ymddeol ymunodd ag Adran Allanol Coleg y Brifysgol, Aberystwyth, lle 'roedd Alwyn D. Rees yn bennaeth.

'Roedd dadl ganolog y llyfr yn un chwyldroadol, yn arbennig i'r oes oedd ohoni yn y pumdegau. Bryd hynny, y rhesymeg gonfensiynol oedd pwysigrwydd maintioli. Dylai popeth — busnes a diwydiant, colegau ac ysgolion, a gwledydd hefyd — uno i ffurfio unedau mawrion. 'Roedd oes y pethau bychain ar ben. Dyma'r cyfnod pryd y byddai cwmni yn llyncu cwmni, sir yn uno â sir, ysgolion enfawr yn disodli'r rhai traddodiadol, a ffermydd yn cydio maes wrth faes i greu 'unedau economaidd'. A'r ddadl a wynebai genedlaetholwyr Cymreig oedd y ddadl fod 'Cymru'n rhy fach i'w llywodraethu ei hun'.

Chwalodd Kohr y ddadl hon. Dadleuai ef mai'r 'mawr' oedd hanfod pob problem: *Wherever something is wrong, something is too big,* meddai.

Edrychodd ar ymddygiad pobl, fel y collent eu rhinweddau a throi'n farbaraidd o ganlyniad i gael eu heidio i unedau annaturiol o fawr:

'If a body of a people becomes diseased with a fever of aggression, brutality, collectivism, or mass idiocy, it is not because it has fallen victim to bad leadership or mental derangement. It is because human beings, so charming as individuals or in small aggregations, have been welded into overconcentrated social units such as mobs, unions, cartels, or great powers. That is when they begin to slide into uncontrollable catastrophe.'[1]

Datblygodd y ddamcaniaeth i esbonio problemau bywyd dinesig, aneffeithiolrwydd corfforaethau mawr, natur annynol undebau llafur rhy fawr, a diffyg democratiaeth y gwledydd enfawr. Pwysleisiodd mai'r gwledydd mwyaf blaengar, yn wleidyddol ac yn gymdeithasol, oedd y gwledydd bychain, megis Swisdir, Denmarc, Sweden, Norwy a Gwlad yr Iâ.

Dadleuodd, yng nghyd-destun heddwch byd, mai grym gormodol, nid drwg cynhenid, a achosai ryfeloedd. Gan fod grym pob gwladwriaeth yn unol â'i maint, dylid cadw unedau gwleidyddol yn fychan er mwyn osgoi dinistr y byd.

'Whenever a nation becomes large enough to accumulate

the critical mass of power, it will in the end accumulate it. And when it has acquired it, it will become an aggressor.'[2]

Yn ôl Kohr, maint grym gwladwriaeth a achosodd y trychinebau mawr yn erbyn dynoliaeth, megis gan y Natsïaid yn yr Almaen, gan y Tsariaid a'r Bolsieficiaid yn Rwsia, gan Ymerodraeth Prydain yn yr India a'r teyrnasiad Pabyddol yn Ffrainc. *'Everyone having the power will in the end commit the appropriate atrocities,'* meddai.

O weld y math o beryglon a ddeilliai o greu gwladwriaethau mawr a grymus, dadleuai Kohr y dylid chwalu'r hen wladwriaethau hyn a fu'n achos cymaint o ddinistr ar gyfandir Ewrop, ac yn eu lle, creu map gwleidyddol newydd:

'This, then, would be the new political map of Europe. With the great powers of France, Great Britain, Italy and Germany eliminated, we now find in their place a multitude of small states such as Burgundy, Picardy, Normandy, Navarre, Alsace, Lorraine, Saar, Savoy, Lombardy, Naples, Venice, a Papal State, Bavaria, Baden, Hesse, Hanover, Brunswick, Wales, Scotland, Cornwall and so forth . . .'[3]

Rhagwelai Ddwyrain Ewrop (Comiwnyddol bryd hynny) a rhanbarthau Sbaen (totalitaraidd bryd hynny) fel rhan o'r cyfandir newydd hwn; patrwm difyr, o feddwl am ddatblygiadau'r nawdegau. Enwodd yn benodol Aragon, Valencia, Catalonia, Castile, Galicia, Warsaw, Bohemia, Moravia, Slovakia, Ruthenia, Slavonia, Slovenia, Croatia, Serbia, Macedonia, Transylvania, Moldavia, Walachia a Bessarabia. Ac fel pe bai'n gorfod cyfiawnhau, ychwanegodd:

'There is nothing artificial in this new map. It is, in fact, Europe's natural and original landscape . . . The great powers are the ones which are artificial structures and which, because they are artificial, need such consuming efforts to maintain themselves. As they did not come into existence by natural development, but by conquest, so they cannot maintain themselves except by conquest — the constant reconquest of their own citizens through a flow of patriotic propaganda setting in at the cradle and ending only at the grave.'

Rhybuddiodd mai dim ond o fewn gwladwriaethau bychain y gellid cael democratiaeth fewnol effeithiol, oherwydd dim ond yn y rheini y byddai'r dinesydd yn ddigon agos at ei lywodraethwyr fel na fyddent yn anghofio amdano. Mewn brawddeg sy'n berthnasol iawn i'r Brydain gyfoes, dywed am lywodraeth gwledydd bychain:

'They will never be able to hide themselves in mysterious shrouds under whose cover they might take on the dim and aloof appearance of supermen . . . the citizen will have no difficulty in asserting his will, if the state is small. Whatever his official designation, he will never be a subject.'[4]

Soniodd am ddinasyddion Liechtenstein: pe dymunent gael gair gyda'u Tywysog, gallent ganu cloch drws ei gastell! (Ai dyna ble cafodd Dafydd Iwan y syniad o 'gnocio ar ddrws ei dŷ'?!) Daeth hyn yn fyw iawn i mi yn ystod yr wythdegau, pan fu Elinor, Eluned, Hywel a minnau yn Seland Newydd. Gofynnais i'r awdurdodau am gael cyfarfod â'r Prif Weinidog, David Lange, a oedd yn dipyn o arwr am wrthod i longau tanfor niwcliar America ddod i borthladdoedd ei wlad.

Tybiwn, pe bawn yn ffodus, y cawn bum munud gydag ef, a dim mwy. Cawsom wahoddiad i'w gyfarfod mewn parti gardd un nos Sadwrn yn Auckland. Dychmygais y byddai cannoedd yno, megis yn y *garden parties* yn Llundain, ac y byddwn yn ffodus pe cawn ysgwyd llaw ag ef. Gellid dychmygu ein syndod pan gawsom fynd fel teulu i ardd gefn ffrindiau i ni a dyna lle 'roedd Lange yn llewys ei grys yn yfed lager o dûn, a ninnau, gyda phump neu chwech o gyfeillion eraill, yn cael dros awr o sgwrs hamddenol braf am broblemau'r byd.

Ond yn ôl at Kohr. Credai fod yn rhaid cael ffiniau, ond nad oedd raid i'r ffiniau hynny fod yn rhwystr. Bron nad oedd yn dadlau fod 'pwysau pobl' o fewn eu cynefin cywir yn creu ffiniau heb angen muriau, mewn modd digon tebyg i'r 'llinell wen' anweledig ar lethrau mynydd sy'n diffinio eu cynefin i'r defaid. Dadleuodd dros ryddid gwleidyddol o fewn fframwaith economaidd ehangach:

'Political particularism does not automatically entail economic particularism . . . Boundaries are no barriers. It is the barriers which are detrimental to human development . . . The new economic map of Europe . . . would show no barrier at all.'[5]

Yn hyn o beth 'roedd ei weledigaeth yn un allblyg, gyda gwledydd bychain yn cydweithio o fewn fframwaith, nid ffraeo ynglŷn â ffiniau. Yn ei Ewrop ef byddai Serbia a Chroatia yn cyd-fyw, nid yn ceisio ail-greu gwladwriaethau'r gorffennol o fewn ffiniau haearnaidd.

'Roedd ganddo hefyd weledigaethau pwysig eraill. Seiliai ei drefn ar egwyddor cynrychiolaeth gyfrannol

(PR), a oedd yn allweddol i'w syniadau. Rhagwelai chwalu'r Ymerodraeth Sofietaidd, gyda'r unedau naturiol, hanesyddol yn sail i drefn newydd; syniadau sy'n amserol iawn heddiw.

Trwy'r dadansoddiad hwn, agorodd Leopold Kohr fy llygaid gan greu yn fy meddwl ddarlun o'r Ewrop newydd a allai ddatblygu; un ffederal (yn ystyr cyfandirol y gair; confederal yn ein hystyr ni), ddatganoledig, gyda Chymru yn uned naturiol mewn cyfandir heddychlon.

Gellid crynhoi ei weledigaeth i'r geiriau *'harmonisation not unification'*, sef cydweithrediad rhwng cymunedau naturiol, heb ffiniau dianghenraid, a heb ffurfio un wladwriaeth. Hanfod ei ddadansoddiad oedd prydferthwch y pethau bychain, a sut mae'r bach yn gallu asio'n gydnaws â'r patrwm mwy: cymuned a chyfandir mewn cyd-ddealltwriaeth.

Gadawodd llyfr Kohr argraff ddofn arnaf: cymaint felly nes i mi freuddwydio (yn llythrennol) fy mod yn annerch torf enfawr yn yr awyr agored — yn Vienna am ryw reswm — gyda chynrychiolwyr yr Ewrop newydd o'r cymunedau bychain ynghyd! Hynny cyn i mi erioed annerch dim byd mwy na chymdeithas ddadlau yr ysgol!

Mae'n rhyfeddol fy mod wedi darllen y gwaith hwn gan Leopold Kohr cyn i mi erioed ddarllen unrhyw lyfr gan Gwynfor Evans na Saunders Lewis. Ond yn fuan ar ôl i mi ddod ar draws athroniaeth yr Athro Kohr, deuthum i wybod am wreiddiau Ewropeaidd y Blaid Genedlaethol. Yno, yng ngwaith sylfaenydd y Blaid,

Saunders Lewis, 'roedd y cyfan eisoes yn rhan annatod o'r weledigaeth.

Mae'r ffrwd Ewropeaidd, wrth gwrs, yn llifo drwy farddoniaeth a dramâu y 'dysgedicaf yn ein mysg' ac yn rhan sylfaenol o'i wleidyddiaeth. Yn ei gyfrol *Canlyn Arthur*, daw hyn yn eglur o'r dechrau: mewn ysgrif yn ôl ym 1926, gosododd ei Gymru fel rhan o'i gyfandir. Edrychai tuag at Ewrop am gyfiawnhad i'r genedl fel uned wleidyddol:

'Y wlad neu'r genedl yw'r ffurf normal ar gymdeithas yn Ewrop. Honno a gafwyd bellach drwy brofiad cenedlaethau yn ddigon bach i'w hanwylo ac yn ddigon mawr i ddynion fyw'n llawn ynddi. Hon yw sylfaen gwareiddiad y Gorllewin.' [6]

Mewn erthygl ym 1927 ceryddodd arweinwyr imperialaidd Prydain am osod anghenion yr Ymerodraeth Brydeinig uwchlaw Cynghrair y Cenhedloedd:

'. . . y mae Lloegr — ysywaeth, rhaid inni ddweud, y mae Prydain Fawr — er ei bod hi yn naturiol ac yn ddaearyddol ac o ran yn hanesyddol yn perthyn i Ewrop . . . eto yn gwadu ei pherthynas a'i chyfrifoldeb ac yn gadael Ewrop heddiw, megis ym 1914 a chynt, yn ansicr am ei pholisi.' [7]

Mae'r sylwadau hyn mor berthnasol i agwedd y Llywodraeth Geidwadol at Ewrop heddiw. Aeth Saunders Lewis ymlaen i wneud gosodiad trawiadol o gynamserol:

'Dwyn undeb politicaidd ac economaidd i

Ewrop yw un o anghenion cyntaf ein canrif ni.'

Yna aeth i hwyl go-iawn, gan bwysleisio lle hanfodol Ewrop ar agenda gwleidyddol Cymru:

'Gobaith heddwch gwleidyddol Ewrop yw cael Prydain yn rhan hanfodol o undeb cenhedloedd Ewrop . . . Ond ym Mhrydain a oes traddodiad Ewropeaidd? A oes yma genedl a fu'n rhan wreiddiol o wareiddiad y Gorllewin, yn meddwl yn null y Gorllewin ac yn gallu deall Ewrop a chydymdeimlo â hi? Yr ateb yw: Cymru. Y Cymry yw'r unig genedl ym Mhrydain a fu'n rhan o Ymerodraeth Rufain, a sugnodd laeth y Gorllewin yn faban, a chanddi waed y gorllewin yn ei gwythiennau. Fe all Cymru ddeall Ewrop, canys y mae hi'n un o'r teulu.' [8]

Mewn erthygl arall yn yr un gyfrol, ceryddodd Saunders Lewis Lywodraeth Lafur 1929 am gefnogi agwedd imperialaidd Lloegr yn erbyn gweledigaeth Ewropeaidd, pan ysgrifennodd mai dyma'r Llywodraeth 'a wrthododd yn ddiamynedd femorandwm M. Briand, gweinidog tramor Ffrainc, o blaid Undeb Gwledydd Ewrop'. [9] O ddarllen hyn, ac o feddwl am wrthwynebiad Llafur yn y saithdegau i goleddu syniadaeth Ewrop, ac o feddwl sut y symudodd Kinnock ei blaid i'r mowld traddodiadol Brydeinig yn yr wythdegau, ni ellir peidio â chredu nad oes dim yn newid byth.

Ond ceir darlun cyflawn o weledigaeth Saunders Lewis mewn un gosodiad yn ei draethawd ar Thomas Masaryk, y gwladgarwr a chenedlaetholwr Bohemaidd. Dywed am Masaryk:

'. . . iddo ef, yr oedd bod yn Fohemiad da yn golygu bod yn Ewropead da hefyd.'[10]

Gwrthgyferbynnai genedlaetholdeb Arthur Griffith, y gweriniaethwr Gwyddelig, â Masaryk, gan ddatgan yn arwyddocaol:

'. . . yr oedd gan Fasaryk bob amser ddau gartref, Bohemia ac Ewrop. Dyna'r unig genedlaetholdeb y gallaf i ei edmygu.'

A minnau hefyd. 'Roedd yn rhyddhad ac yn galondid i mi sylweddoli bod gan y Blaid a arddelwn wreiddiau o'r fath. Tyfodd fy ngwleidyddiaeth innau o'r gwreiddiau hyn, ac nid oedd gennyf y bwriad lleiaf i fradychu'r weledigaeth Ewropeaidd er mwyn ennill pleidleisiau hawdd yn y saithdegau.

★ ★ ★

Yn y pumdegau a'r chwedegau, pardduwyd y Blaid yn gyson am fod yn cefnogi 'arwahanrwydd' (separatism). Honnwyd ein bod yn dymuno codi mur rhwng Cymru a Lloegr, atal symudiadau pobl a nwyddau, ffurfio ein byddin, ein llu awyr a'n llynges ein hunain, ac, yn gyffredinol, ein torri ein hunain i ffwrdd oddi wrth y byd mawr y tu allan.

Dyma reswm arall paham yr oedd y deimensiwn Ewropeaidd yn bwysig. 'Roedd y Blaid yn dadlau dros farchnad gyffredin rhwng gwledydd Prydain, ond gallai hyn ymddangos fel adwaith i gyhuddiadau yn ein herbyn. O argymell, yn bositif, ddymchwel muriau a chreu cymuned ehangach, amlieithog, gan bontio hen raniadau, deuai'r syniad yn llawer mwy cynhyrfus a deniadol.

Wrth ddadlau fel hyn gallem droi'r byrddau ar ein

gelynion. 'Roedd amryw ohonynt, o fewn y Blaid Lafur yn ogystal â'r Blaid Geidwadol, yn Brydeinwyr mewnblyg, unieithog, cul ac ynysig. Yn reddfol, gwrthwynebent i Brydain ildio unrhyw sofraniaeth i sefydliadau Ewropeaidd; mewn gwirionedd, 'roeddynt yn llawer mwy ynysig na ni. Hwy fyddai'r 'arwahanwyr' newydd yng ngoleuni'r ddadl Ewropeaidd.

'Roeddwn innau'n ymateb fel un o'r to newydd nad oedd yn cofio'r ail ryfel byd; un o'r genhedlaeth nad oedd Ymerodraeth Prydain yn golygu llawer iddi; yn enwedig o weld fod Mr McMillan ar y pryd yn prysur roddi annibyniaeth i resi o wledydd bychain llai na Chymru o ran maint ac adnoddau.

Fel Cymro Cymraeg, sylweddolwn bwysigrwydd ein gwreiddiau Ewropeaidd, o ran iaith, diwylliant, hanes a chrefydd. Ac o ddod i ddeall bod ar gyfandir Ewrop lawer cenedl fechan fel Cymru, gyda'u hiaith eu hunain, a dyhead am ymreolaeth, yr oedd yn naturiol imi chwilio am fodel a ganiatâi i'r cymunedau hyn, gyda'i gilydd, ennill eu hawliau. **Rhesymau gwleidyddol, nid economaidd, a'm denodd at Ewrop.**

I mi, yn fachgen ysgol, synnwyr cyffredin oedd hyn. Yn anffodus nid felly y gwelid pethau gan amryw o fewn y Blaid ar y pryd. Yn y chwedegau, ac yn arbennig yn y saithdegau cynnar, llyncwyd athroniaeth y Chwith Seisnig a gredai mai datblygiad peryglus oedd y mudiad Ewropeaidd. 'Roedd Cytundeb Rhufain, yn eu tyb hwy, yn siartr i gyfalafwyr reibio'u gweithwyr. Byddai Ewrop, o reidrwydd, yn ymdebygu i'r Deyrnas Gyfunol gyda'i threfn ganolog-wladwriaethol. Byddai'r economi yn sugno popeth i'r canol. Ar y gwaethaf, deuai Ewrop yn floc niwcliar, a fygythiai ddyfodol y byd. Llawer gwell cadw at yr ynys hon, a cheisio rhyw lun o annibyniaeth o fewn Prydain ond ar wahân i Ewrop. Dyna'r ddadl gonfensiynol o fewn y Blaid pryd hynny.

Hyd yn oed yn y pumdegau 'roedd yn ddadl amheus, ond ar ôl i Brydain ddod yn aelod llawn o'r Gymuned 'roedd yn ddadl chwerthinllyd. Rhesymeg y ddadl oedd y byddai Lloegr yn rhan o'r Gymuned, Cymru oddi allan, a rhywsut neu'i gilydd, marchnad gyffredin rhwng Cymru a Lloegr!

Coleddid syniadau gwrth-Gymuned nid yn unig gan y Chwith eithafol o fewn y Blaid ond gan sawl cenedlaetholwr 'traddodiadol', a defnyddio'r term cyfoes.

Y gwahaniaeth mawr rhwng agwedd y gwrth-farchnadwyr a minnau oedd hyn: dadleuent hwy na ddylai Cymru fynd i mewn i'r Farchnad Gyffredin, heb iddi yn gyntaf ennill hunanlywodraeth, ac mai'r llywodraeth honno a ddylai drafod ein telerau arbennig ni. Ni fyddai aelodaeth yn dderbyniol heb ailwampio cytundeb Rhufain, ac ar ôl gwneud hynny dylai pobl Cymru gael cyfle i dderbyn neu wrthod y telerau mewn refferendwm.

I mi, 'roedd hyn yn afreal, gan na fyddai Senedd gyda phwerau rhyngwladol o fewn cyrraedd Cymru am gyfnod maith, ac yn y cyfamser, byddai'n fanteisiol i bobl Cymru fod yn rhan o gyfundrefn Ewrop, er mwyn torri'n rhydd o'r ddibyniaeth seicolegol hanesyddol ar Lundain.

O fewn yr Ewrop newydd, gallem wneud cyfeillion gwleidyddol o blith y cenhedloedd bychain a'r rhanbarthau hanesyddol, pobl a ddymunai, fel ninnau, adeiladu Ewrop ddatganoledig, amlieithog. Afresymol oedd credu y gallem lunio'r Ewrop newydd ar ein pen ein hunain. Byddai'n sarhad ar weddill Ewrop i ni feddwl mai ni yn unig a feddai'r weledigaeth, a ninnau heb fawr ddim profiad Ewropeaidd diweddar ar ôl canrifoedd o lechu oddi ar arfordir y cyfandir. Mewn cydweithrediad â chyfeillion o'r un dyheadau â ni, 'roedd llawer mwy o obaith. Dylem fod yno, yn eu plith, yn frwd ein hafiaith dros gyfandir newydd, yn cydweithio i greu'r math o gymuned a fyddai'n dderbyniol i ni oll.

Yn hyn o beth, nid oeddwn ar fy mhen fy hun o fewn y Blaid. Cawsom drafodaethau hynod ddifyr yng Ngrŵp Ymchwil y Blaid yn y chwedegau, a chanfûm fod cyfeillion megis Dr Dafydd Huws yn rhannu llawer o'r syniadau hyn. Dysgais hefyd gan fy nhad yn nghyfraith, Emrys Bennett Owen, a fu'n edmygydd mawr o Saunders Lewis ers y tridegau, sut yr oedd ef, trwy ei brofiad fel Ysgrifennydd Cyffredinol Undeb Amaethwyr Cymru, wedi dod i sylweddoli pwysigrwydd y Gymuned Ewropeaidd i Gymru. Mynnai mai Llundain oedd y broblem, o safbwynt buddiannau amaethwyr Cymru, ac y caem lawer gwell gwrandawiad ym Mrwsel nag a gaem byth yn San Steffan.

Dyna oedd fy mhrofiad innau pan gefais gyfle i ymweld â sefydliadau'r Gymuned. 'Roedd holl ymddygiad yr 'Ewrocratiaid' — gweision sifil y Comisiwn yr hoffai papurau Saesneg megis yr *Express* wneud cymaint o fwgan ohonynt — yn llawer mwy agored a rhesymol na'r hyn a welais ymhlith gweision sifil Prydain. Cyfundrefn agored oedd un Brwsel, mewn gwrthgyferbyniad amlwg â chyfundrefn gaeëdig a chyfrinachol Llundain. A phan ddaeth cyfeillion o Gymry megis Aneurin Rhys Hughes, Hywel Ceri Jones a Gwyn Morgan i swyddi allweddol o fewn y Gymuned daeth yn fwyfwy amlwg y gallai Cymru elwa ar y cyddestun Ewropeaidd.

'Roedd profiad Iwerddon hefyd yn wers i mi. Gwelodd arweinwyr Iwerddon gyfle euraid i osgoi byw o dan gysgod economaidd Llundain, i gael marchnad 'gartref' lawer ehangach na'r hyn a gynigiai poblogaeth o dair miliwn, ac i gydweithio â gwleidyddion gwledydd bychain eraill a oedd yn gyfeillion naturiol i'r Weriniaeth. Profodd Iwerddon y manteision o fod yn uned fechan o fewn y Gymuned. Gallai'r gweddill ganiatáu i Iwerddon ei heithrio ei hun a chael triniaeth arbennig (*derogations* yn nherminoleg y Comisiwn) na ellid ei chaniatáu byth i wladwriaeth fawr fel Prydain. Enghraifft o hyn oedd y cymorth buan a roddodd y Gymuned i amaethwyr Iwerddon yn ystod eu helyntion ym 1973-4. Yn ôl yr Athro Martin O'Donoghue o Brifysgol Dulyn:

'*Irish farmers have had a practical demonstration of the Community's ability, and willingness, to assist a member state experiencing severe difficulties.*'[11]

Gwelwyd hyn eto adeg y cwotâu llaeth ym 1984 pan gafodd Prydain, a Chymru yn ei sgîl, doriadau erchyll o 6% yn lefel y cynnyrch llaeth a ganiatâi'r Gymuned, ond cafodd Gweriniaeth Iwerddon driniaeth arbennig, a chodiad o 1% yn ei chwota. Nid yw'n syndod fod y Gwyddelod wedi pleidleisio 83% dros fynediad i'r

Gymuned yn eu refferendwm ym 1972. Yng ngeiriau O'Donaghue eto:

'Ireland, in common with many small nations, had long realised that political independence can become largely illusory if it is allied to economic dependence. Participating in the task of creating that European Union which is the goal of the Community was welcomed as an opportunity for exercising political sovereignty in a positive and worthwhile manner that could contribute, not alone to the betterment of the European peoples themselves, but also to the development of poorer nations.'[12]

Tua diwedd y chwedegau ac yn y saithdegau cynnar, ceisiais gyfeirio polisi'r Blaid tuag at Ewrop. Dadleuais dros hyn ar lwyfannau'r Blaid, a lluniais erthyglau i'r papurau.

Ym 1972, pan oedd mynediad Prydain i'r Farchnad Gyffredin yn cael ei drafod gan Edward Heath, tybiwn fod yr amser yn briodol i geisio ail-lunio polisi'r Blaid, ynglŷn â'r Gymuned Ewropeaidd. Ysgrifennais yn y *Welsh Nation*, ym Medi 1972, o dan y pennawd *'Rethink on Europe'*.

'As from 1st January next, we shall be part of the EEC, an economic and political community with immense implications. Plaid Cymru's policy has been 'No Voice — No Entry!' We rightly believed that as Wales is treated as a fringe in the UK, there is every danger of her becoming a fringe-on-a-fringe in the European context. Thus some form of self government is essential.

'But however wellfounded our fears, and whatever our misgivings about the way in which the Tories have rushed

us into Europe, what really matters now is that Wales makes the best of the new situation.' [13]

Euthum ymlaen i amlinellu'r tri dewis a ragwelwn i Gymru. Y cyntaf oedd dod allan o'r Gymuned, hyd yn oed pe bai Lloegr yn aros i mewn. Rhybuddiais nad oedd hyn yn ymarferol: gwahanol iawn yw amgylchiadau Cymru i rai'r Swisdir, a'r perygl oedd sefydlu rhyw fath o Albania yng ngogledd Ewrop.

Yr ail ddewis oedd ymgyrchu i dynnu Prydain allan o'r Gymuned, gan bwyso ar ein hen bolisi o Gonffederaliaeth Brydeinig. Gwelwn beryglon mawr i'r Blaid yn y cyfeiriad hwn hefyd, a rhybuddiais:

'Plaid would be fighting to influence the English political scene rather than the Welsh scene. A long-term implication of this could be that Plaid Cymru would find allies not only in Scotland, but also in north-east and north-west England, and over a period of time, would develop into a British party.' [14]

Ofnaf mai dyna'n union a ddigwyddodd yn y saithdegau a'r wythdegau, a mawr oedd y pris a dalwyd gan Gymru am ddilyn y llwybr anffodus hwn.

Y trydydd dewis, sef yr un a ffafriwn i fy hun, oedd edrych ar Gymru yn yr un cyd-destun â gwledydd bychain eraill o fewn y Gymuned, ac ymladd am ein hawliau democrataidd oddi mewn i'r Ewrop newydd. Dadleuais yn yr un erthygl:

'Side by side with the democratic forces of other micronations of Europe, Plaid could lead the fight to decentralise the European state which is emerging . . . In urging such a transformation, Plaid Cymru would be taking a major lead within the European context, and since the problems

associated with central control are bound to become a growing worry for many communities, Plaid politics will become part of the mainstream of European development. To me, this third and European alternative offers an exciting and relevant role for Plaid Cymru to play in the last quarter of the 20th century.' [15]

'Roedd yr erthygl hon yn gefndir i ddadl yn ein Cynhadledd yn y Rhyl y flwyddyn honno. Er nad oedd y cynnig a roddwyd gerbron mor bellgyrhaeddol â'r hyn y byddwn i wedi ei hoffi, fe barodd y ddadl i ni ailystyried ein safbwynt, gan annog sefydlu'n ddi-oed 'Gomisiwn ar Ewrop' i lunio'r newidiadau priodol yn ein polisi, a'r rheini i gael eu hystyried gan y Gynhadledd ym 1973.

Gwaetha'r modd, fe achosodd hyn adwaith ffyrnig ymysg aelodau Chwith y Blaid, a dueddai i edrych arnaf fi fel rhyw fath o 'fwgan corfforaethol', gan fy mod yn bennaeth cyllid corfforaeth ryngwladol, sef cwmni Hoover, ar y pryd. Anwybyddai'r cyfeillion hyn un ddadl allweddol dros ymuno â'r Farchnad, sef bod angen Cymuned Ewrop i allu rheoli corfforaethau rhyngwladol enfawr sy'n meddu mwy o rym economaidd nag sydd gan lywodraeth ambell wlad unigol.

Ysgrifennwyd llythyrau dig i'r *Western Mail* a'r *Welsh Nation* yn gwrthwynebu unrhyw newid yn ein polisi. Cyhoeddwyd ateb i'm dadleuon yn y *Welsh Nation* gan ohebydd o Gaerdydd:

'The people of Wales, like those of the rest of Britain, should have no truck with such an organisation as the EEC which was conceived not to consolidate true internationalism

(but) the increase of profits of vast business monopolies.'[16]

Dywedodd Ted Spanswick o Went, aelod o Gyngor Cenedlaethol y Blaid, fy mod mewn *'world of make believe'*, gan ychwanegu mai'r cymhellion oedd:

' . . . *the hankering after old imperial glories, and the insatiable desire for commercial exploitations over new horizons . . . What we cannot get out of Westminster, we shall certainly never get out of the autocratic structures of the EEC.'[17]*

Bu'r math yma o edliw yn ffrwtian drwy'r gaeaf, ac yn y gwanwyn, yr oedd aelod arall o Adain Chwith y Blaid, yntau o Went, yn taranu:

'This silent majority . . . will not stand idly by, whilst the principles of nationalism are sacrificed . . . any who may have been swayed or discouraged by the recent pro-Europe statements, the battle is just commencing . . . The Blaid does not accept the Act of Union thrust on Wales by an alien parliament . . . it will not, cannot, accept Brussels rule . . .'[18]

Yn ystod y cyfnod hwn ceisiais lunio cynnig i'n Cynhadledd a fyddai o leiaf yn caniatáu agwedd bositif tuag at y Gymuned Ewropeaidd, sef mai da o beth fyddai i Gymru fod yn rhan o'r Gymuned, pe bai modd cael llais uniongyrchol a thelerau derbyniol. Ond 'roedd y llanw gwrth-farchnad yn gryf, ac 'roedd yn well gan y mwyafrif gadw'n gwbl glir o'r Farchnad Gyffredin, doed a ddelo. 'Doedd y Blaid y pryd hwnnw ddim yn medru gwerthfawrogi'r posibiliadau gwleidyddol aruthrol o ddilyn trywydd Ewrop. Gydag amryw o'r arweinwyr yn ofni creu gwladwriaeth enfawr, a Chymru ar ei hymylon, pasiwyd 'gwelliannau' i gynnig ar Ewrop yng Nghynhadledd Aberystwyth yn Ionawr 1975. Y canlyniad oedd mai gwrth-Farchnad Gyffredin a llugoer tuag at Ewrop fyddai delwedd y Blaid am gyfnod sylweddol. Yng nghrombil y cynnig a ffurfiai sylfaen polisi'r Blaid 'roedd y geiriau:

'Mae'r Gynhadledd yn ail-ddatgan gwrth-wynebiad Plaid Cymru i'r Gymuned Economaidd Ewropeaidd, ac i unrhyw awgrym o undeb gwleidyddol yn Ewrop.' [19]

O ganlyniad, pan ddaeth y refferendwm a benderfynai a fyddai Prydain yn parhau'n aelod o Gymuned Ewrop, ym Mehefin 1975, 'roedd y Blaid yn ymgyrchu dros bleidlais 'Na' i'r Gymuned. Ar yr un ochr i'r ddadl (ond am resymau gwahanol) 'roedd Chwith y Blaid Lafur, Adain Dde, jingöistaidd y Torïaid, y *National Front* a'r Blaid Gomiwnyddol.

Bu'n gyfnod anhapus iawn i mi. Pan ddaeth y bleidlais yn Nhŷ'r Cyffredin ar 9 Ebrill, 1975, allan o'r 14 cenedlaetholwr yn y Tŷ fe'm cefais fy hun yr unig aelod seneddol a oedd dros aros yn y Gymuned. 'Roedd dau o aelodau'r SNP, sef George Reid a Margaret Bain (Ewing bellach), er iddynt bleidleisio yn erbyn ymaelodi â'r Gymuned, hefyd yn anhapus. Yr eironi oedd mai hwy oedd y ddau ar chwith eu plaid seneddol, tra oeddwn innau'n cael fy ystyried gan Chwith y Blaid (yn annheg fe gredwn) fel yr un mwyaf i'r dde yn ein plaid seneddol ni. Pleidleisiodd y 13 aelod seneddol arall yn erbyn y Gymuned, gan rannu'r un lobi ag Enoch Powell, Teddy Taylor, Tony Benn, Gerald Kaufman, John Biffen, Peter Shore a Ronald Bell. Nid oeddwn am fradychu fy egwyddorion, ond 'roedd yn rhaid parchu penderfyniad Cynhadledd y Blaid, ac felly fe ataliais fy mhleidlais.

Fel y soniais eisoes, dyma'r cyfnod y teimlwn yn eithriadol o unig o fewn y Blaid ac y gelwais heibio Saunders Lewis yn ei gartref ym Mhenarth. Cawsom sgwrs hir am le hanfodol Cymru yn Ewrop. Teimlwn yn well. Os oeddwn ar yr un ochr â rhywun o'i fawredd ef, nid oeddwn ymhell o'm lle.

Yn ystod y refferendwm cynhaliais un cyfarfod yng Nghaernarfon ac un ym Mhwllheli i esbonio i'm hetholwyr paham y byddwn i, fel unigolyn, yn pleidleisio 'Ie' yn y refferendwm, a phaham yr oeddwn yn anghytuno â safbwynt fy mhlaid ar y mater. Ceisiais ymddwyn yn deg â'r Blaid, â'm hetholaeth ac â'm daliadau personol. Yn y diwedd, 'roeddwn yn hynod falch fod Cymru wedi pleidleisio dros aros i mewn yn y Gymuned, a hynny o fwyafrif helaeth, 65% o blaid a 35% yn erbyn. Pleidleisiodd pob sir dros aros i mewn, a Gwynedd (71%) oedd yr ail uchaf yng Nghymru. 'Roeddwn yn falchach byth fod y refferendwm ar ben.

★ ★ ★

Teimlais o'r cychwyn y byddai etholiadau Senedd Ewrop yn gyfle euraid i'r Blaid gyflwyno ei neges mewn awyrgylch amgenach na sioe *Punch & Judy* San Steffan. Byddai etholiadau uniongyrchol, a ddigwyddodd am y tro cyntaf ym 1979, yn caniatáu i ni gyflwyno achos Cymru mewn cyd-destun Ewropeaidd.

Yn anffodus, hyd yn oed ym 1979, 'roeddem yn dal i fod braidd yn oeraidd tuag at y Gymuned. Ym 1977, penderfynodd y Blaid wrthwynebu etholiadau uniongyrchol. Erbyn 1979, er gwaetha'r amgylchiadau hynod anffodus — wedi'r refferendwm Datganoli ar 1 Mawrth ac Etholiad Cyffredinol ar 3 Mai — fe ymladdwyd pob sedd gan y Blaid yn yr etholiad cyntaf i Senedd Ewrop ar 7 Mehefin, 1979. Mae'n werth nodi bod y Blaid wedi cael 11.7% o'r bleidlais dros Gymru gyfan yn yr etholiad hwnnw, o'i gymharu ag 8.1% yn yr Etholiad Cyffredinol fis yn gynharach.

'Roeddwn yn sicr fy meddwl y gallem ennill seddau yn Senedd Ewrop pe baem yn gweithio o ddifri ar ein llwyfan Ewropeaidd. Daeth gallu un ymgeisydd i ennill pleidleisiau yn amlwg i bawb: cafodd Ieuan Wyn Jones 19.3% yn sedd gogledd Cymru, gan ddangos dygnwch rhyfeddol wrth redeg y drydedd ymgyrch o fewn tri mis. Daeth hefyd yn adnabyddus i etholwyr Ynys Môn trwy'r ymgyrch hon, ac mae'r gweddill yn hanes!

Cynhaliwyd etholiad nesaf Senedd Ewrop ym 1984, pan oeddwn yn Llywydd y Blaid. Yn Etholiad Cyffredinol 1983 'roeddem wedi llwyddo i ddal ein tir, a dod o fewn trwch blewyn i ennill Ynys Môn, ond heb afael yn nychymyg ein cenedl. Gwelwn etholiad Senedd Ewrop yn gyfle i wneud hyn. Gallem greu ein hagenda ein hunain, yn hytrach nag ymateb i agenda Llundain a'r cyfryngau.

Treuliais bythefnos o wyliau ar Ynys Manaw, cyfnod digon hesb, ac eithrio'r syniad a dyfodd yn fy meddwl ynglŷn â sut y gallem fanteisio ar etholiadau Ewrop er lles y Blaid a Chymru. Y syniad a gefais oedd i'r ddau aelod seneddol, Dafydd Elis Thomas a minnau, sefyll y flwyddyn wedyn am Senedd Ewrop, y naill yn y Gogledd, a'r llall yng Nghymoedd y De.

Mantais fawr y strategaeth fyddai troi etholiad Senedd Ewrop yng Nghymru yn etholiad ynglŷn â'r Blaid. Pe bai'r ddau aelod seneddol yn sefyll, a dangos i'r byd ein bod yn ystyried y cyd-destun Ewropeaidd yn bwysicach na Llundain a Phrydeindod, byddai holl lygaid y cyfryngau ar y Blaid, a chaem gyfle i osod gerbron pobl Cymru y ddadl dros hunanlywodraeth mewn cyd-destun Ewropeaidd. Gellid gwneud hyn heb fod ynghlwm wrth y polareiddio ffiaidd sy'n tueddu i droi Etholiad Cyffredinol yn ras arlywyddol. Dangosai hefyd nad grym yn San Steffan oedd nod y Blaid, a byddai'n gyfrwng i ledu gorwelion pobl Cymru y tu hwnt i ffiniau ynysig Prydain.

Gwelwn fantais arall hefyd, o safbwynt cryfhau peirianwaith y Blaid. Gallai'r ddau ohonom gymryd cyfrifoldeb dros ddatblygu'r Blaid o fewn y sedd Ewropeaidd, gan greu canghennau a chynyddu aelodaeth. Efallai y deuai hyn yn batrwm i'r ddau ymgeisydd arall hefyd. Yn yr etholaethau Ewropeaidd, byddai'r etholwyr yn cael cyfle i bleidleisio dros Bleidiwr y byddai ganddo siawns o ennill — rhywbeth newydd a phur anarferol i rywun ar Lannau Dyfrdwy neu rannau o Went. Dros Gymru gyfan, gellid anelu at bleidlais o 20%, lefel uwch o lawer nag a gafwyd erioed o'r blaen.

O ennill sedd yn Senedd Ewrop, buasem wedyn yn ymadael â'n seddau yn San Steffan. Tybiwn y byddai'r gaseg eira a dyfai o ennill buddugoliaeth mor nodedig yn galluogi'r Blaid i gadw'r seddau yn San Steffan gydag ymgeiswyr eraill. Wedyn byddai gennym ddau aelod seneddol ychwanegol yn ein tîm amser llawn. O fewn ei etholaeth Ewropeaidd gallai aelod Senedd Ewrop weithio mewn naw neu ddeg o etholaethau San Steffan, gan helpu i ddatblygu ymgyrchoedd y Blaid yno.

Ar ôl datblygu'r syniad dros y gwyliau, fe'i trafodais gyda chyd-arweinwyr y Blaid. Cafodd groeso digon brwd gan Phil Williams (a fu'n ddigon gelyniaethus tuag at y Farchnad Gyffredin yn y saithdegau, ond a oedd, serch hynny, yn gwahaniaethu'n bendant rhwng y Gymuned economaidd a'r syniad Ewropeaidd). Cafodd groeso hefyd gan Dafydd Iwan. Ond 'roedd yr ymateb a gefais gan Bwyllgor Gwaith Cenedlaethol y Blaid yn llugoer. Rhoddwyd ar ddeall i mi na fuasent yn ystyried y mater oni bai bod Pwyllgorau Rhanbarth Meirion ac Arfon yn ei gefnogi. 'Roedd rhai ar y pwyllgor yn dadlau bod blas rhy 'unigolyddol' ar y syniad, gan ddibynnu ar bersonoliaethau adnabyddus i ennill y dydd, yn hytrach nag argyhoeddi pobl ar sail dadansoddiad economaidd. Dyma'r math o feddylfryd a geid o fewn y Blaid ar y pryd, a theimlwn rwystredigaeth oherwydd bod rhai yn ymddangos fel pe bai ganddynt fwy o ddiddordeb mewn datblygu syniadaeth academaidd nag mewn ennill grym gwleidyddol.

Euthum ati i ddarbwyllo'r cyfryw bwyllgorau. 'Roedd gan Arfon rai pryderon o safbwynt gorfod chwilio am ymgeisydd arall ar gyfer San Steffan pe bawn i'n ennill sedd yn Senedd Ewrop. Serch hynny, 'roeddent yn fodlon ystyried y mater ymhellach. Gwahanol iawn oedd agwedd Meirionnydd.

Cynhaliwyd Pwyllgor Rhanbarth ym Mlaenau

Ffestiniog nos Wener, 21 Hydref 1983 i ystyried hyn, ac aeth Dafydd Iwan a minnau yno i drafod y cynllun. Prin y gallaf gofio bod mewn cyfarfod mor anodd o fewn y Blaid. Tra oedd llawer o'r aelodau a fynychodd y cyfarfod yn hen gyfeillion o'r cyfnod pan oeddwn yn ymgeisydd ym Meirion, 'roedd hefyd rai newydd-ddyfodiaid pur elyniaethus yn y rhengoedd.

Yn fuan iawn daeth yn amlwg fod gwrthwynebiad cryf i'r syniad. 'Roedd Dafydd Elis Thomas yno, wrth gwrs, ond awgrymodd mai mater i'r pwyllgor ydoedd, ac y byddai'n dilyn eu harweiniad. 'Roedd yn bur amlwg i ba gyfeiriad y byddai hynny'n ei arwain. 'Roedd Dafydd Elis mewn sefyllfa eithaf anodd, ac ar y pryd ni wyddwn beth oedd ei ddymuniad personol. Mae'n bosibl fod y trafodaethau hyn wedi lliwio rhywfaint ar ei benderfyniad i newid ei safbwynt ar Ewrop rhwng 1983 a 1988. Cefais yr argraff fod cyfeillion Meirionnydd, ar ôl ymladd yn galed i ennill y sedd, a'i chadw, (a hynny yn erbyn gelynion gwleidyddol ac yn erbyn y Comisiwn Ffiniau a geisiodd ei chwalu), yn anhapus iawn ynglŷn â'r posibilrwydd o golli eu haelod seneddol. Chwarae teg iddynt am hynny; 'roedd yn gwbl ddealladwy. Amheuent a allai rhywun arall gadw'r sedd. Gwyddom bellach nad oedd angen iddynt bryderu: bu buddugoliaeth ysgubol Elfyn Llwyd ym 1992 yn brawf o hyn.

Ar wahân i boeni am gadw'r sedd, 'roedd blas gwleidyddiaeth chwithig, gwrth-Ewropeaidd ar rai sylwadau. Lled-awgrymodd ambell un mai doeth fyddai i mi, fel un a adawodd Feirion i sefyll yn Arfon, gadw fy mys allan o'r brywes! 'Roeddwn yn isel iawn fy ysbryd wrth deithio'n ôl adref gyda Dafydd Iwan.

Ymladdwyd etholiad Senedd Ewrop gan Blaid Cymru ym Mehefin 1984 gyda pholisi a oedd wedi dechrau cynhesu tuag at y Gymuned. Ond 'roedd yn rhaid pontio rhwng y rhai positif at Ewrop, fel Dr Dafydd Huws a Ieuan Wyn Jones ar y naill law, a'r rhai gelyniaethus ar y llaw arall. Er i mi fethu â chael yr aelodau seneddol i sefyll, mabwysiadwyd ymgeiswyr cryf — Dafydd Iwan yn y Gogledd, Dr Phil Williams yn y De-orllewin, Syd Morgan yn y De a Dafydd Williams yn y De-ddwyrain.

Darganfuwyd yn yr ymgyrch fod y cyd-destun Ewropeaidd yn un gwirioneddol addawol i ni. 'Roedd yr argyfwng amaethyddol yn uniongyrchol gysylltiedig â'r Farchnad Gyffredin. Dyma'r cyfnod y gosodwyd cwotâu ar laeth, gyda ffermwyr Cymru'n gorfod cwtogi 6% ar eu cynnyrch. Diffyg cynrychiolaeth Gymreig yn Ewrop oedd y rheswm am hyn, a mater cymharol hawdd oedd darbwyllo'r etholwyr o hynny. 'Roedd gan Iwerddon bymtheg aelod yn Senedd Ewrop, ond 'doedd gan Gymru (gyda phoblogaeth gyffelyb) ddim ond pedwar aelod. Cynrychiolid Iwerddon yng Nghyngor y Gweinidogion, ond nid oedd Ysgrifennydd Gwladol Cymru yn mynychu'r cyfarfodydd.

'Roedd canlyniad yr etholiad, drwy Gymru benbaladr, yn profi beth oedd y posibiliadau i'r Blaid mewn etholiadau ar gyfer Senedd Ewrop. Cafodd y Blaid 12.2% o'r bleidlais dros Gymru, o'i gymharu â 11.7% yn Etholiad Ewrop 1979, a 7.8% yn Etholiad Cyffredinol 1983. Dyma'r gefnogaeth fwyaf a gafwyd erioed hyd hynny mewn unrhyw etholiad. Llwyddwyd hefyd i gael taflen etholiad i bron bob tŷ yng Nghymru, cyfiawnhad arall dros gymryd yr etholiad o ddifri. Yn sedd y Gogledd, cododd Dafydd Iwan bleidlais y Blaid o'r 34,171 a gafodd Ieuan Wyn Jones ym 1979 i 38,117. Nid oedd gennyf unrhyw amheuaeth na allem fod wedi cael 20% o'r bleidlais Gymreig pe baem wedi dilyn y strategaeth a gynigiais i'r Blaid, a chael o leiaf yr ail safle yn sedd y Gogledd. Buasai hynny wedi bod yn sylfaen ardderchog i ni ar gyfer 1989.

★ ★ ★

Os collwyd cyfle ym 1984 i gyflawni camp wleidyddol drwy gyfrwng etholiadau Ewrop, fe lwyddwyd i wneud un peth: chwalu'r camsynied a wenwynai feddylfryd y Blaid ers ugain mlynedd, sef bod y Gymuned Ewropeaidd yn fygythiad i'n buddiannau cenedlaethol. Yn sgîl etholiad 1984, newidiodd pethau. Nid oeddem wedi'n llesteirio gan ffrae ynghylch pwy a ddylai fod yn Brif Weinidog. 'Roedd y dadleuon amaethyddol yn fanteisiol i ni. 'Roedd cael llais mor gryf ag Iwerddon yn Ewrop yn ddadl genedlaethol naturiol. O 1984 ymlaen, fe newidiodd y Blaid ei safbwynt yn raddol gan basio yng Nghynhadledd Cwm Rhymni ym 1987 gynnig gan y Pwyllgor Gwaith Cenedlaethol a agorai fel a ganlyn:

'Mae'r Gynhadledd yn cydnabod bod yn rhaid i Gymru gymryd ei phriod le fel cenedl Ewropeaidd, a bod yn rhaid iddi sefydlu cysylltiadau gyda chenhedloedd eraill Ewrop. Cydnebydd y Gynhadledd hefyd y denodd swyddogaeth Plaid Cymru fel y blaid fwyaf cymwys i amddiffyn Cymru mewn cyd-destun

Ewropeaidd ymateb positif gan etholwyr Cymru mewn etholiad Ewropeaidd blaenorol.'

O'r diwedd 'roedd y neges wedi cyrraedd adref. Pasiwyd cynnig sylweddol ar le Cymru yn Ewrop yng Nghynhadledd y Drenewydd ym 1988, ac erbyn cyhoeddi maniffesto etholiad Senedd Ewrop 1989, gallai'r Blaid ddatgan yn hyderus:

'Yr ydym am i Gymru ddod yn genedl gyflawn o fewn fframwaith yr Ewrop newydd sy'n un o ddatblygiadau hanesyddol mawr ein cyfnod . . . mae yna gyfle na welwyd mo'i debyg, o fewn fframwaith yr Ewrop newydd, i adeiladu ein cenedl o'r newydd hefyd. Oherwydd fe rannwn â llaweroedd — yn unigolion ac yn bobloedd — weledigaeth o Ewrop sy'n cael ei nodweddu gan amryfaledd, gan gyfiawnder cymdeithasol a democrataidd.'

Y maniffesto hwn, a luniwyd gan Dr Phil Williams, oedd yr un gorau a gynhyrchwyd hyd hynny gan Blaid Cymru. Erbyn yr etholiadau 'roeddem wedi llwyddo i greu partneriaeth gyda nifer o bleidiau bach y cyfandir, a rhannu elfennau o'r maniffesto ar y cyd â hwy, fel rhan o Gynghrair Rhydd Ewrop. Mae aelodau seneddol Ewropeaidd y Cynghrair yn cydweithio o fewn Grŵp yr Enfys yn Senedd Ewrop, sef pymtheg o aelodau yn cynrychioli pleidiau bach o'r Alban, Fflandrys, Denmarc, Iwerddon, Lombardi, Corsica, Sardinia, Andalwsia a Chatalonia yn ogystal â Phlaid Werdd yr Almaen.

Yn yr etholiad ar 15 Mehefin 1989, fe dderbyniodd Llywydd y Blaid, Dr Dafydd Elis Thomas, yr her a osodais ym 1984, ac fe safodd dros y Blaid yn sedd

Gogledd Cymru. 'Roedd yn hynod anffodus fod yr etholiad wedi dod ar yr union adeg ac, yn wir, yr unig adeg o fewn degawd pan oedd y Blaid Lafur ar i fyny. Yn gynharach y flwyddyn honno 'roeddynt wedi ennill sedd Bro Morgannwg mewn is-etholiad ac wedi cipio grym ar Gyngor Sir Clwyd ym Mai 1989.

Serch hynny, fe ymladdwyd ymgyrch galed gan y Blaid, a chododd y bleidlais yn sedd y Gogledd o 38,117, ym 1984 i 64,120. Cipiodd Llafur y sedd oddi ar y Torïaid. Treuliais ddyddiau'n canfasio, bron ym mhob cornel o'r etholaeth. Curais fwy o ddrysau nag a wneuthum mewn unrhyw etholiad ers i mi ennill Arfon ym 1974. Nid oedd yr ymgyrch bob amser yn un hapus, a chyda gwell ysbryd, gellid bod wedi cael mwy o weithwyr allan o ddrws i ddrws. Ond wedi dweud hynny, o dan yr amgylchiadau arbennig ar y pryd, ac o ystyried y mynydd 'roedd yn rhaid ei ddringo, ni chredaf fod y sedd o fewn ein cyrraedd. Pe bai'r etholiad chwe mis yn gynharach, efallai y byddai Dafydd Elis Thomas wedi ennill. Pe bai wedi sefyll o'r blaen ym 1984 'rwyf yn sicr y byddai wedi ennill ym 1989.

Siom fawr i Dafydd Elis yn bersonol oedd i bleidlais Lafur Dwyrain Clwyd aros yn gadarn; ychydig a ddaeth drosodd at y Blaid. Ond fe gawsom dros 30% o'r bleidlais yn Ne-orllewin Clwyd, Conwy a Maldwyn — seddau a ffiniai ar Feirion, a'r etholwyr yn gwybod am waith aruthrol Dafydd Elis Thomas fel aelod seneddol. Heb os, 'roedd yr etholiad hwn wedi gadael argraff ddofn arno ac wedi dylanwadu ar ei wleidyddiaeth. Yn fwy na dim, fe gryfhaodd ei ymlyniad i'r weledigaeth Ewropeaidd. Bellach ni allaf ond gweddïo ein bod fel plaid wedi troi'r gornel ac y byddwn o hyn allan yn ymladd ein brwydrau o fewn fframwaith Ewrop, a hynny'n ddi-droi'n ôl.

Ar lefel genedlaethol Gymreig, fe gododd pleidlais y Blaid eto, o 12.2% ym 1984 i 12.9% ym 1989. Pe baem wedi rhoddi tipyn mwy o adnoddau i mewn i'r seddau eraill, mae lle i gredu y gallasem fod wedi gwneud yn well byth. O ganlyniad i'r etholiadau hyn, cydnabuwyd am y tro cyntaf erioed mai'r Blaid oedd y drydedd blaid yng Nghymru, ar ôl Llafur a'r Torïaid, ond ar y blaen i'r Rhyddfrydwyr a'r Gwyrddion. Dyma oedd y ffigurau:

Llafur...49.0%
Ceidwadwyr 23.5%
Plaid Cymru.....................................12.9%
Y Gwyrddion 11.1%
Democratiaid Rhyddfrydol................. 3.2%

★ ★ ★

Ar ôl etholiad 1989 aeth y Blaid ati o ddifri i lunio polisi cynhwysfawr ar gyfer y math o Ewrop yr hoffem ei weld, a beth a fyddai perthynas Cymru â gweddill y Gymuned. Yng Nghynhadledd hynod lwyddiannus Caerdydd ym 1990, pasiwyd cynnig a oedd yn cynnwys yr egwyddorion canlynol:

- Nod y Blaid yw ennill hunanlywodraeth o fewn Ewrop.
- Cefnoga'r Blaid ddatblygiad o 'Ewrop y cenhedloedd a'r rhanbarthau hanesyddol'.
- Geilw Plaid Cymru am hawl i ddeddfu gan Senedd Ewrop.

330

- Dylid sefydlu ail siambr Senedd Ewrop sy'n cynrychioli'r rhanbarthau a'r cenhedloedd bychain.
- Rhaid troi Cyngor y Gweinidogion yn gorff ymgynghrorol.
- Dylai Banc Canolog Ewrop fod yn atebol i Senedd Ewrop.
- Ni ddylai Senedd Ewrop ddelio â dim ond y materion hynny na ellir ymdrin â hwy ar lefel is.
- Rhaid chwalu NATO a Chytundeb Warsaw, sefydlu trefn i ddatrys problemau drwy lysoedd rhyngwladol, rhoddi'r gorau i arfau niwcliar, a chadw materion amddiffyn i'r gwledydd unigol.

Eironi mawr oedd clywed bod y Canghellor Kohl, o'r Almaen, o fewn mis i Gynhadledd y Blaid, wedi datgan ei gefnogaeth frwd i gyfundrefn ranbarthol i Ewrop. Byddai — ar y wyneb o leiaf — yn cydorwedd yn hawdd â'r argymhellion uchod. Yn ddiau, 'roedd Kohl yn gweld y rheidrwydd am hyn oherwydd bod y fath gyfundrefn yn bod eisoes yn yr Almaen. Yno mae'r *Lande*, fel ffurf ar lywodraeth daleithiol, eisoes yn cyfyngu'n arw ar allu Bonn neu Berlin i ymdrin â'r holl faterion llywodraethol. Yn ymarferol, mae'n rhaid i Frwsel a Strasbwrg ddelio â llywodraethau rhanbarthol yr Almaen, ac nid â'r Llywodraeth Ganol yn unig. Ond os nad yw Brwsel a Strasbwrg yn ymdrin â phob gwlad mewn modd cyffelyb, bydd gan rai gwledydd gryfach llais na'r rhelyw. Felly, disgwylir i'r hen wladwriaethau canoledig yn Ewrop fabwysiadu cyfundrefn ranbarthol, i gadw'r ddysgl yn wastad.

Mae hyn yn gwneud cymaint o synnwyr yng nghyd-destun ailuno'r Almaen. Os yw'r Almaen unedig newydd yn fygythiad i Ewrop oherwydd ei maint a'i nerth o'i chymharu â'r Gymuned ei hun, un ffordd o ddatrys hyn yw datganoli grym o Berlin i'r *Lande*. Ni fydd llywodraethau taleithiol Saxony a Baden-Württemberg yn fawr o fygythiad i Frwsel a Strasbwrg. O symud grym o'r canol i'r *Lande*, gellir lleihau'r peryglon o gael Berlin or-rymus, rhywbeth sy'n peri pryder digon dealladwy i'r rhai a fu fyw drwy'r ail Ryfel Byd.

Yr eironi mawr yw mai Prydain ac America a sefydlodd gyfundrefn ranbarthol yr Almaen ar ddiwedd y rhyfel hwnnw, i osgoi ail-greu gwladwriaeth or-rymus. Yn awr mae'r Almaen yn gwthio'r un syniad fel sail cyfundrefn gyffredin i'r Cyfandir cyfan. Gall y datblygiadau hyn fod yn anhraethol bwysig i Gymru. Ni allaf lai na chredu bod ein polisi ni fel plaid, a pholisi blaengar gwleidyddion Ewrop, bellach yn agos iawn at ei gilydd. 'Rydym yn agosáu at y dydd pan wêl pobl Cymru mai elfennau cwbl adweithiol Brydeinig sy'n ein hatal rhag cyrraedd statws derbyniol o fewn yr Ewrop newydd.

* * *

Ond wrth symud ymlaen at Ewrop unedig, mae'n bwysig creu cyfundrefn sy'n ddigon datganoledig fel bod y gwledydd bychain a'r rhanbarthau hanesyddol yn teimlo'n gyfforddus heb ofni bygythiad o Frwsel na Strasbwrg.

Bu bron i hyn gael ei anghofio yng Nghytundeb Maastricht, 1992. Crewyd pwyllgor o ranbarthau, ond ni roddwyd unrhyw wir rym iddo. Yn nrafft cyntaf y cytundeb (yn Ffrangeg) dywedwyd y byddai'r rhanbarthau yn cael eu cynrychioli gan bobl 'wedi eu hethol ar lefel ranbarthol'. Deallaf mai pwysau gan Brydain a barodd i'r geiriau hyn gael eu newid, am y rheswm syml nad oes gan ranbarthau Prydain unrhyw gyfundrefn i ethol pobl 'ar lefel ranbarthol'. Byddai'r geiriau gwreiddiol wedi gorfodi Llundain i greu peirianwaith ar lefel ranbarthol yn Lloegr — ac ar lefel genedlaethol yng Nghymru a'r Alban — i gwrdd ag anghenion y cytundeb.

Pe bai pwyllgor y rhanbarthau yn bwyllgor o bobl wedi eu hethol o'r rhanbarthau, byddai ganddo nerth aruthrol. Wedyn gellid rhagweld y pwyllgor yn datblygu, dros gyfnod, i fod yn rym o fewn y Gymuned Ewropeaidd, ac efallai yn ail siambr yn Senedd Ewrop. Byddai'n ail siambr a roddai bwyslais ar ddatganoli grym a gwrthsefyll y tueddiadau at ganoli sy'n rhwym o ddeillio o unrhyw siambr uniongyrchol etholedig, boed ar lefel Ewrop neu o fewn unrhyw deyrnas unigol.

Ond newidiwyd y drafft-gytundeb cyn arwyddo'r ddogfen ym Maastricht er mwyn lleddfu pryderon Prydain ynglŷn â'r gogwydd at ranbartholdeb. Wrth wneud hyn, bu bron iddynt danseilio'r holl fomentwm tuag at uno Ewrop. Pan ddaeth y cytundeb gerbron pobl Denmarc bu iddynt bleidleisio yn ei erbyn. O siarad ag amryw a fu'n dilyn y refferendwm, nid oes gennyf amheuaeth nad oedd ofn yr Almaen ac ofn i'r Gymuned droi'n rhy ganoledig wedi dylanwadu llawer ar y bleidlais yno. Ofnent y byddai Ewrop y gwladwriaethau mawr yn tra-arglwyddiaethu dros y cenhedloedd bychain.

'Does dim ond un ateb i hyn, ac 'roedd yn rhan sylfaenol o weledigaeth Leopold Kohr a Saunders Lewis. Rhaid torri'r gwladwriaethau mawr i lawr i faint rhesymol os ydym am osgoi'r pryderon o gael un Ewrop fawreddog, ganoledig.

Mae John Major a'r Llywodraeth yn Llundain a'r cyfryngau torfol yno wedi llwyr gamddeall oblygiadau pleidlais Denmarc. Nid cryfhau Llundain a Berlin, Paris, Rhufain a Madrid yw'r ateb i bryderon Denmarc. Yr ateb yw lleihau grym y canolfannau Ewropeaidd hyn yn ogystal â rheoli'r grym sydd gan Frwsel a'r Gymuned gan ei gadw ar y lefel leiaf posibl.

Dyna yw ystyr y gair *subsidiarity* — gair hyll, ond un o bwys aruthrol. Nid ydyw'n ddigon dadlau mai ystyr hyn yw cadw grym yn Llundain a'i rwystro rhag mynd i Frwsel. Ystyr syniadaeth *subsidiarity* yw gwneud penderfyniadau mor agos ag sy'n bosibl at y bobl. Mae Llywodraeth Prydain Fawr yn gwbl ddryslyd yn hyn o beth, a gwelir hynny'n amlwg yn y sylwadau a wnaed gan John Major ac eraill yn ystod 1992.

Bydd y misoedd a'r blynyddoedd nesaf yn allweddol bwysig yn natblygiad Ewrop. Os adeiladwn ar y syniad sylfaenol mai o'r bobl, nid o'r gwladwriaethau, y daw pob hawl wleidyddol, sef sofraniaeth, bydd eto'n bosibl adeiladu Ewrop o'r gwaelod i fyny, nid o'r top i lawr. O safbwynt Cymru, mae'n eithriadol bwysig ein bod yn sylweddoli hyn i'n galluogi i dyfu fel pobl rydd o fewn cyfandir heddychlon.

Canfûm Ewrop drosof fy hun, fel bachgen ysgol, wrth geisio ffordd wleidyddol ymlaen. Dyma gyd-destun lle mae uchelgais dros fy nghenedl yn asio'n esmwyth â realiti'r byd cyfoes; dyma groesffordd lle mae cof y canrifoedd yng Nghymru yn cyfarfod â chof a phrofiad cynifer o genhedloedd bychain yn yr ugeinfed ganrif. O'r un pair y crewyd ein hunoliaeth ddiwylliannol a chrefyddol ganrifoedd yn ôl, a'r pair hwn sydd heddiw'n prysur ddistyllu profiadau cyfoes yn unoliaeth ddatganoledig newydd. Dyma orwelion ehangach i'n pobl ifanc, yn rhydd o ragfarnau mewnblyg a chul Prydeindod ynysig.

Tri chwarter canrif ar ôl i Saunders Lewis ddangos y ffordd, mae lle i obeithio ein bod, o'r diwedd, wedi sylweddoli mai yng nghyd-destun Ewrop y mae'r allwedd i ddyfodol cenedlaethol ein gwlad. Mae'r deimensiwn Ewropeaidd yn parhau yn rhan hanfodol o'm cenedlaetholdeb Cymreig.

1. *The Breakdown of Nations*; Routledge and Kegan Paul Ltd. 1957. Gweler tud.ix yn yr argraffiad diweddar gan Christopher Davies.
2. *Op. cit,* tud 35.
3. *ibid.,* tud 57.
4. *Op cit,* tud 99.
5. *ibid.,* tud 167.
6. *Canlyn Arthur:* 'Cenedlaetholdeb a Chyfalaf'; tud 16/17. Argraffwyd gan Wasg Gee, 1938, ar sail erthyglau gan Saunders Lewis i'r Ddraig Goch, 1926-1936.
7. *ibid.,* 'Lloegr ac Ewrop a Chymru'; tud 25.
8. *Canlyn Arthur:* tud 27.
9. *ibid.,* tud 40.
10. *Canlyn Arthur:* tud 137.
11. *The EEC through Irish eyes;* New Europe: Cyfrol 3, rhifyn 1.
12. *ibid.*
13. *Welsh Nation:* 22 Medi 1972, tud 1
14. *ibid.*
15. *ibid.*

16. *ibid.*, tud 7.
17. *Welsh Nation:* 27 Hydref 1972, tud 7.
18. *Welsh Nation:* 16 Mawrth 1973, tud 7.
19. Gweler 'Polisi Ewropeaidd', *Trafodion Cynhadledd Plaid Cymru,*
    Aberystwyth, 1974; Cyfeirnod: Penderfyniad rhif 15.5.74.1.
    Gohiriwyd y Gynhadledd tan Ionawr 1975 oherwydd yr
    Etholiad Cyffredinol.

Siarad Dros Gymru

Mae'n rhaid i ni bob amser gofio mai fel aelodau seneddol Plaid Cymru y cawsom ein hethol. Felly mae gennym ddyletswyddau ehangach na'n cyfrifoldeb tuag at ein hetholaethau. 'Rydym yn y Senedd i siarad dros Gymru hefyd, a thros anghenion ein cenedl.

Cyn ail hanner y ganrif ddiwethaf nid ystyrid Cymru yn genedl o unrhyw fath. 'Roedd Deddf Uno 1536 wedi ei hymgorffori yn rhan o Loegr. Fel y dywedid gynt yn *Encyclopaedia Britannica: 'For Wales, see England'*.

Gan ein bod 'yn rhan o Loegr', nid oedd angen lle penodol i Gymru ar yr *Union Jack*. Yr hyn a geir yno yw cyfuniad o faneri Siôr o Loegr, Andreas o'r Alban a Phadrig o Iwerddon. 'Does dim sôn am Ddewi druan! Felly hefyd ar faner frenhinol y deyrnas: Lloegr, yr Alban ac Iwerddon yn unig a welir arni, am yr un rheswm. Prin fod hyn yn fy mhoeni. Nid priod waith y Blaid yw ennill cornel i Gymru ar faner yr Undeb, ond yn hytrach ennill i'n gwlad gyfundrefn lywodraethol annibynnol ar Lundain.

Methiant fu ymdrechion pitw Senedd Llundain i roi amser digonol i drafod anghenion Cymru, a phrin fod amser o gwbl ar gyfer deddfau sy'n benodol ar gyfer amgylchiadau Cymru. Nid oes yno ychwaith beirianwaith addas i gadw llygad ar y broses lywodraethol yng Nghymru. Cydnabyddir anghenion arbennig Cymru drwy fodolaeth y Swyddfa Gymreig a'r Ysgrifennydd

Gwladol, drwy'r Dydd Cymreig blynyddol ar lawr y Tŷ, drwy gwestiynau misol ynglŷn â Chymru, drwy'r Uwch-bwyllgor Cymreig, a thrwy'r Pwyllgor Dethol ar Faterion Cymreig. Ond ymddiheuriadau cyfansoddiadol yw'r rhain i gyd, ymddiheuriadau am nad oes gennym Senedd Gymreig yn atebol i bobl Cymru. Yn y bennod hon ceisiaf ystyried sut y mae'r cyfryw drefniadau yn gweithredu yn y Senedd.

Y mae math unigryw o bwyllgor ar gyfer Cymru (a'r Alban) sef 'Uwch-bwyllgor', neu'r *Welsh Grand Committee*. Yr hyn sy'n wahanol yn y pwyllgor hwn yw'r ffaith **nad** yw'r aelodaeth yn adlewyrchu'r patrwm Prydeinig. Y mae pob aelod seneddol o Gymru yn aelod o'r Uwch-bwyllgor ac felly mae'n adlewyrchu patrwm gwleidyddol Cymru'n well na'r un corff arall yn y Tŷ. Ychwanegir ambell aelod o Loegr at y pwyllgor er mwyn galluogi'r Llywodraeth i gadw cworwm, ond prin y byddant yn cyfrannu i'r drafodaeth. Bydd yr Uwch-bwyllgor yn cyfarfod bedair neu bum gwaith y flwyddyn ac yn trafod pynciau lled gyffredinol, megis 'Addysg yng Nghymru'.

Mae'r Uwch-bwyllgor mewn bod, ac yn mwynhau statws unigryw, oherwydd bod Cymru'n genedl. Ond mae wedi ei 'sbaddu o unrhyw rym rhag ofn i Gymru ddechrau ymddwyn fel cenedl. Nid oes gan y pwyllgor yr hawl i bleidleisio ar unrhyw beth o sylwedd. Yr unig benderfyniad y gall ei wneud yw adrodd *'That this Committee hath considered the subject of Education in Wales,'* dyweder. Os ydym yn pleidleisio yn erbyn y cynnig, golyga hyn **nad** ydym wedi ystyried y cyfryw bwnc, ac felly bydd yn rhaid i sesiwn nesaf y pwyllgor ddal i drafod yr un mater! Nid ystyrir aelodau seneddol Cymru yn ddigon cyfrifol, wrthynt eu hunain, i bleidleisio ar unrhyw fater o bwys.

Felly, mae'r Uwch-bwyllgor yn ffârs llwyr ac yn wastraff amser. Pe bai pobl Cymru yn gweld y syrcas a gynhelir yno, yn eu henw hwy, buasent yn mynnu cael Senedd Gymreig, gydag awdurdod i wneud penderfyn-iadau call, ar ôl trafodaeth aeddfed. Mae hynny'n amlwg ddiffygiol yn yr Uwch-bwyllgor bondigrybwyll. Teg yw nodi na ddangosodd Neil Kinnock ei wyneb yn yr Uwch-bwyllgor am flynyddoedd lawer. Efallai mai ef sy'n iawn, ond ni all fod yn iawn yn hyn o beth **a** pharhau i wrthwynebu Senedd etholedig Gymreig.

Sefydliad gweddol newydd yw'r Pwyllgor Dethol ar Faterion Cymreig *(Select Committee on Welsh Affairs)*. Nid oedd yn bod pan gefais fy ethol ym 1974. Daeth i fod ar ôl methiant y refferendwm ar Gynulliad Cymreig ym 1979. Dyma, yn ôl gelynion Datganoli, oedd y modd i sicrhau sylw digonol i Gymru o fewn y Senedd Brydeinig.

Bydd y Pwyllgor yn cynnal ymchwiliadau i faterion o bwys i Gymru, yn galw tystion i ateb cwestiynau, ac yn cynhyrchu adroddiadau ar y pynciau dan sylw. Mae'n cynnwys un ar ddeg o aelodau seneddol, gyda'r Llywodraeth yn mynnu cael chwe sedd er mwyn sicrhau bod ganddynt fwyafrif. Yn nyddiau cynnar y Pwyllgor nid oedd gan Blaid Cymru sedd ond erbyn hyn y sefyllfa yw: 6 Tori, 3 Llafur, 1 Plaid Cymru, 1 Rhyddfrydwr. Mae hyn yn annheg iawn â'r Blaid Lafur, ond dyna realiti llywodraeth o Lundain. Nid dymuniad gwleidyddol pobl Cymru sy'n cyfrif, hyd yn oed wrth lunio Pwyllgor

Dethol Cymru. Mae hwn, yr un fath â phopeth arall, yn gorfod ufuddhau i'r patrwm gwleidyddol Prydeinig, a'r Toriaid sy'n gosod y drefn.

Mae'n werth nodi hefyd, er bod y Pwyllgorau Dethol, at ei gilydd, yn gwneud gwaith gwerthfawr, prin iawn yw'r sylw a gymerir ohonynt gan y Llywodraeth. Yn aml, bydd eu hadroddiadau heb eu darllen a heb eu trafod ar lawr y Tŷ am fisoedd. Bu sawl adroddiad na chafodd ei drafod o gwbl. Dyna lle mae'r gyfundrefn yn methu'n llwyr.

Dangosodd y Llywodraeth eu hagwedd tuag at Bwyllgorau Dethol yn achos Pwyllgor Dethol yr Alban wedi Etholiad Cyffredinol 1987. O'r 72 sedd yn yr Alban, dim ond deg ohonynt a enillodd y Toriaid. Gan fod yn rhaid iddynt gael pum aelod seneddol o'r Alban yn Weinidogion yn Swyddfa'r Alban (ni feiddient wneud â'r Alban yr hyn a wnaed â Chymru, sef penodi Sais yn Ysgrifennydd Gwladol), nid oedd digon o aelodau ganddynt i gael mwyafrif Ceidwadol ar y Pwyllgor Dethol. Felly, penderfynodd y Llywodraeth weithredu mewn modd y gallasai Stalin neu Hitler ymfalchïo ynddo. Diddymwyd Pwyllgor Dethol yr Alban yn llwyr yn ystod Senedd 1987-92. *'If it opposes you, exterminate it!'* Dyna a ddigwyddodd hefyd i'r GLC (Cyngor Llundain) pan fu mor feiddgar â gwrthwynebu Mrs Thatcher.

Cyfeiriaf yn fanwl at waith y Pwyllgor Dethol yn y gyfrol nesaf.

Cyfle arall a gaiff aelod seneddol o Gymru i drafod anghenion ein gwlad yw'r 'Diwrnod Cymreig Blynyddol'. Mae'r ffaith fod y fath achlysur yn bod yn siarad cyfrolau am agwedd San Steffan tuag at Gymru. O ddifri calon, a ellir eu dychmygu yn cynnal *'Annual English Day Debate'*? Dim ffiars! Mae'r Senedd yn ystyried 'materion Seisnig' bob dydd o'r flwyddyn, ac eithrio ambell friwsionyn megis y Diwrnod Cymreig.

Digwydd y ddadl fawreddog hon mor agos i Ddydd Gŵyl Ddewi ag sy'n gyfleus. Golyga 'cyfleus' nad yw'n amharu ar gyfleustra aelodau seneddol Seisnig. Felly cynhelir y ddadl Gymreig un ai ar nos Lun (sy'n galluogi'r aelodau Seisnig i aros gartref am ddiwrnod arall) neu ar nos Iau (sy'n caniatáu iddynt fynd adref yn gynnar). Ni raid i'r Llywodraeth ofni colli'r bleidlais ar ddiwedd y ddadl Gymreig flynyddol am reswm syml iawn. Megis yn achos yr Uwch-bwyllgor, nid oes pleidlais o bwys ar ddiwedd y Diwrnod Cymreig. Dadl ar y gohiriad ydyw, heb unrhyw gynnig o sylwedd gerbron y Tŷ. Mae'r Blaid Lafur a'r Torïaid, fel ei gilydd, yn cytuno ar y drefn hon am ei bod 'yn gyfleus i bawb'. Y peth olaf y dylid ei ystyried yw priodoldeb y drefn hon i drafod anghenion Cymru!

Camarweiniol hefyd yw cyfeirio at 'Ddiwrnod' Cymreig mewn gwirionedd, gan fod hynny'n lled-awgrymu y ceir 24 awr o drafod anghenion Cymru. Rhyw bum awr a hanner a gawn fel rheol. Yn ystod yr amser hwn, clywir rhes o areithiau yn ymwneud â phroblemau lleol ac etholaethol, gan nad oes unrhyw ddolen gyswllt o gynnig ffurfiol gerbron y Tŷ. Bydd y siambr bron yn wag ar gyfer y ddefod flynyddol amherthnasol hon sy'n gymaint o sarhad arnom fel cenedl.

Cyfle arall a geir i leisio anghenion Cymru yw'r

cwestiynau misol i Ysgrifennydd Gwladol Cymru. Cynhelir 'Cwestiynau Cymreig' bob pedwerydd prynhawn Llun, ond llwyddir i ystumio'r patrwm yn bur aml trwy roddi dyddiau Llun yn wyliau atodol. Golyga hyn mai dim ond ar ryw chwech neu saith achlysur mewn blwyddyn y mae'n ofynnol i'r Ysgrifennydd Gwladol a'i ddau is-weinidog ymddangos i ateb cwestiynau ar lawr y Tŷ.

Bydd yr Ysgrifennydd Gwladol yn ateb cwestiynau o 2.35pm tan 3.10pm, sef cyfnod o 35 munud yn unig. Yn ystod y cyfnod hwn, bydd pob aelod o Gymru (neu o leiaf y rhai sy'n ymddiddori) yn ceisio gofyn un cwestiwn yr un, os byddant yn ddigon ffodus, ar bwnc o'u dewis. Ac, os byddant yn fwy ffodus byth, un cwestiwn arall yn atodiad i gwestiwn gan un o'u cyd-aelodau. Rhaid gosod y prif gwestiwn gerbron bythefnos ymlaen llaw. Mae'r gweision sifil, gan hynny, yn cael hen ddigon o amser i baratoi ateb ar gyfer y Gweinidog, gan ragdybio beth fydd y cwestiynau atodol a pharatoi atebion i'r rheini hefyd.

Mae'r Swyddfa Gymreig yn gyfrifol am feysydd eang o weinyddiaeth llywodraeth ganol yng Nghymru. Bellach ymdrinia ag Addysg, Iechyd, Gwasanaethau Cymdeithasol, Ffyrdd, Tai, Cynllunio, Amgylchedd, Dŵr ac adnoddau naturiol, Amaethyddiaeth, rhannau sylweddol o Ddiwydiant a Chyflogaeth, Iaith a Diwylliant, Chwaraeon, Twristiaeth, a Llywodraeth Leol. Yn ystod cyfnod o fis cyfyd problemau niferus yn y rhan fwyaf o'r meysydd hyn, a gallai pob aelod seneddol ofyn cwestiwn o dan bob pennawd pe bai cyfle. Ond 'does dim cyfle a 'does dim amser. Mae 35 munud y mis yn ffârs o safbwynt cadw'r Llywodraeth o dan oruchwyliaeth ddemocrataidd. O ganlyniad, gall y Swyddfa Gymreig ymddwyn yn 'anghyfrifol' yng ngwir ystyr y gair. Nid oes gan gyfundrefn Llundain amser i ofalu bod y Swyddfa Gymreig yn gyfrifol ac yn atebol i'r Senedd mewn unrhyw fodd ystyrlon. Ychwanegir at ddifrifoldeb y diffygion hyn pan lywodraethir Cymru gan Ysgrifennydd Gwladol nad yw hyd yn oed yn aelod seneddol Cymreig, nac yn atebol i etholwyr Cymreig. Felly y bu yn ystod y pum mlynedd diwethaf.

Cawn gyfle, wrth reswm, i ofyn cwestiwn ar lafar i Weinidogion eraill o'r Llywodraeth. Atebir cwestiynau ar lawr y Tŷ bob dydd, o ddydd Llun hyd ddydd Iau, rhwng 2.30pm a 3.30pm. Ond nid oes gan y rhan fwyaf o'r Gweinidogion hyn unrhyw gyfrifoldeb am Gymru. Dwywaith yr wythnos, daw'r Prif Weinidog i ateb, a hynny am chwarter awr y tro. Dim ond rhyw ddwsin o aelodau a fydd yn ddigon ffodus i gael eu galw, trwy dynnu sylw'r Llefarydd, neu 'ddal ei lygad' yn nherminoleg y Senedd. Golyga hyn godi ar eich traed bob tro y mae'r Prif Weinidog, neu aelod arall, yn eistedd i lawr. Hon yw'r ffordd o ddangos i'r Llefarydd eich bod yn dymuno cael eich galw. Gwn yr ymddengys fel pantomeim ar y teledu, ond dyna fo — un arall o arferion hynafol y Tŷ!

Wrth wylio'r sesiwn hon ar y teledu, hawdd iawn y gall etholwyr ofyn: 'Pam aflwydd nad ydi'n haelod ni'n cael ei big i mewn?' Ond rhaid cofio mai dim ond rhyw unwaith mewn blwyddyn seneddol y gall unrhyw aelod o'r meinciau cefn ddisgwyl cael ei alw yn ystod Cwestiynau'r Prif Weinidog. Felly gwelir cyn lleied o gyfle sydd yna i geisio cael y Prif Weinidog i boeni am broblemau Cymru.

Dull arall o roi pwysau ar y Llywodraeth er lles Cymru yw'r cwestiwn seneddol ysgrifenedig. Fel y soniais o'r blaen, ceisiodd Dafydd Elis Thomas a minnau efelychu Gwynfor o 1974 ymlaen, a bu'r ddau ohonom, ar wahanol adegau, ar frig y tabl, o blith rhagor na chwe chant o aelodau, am ofyn cwestiynau o'r fath. Yn ein blwyddyn lawn gyntaf, o Hydref 1974 i Hydref 1975, daeth fy nghyd-aelod ar ben y rhestr, wedi gofyn 748 o gwestiynau ysgrifenedig, a 5 cwestiwn llafar. 'Roeddwn innau yn seithfed gyda 407 cwestiwn y flwyddyn honno. Y flwyddyn ddilynol, myfi oedd ar ben y rhestr drwy Brydain gyda 732 o gwestiynau ysgrifenedig ac 20 cwestiwn llafar. Ni pharhaodd y patrwm mor syfrdanol â hyn, oherwydd gyda phob etholiad, daw aelodau newydd brwd i'r Tŷ yn benderfynol o wneud eu marc. Ond yn gyffredinol, buom ymhlith yr 20 uchaf am y rhan fwyaf o'r cyfnod, a bu cwestiynau ysgrifenedig yn rhan bwysig o'n harfogaeth seneddol. Tua diwedd y saithdegau, cydnabuwyd ein gallu fel plaid i ddefnyddio cwestiynau seneddol yn effeithiol pan wnaed ffilm safonol ar waith y Senedd gan y BBC. Gwahoddwyd aelodau seneddol y Blaid ar y rhaglen i drafod eu llwyddiant yn hyn o beth.

Nid yw gofyn cwestiwn, o angenrheidrwydd, yn golygu y ceir ateb call nac ateb cynhwysfawr. Nid nifer y cwestiynau a ofynnir yw'r peth pwysicaf ychwaith: rhaid cael pwrpas i'r cwestiwn. Yn fras, gofynnaf gwestiwn am un o bum rheswm. Yr amlycaf yw darganfod ffeithiau na wyddwn mohonynt cynt, ffeithiau a allai fod o help yn y frwydr wleidyddol dros fy etholaeth, dros Gymru a thros y Blaid.

Gofynnaf hefyd gwestiynau sy'n deillio o waith cymhorthfa, er mwyn dangos i'r etholwyr fy mod wedi codi'r broblem ar lefel seneddol. Cyhoeddir pob ateb yn *Hansard,* a gellir anfon copi ohono i'r etholwyr, neu i'r wasg leol os yw o ddiddordeb cyffredinol. Byddaf weithiau'n cael cais gan grwpiau ymgyrchu, megis Mencap, i ofyn cwestiwn sydd o help iddynt hwy yn eu gwaith, a byddaf yn falch o helpu gydag achosion teilwng o'r fath.

Rheswm arall dros ofyn cwestiwn ysgrifenedig yw rhoddi pwysau ar adran arbennig o'r Llywodraeth. Mae gosod rhesi o gwestiynau, ddydd ar ôl dydd, yn un ffordd o gadw ymgyrch i ffrwtian — fel y gwneuthum gyda'r ymgyrch ysbytai yng Ngwynedd yn ystod haf 1990. Gofynnais hyd at 20 cwestiwn y dydd am bythefnos neu dair wythnos ynglŷn â'r gwasanaeth iechyd yng Ngwynedd. Credaf y bu hyn yn allweddol bwysig i gael y Swyddfa Gymreig i fynnu bod yr Awdurdod Iechyd yn datblygu gwell cynlluniau ar gyfer ysbytai cymunedol yn y sir.

Yn olaf, byddaf yn gofyn ambell gwestiwn am fy mod yn gwybod yn iawn beth yw'r ateb. Gellir sgorio pwynt gwleidyddol wrth gael y Gweinidog i gyfaddef y gwir, er bod hynny'n brifo! Enghreiffitiau o hyn fyddai cael cyfaddefiad fod y polisi tai'n annigonol, neu fod diweithdra'n parhau yn rhy uchel yng Nghymru, neu incwm y pen yng Ngwynedd 26% yn is na'r cyfartaledd Prydeinig. Mae rheswm cadarnhaol dros roddi sylw i'r newyddion drwg hyn, oherwydd, o wynebu'r ffeithiau a chanolbwyntio sylw'r cyhoedd a'r cyfryngau ar fethiannau'r Llywodraeth, efallai y gellir eu cywilyddio i newid polisi. Yn gyffredinol, fodd bynnag, mae'n well gennyf drafod newyddion da: dyna sy'n rhoi hyder i'r genedl.

Drwy gydol y canrifoedd, bu ymdrechion cyson i ddylanwadu ar bobl mewn grym er lles personol unigolion a llwyddiant mentrau masnachol preifat. Ar ei fwyaf amrwd, fel petai, gwelir hyn yn digwydd pan wahoddir aelodau seneddol i ginio gan 'fuddiannau' arbennig. Mae'n hen ddywediad nad oes y fath beth â chinio rhad. Oherwydd hyn, bydd rhai aelodau, megis Dennis Skinner, yn mabwysiadu safbwynt 'pur' ac yn gwrthod derbyn unrhyw 'garedigrwydd' o gwbl. Yn bersonol, nid wyf wedi mynd i'r eithaf hwnnw, ond rhaid cyfaddef fy mod yn ymwybodol o'r peryglon.

Mae 'lobïo' proffesiynol wedi tyfu'n aruthrol yn ystod y deunaw mlynedd diwethaf. Y mae nifer sylweddol o asiantau wedi agor swyddfeydd o fewn tafliad carreg i'r Tŷ, a chânt eu talu gan gwmnïau, cymdeithasau proffesiynol, a hyd yn oed gan lywodraethau tramor i wylio ac i weithio dros eu buddiannau. Mae'r asiantau hyn yn magu cysylltiad gydag aelodau seneddol, gan nodi'n fanwl eu diddordebau a'u gwybodaeth arbenigol. Pan ddaw Mesur gerbron y Tŷ sy'n effeithio ar fuddiannau eu cwsmeriaid, byddant yn bwydo propaganda i aelodau detholedig, yn llunio cwestiynau a gwelliannau i'r Mesur ar eu cyfer, a hyd yn oed yn ysgrifennu areithiau iddynt. Mwy na dim, byddant yn meithrin aelodau o'r meinciau cefn sydd â 'chysylltiadau da' — hynny yw, yn gallu siarad â

Gweinidogion y Goron — er mwyn darganfod beth sy'n digwydd, a bwydo awgrymiadau i'r system. Am y rheswm hwn, ychydig iawn ohonynt a ddaw ar ôl aelodau seneddol Plaid Cymru: mae'r rhagolygon i ni ffurfio Llywodraeth braidd yn dywyll! Wedi dweud hyn, mae'n rhaid gofyn pam nad oes unrhyw 'fuddiannau' yng Nghymru, yn ddiwydiannol, masnachol neu ddiwylliannol, wedi mynd ati i greu lobi ffurfiol ar faterion o bwys i Gymru? Tybed a yw hyn oherwydd bod pawb yn sylweddoli — er efallai yn gyndyn o gyfaddef — na ellir disgwyl i'r Senedd gymryd fawr ddim sylw o anghenion Cymru ac mai gwastraff arian fyddai creu lobi o'r fath?

Mae rhai o'r lobïwyr proffesiynol hyn yn ennill cyflogau llawer uwch na chyflog aelod seneddol. Ac mae'n amlwg fod peryglon mewn cyfundrefn o'r fath. Er nad yw cynddrwg, hyd yma, ag yw yn Washington, mae'n prysur symud i'r un cyfeiriad, ac mae hynny yn achos pryder. Ar y llaw arall, mae creu lobi effeithiol yn rhan o'r dull y mae mudiadau gwirfoddol ac ymgyrchwyr dros achosion blaengar yn gweithredu. Ond, yn naturiol, mae'r adnoddau ariannol sydd ganddynt hwy yn fwy cyfyng.

*   *   *

Dull arall o geisio dylanwadu ar y Llywodraeth, a chael newid polisi neu ennill rhyw fantais i'r etholaeth yw cynnal cyfarfod preifat gyda'r Gweinidog priodol. Gall hyn fod ar ffurf cyfarfod bach rhwng yr aelod a'r Gweinidog, yn swyddfa'r Gweinidog, neu gall fod yn ddirprwyaeth a arweinir gan yr aelod seneddol. Yn ystod y blynyddoedd, bûm mewn dwsinau o gyfarfodydd fel hyn gyda gwahanol Weinidogion, yn y Swyddfa Gymreig yn bennaf, ond droeon eraill mewn gwahanol adrannau hefyd fel y byddai'r galw o safbwynt Cymru a'm hetholaeth.

Weithiau bydd cyfarfod fel hyn yn hynod o werthfawr, dro arall yn wastraff amser llwyr. Dibynna hyn fwy ar y pwnc sydd dan sylw a nod y cyfarfod nag ar rinweddau'r aelod wrth gyflwyno'i achos, neu ddealltwriaeth a chydymdeimlad y Gweinidog. Ni all na geiriau teg na dadleuon treiddgar ŵyr-droi polisi sylfaenol y Llywodraeth. Ar y llaw arall, os yw'r nod yn rhesymol, y dadleuon yn gryf, ac os oes mantais bosibl i'r Llywodraeth o ildio'r pwynt, gellir ennill cryn dipyn drwy fynd â'r achos gerbron y Gweinidog.

Gwelir arddull wahanol iawn gan wahanol Weinidogion. Teimlwn fod John Morris, Ysgrifennydd Gwladol Cymru o 1974 hyd 1979, yn stiff ac yn ffurfiol — efallai oherwydd swildod. 'Roedd ei olynydd, Nicholas Edwards, yn rhoi'r argraff ei fod braidd yn brin ei amynedd, a heb y 'gwendid' o fod â meddwl agored. Teimlai rhai ei fod yn sarhaus ei agwedd. Gwahanol iawn oedd Peter Walker. 'Roedd ef, yn anad neb efallai, yn arddel polisi o ddrws agored. Cymaint oedd ei brofiad a'i hyder (gorhyder efallai) fel na fyddai weithiau yn trafferthu galw gweision sifil i fynychu'r cyfarfodydd. Ond un peth yw bod â drws agored, peth arall yw gwrando. Yn fuan iawn byddai Peter Walker yn traethu ei farn ei hun, ac nid peth dieithr oedd gorfod gwrando arno ef yn siarad am dri chwarter yr amser, nes bod y cyfle i wneud y pwyntiau angenrheidiol wedi ei gwtogi'n arw. Serch hynny, unwaith y byddai Walker wedi derbyn eich dadl, gwyddech fod ganddo'r dylanwad o fewn y Cabinet ac o fewn ei adran i hyrwyddo'r achos ac y byddai'n debygol o ennill y dydd. Ni ellir bod mor sicr gyda David Hunt. Ymddengys ei fod yn well gwrandawr na Walker, ond o bosibl yn llai ei ddylanwad. Bu bob amser yn fodlon iawn ein cyfarfod. Amser a ddengys faint o sylw a gymer o ddymuniadau pobl Cymru. Mae lle i amau faint o sylw a gymerir ohono ef ei hunan, o gofio'r modd yr anwybyddwyd ef yn y trafodaethau ar ddyfodol y diwydiant glo ym 1992. Bydd hanes y Mesur Iaith, dyfodol llywodraeth leol, a'r modd yr ymdrinir â'n cyfundrefn addysg yn feini prawf pellach.

Mae ambell ddirprwyaeth yn aros yn y cof. Fel y tro hwnnw yr euthum i'r Swyddfa Gymreig i weld Barry Jones, a oedd pryd hynny yn Is-weinidog Llafur gyda chyfrifoldeb am Ffyrdd. Diben yr ymweliad oedd pwyso ar ei adran i brynu'r Cob ym Mhorthmadog, a chau'r tollborth, a oedd ar y pryd ym meddiant Lord Fermoy, perchennog *Tremadog Estates*. O weld bod fy nghais yn syrthio ar glustiau pur fyddar, awgrymais iddo pe na bai'r Swyddfa Gymreig yn gweithredu, y buasem yn ceisio cael ymddiriedolaeth leol i brynu'r Cob, gyda'r bwriad yn y pen draw, o roi dewis i'r bobl leol: un ai cau'r tollborth neu ei gadw'n agored a throsglwyddo'r arian i achosion da lleol. Cefais yr argraff na chredai yr un gair a ddywedwn, ac nid oedd unrhyw ragolygon y byddai'r Swyddfa Gymreig yn gwneud dim ynglŷn â'r peth yn fuan. Gellir dychmygu'r olwg ar ei wyneb pan ddywedais wrtho rai wythnosau'n ddiweddarach fod ymddiriedolaeth leol, oherwydd arafwch y Swyddfa Gymreig, wedi prynu'r Cob yn unol â'm haddewid!

Cofiaf hefyd fel yr aeth yr Arglwydd Gwilym Prys Davies a minnau i'r Swyddfa Gymreig ym 1986 i bwyso am Ddeddf Iaith newydd. Cawsom yr argraff fod Wyn Roberts yn fwy cyndyn na Nicholas Edwards o dderbyn yr awgrym. Dywedwyd wrthym y byddai'n rhaid ymgynghori ar gynnwys ein drafft Fesurau, ac 'rwyf yn sicr mai ymgais oedd hyn i geisio dangos bod gwahaniaeth barn sylweddol ar y mater yng Nghymru. 'Roedd yn gryn syndod i'r Swyddfa Gymreig, chwe mis yn ddiweddarach, pan gafwyd tua 2,000 o lythyrau yn cefnogi'r Mesurau, a llai na hanner cant yn gwrthwynebu. Bellach mae'r trydydd Ysgrifennydd Gwladol yn ystyried y mater, a Wyn (Syr Wyn erbyn hyn) Roberts, yn dal i ymgynghori. Mae'r Mesur Iaith o'r diwedd ar y gweill, ond ymddengys na fydd hanner digon cryf i ateb gofynion Cymru. Mae hyn ar ôl chwe blynedd o 'ymgynghori'. Enillwyd yr ail Ryfel Byd mewn cyfnod byrrach.

Yn ôl yn yr wythdegau, cawsom nifer o gyfarfodydd gyda Wyn Roberts a'i gyd-Weinidogion yn yr Adran Amgylchedd, sydd â chyfrifoldeb dros Gynllunio a Thai. Ceisiem ddarbwyllo'r Llywodraeth o'r angen am arweiniad ynglŷn â thai haf. 'Roedd gennym strategaeth yn cynnwys tri phwynt: yr angen am ganiatâd cynllunio i droi tŷ annedd yn dŷ haf; hawl ac adnoddau i gynghorau brynu tai a fyddai mewn perygl o fynd yn dai haf, er mwyn eu gosod i bobl leol; ac amod ar ganiatâd cynllunio ar gyfer tai newydd, sef eu bod i'w neilltuo ar gyfer y farchnad leol. Cawsom yr argraff y tro hwn fod cydymdeimlad yn y Swyddfa Gymreig, ond 'roedd yr Adran Seisnig yn elyniaethus a phrin y byddai'r Swyddfa Gymreig yn mynd yn groes i ewyllys y brodyr mawr o Loegr. Yn y diwedd, caniatawyd rhywfaint o arian i ardaloedd fel Dwyfor a'r Preselau i brynu nifer fechan o dai, ond 'roedd yn rhy ychydig ac yn llawer rhy hwyr. Pe bai'r Swyddfa Gymreig wedi rhoi arweiniad ar y mater yn ôl yn y saithdegau a dechrau'r wythdegau, tybed a fyddai ymgyrch Meibion Glyndŵr wedi datblygu?

Erys llu o gyfarfodydd 'gweinidogol' eraill yn y cof: pwyso ar Edward Short, Arweinydd y Tŷ yn Llywodraeth Wilson, i frysio ymlaen i gael Senedd i Gymru — hynny ymhen ychydig wythnosau ar ôl ein hethol a phrin yn gwybod ein ffordd o gwmpas y Tŷ! Gyda Jim Callaghan, y Prif Weinidog, wedyn, yn pwyso am fanteision i Gymru, pan oedd ei Lywodraeth ef yn ddibynnol ar ein pleidleisiau; gyda Harold Walker, Gweinidog Cyflogaeth, i'w ddarbwyllo o'r rheidrwydd i dalu iawndal llwch i gyn-chwarelwyr; gyda William Whitelaw, Ysgrifennydd Cartref a dirprwy Brif Weinidog, pan geisiai esgusodi helynt ciosg Tal-y-sarn; gyda Gweinidog Cartref arall, Douglas Hurd, ynglŷn â'r angen i weddnewid canolfan Risley; gyda Nicholas Ridley, yn y Swyddfa Dramor, flwyddyn cyn rhyfel y Malvinas yn pwyso am ddiddymu'r rhwystr rhag gwerthu tir y Falklands i neb o'r Ariannin: pe bai wedi gwrando, mae'n bosibl na fyddai'r rhyfel hwnnw wedi digwydd; gyda'r Gweinidog Anabledd, Hugh Rossi, ac yntau'n cytuno i mi gael fy Mesur Pobl Anabl i'r Llyfr Statud — ar yr amod na fuaswn yn brolio bod Thatcher wedi troi yn ei charn! Bydd cyfle i fanylu ar lawer o'r ymgyrchoedd hyn yn y gyfrol nesaf.

Cofiaf fynd gyda Jack Ashley i weld David Mellor, yn yr Adran Iechyd bryd hynny, i ddadlau dros gael gwell darpariaeth i bobl fyddar, a Mellor yn datgan ar ddiwedd y cyfarfod ei fod yn anghytuno'n llwyr â chyngor ei weision sifil, a'i fod am wneud popeth i helpu — ac fe wnaeth.

Ond nid hwnnw oedd yr unig dro i mi ymweld â Mellor. Pan oedd yn y Swyddfa Gartref euthum i a'r diweddar Tom Sarjeant o fudiad *Justice* ato i ddadlau achos dyn du a oedd yng ngharchar ers blynyddoedd. Fe'n tynnwyd yn greiau gan y Gweinidog, a oedd wedi'i drwytho'i hun yn holl fanylion yr achos. Prin y cofiaf weld cystal sioe erioed. 'Roeddwn yn sicr fy meddwl y gallai Mellor fynd ymhell iawn ryw ddydd. Ond o gofio'i anawsterau diweddar, efallai iddo fod yn rhy glyfar a'i fod yn talu'r pris.

Gwneir llawer o'r trafod â Gweinidogion ar lefel anffurfiol a phersonol, yn ystod egwyl y tu allan i ystafell bwyllgor efallai, yn y cyntedd adeg pleidlais, neu yn yr ystafell de. Ar y dechrau, 'roeddem yn ifanc ac yn bur swil ac anodd bryd hynny oedd 'bachu' Gweinidog yn y coridor a cheisio cael gwrandawiad. Ond fel yr âi'r blynyddoedd heibio a'r Gweinidogion yn mynd yn iau (neu'n ymddangos felly, yr un fath â phlismyn!) a ninnau'n hŷn, daeth yn haws bod yn hy arnynt — ac weithiau llwyddo mewn sgwrs pryd y byddai cais cwbl ffurfiol wedi methu.

★ ★ ★

Ymhlith y staff sy'n gweithio yn Nhŷ'r Cyffredin ceir croesdoriad difyr. Mae rhai uchel-ael yn gweithio i'r Torïaid, y werin Seisnig yn gweithio i aelodau Llafur, a myfyrwyr tramor yn ceisio cael gweithio i bawb. Manteisiwn ar bob cyfle i roddi gwybod am Gymru i'r rhai sydd yno. Efallai y byddant hwy'n dylanwadu ar aelodau eraill, gan gynnwys Gweinidogion y Goron. Mae yno rai na ŵyr fod Cymru ar y map, gellid tybio, a mynegant syndod mawr o'n clywed yn siarad Cymraeg — *I didn't realise people still speak that language*. Ar y dechrau, tybiwn eu bod yn tynnu coes, ond bellach sylweddolaf fod sylwadau fel hyn yn deillio, gan amlaf, o anwybodaeth affwysol trigolion de-ddwyrain Lloegr.

Mae'n rhaid dweud bod staff y Tŷ ei hun yn ardderchog. Cyflawnant waith anodd iawn o dan amodau gweithio digon cyntefig. Cânt eu trin yn ddigon gwael ar adegau a cheisiais bob amser eu helpu orau y medrwn. O ganlyniad, fe dry amryw o'r staff i'n swyddfa ni os oes ganddynt broblemau yn eu gwaith.

Cawn help di-ben draw gan staff ymchwil y Llyfrgell, ac yn eu plith, ac ymhlith heddlu San Steffan hefyd, y mae nifer o Gymry Cymraeg. Dibynnwn gryn dipyn hefyd ar y tywysyddion, sy'n gwybod hanes adeiladau San Steffan yn drwyadl, amryw ohonynt yn gyn-aelodau o staff y Tŷ. Pan ddaw criwiau o'r etholaeth i'm gweld, mae'n well gennyf eu bod yn cael eu harwain oddi amgylch gan y tywysyddion swyddogol, yn hytrach na'm bod i yn cymryd arnaf fy mod yn gwybod hanes manwl y lle. Ar ôl i griw fynd o amgylch felly am ryw awr neu fwy byddaf yn ceisio'u cyfarfod i roddi hanner awr o sgwrs am waith aelod seneddol, a rhoi sylw arbennig i'r modd y mae'r Senedd yn methu â chwrdd ag anghenion Cymru! Bydd rhai aelodau seneddol yn treulio rhan helaeth o'u hamser yn hebrwng unigolion o gwmpas y Tŷ. Nid er mwyn bod yn dywysydd rhan amser y'm hetholwyd i'r Senedd, ac mae'r etholwyr, fe dybiaf, yn gwerthfawrogi hynny.

Os yw fy mherthynas â'r staff yn dda, nid yw felly bob amser â'r Gadair! Ond trwy ryfedd wyrth, ni chefais erioed ffrae o bwys â George Thomas tra bu ef yn Llefarydd. Pan welai fi'n dechrau ffromi, anfonai nodyn byr ataf ar gefn cerdyn, gan gyfeirio at ein hanian Gymreig, a gofyn i mi gyfri' deg! 'Roedd gan George Thomas y gallu prin hwnnw i ddod â hiwmor i sefyllfa ddyrys, a llwyddo felly i chwalu tyndra. 'Roedd yn llawer haws ymwneud ag ef fel Llefarydd y Tŷ nag fel gwleidydd plaid gartref yng Nghymru.

Ond nid yw'r ddawn yma gan bawb sy'n eistedd yn y Gadair yn Nhŷ'r Cyffredin. Ar sawl achlysur bûm mewn helynt oherwydd imi orbrotestio pan deimlwn nad oedd Cymru, neu'r Blaid, yn cael chwarae teg yn y siambr. Cefais fy anfon allan o'r siambr — 'enwi' yw'r term swyddogol — ddwywaith, a bûm yn agos at gyflawni'r un orchest ar achlysuron eraill!

Y tro cyntaf i mi gael 'y cerdyn coch' oedd ar ddiwedd dadl ynglŷn â chyllid ar gyfer llywodraeth leol yng Nghymru. 'Roedd hynny ym 1986. Trafodir y mater pwysig hwn mewn dadl awr a hanner ar ddiwedd noson, ac mewn dadl fer o'r fath, sylweddolwn na ellid disgwyl llawer o amser i ddatgan safbwynt Plaid Cymru. Ond gan fod y ddadl yn ymwneud â Chymru'n unig, teimlwn y dylid sicrhau rhyw gymaint o amser i bob un o'r pleidiau Cymreig gael gosod eu safbwynt. Cawsom drafferth, yn ôl ym 1982, pan alwyd ar aelodau seneddol Tori, Llafur a Rhyddfrydol i gymryd rhan yn y ddadl, ond neb o Blaid Cymru. Yn sgîl hynny, caed dealltwriaeth anffurfiol gyda'r Gadair y byddai un o aelodau seneddol Plaid Cymru yn cael ei alw mewn dadl awr a hanner os oedd yn ymwneud yn arbennig â Chymru. Ar noson yr 20 Ionawr 1986, galwodd y Dirprwy Lefarydd ar dri Thori, tri aelod Llafur, un Rhyddfrydwr — a neb o Blaid Cymru eto. 'Roeddwn yn gandryll, ac ar bwynt o drefn, gofynnais:

'Why have you, as the Deputy Speaker, not called representatives of each party in the House on a matter which is of such vital importance to the people of Wales?'

Esboniodd y Dirprwy Lefarydd ei fod yn ceisio bod yn deg â phawb yn y Tŷ, ond 'doeddwn i ddim yn fodlon derbyn hynny o bell ffordd. Ac euthum ymlaen:

'This is the second time that the Chair has done this in the past few years . . . It is totally unreasonable and unacceptable to my party that we should be gagged on the matter . . . It is not good enough. I have no confidence in anyone in the Chair who does this.'[1]

Aeth fy ffrae rhagddi am rai munudau cyn i mi gael fy enwi. Cefais fy arwain o'r siambr gan y Sarsiant, ei gleddyf wrth ei ochr, gyda'r gorchymyn fod yn rhaid imi fod oddi ar dir y Senedd o fewn ugain munud. Cefais fy ngwahardd o'r Tŷ am wythnos. Ond, yn ôl yr ymateb a gefais, 'roedd pobl Cymru'n deall ac yn derbyn fy rheswm dros y brotest. Derbyniais un llythyr yn fy nghondemnio, a llu yn fy llongyfarch.

Cefais brofiad digon tebyg ddwy flynedd yn ddiweddarach. Y tro hwnnw, 'roedd y Gadair wedi methu â galw Ieuan Wyn Jones mewn dadl fer ynghylch effeithiau Chernobyl ar ddefaid. Gan mai Gwynedd oedd y sir a ddioddefodd waethaf o bob sir ym Mhrydain, ac mai Ieuan oedd yn ceisio siarad ar ran y tri ohonom, aelodau seneddol Gwynedd, teimlwn fod hyn yn gwbl afresymol. Cefais y cerdyn coch am brotestio unwaith eto. Er cydnabod y dylai aelod dderbyn dyfarniad y Gadair, mae'n rhaid i mi ddweud na ellir disgwyl inni beidio â phrotestio os yw'r Gadair yn methu â rhoddi cyfle teg i bleidiau Cymru warchod buddiannau'r wlad. Yn sgîl y digwyddiad hwn, cefais lythyr gan undeb amaethyddol yn diolch am fy safiad!

Ond yr helynt mwyaf cofiadwy yn y siambr oedd yr un ym 1985, pan oedd Mesur Enoch Powell i wahardd Ymchwil Embryo gerbron y Tŷ. 'Roedd y cnewyllyn bach ohonom a wrthwynebai'r Mesur yn gorfod chwilio am amser i geisio 'siarad y Mesur allan'. Yn aml, dyma'r unig ffordd i aelodau'r meinciau cefn allu gwrthsefyll Mesur neu gynnig. Ar brynhawn dydd Gwener, 3 Mai 1985, derbyniodd y Dirprwy Lefarydd, Harold Walker, gynnig i gau'r ddadl ar ôl dim ond awr a hanner o drafodaeth, a hynny'n groes i'r arferiad seneddol pan fo nifer o aelodau'n dal heb gael cyfle i siarad. Codais o'm sedd a mynd i lawr ato i brotestio. Wrth wneud hynny, trewais ochr ei gadair â'm dwrn. Yn anffodus, 'roedd yr ochr yn rhydd, a neidiodd i'r awyr yng ngolwg pawb — gan gynnwys gohebwyr y wasg. Ymhen sbel, euthum allan i gyntedd yr aelodau, a dyna lle 'roedd haid o ohebwyr yn disgwyl amdanaf.

Ceisiais eu hargyhoeddi nad oedd yn ddigwyddiad o bwys. *'It's quite simple really — there's a loose screw in the Chair,'* meddwn.

Yn anffodus, camddeallodd rhywun yr hyn a ddywedais gan dybio fy mod yn cyfeirio at y Dirprwy Lefarydd! 'Roeddwn mewn dŵr poeth wedyn debyg iawn, a bu'n rhaid i mi ymddiheuro yr wythnos ddilynol ar lawr y Tŷ. Ar noson yr anffawd i'r gadair, dyma'r brif stori ar *'News at Ten'*, a datgelwyd na niweidiwyd siambr y Tŷ cyn hynny ers amser y rhyfel — pan ollyngwyd bomiau ar y lle!

★ ★ ★

Gofynnir i mi weithiau beth all plaid fechan gyda dim ond pedwar aelod ei gyflawni yn San Steffan. Yr ateb hawdd fyddai: 'Cymaint a mwy na phleidiau sydd â thri chant o aelodau, ond sy'n gosod anghenion Cymru byth a hefyd ar ymyl y ddalen, ac sy'n ddarostyngedig i gyfleustra Whitehall a gofynion gwleidyddol de-ddwyrain a chanolbarth Lloegr.'

Ond dylid rhoi ateb dyfnach na hyn. Fel unigolion, mae ein sefyllfa'n ddigon tebyg i weddill y 651 aelod yn y Tŷ. Gallwn godi cwestiwn a gwneud araith, arwain dirprwyaeth ac anfon llythyrau. Cydweithiwn ag aelodau o bob plaid ar bynciau unigol, megis yr ymgyrchoedd Anabledd. Llwyddodd Ieuan Wyn Jones a minnau i gael Mesurau Preifat drwy'r Tŷ ac i'r Llyfr Statud. Byddaf yn manylu ar hyn yn y gyfrol nesaf.

Yr hyn na allwn ni ei wneud yw ffurfio Llywodraeth i warchod buddiannau Cymru. Mae'r un mor wir na all unrhyw blaid arall wneud hynny ychwaith. Llywodraeth

Brydeinig a ffurfir gan ba blaid bynnag sy'n rheoli'r Tŷ, a blaenoriaeth unrhyw Lywodraeth Brydeinig yw gwarchod buddiannau Prydain. Cwbl ymylol yw'r ystyriaethau Cymreig. Yn ystod yr hanner canrif diwethaf yr unig adeg y cafwyd unrhyw sylw o werth i anghenion Cymru gan Lywodraeth Llundain oedd y pum mlynedd rhwng 1974 a 1979, pan oedd aelodau seneddol Plaid Cymru'n dal y fantol yn y Senedd.

Gellid gofyn, yn ddigon teg, ai aelodau Plaid Cymru yn unig sy'n gallu gweithredu fel hyn mewn Senedd grog? Yr ateb yw hyn: y mae aelodau o'r blaid fwyaf, pan fo'r blaid honno'n ddigon cryf i lywodraethu wrthi ei hunan, yn gorfod dilyn cyfarwyddyd eu Chwip seneddol. Os meiddiant ddefnyddio'u nerth i herio blaenoriaethau Prydeinig eu plaid, a cheisio blaenoriaeth i anghenion Cymru, byddant mewn trwbwl mawr. A phwy sy'n cofio i hyn ddigwydd erioed? Y rhyddid mawr sydd gan aelodau seneddol Plaid Cymru yw'r rhyddid i roi blaenoriaeth, ar bob achlysur, i anghenion Cymru.

Nod aelodau seneddol y gwrthbleidiau Prydeinig eraill yw ennill grym dros Brydain. Dim ond 5% o boblogaeth Prydain sydd yng Nghymru, a dim ond 38 o seddau seneddol. Felly peth amherthnasol i amcanion y pleidiau mawr fyddai rhoi blaenoriaeth i Gymru. Yr holl bwynt o gael plaid seneddol annibynnol i Gymru yw torri'n rhydd o afael y pleidiau mawr sy'n gwrthod rhoi blaenoriaeth i'n gwlad.

Nid yw dal y fantol rhwng y pleidiau mawr unwaith bob ugain mlynedd yn ddigon i warchod buddiannau Cymru. Dyna'n syml paham mae'n rhaid cael ein

Senedd ein hunain, ar dir Cymru, ac yn atebol i bobl Cymru, Senedd â'i holl deyrngarwch i Gymru, nid un sy'n ein trin fel rhyw dalaith ymylol ar ffiniau Lloegr.

Yn hwyr neu'n hwyrach, bydd yn rhaid i bobl Cymru bwyso a mesur hyn. A ydynt yn fwy tebygol o gael chwarae teg gan eu Llywodraeth eu hunain, mewn gwladwriaeth fechan o faint cyffelyb i Norwy, Denmarc ac Iwerddon, serch eu bod yn colli'r crandrwydd o fod yn rhan o gyfundrefn imperialaidd, ynteu a yw'n fwy tebygol y bydd Cymru ar ei mantais o godi'r briwsion oddi ar fwrdd y meistri yn Llundain?

Tra bo Cymru yn parhau o dan lywodraeth ganolog unffurf o Lundain, rhaid i bobl Cymru hefyd bwyso a mesur pwy sydd fwyaf tebygol o sefyll a siarad dros fuddiannau Cymru — ai plaid sy'n rhoi ei holl deyrngarwch i Gymru, ynteu rhyw blaid arall, sydd yn bod i ennill grym ar raddfa Brydeinig. Pwy, fel unigolion, sydd fwyaf tebygol o roi eu holl egni a'u sylw i anghenion Cymru — ai aelodau o blaid sy'n ceisio ennill grym ar raddfa Brydeinig, ynteu rhai sy'n rhydd o hualau cyfundrefn Llundain? Gwaetha'r modd, deil Cymru ar hyn o bryd o dan awdurdod San Steffan, a thra pery hynny, mae gennym fel aelodau seneddol waith i'w wneud ar ran ein gwlad. Ond brysied y dydd pan na fydd raid ein hanfon i Lundain, ac y cawn sefyll a siarad dros ein gwlad ein hunain yn ein Senedd genedlaethol ein hunain yng Nghaerdydd.

1. *Hansard,* 20 Ionawr 1986, Colofn 153-154.

NEATH PORT TALBOT LIBRARY
AND INFORMATION SERVICES

1	11/99	25		49		73	
2		26		50		74	
3	2/00	27		51		75	
4	1/03	28		52		76	
5		29		53		77	7/05
6		30		54		78	
7		31		55		79	
8	7/04	32		56		80	
9		33		57		81	
10	10/01	34		58		82	
11		35		59		83	
12		36		60		84	
13		37		61		85	
14		38		62		86	
15		39		63		87	
16		40		64		88	
17		41		65		89	
18		42		66		90	
19		43		67		91	
20		44		68		92	
21		45		69		COMMUNITY SERVICES	
22		46		70			
23		47		71		NPT/111	
24		48		72			